食品加工过程智能监控技术

陈全胜 林颢 等 编著

科学出版社
北京

内 容 简 介

全书共分 10 章，主要包括绪论、食品加工过程外观指标智能监测技术、食品加工过程内部成分智能监测技术、食品加工过程风味特征智能监测技术、食品加工过程多传感器信息融合监测技术、食品加工过程参数智能监测技术、食品加工过程集散控制系统、食品加工过程 PLC 控制系统、食品加工过程智能控制方法、食品智能加工过程规范与案例。本书各章节采用了"基础知识的介绍、技术原理的阐述、相关装备系统、信号处理与分析、应用案例"的结构体系，分别介绍了食品加工过程中的多种监测技术与控制系统，以及它们在食品智能加工领域中的应用。

本书既可作为高等学校食品专业大类高年级本科生教材，也可作为研究生和其他人员从事相关领域科技工作的参考书。

图书在版编目（CIP）数据

食品加工过程智能监控技术 / 陈全胜等编著. -- 北京：科学出版社，2025.3.
ISBN 978-7-03-080836-3

Ⅰ. F407.826.14

中国国家版本馆 CIP 数据核字第 2024TD1632 号

责任编辑：惠　雪　曾佳佳　李佳琴　赵晶雪 / 责任校对：郝璐璐
责任印制：张　伟 / 封面设计：许　瑞

科学出版社 出版
北京东黄城根北街 16 号
邮政编码：100717
http://www.sciencep.com
三河市春园印刷有限公司印刷
科学出版社发行　各地新华书店经销

*

2025 年 3 月第 一 版　开本：787×1092　1/16
2025 年 3 月第一次印刷　印张：18 1/2
字数：510 000

定价：99.00 元
（如有印装质量问题，我社负责调换）

《食品加工过程智能监控技术》
编　委　会

主　编：陈全胜（集美大学）　　　　林　颢（江苏大学）

副主编：鲁玉杰（江苏科技大学）　　潘磊庆（南京农业大学）
　　　　马　骥（华南理工大学）　　欧阳琴（江苏大学）

成　员：江　辉（江苏大学）　　　　贺培欢（江苏科技大学）
　　　　陈　敏（集美大学）　　　　许　艺（集美大学）
　　　　成军虎（华南理工大学）　　林远东（华南理工大学）
　　　　左长洲（南京农业大学）
　　　　陈　艳［中粮海嘉（厦门）面业有限公司］
　　　　林荣溪（福建八马茶业有限公司）
　　　　田桂艳（乳品智能化检测技术重点实验室）
　　　　王斌兴（中粮科工股份有限公司智能烘储事业部）
　　　　崔鹏景（江苏恒顺集团有限公司）
　　　　万　龙（浙江古越龙山绍兴酒股份有限公司）
　　　　肖建文（深圳市深粮质量检测有限公司）

前言 Preface

随着新一代信息技术加速拥抱千行百业，智能制造正在多领域、多场景落地开花，食品行业是对智能制造需求最大的行业之一。近年来，中国食品产业正面临着结构调整和转型升级，尤其在食品加工品质控制领域，传统监测技术难以满足食品加工过程在线监测和智能控制需求，已成为制约食品产业现代化转型升级的一个重要因素。如何通过科技创新驱动提高食品加工制造效率，实现食品产业智能化、信息化升级，已经成为食品工业迈向新发展时代的重要课题，也是食品工业未来发展的一个新方向。

本书既对食品智能加工与控制的原理进行了系统性阐述，又展现了近年来食品智能加工领域涌现的新理论、新技术、新方法、新装备以及在食品行业的创新性新应用，并通过诸多实际案例来展示说明。按照食品加工过程智能化监测和控制原理，分门别类介绍食品加工过程外观指标智能监测技术、内部成分智能监测技术、风味特征智能监测技术、多传感器信息融合监测技术、参数智能监测技术、集散控制系统、PLC 控制系统以及智能控制方法等。同时，本书还专门介绍了最新发展起来的食品加工过程智能化监测和控制系统，并介绍了相关的应用案例。针对企业多样化和发展性需求，需要大批基础理论扎实、实践能力强、可直接参与一线生产技术创新并解决企业实际工程技术问题的高素质应用型人才，本书为培养该类应用型人才提供参考。

作为食品领域关于智能监测与控制的书籍，本书有以下几个特色：①新工科和新农科结合特色，在食品领域系统性地介绍食品加工过程中的智能化监测理论、技术和方法，食品加工过程中的控制系统原理和方法，以及食品智能加工过程中技术规范及应用案例；②多学科交叉特色，融合了食品、智能制造、控制学、计算机等多学科知识领域，充分体现了多学科交叉融合的特点；③产教深度融合特色，本书每章节均有案例，且大多数应用案例来自中粮海嘉（厦门）面业有限公司、福建八马茶业有限公司、乳品智能化检测技术重点实验室、江苏恒顺集团有限公司、浙江古越龙山绍兴酒股份有限公司、中粮科工股份有限公司智能烘储事业部、深圳市深粮质量检测有限公司等企业和机构；④科教深度融合特色，本书是作者多年研究成果提炼和总结的结晶，书中多个知识点和案例均取材于本书作者团队的科研成果。

本书共 10 章，编写分工如下：第 1 章由陈全胜、林颢编写，第 2 章由马骥、成军虎、林远东编写，第 3 章由潘磊庆编写，第 4 章由陈全胜、许艺、林颢编写，第 5 章由欧阳琴编写，第 6 章由陈全胜、林颢编写，第 7 章由江辉、陈敏编写，第 8 章由江辉、林颢编写，第 9 章由林颢、江辉编写，第 10 章由贺培欢、鲁玉杰、陈艳、林荣溪、田桂艳、崔鹏景、万龙、王斌兴、肖建文编写，全书由陈全胜、林颢进行统稿。此外，在本书的编写过程中，参编教材企业无私奉献生产最前沿的食品智能化加工与控制应用案例，研究生纪蒙、邵小康、许佳滢、王军、尤杰、黄宝辰在文献查询、教材校对等方面也做了大量的工作，在此一并表示感谢。

食品领域智能加工和控制的教科书国内外尚不多见，不少内容没有现成可借鉴的系统资料。本书可能是食品领域的初次尝试，整体框架系统性尚不尽如人意，书中难免有不足之处，望读者批评指正。

作　者

2024 年 3 月

目 录 Contents

前言
第1章 绪论 ··· 1
  1.1 食品智能化加工技术概述 ··· 1
    1.1.1 食品智能化加工技术内涵 ··· 2
    1.1.2 食品智能化加工技术的发展历程 ··· 2
    1.1.3 食品智能化加工监测及过程控制的意义 ································· 3
  1.2 食品加工过程主要智能监测技术概述 ······································· 3
    1.2.1 食品加工过程外观指标智能监测技术 ··································· 4
    1.2.2 食品加工过程内部成分智能监测技术 ··································· 5
    1.2.3 食品加工过程风味特征智能监测技术 ··································· 7
    1.2.4 食品加工过程多传感器信息融合监测技术 ···························· 7
    1.2.5 食品加工过程参数智能监测技术 ·· 8
  1.3 食品加工过程智能控制技术 ·· 8
    1.3.1 集散控制系统（DCS） ··· 9
    1.3.2 PLC控制系统 ··· 11
    1.3.3 人工智能与现代控制系统 ··· 12
  1.4 食品加工过程智能化监测与控制未来趋势 ································ 13
第2章 食品加工过程外观指标智能监测技术 ······································ 16
  2.1 食品加工过程外观指标智能监测概述 ······································ 16
    2.1.1 食品加工过程外观指标基本特征 ······································· 16
    2.1.2 食品加工过程外观指标智能监测原理 ································· 18
    2.1.3 食品加工过程常用外观指标智能监测技术 ··························· 23
  2.2 食品加工过程外观指标监测系统与设备 ··································· 30
    2.2.1 光源 ·· 30
    2.2.2 镜头 ·· 31
    2.2.3 主要平面检测器/摄像机 ·· 32
    2.2.4 图像采集卡 ··· 34
    2.2.5 波长色散装置 ·· 35
  2.3 食品加工过程外观图像信号处理的方法 ··································· 37
    2.3.1 图像预处理技术 ·· 38
    2.3.2 图像分割技术 ·· 39
  2.4 数字图像的特征分析 ·· 41
    2.4.1 尺寸 ·· 41
    2.4.2 形状 ·· 42
    2.4.3 颜色 ·· 42
    2.4.4 纹理 ·· 44

2.5 食品加工过程外观指标监测应用 …… 47
2.5.1 肉类食品加工过程外观指标监测 …… 47
2.5.2 生鲜果蔬加工过程外观指标监测 …… 54

第3章 食品加工过程内部成分智能监测技术 …… 58
3.1 食品加工过程内部成分智能监测概述 …… 58
3.1.1 食品加工过程内部成分变化分布特征 …… 58
3.1.2 食品加工过程内部成分智能监测原理 …… 61
3.2 食品加工过程内部成分光谱监测系统 …… 63
3.2.1 光谱仪的基本结构 …… 63
3.2.2 光谱仪的主要性能指标 …… 64
3.2.3 光谱监测处理流程 …… 67
3.3 光谱数据处理方法 …… 69
3.3.1 光谱数据的预处理 …… 69
3.3.2 光谱数据压缩及特征成分提取 …… 72
3.3.3 光谱特征波长筛选 …… 74
3.3.4 光谱数据数学模型建立 …… 76
3.4 近红外光谱在食品加工过程中的监测应用 …… 81
3.4.1 水果加工制品的品质监测 …… 81
3.4.2 乳制品的品质监测 …… 83
3.4.3 肉制品的品质监测 …… 85
3.4.4 调味剂加工过程中的品质监测 …… 86
3.4.5 食用油加工过程中的品质监测 …… 87
3.4.6 谷物的品质监测 …… 88

第4章 食品加工过程风味特征智能监测技术 …… 93
4.1 食品加工过程风味特征智能监测概述 …… 93
4.1.1 食品加工过程风味特征 …… 93
4.1.2 食品加工过程中挥发性风味的形成 …… 94
4.1.3 食品加工过程中滋味物质的形成 …… 95
4.1.4 食品加工过程风味特征智能监测和评价 …… 96
4.2 食品风味特征智能传感监测原理 …… 96
4.2.1 电子嗅觉传感监测原理 …… 96
4.2.2 电子味觉传感监测原理 …… 97
4.3 食品风味特征智能传感监测系统 …… 98
4.3.1 电子鼻系统 …… 98
4.3.2 电子味觉系统 …… 103
4.4 传感信号的数据处理方法 …… 105
4.4.1 传感响应的数字化表达 …… 105
4.4.2 传感信号预处理方法 …… 106
4.4.3 传感信号特征提取方法 …… 106
4.4.4 模式识别方法 …… 107
4.5 智能传感在食品加工过程风味特征监测上的应用 …… 110

4.5.1　电子鼻在绿茶杀青状态在线监测中的应用 110
　　4.5.2　电子鼻在酸辣肉干卤制中的应用 111
　　4.5.3　电子鼻在咖啡加工过程控制中的应用 112
　　4.5.4　电子鼻在食醋酿造过程中的应用 112
　　4.5.5　电子鼻对果蔬干燥过程的在线监测 113
　　4.5.6　电子舌在果酒发酵过程风味分析中的应用 114
　　4.5.7　电子舌在罗非鱼双菌可控发酵滋味研究中的应用 114
　　4.5.8　电子舌在黄瓜腌制滋味研究中的应用 115
　　4.5.9　电子舌在鲟鱼发酵加工过程中风味变化的应用 116

第5章　食品加工过程多传感器信息融合监测技术 118
5.1　食品加工过程中物理化学反应 118
　　5.1.1　水分迁移 118
　　5.1.2　褐变反应 119
　　5.1.3　氧化反应 119
　　5.1.4　糖代谢反应 120
5.2　多传感器信息融合监测概述 121
　　5.2.1　多传感器信息融合的一般概念 121
　　5.2.2　多传感信息融合技术的原理和方法 122
5.3　多传感器信息融合的数据处理 123
　　5.3.1　Bayes 方法 123
　　5.3.2　D-S 证据理论 124
　　5.3.3　D-S 多传感器交互感应信息提取分析法 126
5.4　多传感器信息融合监测技术在食品加工过程中的应用 127
　　5.4.1　茶叶加工过程多传感器信息融合监测 127
　　5.4.2　水果加工过程多传感器信息融合监测 130
　　5.4.3　乳制品加工过程多传感器信息融合监测 132

第6章　食品加工过程参数智能监测技术 138
6.1　食品加工过程参数智能监测技术与控制概述 138
　　6.1.1　食品加工过程参数 138
　　6.1.2　食品加工过程多参数耦合 139
　　6.1.3　食品加工过程的仪表性能指标 140
6.2　环境因子监测指标 143
　　6.2.1　压力 144
　　6.2.2　流量 145
　　6.2.3　温度 146
　　6.2.4　湿度 146
　　6.2.5　pH 146
　　6.2.6　尾气 147
6.3　食品加工过程参数智能监测传感器 148
　　6.3.1　压力计 148
　　6.3.2　流量计 152

- 6.3.3 温度传感器 ··· 156
- 6.3.4 湿度传感器 ··· 160
- 6.3.5 pH 计 ··· 162
- 6.4 食品加工过程参数智能监测与控制的应用 ··· 163
  - 6.4.1 苹果汁加工过程参数智能监测 ··· 163
  - 6.4.2 西式（盐水）火腿加工过程参数智能监测 ··· 164
  - 6.4.3 葡萄果醋加工过程参数智能监测 ··· 165
  - 6.4.4 啤酒加工过程参数智能监测 ··· 166

第7章 食品加工过程集散控制系统 ··· 168
- 7.1 食品加工过程 DCS 概述 ··· 168
  - 7.1.1 集散控制系统的概念 ··· 168
  - 7.1.2 集散控制系统的发展 ··· 169
  - 7.1.3 食品加工过程 DCS 控制概述 ··· 171
- 7.2 DCS 控制结构与系统 ··· 171
  - 7.2.1 集散控制系统的体系结构 ··· 171
  - 7.2.2 集散控制系统的特点 ··· 173
  - 7.2.3 集散控制系统的硬件结构 ··· 174
  - 7.2.4 集散控制系统的软件体系 ··· 176
  - 7.2.5 集散控制系统的操作与显示画面 ··· 177
- 7.3 食品加工过程 DCS 智能控制应用 ··· 184
  - 7.3.1 基于 DCS 在 CTN2000 发酵控制系统中的应用 ··· 184
  - 7.3.2 DCS 在大米加工中的应用 ··· 186
  - 7.3.3 DCS 在小麦麸皮加工中的应用 ··· 187
  - 7.3.4 DCS 在火腿肠加工杀菌过程中的应用 ··· 188

第8章 食品加工过程 PLC 控制系统 ··· 190
- 8.1 食品加工过程 PLC 控制系统概述 ··· 190
  - 8.1.1 PLC 的产生与发展 ··· 190
  - 8.1.2 PLC 的技术特点 ··· 192
  - 8.1.3 PLC 的功能特征 ··· 194
  - 8.1.4 食品加工生产中的 PLC 控制系统 ··· 195
- 8.2 PLC 控制系统组成与工作原理 ··· 197
  - 8.2.1 可编程控制器的分类 ··· 197
  - 8.2.2 可编程控制器的编程语言和发展趋势 ··· 199
  - 8.2.3 可编程控制器的组成及工作原理 ··· 200
- 8.3 食品加工过程 PLC 控制系统智能控制应用 ··· 210
  - 8.3.1 PLC 控制系统在啤酒发酵系统中的应用 ··· 210
  - 8.3.2 PLC 控制系统在咸鸭蛋腌制中的应用 ··· 211
  - 8.3.3 PLC 控制系统在黄花菜烘干流水线中的应用 ··· 212
  - 8.3.4 PLC 控制系统在肉类加工过程中的应用 ··· 214
  - 8.3.5 PLC 控制系统在红枣干制过程中的应用 ··· 214

第9章 食品加工过程智能控制方法 · 217

9.1 食品加工过程智能控制方法概述 · 217
9.1.1 人工经验控制 · 217
9.1.2 智能控制技术发展历程 · 218
9.1.3 人工智能与控制 · 219
9.1.4 智能控制方法在食品加工中的应用 · 219

9.2 PID 控制 · 220
9.2.1 PID 控制的基本原理 · 220
9.2.2 PID 控制规律 · 221
9.2.3 参数整定 · 223

9.3 模糊控制 · 224
9.3.1 模糊控制理论 · 224
9.3.2 模糊控制实现的过程与方法 · 225
9.3.3 模糊 PID 控制 · 227
9.3.4 模糊控制器的特点 · 228

9.4 神经网络控制 · 228
9.4.1 人工神经网络控制方法 · 228
9.4.2 人工神经网络控制基本理论 · 229
9.4.3 PID 神经网络解耦原理 · 231

9.5 深度学习控制 · 232
9.5.1 深度学习原理 · 233
9.5.2 深度学习基本理论 · 233
9.5.3 深度学习模型种类 · 234

9.6 专家系统 · 237
9.6.1 专家系统定义 · 237
9.6.2 专家系统的类型划分 · 237
9.6.3 专家系统的基本结构 · 238
9.6.4 知识获取 · 238
9.6.5 开发专家系统的基本要求 · 239

9.7 食品加工过程新型控制应用 · 240
9.7.1 果蔬食品膨化温度控制 · 240
9.7.2 果汁饮品杀菌温度控制 · 240
9.7.3 咸鸭蛋快速腌制温度控制 · 241
9.7.4 方便面油炸锅温度控制 · 242
9.7.5 橄榄酱糊化过程智能控制 · 243
9.7.6 饮料装瓶生产线智能控制 · 244
9.7.7 机器学习系统在食品加工中的应用 · 245

第10章 食品智能加工过程规范与案例 · 248

10.1 食品智能加工与控制规范 · 248
10.1.1 食品智能加工过程车间操作规范 · 248
10.1.2 卫生标准操作程序 · 252

  10.1.3 危害分析和关键控制点 …………………………………………………………… 257
10.2 食品智能加工过程案例 …………………………………………………………………… 261
  10.2.1 案例 1 铁观音智能化加工案例 ……………………………………………… 261
  10.2.2 案例 2 镇江香醋智能化加工与控制案例 ………………………………… 265
  10.2.3 案例 3 啤酒智能发酵工艺过程及温度控制案例 …………………………… 268
  10.2.4 案例 4 黄酒智能酿造工艺及温度控制案例 ……………………………… 271
  10.2.5 案例 5 PLC 控制系统在粮食烘干中的应用 …………………………………… 274
  10.2.6 案例 6 PLC 控制系统在小麦粉加工过程中的应用 …………………………… 276
  10.2.7 案例 7 大米智能仓储自动化立体仓建设案例 ……………………………… 278
  10.2.8 案例 8 食品企业质量管理智控平台数字化集成案例 ………………………… 281

第1章

绪　　论

> **知识点**
> ➤ 食品智能化加工技术内涵。
> ➤ 食品加工过程智能化监测控制的意义。
> ➤ 食品加工过程主要智能化监测技术。
> ➤ 食品加工主要控制系统与方法。

智能制造（intelligent manufacturing，IM）是指由智能机器和人类专家共同组成的人机一体化智能系统，它在制造过程中能进行诸如分析、推理、判断、构思和决策等智能活动。智能制造，也被称为"工业4.0"，代表了第四次工业革命，智能制造及各国的"再工业化"战略，其核心目标是建立一个高度灵活、个性化和数字化的产品与服务生产模式，这是制造业在数字化、网络化、智能化等方面实现的一次质的飞跃。在消费升级与新经济模式的冲击下，食品行业利润率正在逐步走低，随着消费者对食品质量安全、健康营养、低碳环保等方面提出更高要求，以智能制造为代表的先进食品制造技术必然成为未来食品产业的发展方向。

食品产业也是中国国民经济的支柱产业，中国作为全球食品贸易大国，食品进出口总量均居全球前列，已初步形成"买全球、卖全球"的食品贸易格局，有着激发国内大循环和国内国际双循环的强大活力。随着食品工业总产值的快速增加，食品加工制造业技术也在不断更新，食品工业主动适应经济发展成为新常态，但与此同时，传统食品企业高能低效以及相对粗放的加工方式，也使得食品产业面临巨大的挑战。近年来，高端制造技术、智能传感技术、现代网络技术和大数据的发展，推动着中国加工制造业逐步迈向智能化和信息化。随着新一代信息技术加速发展，智能制造正在多领域、多场景广泛应用，食品领域是对智能制造需求最大的领域之一。近年来，在刚性需求和消费升级的推动下，食品工业保持稳定增长，不断调整、优化产业结构，加快转型升级步伐。"智能、节能、环保、可持续"是食品产业的新追求。其中，基于多学科交叉的食品科技创新，数字化食品的产业诞生和发展将是未来食品产业满足产品需求与产业追求的目标，智能化、数字化加工是未来食品工业的必然趋势。

1.1　食品智能化加工技术概述

食品智能制造是指围绕智能制造的感知、决策、控制、一体化执行等特征与食品工业生产深度融合，通过数据驱动、智能决策和柔性生产，实现食品制造全流程的信息化、高效化、精准化、安全化与可持续化的新型生产模式。

1.1.1　食品智能化加工技术内涵

食品智能化加工是智能制造的新兴应用领域，通过应用物联网和大数据技术，可以实现生产过程的全程监控和数据分析，提高生产效率和产品质量。同时，通过应用人工智能（AI）技术，可以实现设备的自动化和智能化，减轻员工的劳动强度并提高生产效率。图 1-1 为某食品厂智能化加工车间。食品智能化加工技术是针对国民对便捷、健康、安全、美味食品日益增长的需求，以及食品加工制造领域对高质量发展的紧迫诉求，实施优质化、营养化、健康化、绿色化食品加工升级。随着物联网（IoT）、大数据、云计算、人工智能等技术的快速发展和深度融合，食品制造业的数字化进程正在加速。物联网技术使得设备可以互联互通，实现数据的实时采集和传输；大数据技术可以对海量数据进行存储和分析，挖掘出有价值的信息；云计算可以实现计算资源的共享和弹性扩展，提高数据处理效率；人工智能技术可以实现设备的自主学习和优化，提高食品加工过程生产效率以及保障加工产品的质量。

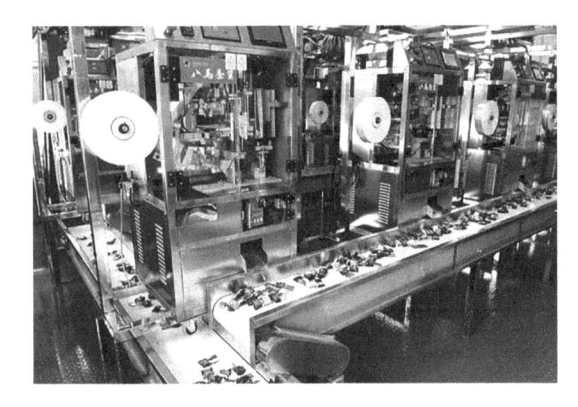

图 1-1　某食品厂智能化加工车间

1.1.2　食品智能化加工技术的发展历程

工业化国家的食品加工业是近年来发展最快的产业之一，发达国家加工增值比例一般在 2.0∶1.0~3.7∶1.0，在国民经济中占有重要的地位。经济发达国家服务于国民生活的第三产业都很发达，其产值在 GDP 中占有较高的份额，这些国家居民生活恩格尔系数在 10.6%~20%。2023 年，中国的第三产业增加值占 GDP 的 54.6%，居民生活恩格尔系数为 29.8%，居民生活水平达到小康标准。

在欧洲，食品加工业伴随着工业革命孕育而生。在工业革命后，欧洲已建立了农产品生产、加工、储运和销售的组织体系、市场体系和技术体系。20 世纪 70 年代，自动控制和质量管理技术的发展，使农产品加工业和食品加工业实现了有机联合，扩大了生产规模，开始向跨国公司发展；80 年代，国际上出现了农产品产、供、销一体化的大型企业集团，绿色食品、有机食品、生态农产品颇受消费者关注；90 年代，如何生产健康、营养、美味的食品成为世界范围内讨论的热门话题。

高度发达的食品加工业，不断利用新原理、新技术、新工艺、新材料，间接实现了先进智能化加工技术在食品加工领域的应用，从而拓展食品加工机械产品品种，提升加工机械的自动化、智能化程度，不仅使得加工企业的生产效率大大提高，而且保证产品质量稳定、统一、可靠和产品标准化、系列化。发达国家食品加工机械一般具有动力、燃料及水消耗少的优点。食品加工的原料利用率高，如美国能利用废弃的柑橘果籽榨取其中 32% 的食用油和 44% 的蛋白质，从橘子皮、苹果渣中提取和纯化果胶质或柠檬酸，淀粉糖制造设备加工淀粉糖能做到无废渣、废水或废气排出。

近年来，发达国家食品加工过程基本实现了计算机自动控制、监测和调整。食品加工技术革新体现在包装技术、高效加工控制系统、自动分级系统以及新产品的研发上。

因此，国际食品加工业的发展趋势总的可以概括为：①产业化经营管理越来越成熟；②加工技术和设备越来越智能化；③食品加工原料的有效利用率越来越高；④产品的规格标准和质量控制体系越来越完善。

发展中国家的农产品和食品加工业与发达国家有较大差距，主要表现为：在食品加工业的产值与农业产值的比值上，发达国家为2.0：1.0～3.7：1.0，发展中国家为1：1，中国为1.2：1；在加工深度上，发达国家为95%，发展中国家为50%，中国为30%；在加工食品占食品消费的比例上，发达国家为80%，发展中国家低于38%，中国约为62%。因此，提高科技化水平对发展农产品加工业至关重要，食品加工业智能化发展在我国还有很大的潜力。

1.1.3 食品智能化加工监测及过程控制的意义

我国是人口大国，食品加工在农业经济和国民经济中占有很重要的地位。为了加强食品加工领域的科学研究，加快食品加工业的发展，对分散在各部门有限的食品加工研究力量进行整合十分重要，在国家级食品科技系统中建立精干的国家食品加工研究机构，并作为非营利性机构，统一纳入国家科技创新体系，给予重点支持。通过该研究机构，协调组织全国食品加工研究力量，有针对性地进行攻关研究与示范，解决食品加工业发展中的重大关键技术问题。

食品行业面向的加工对象一般是农产品居多，加工工艺过程与金属、塑胶加工类制造有着明显的不同。工人在加工过程中可根据原料品种不同，或者原料营养成分（如糖分、蛋白）含量不同，或者加工时制品的性质差异（黏稠度、甜度等），调整相应的工艺参数，以达到所需的味道和口感。所以食品加工某些环节非常依赖工人经验，以至于同样的原料不同师傅做出来的产量、品质差异很大，典型案例如"卤水点豆腐"，这种差异便造成了成本的差异波动，对于净利微薄的食品行业来说如何实现去经验化生产与制定智能化、规范化的食品加工流程是至关必要的。

食品质量与安全是影响食品加工业稳定持续发展的重要因素，既关系到农业生产、农民收入，也关系到城乡人民的生活与健康。要在加快食品加工业发展的同时，特别重视食品加工过程的质量与安全研究，加快制定并且完善食品的质量标准，确保食品加工业健康发展。21世纪，食品智能化加工技术得到长足发展，各种智能化加工新技术不断涌现，如新型的仿生传感技术、高（多）光谱成像技术、气味成像化技术以及多信息传感融合等技术；而机器视觉、近红外光谱等智能传感技术也在不断更新换代和拓展应用领域。食品智能监测技术在食品收购、运输、储藏过程中的质量安全监控以及食品、农产品加工过程的品质检验监控，都发挥着越来越重要的作用。

1.2 食品加工过程主要智能监测技术概述

随着科学技术的发展和一些高新技术的不断涌现，食品加工技术得到了迅速的发展。特别是传感技术和纳米技术等其他先进技术不断应用到食品监测领域中来，食品行业开发出许多自动化程度高和精度高的智能加工仪器和设备，不仅缩短了分析时间，减少了人为误差，也大大提高了食品加工生产的速度、灵敏度和准确度。下面简要介绍几种食品加工过程智能监测技术（图1-2）。

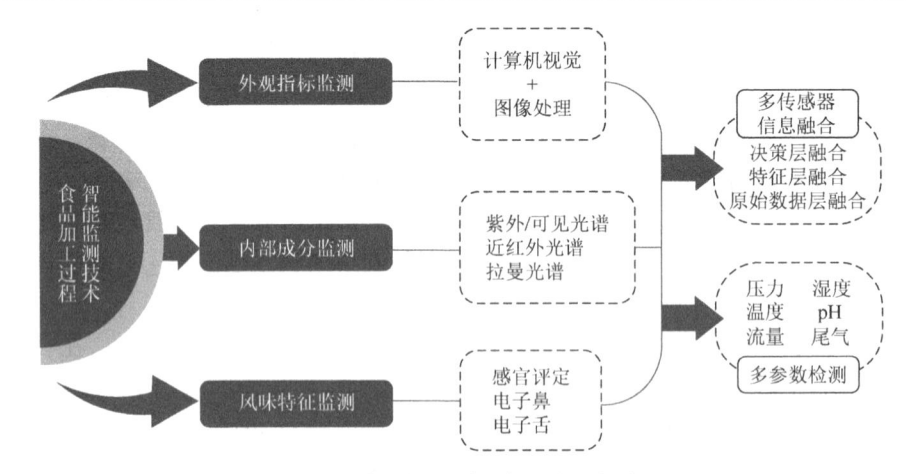

图 1-2　食品加工过程智能监测技术

1.2.1　食品加工过程外观指标智能监测技术

1. 彩色机器视觉技术

食品加工过程中,外观特征评判是判断食品质量常用的方法,主要包括食品的外观尺寸和颜色评判、纹理特征分析、缺陷和损伤检测以及成分变化分析等。在20世纪60年代,计算机视觉技术在不同领域的应用都实现了一定的增长:医学诊断成像、工厂自动化、遥感、自动化车辆和机器人制导。在食品图像分析中经常要用颜色特征判断食品质量的优劣,颜色在食品外观指标监测中是最常用的一种特征,如水果的腐烂、表面的污渍以及成熟度,粮谷食品的黄变,烘焙食品加工过程的质量控制等。在进行颜色特征的数字图像处理过程中,需要一定的光度学和色度学知识基础,而颜色在色度学中通常定义为一种通过眼睛传导的感官映像,即视觉。

人眼可以直接感知的电磁波波长范围大致在400~780nm,并在脑中形成各种颜色。其中红(R)绿(G)蓝(B)称为三原色。三原色刺激对应的感光细胞,再由大脑进行分析复合形成各种不同的颜色。可见光波段内的三原色成像技术,是最接近人类视觉成像原理的技术。只使用单电荷耦合器件(CCD)镜头只能形成灰度级图像。使用三个CCD镜头时,通过分光设备(如滤光镜)可分离出三原色,分别捕捉各自的强度,经过颜色模型的转换就可以很好地还原真实物体的色彩。常规彩色成像技术是指在人眼可以直接感知的电磁波波长范围内,通过图像摄取装置[CCD和互补金属氧化物半导体(CMOS)]将被摄取目标转换成图像信号,传送给专用的图像处理系统的一种技术。常规彩色成像技术是目前最为成熟的现代成像技术,由于研究便利、成本较低,已占据食品成像技术检测的大部分市场。目前,可见光成像技术已经成功应用于水果、蔬菜、肉、鱼等食品的检测、分级与评价中。例如,利用可见光成像技术实现食品大小、形状、颜色、纹理和缺陷等外观指标的快速检测,提高了在线检测的精度和速度;在此基础上开发了基于可见光成像技术的食品自动化分级和分选系统。另外,利用可见光成像技术还可以实现食品加工过程中颜色变化的实时监测,通过提取和分析颜色这一最直观的指标,可实现食品加工过程中质量的在线控制。

2. 高(多)光谱成像技术

光谱成像技术(spectral imaging technology)是20世纪80年代发展起来的新技术,综合了光学、光电子学、电子学、信息处理、计算机科学等领域的先进技术,把传统的二维成像技术和光谱技术有机地结合在一起。高（多）光谱成像技术具有多波段、高的光谱分辨率和图谱合一的特点。1983 年，美国喷气推进实验室研制出第一台航空成像光谱仪（AIS-1），并显示出其在图像采集分析研究方面的巨大潜力。随后，加拿大、澳大利亚、法国、德国等国家也竞相投入大量资金进行高光谱成像技术的研制和应用研究，起初该技术主要用于空间遥感领域，现已拓展到医疗诊断、药物和食品分析等领域，并在光谱图像的数据获取、光谱标定、三维数据重建、数据处理分析和模式识别等方面都有较大进展。

光谱成像技术是采用多个光谱通道，利用目标对象的分光反射（吸收）率在不同波段域内敏感度不同这一特性，对其进行图像采集、显示、处理和分析解释的技术。使用特定光源或滤光设备，选择光源的波长范围，特别是可见光以外的波长，便可增强目标对象的不同特征部位的图像特征，从而有利于目标对象的品质检测。光谱成像技术集图像分析和光谱分析于一身，它在食品质量与安全检测方面具有独特的优势。光谱图像是一个三维数据块，它指在特定光谱范围内，利用分光系统获得一系列连续波长下的二维图像，即在每个特定波长下，光谱数据都能提供一个二维图像信息，而同一像素在不同波长下的灰度又提供了光谱信息，其中，图像信息能表征大小、形状和颜色等外观特征，光谱信息能反映内部结构、成分含量等特征信息。由此可见，光谱成像技术能对食品的内外指标特征进行可视化分析。

随着科学技术的发展，成像光谱的分辨率的精度越来越高，根据光谱分辨率的不同，将光谱图像分为多光谱图像、高光谱图像和超光谱图像。一般认为，光谱分辨率在 $10^{-1}\lambda$ 数量级范围内的图像称为多光谱（multispectral）图像，光谱分辨率在 $10^{-2}\lambda$ 数量级范围内的图像称为高光谱（hyperspectral）图像，光谱分辨率在 $10^{-3}\lambda$ 数量级范围内的图像称为超光谱（ultraspectral）图像。可根据检测的精度和要求不同，选用不同分辨率的光谱成像技术。通常情况下，针对食品、农产品质量与安全的检测，一般选用高光谱成像技术。近些年来，光谱成像技术在食品质量安全检测方面得到越来越多的应用，其在食品内部组织、内部结构及表面细微特征检测方面的优势得到了更多的关注和认可。

计算机视觉经过三十多年的发展，已经从单纯的视觉模拟发展到取代和解释人的视觉信息方面的研究。同时，由于传感技术的飞速发展以及人们对食品物料的深入认识，红外与近红外成像技术及其图像处理的研究，使得计算机视觉技术从外观视觉转向了食品物料的内部性状、组成成分等方向的研究。例如，借助三维可视化技术，可以对稻谷的外观指标、营养指标及蒸煮指标等进行更为直观和客观的观察与测定，尤其在对营养成分分布密度的评价、白米内部组织的分析、蒸煮过程中组织结构变化的观测等方面，取得了传统研究方法难以获得的结果。

1.2.2　食品加工过程内部成分智能监测技术

食品加工过程中内部成分监测标准是依据食物内部光谱图像来测量的，当光线照射食品时，一部分被表面所反射，其余部分经折射进入食品组织内部。进入内部的光，一部分被吸收转化为热能，一部分散射到食品的表面四周，其余部分穿过食品。不同的食品，具有不同的光特性。其特性可应用于粒度测量、品质评价、化学分析、等级区分以及成熟度、安全性和新鲜程度的判别等。近些年来，随着光学学科的发展，以及新型光特性技术的不断涌现，以光学特性为基础的智能监测技术已成为食品加工过程内部成分监测技术研究最热门的方向。

1. 紫外-可见光谱技术

紫外吸收光谱和可见吸收光谱都属于分子光谱，它们都是由价电子的跃迁而产生的。利用物质的分子或离子对紫外和可见光的吸收所产生的紫外-可见光谱可以对物质的组成、含量和结构进行分析、测定、推断。物质 M（原子或分子）吸收紫外-可见光被激发到激发态 M*，通过辐射或非辐射的弛豫过程回到基态，弛豫也可通过 M* 分解成新的组分而实现，这个过程称为光化学反应。物质的紫外-可见光谱取决于分子中价电子的跃迁，分子的组成特别是价电子性质不同，产生的吸收光谱也将不同。因此，可以将吸收峰的波长与所研究物质建立相关关系，从而达到鉴定分子中官能团的目的；更重要的是，可以应用紫外-可见光谱定量测定含有吸收官能团的化合物。在采用紫外-可见光谱法监测食品质量安全时，可利用不同成分的食品在紫外-可见光谱区域具有独特的吸收光谱的特征，并通过吸收光谱的变化监测相关成分的含量，从而判别食品的质量安全。利用紫外-可见光谱法监测食品质量安全，具有简便、快速、检出限低、灵敏度高等优点。

2. 近红外光谱技术

近红外光谱（near infrared spectrum，NIR）是介于可见光（visible light，VIS）和中红外光（mid-infrared light，MIR）之间的电磁波谱，波数为 $10000 \sim 4000 cm^{-1}$。分子在近红外光谱区的吸收主要是由分子内部振动状态的变化而产生的。按照量子力学的观点来解释：近红外光谱是由于分子振动的非谐振性使分子振动从基态向高能级跃迁而产生的。在室温下，分子绝大部分处于振动基态（$V=0$）。由振动基态到振动第一激发态（$V=1$）之间的跃迁称为基频跃迁，这种跃迁所产生的辐射吸收即为基频吸收。近红外光谱记录的是分子中化学键基频振动的倍频和合频信息，它常常受含氢基团 X—H（X = C，N，O）的倍频和合频的重叠主导，所以在近红外光谱范围内，测量的主要是含氢基团 X—H 振动的倍频和合频吸收。利用近红外光谱对食品进行智能监测时，可通过选择适当的多元校正方法，把校正样品的近红外吸收光谱与其成分浓度或性质数据进行关联，建立校正样品近红外光谱与其成分浓度或性质之间的关系-校正模型。进行未知样品预测时，应用已建好的校正模型和未知样品的近红外光谱，就可定量预测其成分浓度或性质。另外，通过选择合适的模式识别方法，也可分离提取样本的近红外光谱特征信息，并建立相应的类模型。进行未知样品的分类时，应用已建立的类模型和未知样品的近红外光谱，便可定性判别未知样品的归属。具体而言，近红外光谱的分析技术与其他常规分析技术不同。现代近红外光谱是一种间接分析技术，通过校正模型的建立实现对未知样本的定性或定量分析。相比于传统的理化分析方法，近红外光谱检测技术具有速度快、效率高等优点，即通过一次光谱的测量和已建立的相应的校正模型，可同时对样品的多个组成或性质进行测定。此外，其还具有成本低、结果重现性好、样本无需预处理、测量方便、可实现加工过程在线监测等特点。

3. 拉曼光谱技术

拉曼光谱（Raman spectrum）是一种散射光谱。拉曼光谱分析法是基于印度科学家 C. V. 拉曼所发现的拉曼散射效应，对与入射光频率不同的散射光谱进行分析以得到分子振动、转动方面信息，并应用于分子结构研究的一种分析方法。一般食品物料分子的拉曼光谱很微弱，为了获得增强的信号，可采用电极表面粗化的办法，得到强度高 $1 \times 10^4 \sim 1 \times 10^7$ 倍的表面增强拉曼散射（surface-enhanced Raman scattering，SERS）。表面增强拉曼光谱是一种分子振动光谱，当入射光照射到表面粗糙的基底上时，会发生一系列的物理或者化学的变化，从而使拉曼散射的信号变强。拉曼光谱有很多延伸的技术，其中 SERS 是最早被发现的，也是应用最广泛的。

在食品、农产品的内部成分监测中，利用 SERS 技术的指纹信息及其高灵敏度，可以实现物质的痕量快速检测；利用待测物质浓度与拉曼光谱强度遵循朗伯-比尔定律的特点，可以实现物质的定量半定量检测。但是一般情况下 SERS 光谱仪得到的原始光谱中除被测样品信息外，还存在噪声、荧光背景等，若直接对原始光谱进行分类识别或定量建模，所得结果准确度将严重下降，而且很弱的拉曼信号往往湮没在噪声及荧光背景信息中。通过化学计量学方法，对 SERS 光谱进行预处理并建立适当的数学模型与分析方法，可以在一定程度上校正 SERS 本身的稳定性，从而得到较满意的定量结果。

1.2.3 食品加工过程风味特征智能监测技术

食品的风味是食品中许多不同种类、数量的风味物质对人体感官的综合效果。目前，人们在食品中已发现的风味物质有近 5000 种。就某种加工食品而言，其大部分呈味物质是在食品加工过程中产生的，如煎、炒、烹、炸，甚至刀切过程，都对食品的风味产生不同程度的影响。以典型的西红柿刀切加工为例，完整的西红柿通常风味较淡或不明显，一旦切开组织，其中的酶被激活释放出来，在这些酶的作用下，组织中的亚油酸、亚麻酸发生降解，生成许多低级化合物，主要有乙醛、乙烯醛、乙醇、乙烯醇等，这些呈味物质共同构成了我们所熟悉的生西红柿的特有风味。此外，食品中某些微量组分在加工过程中被破坏，对食品风味也会产生不同的影响。例如，当植物组织被切开，在脂（肪）氧合酶的作用下，类胡萝卜素被破坏，生成萜类风味物质和 α-紫罗兰酮、β-紫罗兰酮，这些呈味物质在西红柿、胡萝卜等蔬菜的烹调中不断增加，在其他风味物质的共同作用下形成熟菜与生菜所不同的风味。另外，维生素 C 在无氧、酸性条件下降解生成一种呋喃类化合物——糠醛，它是橙汁中的一种重要的呈味物质。

目前食品的风味评价主要利用感官评定方法进行，但该方法的评定结果由品评师的经验决定，这种方法的主观性强、重复性差。而化学方法鉴定风味成分一般都费时费力，于是出现以下两种仿生传感系统用于食品加工过程风味特征监测。

电子嗅觉传感器通常是指由气敏元件、电路和其他部件组合在一起所构成的传感装置。气敏元件指能感知环境中某种气体及其浓度的一种元件。实际应用中，气体传感器应满足下列要求：具有较高的灵敏度和宽泛的动态响应范围，当被测气体浓度低时，能具有足够大的响应信号，而当被测气体浓度高时，则有较好的线性响应值；其性能稳定，传感器的响应不随环境温度、湿度的变化而变化；响应速度快，重复性好；保养简单，价格便宜等。

用作人工嗅觉气体传感器的材料必须具备两个基本条件：对多种气味均有响应，即通用性强，要求对成千上万种不同的气味在分子水平上作出鉴别；与气味分子的相互作用或反应是快速、可逆的，具有良好的还原性。

电子舌（electronic tongue）主要由味觉传感器阵列、信号采集卡和模式识别系统组成。味觉传感器阵列相当于生物系统中的"舌头"，感受被测溶液中的不同成分；信号采集卡采集被激发的信号传输到电脑，电脑对数据处理分析，区分辨识不同物质，最后得出不同物质的感官信息。味觉传感器阵列中每个独立的传感器如同舌面上的味蕾，具有交互敏感作用，即独立的传感器并非只感受一个化学物质，而是感受一类化学物质，并且在感受某类特定的化学物质的同时，还感受一部分其他性质的化学物质。

电子鼻和电子舌都是通过传感器阵列直接获得滋味成分的相关性数据，并通过计算机系统进行数据处理和模式识别，具有快速、准确、重复性好等优点。这两种技术在肉品新鲜度检测、酒类鉴别、水质污染监测等方面的应用广泛。与人工感官相比，测色技术得到的色泽表征值更加精确、客观、快速，能用于生产实践中食品、药品等品质的在线监测，提高行业生产的标准化及科学化管理水平。

1.2.4 食品加工过程多传感器信息融合监测技术

多传感信息融合是充分利用多种传感器信息资源，得到描述同一对象不同品质特征的大量信息。依据某种准则分析、综合和平衡这些信息，以期获得若干个最佳简化的综合变量，最终找到一个基于两种或两种以上传感器信息资源的综合陈述。

在多种传感器信息资源陈述过程中，各种传感器信息资源有可能存在相互交叉现象，因此，有必要选择多传感器信息融合层面进行区分。根据融合系统所处理的信息层面可将多传感器信息融合分为决策层（高层次）融合、特征层（中间层）融合和原始数据层（低层次）融合等层面。

多传感器信息融合方法在食品质量安全智能监测中的应用一般分8步进行：①确定物品中对品质特性影响重要的特征；②确定用于评价所测物品质量的辅助方法（定性或定量方法）；③确定能检测出所选物品特性的传感器智能监测方法；④通过辅助方法和所选的传感器智能监测方法，从所测的物品中得到数据；⑤评价传感器智能监测所用传感器中有没有多余的或者是否需要补充新的传感器；⑥选择和应用适当的多传感器信息融合方法；⑦通过与辅助方法所得的结果相比较，来评价或提高多传感器信息融合系统；⑧接受或否定或继续改进所提出的多传感器信息融合方法。

1.2.5 食品加工过程参数智能监测技术

在食品加工过程中，确保最终产品的一致性和高质量极为重要又极为复杂，而对食品加工过程中的参数进行实时监测能很好地解决这个难题。食品加工过程可能受到各种因素的影响，如压力、温度、流量、湿度、pH等，所加工食物的品质、气味、滋味和外观等由其中的多个因素共同决定，由于工人操作水平差异和品控人员理论水平不高等原因，经常会造成工艺控制不到位、质量不达标等问题。例如，压力不仅在食品加工过程中影响原料的物理性质，还直接关系产品的质地和口感。产品的口味、多批次的一致性等是由调味料和添加剂流量的数值进行把控的。温度和湿度在食品加工中扮演多重角色，温度控制不仅关系到食品的杀菌和保鲜，而且直接影响到一些特定食品的质地和口感。合理把控湿度能够控制食品的水分含量，进而影响其保存期限和口感。此外，食品加工过程中不同参数（如温度、湿度、气体、压力等）之间也存在交互作用，这些参数的交互作用对优化生产工艺、提升食品口感风味和确保产品质量一致性等方面具有重要作用。食品加工过程参数智能监测技术依托先进的智能传感器、人工智能算法和大数据分析，实现对关键工艺参数的实时、精准、自适应监测。该技术集成声学、光学及气体传感等无损检测手段，智能感知温度、湿度、压力、流速、pH及关键挥发性化合物等信息，并通过机器学习和深度学习算法进行数据分析与优化调控，使加工过程更加智能化、自主化。基于复合纳米材料的高灵敏智能传感体系进一步增强检测的精准度与稳定性，从而推动食品生产迈向智能决策、自动调控和高效优化的新阶段，实现品质控制与安全管理的智能化升级。在市场需求不断变化的情况下，这种对参数的细致掌控将赋予企业灵活性，使得企业能够迅速调整生产策略以适应市场的动态变化。这不仅对企业的可持续发展至关重要，同时也为整个食品行业的进步和创新提供有力的支持。

1.3　食品加工过程智能控制技术

食品加工过程智能控制技术是通过集成先进传感技术、物联网、大数据分析、人工智能和自动化控制等技术手段，对食品加工过程中的关键参数进行实时监测、动态优化和精准调控，从而实现高效、稳定和可持续生产的现代化技术体系。该技术的核心在于通过智能化的感知、决策和执行，全面提升食品加工的效率、质量和资源利用率。通过智能控制组织系统改进的食品生产将实现三方面优化：①信息流优化，包括在线监测、工业互联、数据集成、数字模型、优化设定和精准控制,实现质量全流程管控、一体化计划调度等;②能量流优化,包括余热余能高效回收利用、多能源介质之间高效转化、物质能量协同优化等;③物质流优化,包括食品加工工序及全流程物流网络优化等,从而实现最优化和最高效食品生产,以应对人口日益增长、资源不断紧缺和劳动力成本持续上升的食品产业挑战。

1.3.1 集散控制系统(DCS)

集散控制系统(DCS)是一种利用计算机技术对生产过程集中监视、操作、管理和分散控制的新型控制技术。DCS 由计算机(computer)技术、现代通信(communication)技术、现代控制(control)技术和现代图形显示(CRT)技术(简称 4C 技术)相互渗透发展而来。采用危险分散、控制分散,操作和管理集中的基本设计思想,以分层、分级和合作自治的结构形式,适应现代工业的生产和管理要求。DCS 既不同于分散的仪表控制系统,又不同于集中式计算机控制系统,而是吸收上述两项优点,具有很强的生命力和显著的优越性。

食品加工的生产过程中,使用在线监测、快速监测等自动化技术,可实现对原料的添加、过程控制及消毒和包装等功能的实时监控。应用在线糖度监测和 CO_2 监测可对饮料的糖度、含气指标进行实时监控,并适当调节相关参数,确保过程及产品的稳定;应用容量控制技术可以按要求实时控制流量或充填容量;应用伺服控制技术可以对饮料瓶盖密封扭力等进行自动调节;应用快速监测技术可对食品饮料生产过程及产品进行微生物快速监测,避免不合格的食品饮料流入下一道工序。因此,自动化智能技术的应用可提升产品品质的符合性、准确性、稳定性。在装箱、码垛、产品输送等环节应用机器人、机械手,适应多品类、多包装的生产模式及快速转换能力,从而提升制造的精益性和灵活性。而信息技术的应用可实现生产线的实时监控,包括设备状态监测、运行效率统计、故障诊断及远程技术支持等。

DCS 的典型系统结构分别处于四个不同的层次,自下而上分别是:现场级、控制级、监控级和管理级。对应着这四层结构,分别由四层计算机网络,即现场网络(field network,Fnet)、控制网络(control network,Cnet)、监控网络(supervision network,Snet)和管理网络(management network,Mnet)把相应的设备连接在一起(图 1-3)。

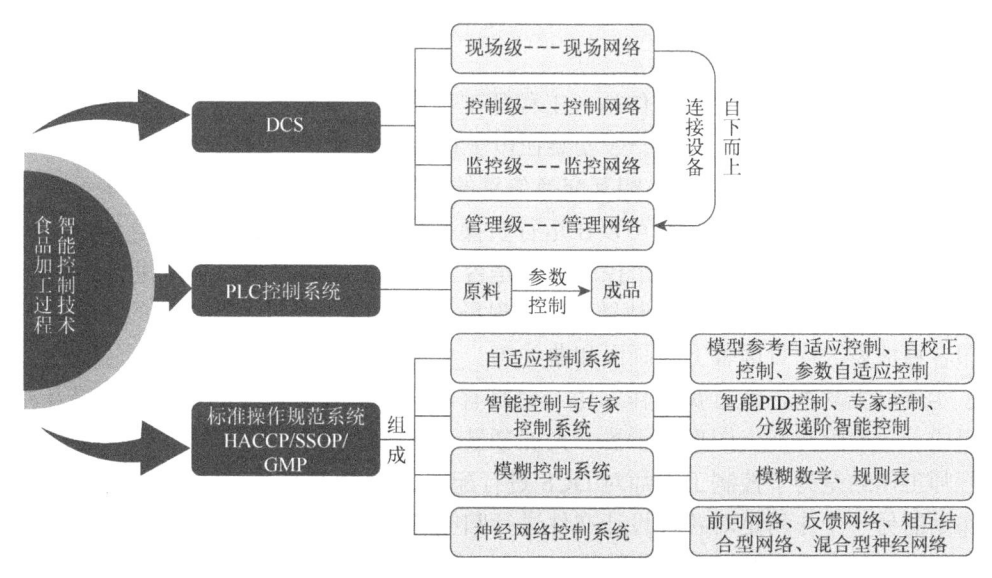

图 1-3 食品加工过程智能控制技术

HACCP:hazard analysis critical control points,危害分析和关键控制点;PID:比例-积分-微分;SSOP:sanitation standard operation procedure,卫生标准操作程序;GMP:good manufacturing practice,良好生产规范

1. 现场级

现场级设备一般位于被控生产过程的附近。典型的现场级设备是各类传感器、变送器和执行器。它们将生产过程中的各种物理量转换为电信号,如将 4~20mA 的电信号(一般变送器)或符合现场总线协议的数字信号(现场总线变送器),送往控制站或数据采集站;或者将控制站输出的控制器信号(4~20mA 的电信号或现场总线数字信号)转换成机械位移,带动调节机构,实现对生产过程的控制。

目前现场级的信息传递有三种方式,一种是传统的 4~20mA(或者其他类型)模拟量信号传输方式;另一种是现场总线的全数字量传输方式;还有一种是在 4~20mA 模拟量信号上,叠加上调制后的数字量信号的混合传输方式。现场信息以现场总线为基础的全数字传输是今后的发展方向。这方面的内容将在现场总线控制系统中详细介绍。

按照传统观点,现场设备不属于 DCS 的范畴,但随着现场总线技术的飞速发展,网络技术已经延伸到现场,微处理机已经进入变送器和执行器,现场信息已经成为整个系统信息中不可缺少的一部分。

2. 控制级

控制级主要由过程控制站和数据采集站构成。一般在实际应用中,把过程控制站和数据采集站集中安装在位于主控室后的电子设备室中。过程控制站接收由现场设备,如传感器、变送器送来的信号,按照一定的控制策略计算出所需的控制量,并送回到现场的执行器。过程控制站可以同时完成连续控制、顺序控制或逻辑控制功能,也可能仅完成其中的一种控制功能。

数据采集站与过程控制站类似,也接收由现场设备送来的信号,并对其进行一些必要的转换和处理之后送到 DCS 中的其他部分,主要是监控主设备。数据采集站接收大量的过程信息,并通过监控级设备传递给运行人员。数据采集站不直接完成控制功能,这是它与过程控制站的主要区别。

3. 监控级

监控级的主要设备有运行员操作站、工程师工作站和计算站。其中运行员操作站安装在中央控制室,工程师工作站和计算站一般安装在电子设备室。

运行员操作站是运行员与 DCS 相互交换信息的人机接口设备。运行员通过运行员操作站来监视和控制整个生产过程。运行员可以在运行员操作站上观察生产过程的运行情况,读出每一个过程变量的数值和状态,判断每个控制回路是否工作正常,并且可以随时进行手动/自动控制方式的切换,修改给定值,调整控制量,操作现场设备,以实现对生产过程的干预。另外,还可以打印各种报表,拷贝屏幕上的画面和曲线等。

为了实现以上功能,运行员操作站由一台具有较强图形处理功能的微型机,以及相应的外部设备组成,一般配有现代图形显示器、大屏幕显示装置(选件)、打印机、键盘、鼠标等。

工程师工作站是为了控制工程师对 DCS 进行配置、组态、调试、维护所设置的工作站。工程师工作站的另一个作用是对各种设计文件进行归类和管理,形成各种设计文件,如各种图纸、表格等。工程师工作站一般由个人计算机(personal computer,PC)配置一定数量的外部设备所组成,如打印机、绘图机等。

计算站的主要任务是实现对生产过程的监督控制,如机组运行优化和性能计算、先进控制策略的实现等。由于计算站的主要功能是完成复杂的数据处理和运算功能,因此,对它的要求主要是运算能力和运算速度。计算站一般由超级微型机或小型机构成。

4. 管理级

管理级包含的内容比较广泛,一般来说,它可能是一个发电厂的厂级管理计算机,也可能是若干个机组的管理计算机。它所面向的使用者是厂长、经理、总工程师、值长等行政管理人员或运行管理人员。厂级管理系统的主要任务是监测企业各部分的运行情况,利用历史数据和实时数据预测可能发生的各种情况,从企业全局利益出发辅助企业管理人员进行决策,帮助企业实现其规划目标。

对管理计算机的要求是:能够对控制系统做出高速反应的实时操作系统;能够支持大量数据的高速处理与存储;能够实现连续运行、具备冗余设计的高可靠性系统;能够长期保存生产数据,并具有优良的、高性能的、方便的人机接口;拥有丰富的数据库管理软件、过程数据收集软件、人机接口软件以及生产管理系统生成软件等工具,实现整个工厂的网络化和计算机的集成化。

管理级属厂级,也可分成实时监控和日常管理两部分。实时监控是全厂各机组和公用辅助工艺系统的运行管理层,承担全厂性能监视、运行优化、全厂负荷分配和日常运行管理等任务,主要为值长服务。日常管理承担全厂的管理决策、计划管理、行政管理等任务,主要为厂长和各管理部门服务。

1.3.2 PLC 控制系统

20 世纪 20 年代,继电器控制系统开始盛行。继电器控制系统是将继电器、定时器、接触器等元器件按照一定的逻辑关系连接起来而组成的控制系统,并具有结构简单、操作方便、价格低廉等特点,在工业控制领域占据主导地位。但是,继电器控制系统具有明显的缺点:体积大、噪声大、能耗大、动作响应慢、可靠性差、维护性差、功能单一、采用硬连线逻辑控制、设计安装调试周期长等。

1968 年,美国通用汽车公司为了提高竞争力,更新汽车生产线,将生产方式从少品种大批量转变为多品种小批量,研制一种新型工业控制器,即可编程逻辑控制器(programmable logic controller,PLC)。为尽可能减少更换继电器控制系统的硬件及连线,缩短重新设计、安装、调试周期,降低成本,通用汽车公司提出以下 10 条技术指标:①编程方便,可现场编辑及修改程序;②维护方便,最好是插件式结构;③可靠性高于继电器控制装置;④数据可直接输入管理计算机;⑤输入电压为 115V(我国产品电压多为 220V);⑥输出电压为市电 115V,电流大于 2A,可直接驱动接触器、电磁阀等;⑦用户程序存储器容量大于 4KB;⑧体积小于继电器控制装置;⑨扩展时系统变更最少;⑩成本与继电器控制装置相比,有一定的竞争力。

在日益发达的现今社会,PLC 在食品加工生产线的应用越来越广泛。在食品加工生产过程中,工人只需操作按钮将水、面粉、调料等食用材料放入生产线的入口,就可由 PLC 控制系统(PLC 分布在生产工艺以及食品流水线上的每个环节)自动完成产品的生产、分装等过程。从开始的选料、配料、洗料、加工到食品成型,每个环节都可以通过 PLC 变频系统进行速度控制,用户只需要根据配方工艺在组装的触摸屏上输入参数,就可以生产各种食品,如面包、面条、小食品等。产品生产的整个过程高度自动化,运行十分准确和高效,能够确保食品加工生产的质量和速度,可大规模生产。

1.3.3 人工智能与现代控制系统

随着科技的发展，出现了一些针对特殊环境、特殊要求的食品加工过程标准操作规范系统（自适应控制系统、智能控制与专家控制系统、模糊控制系统、神经网络控制系统等）。这些新型的食品加工过程标准操作规范系统的关键环节包括采购验收、运输、储存、粗加工、烹调、备餐、供餐、生食海产品加工、面点制作、烧烤、食品再加热、餐饮器具消毒保洁、食品留样等加工操作工序，同时也制定了相关规范：①危害分析和关键控制点（hazard analysis critical control points，HACCP）；②卫生标准操作程序（sanitation standard operation procedure，SSOP）；③良好生产规范（good manufacturing practice，GMP）。

通过计算机与智能算法互作机制研究，并结合生产线中的多种传感器的环境监测，为食品品质安全的调控提供理论基础，并为高品质安全食品的生产提供支撑。

1. 自适应控制系统

自适应控制（APC）是一种带有在线参数识别的控制方法，主要可以分为模型参考自适应控制（MRAC）、自校正控制（STC）、参数自适应控制（PAC）。

自适应控制系统必须完成三个主要功能：识别受控对象的动态特性；在识别对象的基础上选择决策；在决策的基础上做出反应或动作。经过多年的发展，其控制的方式也发生了很大的变化。

2. 智能控制与专家控制系统

智能控制就是拟人智能的控制，就是人工智能技术与控制理论相结合的控制。而专家控制系统就是借助相关从业人士的丰富经验为系统制定一系列的控制规则。

这种智能控制系统具有先验的知识库、规则库和按事先规划的程序可进行协调与组合的多种控制策略库。这种智能控制系统能根据运行情况，按事先设计的逻辑和数学公式进行控制器修正，以使系统运行达到最优或期望的性能指标，能诊断一般故障并有一定容错能力。这种智能控制具有较强的适应性和鲁棒性，这是现阶段已能实现并正在完善和使用的智能控制，如智能比例-积分-微分（PID）控制、专家控制和分级递阶智能控制等。

3. 模糊控制系统

美国著名的控制论专家 L. A. Zadeh 是模糊控制系统的最早提出者之一，他在 1966 年发表的模糊集合论中就提到了这一系统。

模糊控制系统是一种基于模糊逻辑、模糊集合的控制决策系统，通过模拟人的思想，对那些难以获取数学模型的系统加以算法实现控制。模糊控制系统之所以得到人们的重视和广泛应用，是因为其具备以下特点：模糊控制系统善于处理一些具有非线性、时变性、模型不确定的系统，对于那些难以获得精确数学模型的系统非常适用；模糊控制系统通过语言变量对系统进行描述，操作人员可以通过自然语言进行人机交流；具备智能水平，而且模糊控制器比较容易控制，控制算法容易掌握；属于非线性控制器，具有良好的鲁棒性和较强的容错性。

4. 神经网络控制系统

在食品加工工业生产中，传统解耦思想并不实用，因为该解耦控制器的设计必须已知对象精确的模型，当模型改变时，此解耦控制器就无法使用。如果被控过程不是以传递函数形式表达的，该解耦方法就不能使用。此外，系统控制器和解耦器的设计是分开的，各实现其功能，不能把解耦与控制功能相结合，使系统更繁杂。

随着智能控制理论的不断壮大，人们将智能控制理论运用到解耦控制中，由此诞生了神经网络控制系统。神经网络模型有很多，目前已建立的有40多种。

神经网络具有强大的学习功能，依据连接方式的差异，概括为四种形式：前向网络，该网络各神经元接收前层输入并传至下一层，是顺序结构，包含输入层、隐含层和输出层。第一层的输出作为第二层的输入，以此类推到输出层。反馈网络，该网络输出层到输入层有反馈，其他环节无反馈。相互结合型网络，该网络结构呈网状，网络信号是动态传递的，以某个状态作为起点，然后经过网络不断学习，最后达到平衡状态作为终点。混合型神经网络，这种网络结构要比其他三种复杂，不仅可同层连接，还可不同层连接，从而实现这一层内部神经元的兴奋或者抑制。

5. 人工智能控制系统

随着人工智能的飞速发展，以深度学习为代表的人工智能技术正成为机器学习与食品加工领域相结合的新研究方向，深度学习的引入使机器学习更接近人工智能的初始目标——通过模拟人类智能实现复杂任务的自动化与优化。深度学习是学习样本数据的内在规律和表示层次，这些学习过程中获得的信息对诸如文字、图像和声音等数据的解释有很大的帮助。它的最终目标是让机器能够像人一样具有分析学习能力，能够识别文字、图像和声音等数据。深度学习是一个复杂的机器学习算法，在语音和图像识别方面取得的效果，远远超过先前相关技术。深度学习的概念源于人工神经网络（artificial neural network，ANN）的研究，含多个隐含层的多层感知器就是一种深度学习结构。深度学习通过组合低层特征形成更加抽象的高层表示属性类别或特征，以发现数据的分布式特征表示。研究深度学习的动机是建立模拟人脑分析学习的神经网络，模仿人脑的机制解释数据，如图像、声音和文本等。目前，深度学习已逐渐应用于食品加工领域，并在精准加工和过程控制中取得显著成效。

1.4 食品加工过程智能化监测与控制未来趋势

智能制造正在多领域、多场景落地开花，食品行业是对智能制造需求最大的行业之一。但目前食品机械行业还存在产品品种少，成套性不强，食品机械制造企业大多是中小型企业，产值、效益普遍很低，科技开发能力薄弱等问题。伴随着"工业4.0"时代的推进，全球灯塔网络在所有行业领域的规模和多样性都在增加，食品类工厂数量也在稳定增长。食品生产技术的升级，AI算法的引入，机器视觉等智能化设备的使用，均推动食品制造高效可持续发展。以后的食品加工过程智能化监测和控制领域也将显现以下趋势。

1. 智能模块化监测

随着物料运输形式的多样化、人工智能和物联网等新型技术的兴起，智能化是食品加工过程监测的必然趋势。食品加工过程智能化监测既包括样本监测本身的智能化，即智能化取样、进样和监测，也包括样品在不同监测流程中的智能传输，既包括样品的传输，也包括数据传输交换。由于食品材料理化性质差异较大，具有高度复杂性和多样性特点，对监测过程进行模块化处理是食品质量安全监测的另一趋势。监测过程的模块化，可实现样品目标成分高效处理监测，降低了人力劳动强度和随之带来的不确定度、污染、数据干预可能性。食品加工过程智能化监测的模块化处理，可灵活实现多组分处理、目标物衍生、溶剂智能配对等功能，提升加工过程样品监测效率、重现性和智能化水平。总之，食品加工过程的模块化处理，为智能化监测提供基础，而智能化管理有助于监控过程中模块化的有序管理和智能流通，为模块化提供保障（图 1-4）。

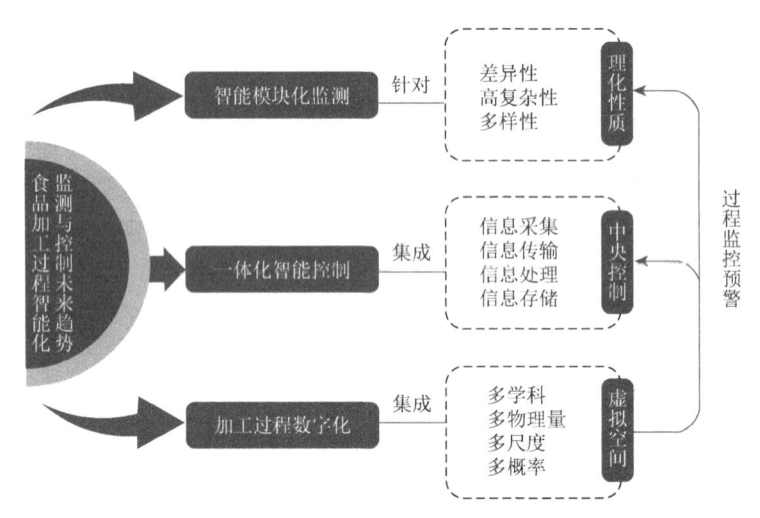

图 1-4　食品加工过程智能化监测与控制未来趋势

2. 一体化智能控制

过程控制作为食品加工的重要环节，在 20 世纪末经历了可编程逻辑控制（PLC）、集散控制系统（DCS）和个人计算机（PC）的演化过程，随着智能控制理论的日益成熟，以及人工智能技术的快速发展，将人工智能领域新理论和新技术运用到解耦控制中，是食品加工过程控制的未来趋势。在生产过程中，为了满足各级用户希望迅速获得可靠信息的需求，需要建立信息采集、传输、加工处理和存储平台，打造食品加工过程一体化智能控制系统，对食品加工过程中各个环节进行一体化集成控制，打造中央控制系统，是食品智能加工的一个重要趋势。

3. 加工过程数字化

数字化食品加工过程的发展模式有利于提高企业竞争力，也可以解决传统工业的发展转型升级，从而降本增效。通过构建食品质量安全检测数据的可追溯系统，实现食品质量安全信息全链条数据的可信采集、可信存储、便捷共享、全程可追溯，为食品行业的高质量可持续发展和国民膳食营养与安全领域的正向发展提供技术支撑。数字化食品作为食品产业生产、消费、产业监管的新模式、新业态，其发展将对食品行业所有部门的发展升级产生越来越大的影响，也将重新塑造食品行业的核心竞争力，是未来食品制造工业发展的重要模式。随着数字孪生技术等数字化技术的快速发展，充分利用物理模型、传感器、运行历史等数据，集成多学科、多物理量、多尺度、多概率对食品加工过程进行仿真，在虚拟空间中完成映射，从而反映相应食品加工过程的变化，通过一种超越现实的概念实现加工过程实体监控预警，是今后发展的重要趋势。

未来随着仿生技术、传感技术、微电子技术、人工智能技术等发展，多技术集成，且具有自我运动规划、多轴联动、自主动作执行的新一代食品柔性制造系统值得进一步探索。此外，通过自主感测以及可伸缩的纳米导电材料，创制具有柔软、可伸缩、可随意变形、可感知外在环境因子、肌肉可运动等优势的柔性化机器人，更能适应食品加工不同工序的需要。

课外延伸阅读

[1] 刘检华. 智能制造与工业 4.0、数字化制造的异同. 国防制造技术，2016，(3)：29-31.
[2] 刘元法. 未来食品新业态：数字化食品产业. 2022-5-18. https://mp.weixin.qq.com/s/YZPmFR7_hr0oyatRwN4U-A[2023-12-21].
[3] 刘东红，周建伟，吕瑞玲，等. 食品智能制造技术研究进展. 食品与生物技术学报，2020，39（7）：1-6.
[4] 李莉. 人工智能时代控制技术应用与发展趋势. 2023-4-26. https://mp.weixin.qq.com/s?__biz＝MzA3MDU5ODMzMg==&mid=2656702244&idx=1&sn=8b8307cc446e1080e49cbba801813c7a&chksm=8494c4f7b3e34de173e14c564691fc7b630a0d3c30d162ce0a278a3e620c3b6e7bb9827d10db&scene=27[2023-12-21].
[5] 陈全胜，林颢，赵杰文. 食品质量安全快速无损检测技术及装备. 北京：科学出版社，2023.
[6] 扎基·伯克. 食品加工工程与技术. 康大成，译. 北京：中国轻工业出版社，2020.
[7] 高福成. 食品加工过程模拟·优化·控制. 北京：中国轻工业出版社，1999.
[8] Menichetti G，Ravandi B，Mozaffarian D，et al. Machine Learning Prediction of Food Processing. New York：Cold Spring Harbor Laboratory Press，2021.

扩展与思考

[1] 食品加工过程智能化监测与控制未来发展趋势。
[2] 人工智能和互联网技术如何与食品智能化加工技术相结合？

第 2 章

食品加工过程外观指标智能监测技术

知识点
- 食品加工过程中的外观指标基本特征。
- 机器视觉技术的原理、系统组成。
- 机器视觉图像处理方法。
- 高光谱成像技术的原理、系统组成。
- 高光谱图像及光谱处理方法。
- 机器学习与深度学习在食品图像识别与分类中的应用情况。

人类在认识世界的过程中有 90%的信息量是由视觉提供的，因此在对食品进行感官分析时视觉评定具有重要作用。在食品加工过程中，食品质量的好坏首先会表现在外观性状的变化上，包括食品、农产品的外观尺寸、颜色、纹理特征、缺陷和损伤及其成分。近年来，计算机视觉技术在不同领域的应用越来越广泛，可以对样品进行成像显示，并对其外观物理特征进行有意义的描述。通过物理图像传感器和专用的电脑软件及硬件获取图像，并带有目的性地分析处理图像，是计算机视觉技术的主要任务。随着对食品品质和安全标准的期望值的提高，对食品中这些特性进行准确、快速和客观测定的需求也在不断增长。

2.1 食品加工过程外观指标智能监测概述

2.1.1 食品加工过程外观指标基本特征

视觉评定不仅能直接发现食品外观性状在宏观上出现的异常现象，而且当食品外观性状发生微观变化时也能被敏锐地察觉到。一般情况下，如果食品中出现混有杂质和异物、发生霉变、变色等不良变化时，人们能够直观地鉴别出来并作出相应的决策和处理，而不需要进行其他的检验分析。以冻藏虾类为例，由于氧化酶（酚酶）在低温下仍有一定的活性，会使酪氨酸变成黑色素，所以虾类在冻藏过程中会发生黑变，根据黑变的程度可以初步判别虾的新鲜程度，以便决定是否需要进一步做理化性质分析确定其新鲜度。

不同的食品呈现不同的颜色，这是因为其所含的色素在质与量上存在差异。食品中的色素物质按其来源可分为三类：一是天然色素，包括动植物和微生物源色素，如水果和蔬菜中所含的叶绿素、叶黄素、胡萝卜素和花青素等；二是在食品加工和保藏过程中因某些化学变化而产生的色素，如多酚类物质酶促氧化而产生的褐色物质和美拉德（maillard reaction）反应形成的类黑质等；三是按照食品卫生标准向食品中添加的人工色素。食品中的天然色素一般对光、热、氧气和 pH 条件敏感，在加工和保藏过程中易发生变化，引起食品的变色或褪色，从而影响食品的天然色泽，导致食品感官品质下降。以叶绿素为例，叶绿素是绿色植物的主要色素，其性质不稳定，对酸异常敏感，极易失去镁原子而生成黄褐色的脱镁叶绿素。当植物性食品进行热处理时，叶绿体中的蛋白质热变性而使叶绿素成为游离状态，更易变为脱镁叶绿素，这便是绿色蔬菜、水果经热处理后失去鲜绿颜色的主要原因。又比如肉及肉制品在保藏过程中因为肌红蛋白被氧化生成褐色的高铁肌红蛋白，使得肉色变暗，品质下降。当有硫化物存在时，肌红蛋白还可以被氧化生成硫代肌红蛋白，呈绿色。而肌红蛋白与亚硝酸盐反应可生成亚硝基肌红蛋白，使腌肉加热后呈亮红色。由此可见，色泽差异会直接影响产品的质量，食品加工过程中，色泽的变化与其营养成分的流失情况密切相关，产品的色泽也严重影响着消费者的心理。因此，在食品加工过程中引入色泽检测系统具有十分重要的意义。

食品的尺寸与形状也是影响消费者购买欲望的重要考虑因素。对于尺寸来说，某些食品的价格很大程度上取决于食品的尺寸。比如水果进入市场流通，如果能按照水果的尺寸进行分级处理，不同大小的水果可进行有区别的包装和运输，进入不同等级的市场，有助于提高水果的附加值。对于食品的外观形状，不同种类的食品都有相对固定的形状，变形的或者畸形的食品通常售价很低，甚至不能被出售。因此食品的形状是食品最为重要的外观品质之一，在农产品的外观品质监测和分选中应该被重点监测与评估。随着食品加工技术的日益发展，为了提高食品的附加值以及延长保质期，现代食品企业往往会对食品进行深加工处理，而干燥是食品企业中常用的一种加工手段，其原理是通过降低物料的含水率来抑制微生物的生长繁殖并延缓生化反应发生，以达到延长果蔬物料的保质期的目的。但是，任何脱水过程几乎都会造成物料的收缩现象，即食品的大小与形状发生了变化，产生收缩现象的原因在于水的去除使物料的内压（膨胀压）降低。一般来讲，未失去活性的细胞（如未烫漂的新鲜果蔬等）水分充盈，内部膨胀压较大，脱水后细胞壁受力严重，干缩明显；而失去活性的细胞（如煮制过的肉类）已去除部分水分，其细胞壁渗透性有所改变，则内部膨胀压降低，脱水后的细胞壁受力较轻，干缩也较小。在理想的干燥过程中，物料发生的干缩应为线性收缩，即物料大小（长度、面积和体积）均匀地按比例缩小。实际上，食品物料的内部环境十分复杂，各个部位、各个方向的膨胀压大小并不一致，同时外界干燥环境对物料各部位的脱水也不尽相同，很难达到完全均匀的干燥与收缩。不同的食品物料，其干缩程度的差异很大。物料干燥的程度与收缩均匀性对其复水性有很大的影响，干缩程度小、收缩均匀的物料复水性较好，反之较差。食品物料在干燥过程中，除发生永久性的收缩变形外，还会出现组织干裂或破碎等现象。另外，在食品不同部位所产生的不等收缩又往往会造成物料奇形怪状的翘曲。而大小不一、形态不佳的物料在后续的加工及包装过程中常被当作次品处理，严重影响物料使用率。因此，探明食品物料加工过程中形态与大小变化规律至关重要。

同颜色、大小、形状特征一样，纹理特征也是食品最为重要的外观物理品质之一。纹理特征不仅是外观品质的衡量特征，同时也是食品内部品质特征的重要指示特征。目前，表面纹理特征大多数用于对食品进行分级以及监控食品加工过程中的品质变化。红枣的表面纹理特征是衡量红枣外部品质的重要指标，一般纹理比较多的红枣果肉较少，水分含量低，含糖量低，在销售时要将其剔除。同样地，在干燥过程中，由于物料内部的溶质随水分向物料表面的不断移动，会在表面积累产生结晶硬化现象，如含糖量较高的水果及腌制品的干燥，这种表面硬化的现象会直接导致食品表面纹理的变化。因此，通过食品表面纹理的监控也能实时反映食品在加工过程中的品质变化。

当前广泛采用的测定和评价食品加工过程中品质变化的方法和技术有感官评价法，以及实验室常用的理化分析方法。理化分析方法是利用物理和化学分析的手段对食品品质进行监测，虽然其测量精度高、结果客观可信，但是会破坏被测样本、步骤烦琐、检测时间长、费用高、具有一定的危害性和污染性，因此感官评价法和理化分析方法均不利于监控食品在加工过程中的品质变化。

随着光学、电学、计算机、图像处理等现代先进技术的不断创新和发展，食品快速品质监测技术正朝着快速、准确、实时、无损的方向发展。因此，探寻快速、无损、客观、准确的食品品质安全的监测方法和技术，关系着消费者的切身利益，也对食品及其加工品的运输、储藏及加工过程有着重要的科学意义和应用价值。近些年来，食品外观指标的无损监测技术也得到了一定的发展，主要集中在机器视觉技术和高光谱成像技术，这两种技术可以在不破坏待测物原始状态、化学性质的前提下，实时获取食品的外观指标特性，具有检测精度高、速度快、效率高等优点。食品加工过程外观指标的智能监测和控制，在保证产品的质量安全、提高生产效率、增加产品价值中扮演着非常重要的角色。本章将着重介绍食品加工过程外观指标的实时监测以及不同的监测系统，并描述、分析、评价和阐释如何对食品加工过程外观指标进行智能监测与控制，以期对食品外观品质安全控制体系有全面了解。

2.1.2 食品加工过程外观指标智能监测原理

基于视觉监测系统的食品外观指标智能监测原理可以简单地理解为：视觉监测系统采用图像传感器获取待监测食品的图像数据，将其转化为数字信号，再应用图像处理和分析方法对待监测食品进行识别并建立定量关联关系。从机器视觉监测系统或高光谱成像系统中提取出来的图像能在一定程度上反映对象物体的各种物理、化学特性，挖掘图像的特征信息与被测物质参数之间的相关性，建立两者之间的计量关系和预测模型。建立预测模型后，将目标信息输入预测模型，可获取指定参数的定量和定性信息。由于不同测量目标的图像特征千差万别，将食品的外观指标信息转化为图像中的数字信号，则需要通过对图像进行特征提取，获取特征是图像分析的重要依据。通过特征提取能有效地降低数据空间的维数，进而突出和挖掘测量目标的特点。常见的图像的特征一般包括颜色特征、纹理特征、尺寸特征和形状特征，下面分别予以介绍。

1. 颜色特征

人对于颜色的感知是视网膜上的感光细胞受到特定波长的电磁波刺激而产生电位变化，并通过神经元将引起的信号传入大脑皮层产生的，其感知结果取决于观察者以及观察颜色的条件。为了更加客观地表示颜色，色彩系统是必不可少的，迄今，基于改变三种光刺激值的相对量配比和亮度，便可以配出任何一种颜色和亮度的光的原理，已经建立了各种色彩系，如芒塞尔体系、德国 DIN 体系以及自然色系统等。其中，最为经典的色彩系为国际照明委员会（Commission Internationale de i'Éclairage，CIE）于 1931 年建立的 *RGB* 色彩系，它是依据人眼识别的颜色定义出来的颜色空间，可以用来表示大部分的颜色。对于大多数机器视觉监测系统而言，它们所采集的彩色图像，一般被分成 *R*、*G*、*B* 三个独立成分加以保存。如图 2-1 所示，*RGB* 颜色空间是图像处理中最基本、最常用的面向硬件的颜色空间，也是食品颜色监测中最常用的系统。但是由于 *RGB* 颜色空间是一种面向硬件的颜色模型，它的细节难以进行数字化的调整。故在食品外观颜色监测中，*RGB* 颜色空间经常被转化为标准 *RGB* 颜色空间（s*RGB*），不仅如此，由于根据 *RGB* 色彩系所得同色函数会出现负值，颜色分布不尽合理，所以 CIE 又建立了 *XYZ* 色彩系（图 2-2）。与 *RGB* 颜色空间相比，*XYZ* 色彩系中所有实际颜色的色度坐标均为正值且色光明亮度表示更加合理，并且可得到等能量光谱的白光。

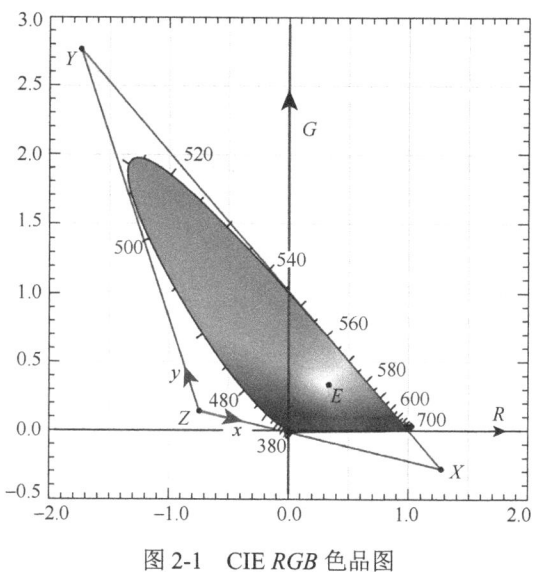

图 2-1　CIE RGB 色品图

X、Y、Z 是 XYZ 色彩系；R、G 是 RGB 色彩系；x、y 是坐标轴

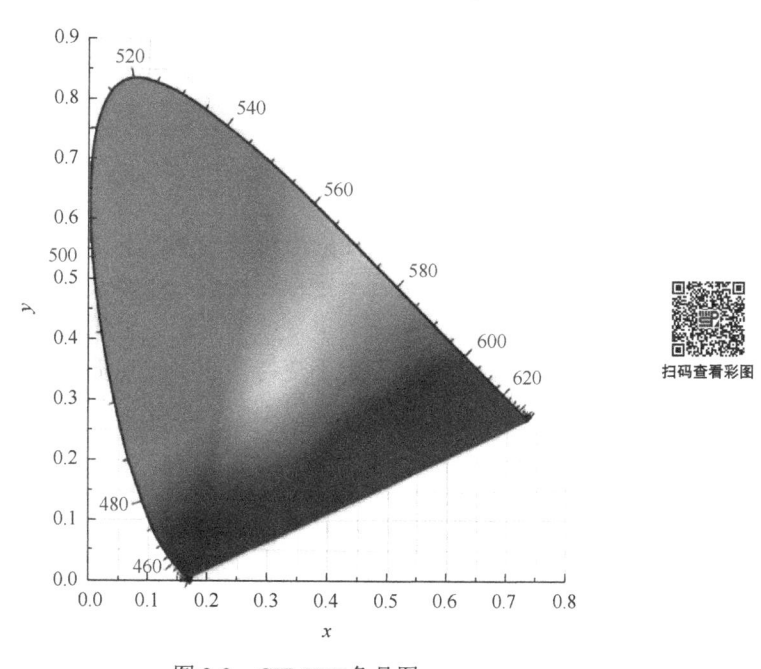

图 2-2　CIE XYZ 色品图

除了 RGB 色彩系外，目前在食品监测中常用的颜色表示系统为 CIELAB 色彩系和 hunter Lab 色彩系。CIELAB 色彩系，又称为 $L^*a^*b^*$ 色彩系，以色度学为基础，同时具有芒塞尔颜色系统表示方法直观的特点，其色品图如图 2-3 所示，是类似于芒塞尔颜色系统的立体图像，中轴是明度轴，也称 L^* 轴，分为 100 个等级。中部的色圆有一直角坐标，即 a^* 和 b^* 坐标，a^* 值越大，颜色越接近纯红色，相反，a^* 值越小，颜色越接近纯绿色；而 b^* 值越大，颜色越接近纯黄色，相反，b^* 值越小，颜色越接近纯蓝色。彩度 c^* 沿圆盘半径方向发生变化，中心的彩度为 0，单色的彩度为 60，可用 $c^* = \sqrt{(a^*)^2 + (b^*)^2}$ 表示，其值越大颜色越纯。CIELAB 色彩系测得的值也可以与 XYZ 色彩系的值进行换算，其计算方式首先是将 RGB 彩色图转换至 CIE XYZ 颜色空间，再转换到 $L^*a^*b^*$ 颜色空间。

比 *RGB* 模型更为直观的一种颜色模型是 *HSV* 模型（图 2-4）。将采集的颜色信息分为色相（hue）、饱和度（saturation）和明度（value）三种属性。色相表示色彩的不同，即所处的光谱颜色的位置不同，该参数用角度量来表示，互补色相差 120°，变化由 0°～360°。饱和度则表示该色彩的深浅不同，是一个比例值，范围为 0～1，它表示所选颜色的纯度和该颜色最大的纯度之间的比率，当 $S=0$ 时，只有灰度。明度则表示该色彩的明暗程度，范围为 0～1。

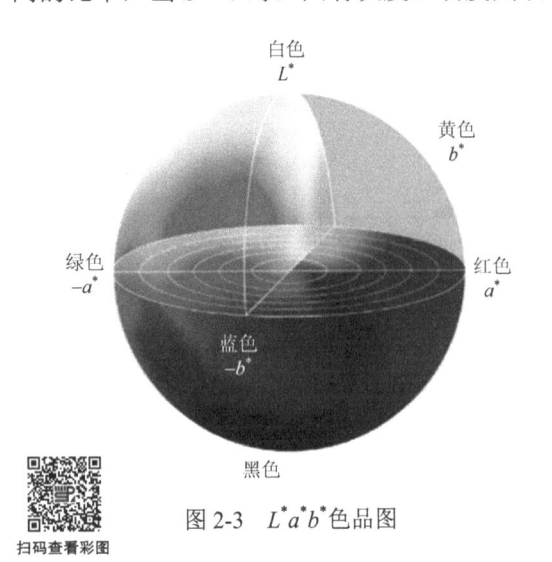

图 2-3 $L^*a^*b^*$ 色品图

图 2-4 *HSV* 色品图

2. 纹理特征

纹理是图像的内在特征，表征物体表面的组织结构及上下文内容的联系等许多重要信息。应用纹理可对图像中基于空间的信息进行一定程度描述。普遍认为，纹理反映的是图像像素间的灰度重复或者变化，以及颜色在空间上的重复或者变化。组成纹理的基本元素被称为纹元或纹理基元。纹理基元被定义为一个具有一定不变特性的引起视觉感知的基本单元，该单元在给定某区域内的不同方位上，或者在不同的方向以不同的形变重复出现，表现为图像在灰度或者色彩模式上的特点。

近年来，众多研究者提出了许多不同的纹理特征提取方法，这些方法主要可以概括为以下几类。

（1）基于统计的纹理特征提取。该方法基于像素及其邻域的灰度属性，研究纹理区域中的统计特征，或像素及其邻域内灰度的一阶、二阶或高阶统计特性。其主要包括 Tamura 方法、灰度共生矩阵、灰度行程统计、灰度差分统计、灰度梯度矩阵、局部灰度统计、自相关函数、半方差图等。

（2）基于模型的纹理特征提取。该方法首先假设图像中的纹理分布满足一种特定的分布，即图像中的纹理信息分布符合参数控制的某种特定模型。建立该模型之后，统计大量的纹理图像，并计算该模型内的参数，最后将该模型作为纹理特征提取的结果。其主要包括同步自回归模型、自回归滑动平滑模型、滑动平滑模型、马尔可夫（Markov）随机场模型、吉布斯（Gibbs）随机场模型、复杂网络模型和马赛克模型等。

（3）基于结构的纹理特征提取。该方法通过计算图像中心像素与邻域像素之间的灰度大小关系，以及每个像素对应的纹理特征值，得到纹理基元，最后从中寻找纹理基元符合的排列规则或分布关系。其主要包括局部二进制模式（local binary pattern，LBP）、局部三进制模式（local ternary pattern，LTP）、局部空间二进制模式（local spatial binary pattern，LSBP）、数学形态学法、Laws 纹理测量、特征滤波器、正交镜像滤波器和优化有限冲激响应（FIR）滤波器等。

（4）基于信号处理的纹理特征提取。该方法建立在时频分析与多尺度分析基础之上，对纹理图像上某个区域内实行某种变换后，再提取保持相对平稳的特征值，以此特征值可表示区域内的一致性以及与其他区域间的差异性。其主要包括加博（Gabor）变换、二进制小波、多进制小波、塔形小波分解、树形小波分解、脊波变换、曲波变换、拉东（Radon）变换、环形和楔形滤波器、离散余弦变换、局部傅里叶变换、局部沃尔什变换和哈达玛变换等。

这四种方法中，统计型纹理特征是食品纹理监测中最常用的纹理形式，模型型纹理特征和信号处理型纹理特征相对较为深奥，由于食品或者农产品的非结构性特征，结构型纹理特征几乎很少用于食品或者农产品的监测中。

3. 尺寸特征

机器视觉用于食品尺寸的监测是一种相对的、间接的测量方法，通过倍率标定、3D重建、回归建模等来估计水果的实际大小，对于球形或类球形的食品来讲，尺寸的监测相对容易，但是对于不规则类型的食品来讲，尺寸的监测较为困难。利用机器视觉进行尺寸监测，提取的常见尺寸参数有面积、周长、投影面积、最小外接矩形等。

1）面积

面积是最常用也是最直观的尺寸特征之一，可以通过采用计算区域中的像素个数来获得面积 A。假设单个像素代表一个单位的成像面积，那么通过计算样品区域内总的像素点的个数，便可得到该样品的面积。

$$A = \sum (x, y) \in \Omega \tag{2-1}$$

式中，(x, y) 为像素点坐标；Ω 为样品二值化图像中像素坐标点集合。

2）周长

样品图像的边界长度即为周长 P。通常是按 8 邻域连通规则从固定方向顺时针或逆时针将轮廓点依次提出，提取的过程中统计当前点与下一个像素点关系为 4 连通与 8 连通的像素个数，4 连通像素代表像素之间为水平或垂直连接关系，其个数计为 N_a，8 连通像素代表像素之间为对角连接关系，其个数计为 N_d，则周长 P 计算公式如下所示：

$$P = N_a + \sqrt{2} N_d \tag{2-2}$$

3）投影面积

该方法是目前食品尺寸测量中最常用的方式，是通过统计物体在图像中的垂直投影区域的像素数目进行尺寸估计的方法。由于面积使用的单位是像素，通过式（2-3）将其数值缩小，采用半径来进行表示：

$$r = \left(\frac{S}{\pi} \right)^{\frac{1}{2}} \tag{2-3}$$

式中，S 为投影面积；r 为近似的半径；π 为圆周率。

4）最小外接矩形

表示农产品大小时，还可以使用其最小外接矩形来表示果径。在二维平面中的任何一个食品，我们都可以找到无数的外接矩形，但需要找到数值最小的那个来代替食品半径大小。步骤如下：通过对食品的图像在 90°范围内每隔 3°进行一次旋转并记录得到的外接矩形的面积。当旋转结束后，其中必然存在一个面积最小的矩形，此矩形即为所求的最小外接矩形，并记录最长的边为该样品的直径。

目前，食品尺寸的监测都是基于食品的二维图像特征进行的。然而，大多数食品是一个具有立体属性的物体,仅仅根据二维尺寸特征进行三维尺寸的监测具有一定的片面性。为了更加准确地进行三维尺寸的监测,还需要根据食品的三维图像提取高度等信息特征进行综合的监测和评估。

4. 形状特征

食品的形状是影响消费者购买欲望的重要考虑因素之一,如不同的水果都有相对固定的形状,变形的或者畸形的水果通常售价很低,甚至不能被出售。因此形状是水果最为重要的外观指标之一,在水果的外观指标监测和分选中应该被重点监测与评估。

食品的形状一般根据食品的形状特征进行评估。由于农产品形状多种多样,因此形状的描述也比较模糊。人类对形状的判断是相对容易的,然而对于计算机而言,形状的刻画和定量式描述相当困难。计算机视觉系统为形状的监测和测量提供了解决方案,食品的形状特征可以从食品的数字图像中提取,然后根据形状特征对其进行描述、测量和分类,并评估食品形状是否可以被消费者接受。用于形状描述的图像特征有很多种,其中基于尺寸的形状特征有长宽比、圆度、紧密度、凸度、矩形度、拟合椭圆、几何矩、伸长率等。

1)圆度

圆度(circularity,Cir)是指图像区域与圆的相似度,其计算公式为

$$\mathrm{Cir} = \frac{F}{d_{\max}^2 \times \pi} \tag{2-4}$$

式中,F 为区域面积;$d_{\max}$ 为域中心到区域轮廓像素的最大距离。一个圆的圆度为 1,如果一个区域长度不一或有孔洞,则圆度小于 1。

2)紧密度

图像区域的紧密度(compactness,Com)的计算公式为

$$\mathrm{Com} = \frac{L^2}{4F\pi} \tag{2-5}$$

式中,L 为区域轮廓的周长;F 为区域面积。一个圆的紧密度为 1,如果一个区域长度不一或有孔洞,则紧密度大于 1。

3)凸度

凸度(convexity,Con)是指图像区域凹凸的程度。其计算公式为

$$\mathrm{Con} = \frac{F_0}{F_c} \tag{2-6}$$

式中,F_c 为区域凸包的面积;F_0 为区域原始面积。如果一个区域为凸面体,如圆和矩形,则凸度为 1,如果区域有缺口或孔洞,则凸度小于 1。

4)矩形度

矩形度(rectangularity,R)体现物体对其外接矩形的充满程度,反映一个物体矩形度的一个参数是矩形拟合因子:

$$R = \frac{S_0}{S_{\mathrm{MER}}} \tag{2-7}$$

式中,S_0 为物体的面积;S_{MER} 为其最小外接矩形的面积;R 反映了一个物体对其外接矩形的充满程度。对于矩形物体,R 取最大值 1;对于圆形物体,R 取值为 $\pi/4$;对于纤细、弯曲的物体,R 取值变小。矩形拟合因子的值为 0~1。

5）拟合椭圆

拟合椭圆（fitting ellipse）是指与区域有同样方向和长宽比的椭圆。椭圆的长半轴 R_a、短半轴 R_b、方向 ϕ（长轴与 x 轴的角度）的计算公式分别为

$$R_\mathrm{a} = \frac{\sqrt{8(M_{20}+M_{02}+\sqrt{(M_{20}-M_{02})^2+4M_{11}^2})}}{2} \tag{2-8}$$

$$R_\mathrm{b} = \frac{\sqrt{8(M_{20}+M_{02}-\sqrt{(M_{20}-M_{02})^2+4M_{11}^2})}}{2} \tag{2-9}$$

$$\phi = -0.5a\tan 2(2M_{11}, M_{02}-M_{20}) \tag{2-10}$$

式中，M_{20}、M_{02}、M_{11} 为区域的归一化二阶中心矩。

6）几何矩

设图像的二维连续函数为 $f(x,y)$，则它的 $(p+q)$ 阶原点矩定义为

$$m_{pq} \iint_{xy} f(x,y)x^p y^q \mathrm{d}x\mathrm{d}y \tag{2-11}$$

式中，p 和 q 可取所有的非负整数。

相应地，对于大小为 $M \times N$ 的数字图像 $f(x,y)$，它的 $(p+q)$ 阶原点矩定义为

$$m_{pq} = \sum_{i=1}^{n}\sum_{j=1}^{m} i^p j^q f(i,j) \tag{2-12}$$

0 阶矩 m_{00} 是图像灰度 $f(i,j)$ 的总和。二值图像的 m_{00} 则表示目标物体的面积。如果用 m_{00} 来规格化 1 阶矩 m_{10} 及 m_{01}，则得到该区域的重心坐标 $(\bar{i},\bar{j})$：

$$\bar{i} = \frac{m_{10}}{m_{00}} = \frac{\sum_{i=1}^{n}\sum_{j=1}^{m} ijf(i,j)}{\sum_{i=1}^{n}\sum_{j=1}^{m} f(i,j)} \tag{2-13}$$

$$\bar{j} = \frac{m_{01}}{m_{00}} = \frac{\sum_{i=1}^{n}\sum_{j=1}^{m} if(i,j)}{\sum_{i=1}^{n}\sum_{j=1}^{m} f(i,j)} \tag{2-14}$$

而所谓的中心矩则是以重心作为原点而定义的，即

$$u_{pq} = \sum_{i=1}^{n}\sum_{j=1}^{m} i(i-\bar{\bar{i}})^p (j-\bar{\bar{j}})^q f(i,j) \tag{2-15}$$

由此可知，中心矩 u_{pq} 是反映区域中灰度相对于灰度中心是如何分布的一个度量，具有位置无关性。利用中心矩可以提取区域的一些基本形状特征。

2.1.3 食品加工过程常用外观指标智能监测技术

1. 机器视觉技术

与人类视觉原理类似，机器视觉主要由视觉传感器（如工业相机）代替人眼获取客观事物的图像，利用计算机来模拟人或再现与人类视觉有关的某些职能行为，从图像中提取信息，并进行处理与分析，最终用于实际的监测、测量与控制。目前，国际上最为认可的一种定义来源于美国制造工程师学会（Society of Manufacturing Engineers，SME）机器视觉分会和美国机器人工业协会（Robotic Industries Association，RIA）自动化视觉分会，即"机器视觉监测系统是通

过光学的装置与非接触的传感器自动地接收和处理一个真实物体的图像，以获得所需信息或用于控制机器人运动的装置"。由此可见，机器视觉是一门涉及人工智能、神经生物学、心理物理学、计算机科学、图像处理、模式识别、机械以及自动化等多个领域的交叉学科。

随着现代食品加工业的发展和新技术的不断涌现，机器视觉技术在食品加工领域的应用日趋广泛。由于机器视觉技术在一定程度上能模拟并超越人眼，可对食品的颜色、大小、形状等外观特征进行实时、在线测量，同时更具有无损、高效和高精度等优点，所以其在食品加工自动化和智能化作业方面发挥了重要作用。

运用机器视觉技术，采集水果图像，提取出水果的大小尺寸、颜色、果形、果面缺陷和损伤状况等特征参数以及成熟度等内部品质，对水果进行自动分选与分级处理，以提高水果的商品价值，克服人工分选效率低、易受工人主观因素影响、分选精度不高的缺点。在种子筛选与质量评价方面，机器视觉技术也被广泛应用。通过采集种子图像，提取种子的尺寸、形状、颜色、胚芽位置、胚芽形状以及大小等特征参数，分辨出不同的种子品种，并检测种子上的裂纹、破损以及霉变等情况，从而评定种子的纯度和发芽的能力。利用机器视觉技术检测大米的垩白度、垩白率、黄粒米和粒形等参数，实现大米质量的评判和精选。

此外，机器视觉在食品加工时对异物的检测与剔除等方面也发挥着重要作用。由于大部分农产品生长在野外，不可避免地掺杂布片、绳头、塑料薄膜、丙纶丝和毛发等杂质，纺纱过程中一旦遇到杂质就会立即断线，严重影响皮棉的精纺性能。而且混在烟叶中的杂质及霉烂烟叶等将使卷烟产品的质量大打折扣。因此，在生产环节利用机器视觉技术采集棉花或烟草的图像，通过图像处理算法识别出其中的杂质或劣质部分，并予以剔除，将极大地提高产品质量，而这些工作依靠人工是很难完成的。

1）机器视觉监测原理

机器视觉监测系统通常采用图像传感器获取待监测对象的图像数据，将其转化为数字信号，再应用图像处理与分析方法对待监测对象进行识别与测量，最后根据事先制定的响应策略快速显示图像、输出监测数据、发出指令，并由执行机构配合完成位置调整、好坏筛选、数据统计等自动化流程。与人工监测相比，机器视觉监测最大的优点是精确、快速、可靠以及信息数字化。

依据图像采集与图像分析在时间上的连贯性以及机器视觉监测与控制响应的时效性不同，机器视觉监测系统可以分为在线机器视觉监测系统和离线机器视觉监测系统两大类。在线机器视觉监测系统强调从图像采集到图像分析再到控制响应，是一个连贯的过程，讲究其整个流程的处理时间和效率，实时性是其重要的性能指标。而离线机器视觉监测系统的图像采集与图像处理大多分离，对图像处理、分析的效率没有苛刻要求，通常也不需要控制响应环节。由于在线机器视觉监测系统相对复杂，并包括了从监测到控制的全过程，所以这里主要以在线机器视觉监测系统为例进行讨论。

通常在线机器视觉监测系统工作原理如图 2-5 所示，主要由工业相机、光源、图像采集模块、图像处理设备、机器视觉监测系统软件以及控制响应模块等组成。其具体工作流程如下。

（1）待监测产品随着辊子的旋转顺序经过光源与工业相机所构成的成像系统，编码器检测辊子的转速并反馈给图像采集模块，图像采集模块依据事先设定的相机参数配置由编码器信号触发工业相机（CCD 或 CMOS 相机）以获得待监测产品的图像。

在此过程中，面阵相机和线阵相机的成像方式稍有不同。对于面阵相机而言，当监测产品进入成像系统的视场中，一般会触发工件定位监测器发出信号给图像采集模块，再由图像采集模块触发相机获取一帧图像。有时为了给成像系统补光增加成像效果或者采用频闪灯获取高速运动产品的图像，图像采集模块通常会根据系统事先设定的延时程序，分别向照明系统和相机发出触发信号，使得相机曝光时间与光源照射时间相匹配。

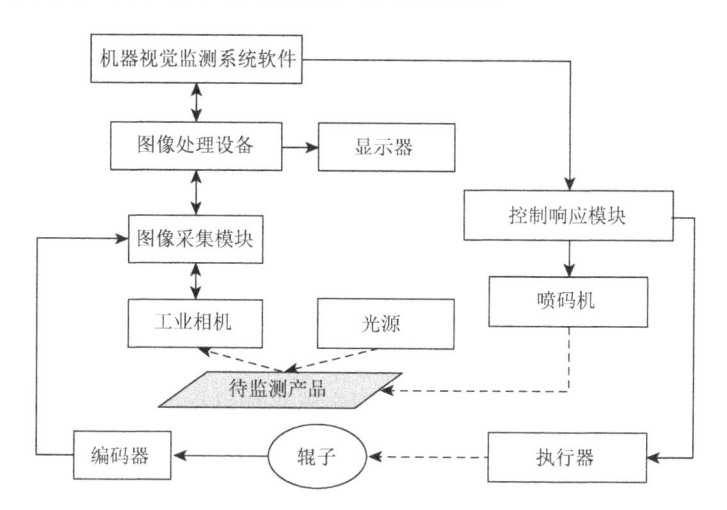

图 2-5　在线机器视觉监测系统工作原理图

而对于线阵相机而言，编码器对应的每个相机触发信号只是触发相机获取正对线阵 CCD 的一系列图像像素，当传送带载着待监测产品连续经过线阵相机时，可以实现对产品整个表面的均匀检测，并把一行一行的图像拼接成一帧图像。

（2）由相机或图像采集模块完成图像的数字化与相关预处理后，图像采集模块借助计算机总线把图像快速存储在图像处理设备的内存中。

（3）图像处理分析获得的数据结果，将用于控制生产线的运动，并可依据用户需要由控制响应模块控制喷码机对产品缺陷位置等信息进行标注与定位。

从上述的机器视觉监测流程来看，机器视觉监测系统是一个十分复杂的系统。由于机器视觉监测系统监测的对象大多是运动目标，系统与运动目标协调动作尤为重要，这就要求系统各部分的执行时间和处理速度有很高的匹配度。

2）机器视觉监测中的图像处理流程

机器视觉监测是一个系统工程，涉及大量硬件与软件系统，计算机中的图像处理与分析是整个机器视觉监测的关键步骤。一般的图像处理流程包括图像预处理、边缘检测、特征提取、目标识别与分类或尺寸测量等，如图 2-6 所示。

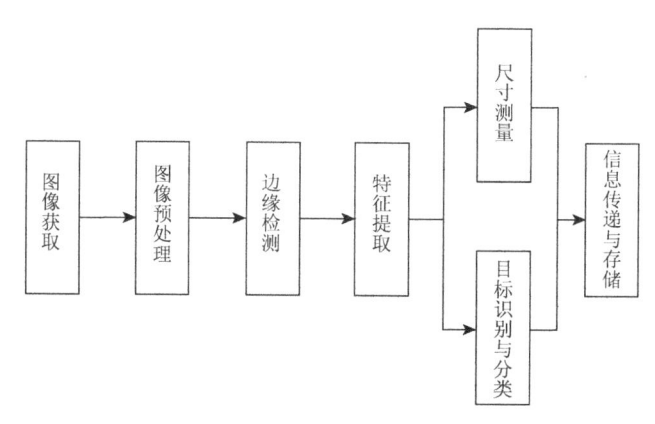

图 2-6　机器视觉监测中图像处理流程图

(1) 图像预处理。

由于数字图像采集不同于传统照片拍摄,在采集与传输等环节极易受到干扰,这些干扰将在所得的数字图像中形成噪声,进而对图像数据的处理与识别造成影响。因此,为了有效提高所获取图像质量,一方面可在硬件上增加电子屏蔽,另一方面主要通过相应的图像预处理手段消除噪声干扰。

另外,图像预处理导致的图像劣化问题,或采集环节中光照、环境等原因造成的图像质量较差,也会直接影响后续的图像识别与分析。图像增强是针对给定图像的应用场合,有目的地增强图像的整体或局部特征,将原来不清晰的图像变得清晰,或者突显某些感兴趣的特征,增大图像中不同物体特征之间的差异,抑制不感兴趣的特征,以改善图像质量、丰富图像信息量,改善后续图像分析与识别的效果。

(2) 边缘检测。

为了提取图像中感兴趣的目标,首先需要圈定感兴趣目标的区域,以减少多余信息对目标识别的干扰,同时提高计算效率。边缘检测常用于剔除图像中的不相关信息,保留图像中重要的结构属性,并借助图像信息深度上的不连续性、表面方向的不连续性、物质属性变化以及场景照明的变化来标识图像中亮度变化明显的点集。

(3) 特征提取。

虽然图像中目标与背景大多混杂在一起,人脑却能轻易、快速地完成目标分割、提取与识别的整个过程,但是计算机却很难做到这点。图像分割将数字图像以一定标准分割成若干个特定的、具有独特性质的区域,是由图像处理到图像分析的关键步骤。现有的图像分割方法主要包括基于阈值的分割方法、基于区域的分割方法、基于边缘的分割方法以及基于特定理论的分割方法等。经图像分割后,目标与背景得以分离,但此时可能出现特征信息断裂、离散程度过大等问题。特征提取通常首先将经图像分割而离散的特征信息进行聚类,避免因信息离散而导致特征信息提取不准确,影响后续处理。准确聚类后,再提取诸如边界、斑点等信息,以便后续的目标识别与分类或尺寸测量。

(4) 目标识别与分类。

目标识别与分类是对整个系统智能化要求最高的环节,它是模拟人对目标的判断,属于图像理解这一较高层次。常用的目标识别与分类方法主要有基于传统模板匹配的识别方法与基于统计的模式识别方法。目前,神经网络分类器等一系列方法是目标识别与分类研究领域的核心方法。

(5) 尺寸测量。

多数机器视觉监测系统都需要基于尺寸测量进而作出判别,如缺陷的尺寸及其种类、位置信息等都是机器视觉监测系统所必需的,这些量化的指标共同决定着待监测产品的质量优劣。

(6) 信息传递与存储。

经过以上图像识别与分析流程,缺陷信息均已确定,这些信息将用于系统控制或形成监测报告,完成监测过程。

从国内外目前的研究进展来看,该技术在食品加工过程外观指标监测的应用已经比较成熟,但是监测速度和精度在实际应用中还有待提高。当前的主要应用集中在食品的色泽及形态学等物理特性方面,在评价食品的含水量、蛋白质含量等内部品质及相关的化学变化等安全信息方面效果不够理想。另外,图像特征,特别是颜色和纹理特征,常用来预测食品某些关键质量参数。其中,纹理特征是指色调变化的空间分布和一个区域内各像素点灰度级的排列,因此,纹理特征既可以表达样品表面粗糙度,又可以表示样本的质构特性(如嫩度),而这两种情况在实际应用中很难区分。此外,当被测样本颜色相近或者有不可见的缺陷时,图像技术显得束手无策。因此,将多种无损监测技术有机融合,充分获取样本多元信息,对食品进行综合全面的评价是今后研究的热点和发展趋势。

2. 高光谱成像技术

1) 高光谱成像的定义和特点

高光谱成像技术通过在电磁波(包括可见光、近红外、中红外和远红外)范围内,扫描样品并获取其在每一波长处的大量光学图像,是具有高的光谱和空间分辨率的现代光学成像技术,是一门化学或光谱的成像技术,又称为化学成像技术或者光谱成像技术。高光谱成像技术是从20世纪80年代发展起来的航空遥感技术,用于海洋监测、森林探火、地质矿产资源勘探等。近年来,随着食品工业新技术的不断创新与发展,高光谱成像技术已经逐渐开始用来监测和评价食品安全品质及测定内部化学指标等。

高光谱成像技术是集精密光学机械、传感器、计算机、微弱信号检测和信息处理技术于一体的综合性技术。它集光谱技术和图像技术于一个系统,不仅具有两者的特点和功能,还有自己独特的功能。高光谱成像的基本原理是在测得许多连续光谱的同时获得被测样品空间位置的图像。光谱和图像的结合使得该系统能够提供样品的物理与几何形状信息,同时也能对该样品的化学组成作出光谱分析,可以同时获得光谱信息和图像信息。对于获得的光谱信息,主要表征为这些光谱信息与样品内部的化学成分及物理特征有着直接联系,不同的特性有着不同的吸收率、反射率等,反映出在特定波长处有对应的吸收值,所以可根据每个特定波长处的吸收值推算出样品的物质属性,这一特征称为光谱指纹。每一个光谱指纹都可以代表一个物体独一无二的特性,这为物质的区别、分类和监测工作提供了很大便利。

2) 高光谱图像特点

该技术所获得的高光谱图像数据是三维的,也称为超立方体、光谱方、数据方等。它是一个三维的数据库,包括一个两维空间维度和一个一维光谱维度。也就是说,从每一个波长单元看上去,高光谱图像是一幅幅二维的图像,而从每一个二维单元看上去,便是一条条光谱的图像,如图2-7所示。其中有两维是图像像元的空间信息(坐标以x和y表示),有一维是波长信息(坐标以λ表示)。即是,一个空间分辨率为$x \times y$的图像监测器阵列在每个波长$\lambda(i=1,2,3,\cdots,n$;其中n为正整数)处得到一幅二维图像,组成样品的图像立方体是$x \times y \times n$的三维阵列。

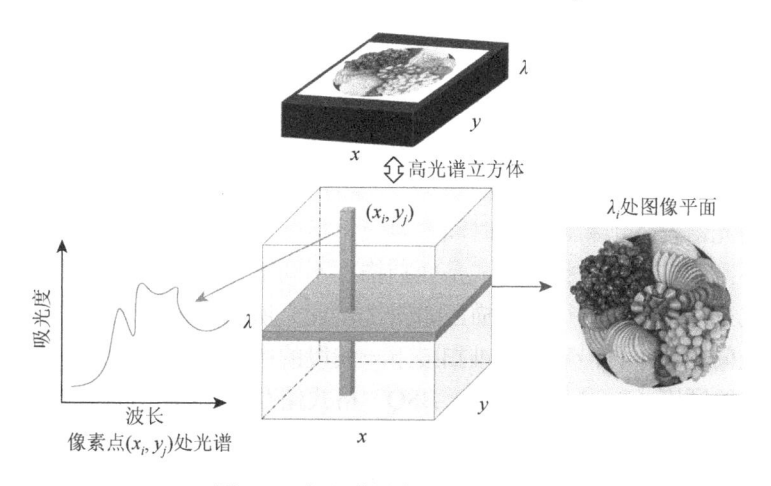

图2-7 高光谱图像立方体示意图

高光谱图像立方体中，相邻波长的图像非常相似，而距离较远波长处的图像则差异较大，携带着不同的信息。从表 2-1 可见，高光谱图像实现了"图谱合一"，图像信息可以用来监测样品的外部品质，而光谱信息则可以用来监测样品的内部品质和安全性。

表 2-1　光谱技术、图像技术、多光谱成像技术和高光谱成像技术的主要区别

特点和功能	光谱技术	图像技术	多光谱成像技术	高光谱成像技术
光谱信息	有	无	有限	有
空间信息	无	有	有	有
多组分信息	有	无	有限	有
对小尺寸目标的检测力	无	有	有	有
光谱提取的灵活性	无	无	有	有
品质属性分布的可视化	无	无	有限	有

此外，没有一条单独波长的图像可以充分描述被测样品的特征，这体现出高光谱成像技术在分析物体方面的独特优势。另外，由于图谱中相似光谱特性的像元具有相似的化学成分，通过图像处理可以实现样品组成成分或理化性质像素水平的可视化；多光谱成像技术和高光谱成像技术一样也是成像光谱技术，在特点和功能上与高光谱成像技术很相近，但是由于其光谱分辨率较低（通常波段宽度约为 100nm），不能提供样品每个像元真实的光谱曲线，因此一些功能大大受损。

3）高光谱图像采集模式

根据高光谱图像的形成和获取方式，其采集方式主要分为 4 种，包括点扫描、线扫描、面扫描和单景扫描，详见图 2-8。第一种扫描方式是点扫描，也称为掸扫式，如图 2-8（a）所示。每次只能采集一个像元的光谱，再沿着空间维方向（x 或 y）移动监测器或者样品来扫描下一个像元；高光谱图像以波段按像元交叉（band interleaved by pixel，BIP）格式储存，BIP 是第一像元的所有波段按先后顺序储存，再接着储存下一个像元的所有波段直到最后一个像元，在这个过程中各波段按像元相互交错。由于点扫描每次只能采集一个像元的光谱，为采集完整的高光谱图像要频繁地移动监测器或者样品，非常耗时，不利于快速检测，因此该方式常限于对微观对象的监测。第二种扫描方式是线扫描，也称为推扫式，如图 2-8（b）所示。它每次扫描记录的是样品图像上一条完整的线，同时也记录了这条线上对应每个点的光谱信息；再沿着空间维 x 方向扫描下一行直到获得完整的高光谱图像；高光谱图像采用波段交错按行（band interleaved by line，BIL）格式进行储存。BIL 格式是按照扫描行来记录数据的，即每一行扫描中，每个像素的所有波段数据依次排列。具体来说，图像的存储顺序是：首先存储第一个像素的所有波段数据，然后存储第二个像素的所有波段数据，依此类推，直到存储完所有像素的波段数据为止。由于该方式是在同一方向上的连续扫描，特别适用于输送带上样品的动态监测，因此该方式是食品品质监测时最为常用的图像采集方式。但是，该方式存在这样的缺点，即将所有波长的曝光时间都设为一个值，同时为了避免任何波长的光谱发生饱和，曝光时间就要设得足够短，这就造成某些光谱波段曝光不足导致光谱测量结果不准确。第三种扫描方式是面扫描，不同于点扫描和线扫描在空间域进行扫描的方式，面扫描方式是在光谱域进行的扫描，如图 2-8（c）所示。每次可以在同一时间采集单一波长下完整的二维空间图像，再沿光谱维扫描下一波段的图像直到获得完整波段的高光谱图像；高光谱图像是以波段顺序（band sequential，BSQ）格式储存，BSQ 是以波段为单位，每个波段所有扫描行依次记录，每行数据后面紧接着同一波段的下一行数据。由于该方式不需要移动样品或者监测器，很适合维持固定状态、一定时间的对象，但是通过它获取高光谱图像时需要转换滤光片或调节可调滤波器，因此它并不适合移动样品的实时监测，一般用于波段及图像数目较少的多

光谱成像系统。第四种扫描方式是单景扫描,如图 2-8(d)所示。它是一个大面积监测器,通过一次曝光采集到包括空间和光谱信息在内的完整高光谱图像。由于其发展还处于起始阶段,存在空间分辨率有限和光谱范围较窄的问题,但仍然是未来快速高光谱成像发展所需要的。

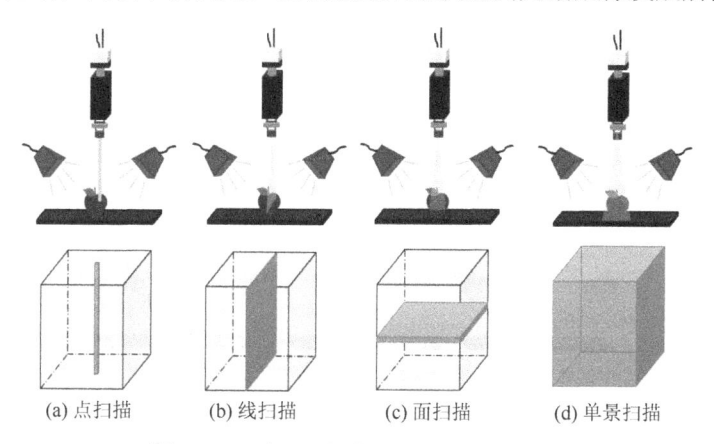

图 2-8　4 种不同的高光谱图像采集方式

4)高光谱成像传感模式

光与食品的相互作用是涉及光反射、吸收、散射和透射的复杂现象。对于散射强烈的生物材料来说,绝大多数的光要经过多重散射后才能被吸收。研究发现:当光照射在物体表面时,只有 4% 的光在物体表面直接发生镜面反射,其余的绝大部分的入射光会进入食品内部,食品内部的一部分光子被组织细胞吸收,一部分发生后向散射返回到物体表面产生漫反射光,还有一部分继续向前移动发生透射。光的吸收主要与食品内部的生化组成有关,其原理是通过光谱记录食品中的含 H 基团(如 C—H、N—H 和 O—H 等)的伸缩振动的各级倍频与合频以及弯曲振动的合频,并进行光谱分析;而光的散射则受到食品本身结构和物理性质(细胞结构、密度、微粒尺寸)的影响。另外,光在食品内部的传输、分布情况与组织内部的生化特性和代谢过程中的物质变化有着密切关系。当光进入食品组织内部时,一方面,光由于蛋白类物质及其降解物质等生物色素的吸收而发生衰减;另一方面,光因在内部与食品微观结构如结缔组织和肌纤维之间的撞击而改变传播方向,引起光向不同的方向散射。

根据光源和成像光谱仪之间的位置关系,高光谱成像传感模式可以分为 3 种方式:反射、透射和漫透射,详见图 2-9。在图 2-9(a)中显示的反射模式中,光源位置和成像光谱仪都处于样品的同一侧,监测器获取从被照样品反射的光波。光的反射分为镜面反射和漫反射,其中镜面反射光没有进入样品,未与样品内部发生交互作用,因此它没有承载样品的结构和组分信息,不能用于样品的定性和定量分析;相反地,漫反射光进入样品内部后,经过多次反射、衍射、折射和吸收后返回样品表面,因此承载了样品的结构和组分信息,漫反射光谱经过库贝尔卡-芒克(K-M)方程校正后可对样品进行定性和定量分析。样品的外部品质通常采用该模式进行检测,如颜色、形状、大小、表面纹理和表皮缺陷等。由图 2-9(b)可见,透射模式中光源位置和成像光谱仪分别处于样品的两侧,监测器采集到从样品透射过的光波。当光波通过物质时,光子会和物质的原子发生交互作用,一部分光子被吸收,它的能量转化为其他形式的能量,另一部分光子被物质散射后方向发生了改变。光波在原来方向上的强度减弱了,被物质粒子吸收了一部分。物质对光波的宏观吸收规律,即光波的强度衰减服从指数吸收规律。因此,透射光谱携带样品内部珍贵的结构和组分信息,可以对样品进行定性和定量分析,但是通常比较微弱且受样品厚度影响较大。该传感模式通常被用于监测样品内部组分浓度和相对透明物质的内部缺陷，如果蔬、鱼肉等。还有一种传感模式是漫透射模式，由图 2-9（c）可见，其中光源和成像光谱仪都在样品的同一侧，但是两者之间用黑色隔板隔开，照在样品上的反射光被挡住不能进入成像光谱仪，只有进入样品的光波经漫透射后回到样品表面，才能被成像光谱仪捕获到。漫透射是指光波透过物质时分散在各个方向，即不呈现折射规律，与入射光方向无关，表征漫透射的指标有漫透射率和吸光度。由于漫透射模式不仅可以获取样品深层信息，还可以避免其受形状、外表面及厚度的影响，因此较反射模式和透射模式具有特殊优势。

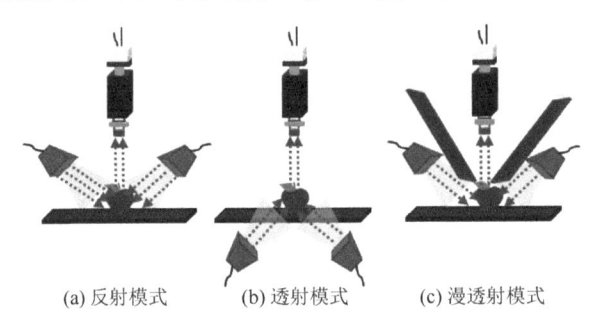

(a) 反射模式　　(b) 透射模式　　(c) 漫透射模式

图 2-9　3 种不同的高光谱成像传感模式

2.2　食品加工过程外观指标监测系统与设备

成像系统是获取可靠、高质量的图像所需要的基础和最重要的仪器设备。尽管机器视觉与高光谱成像系统的成像模式不同，但都是由光源、镜头、摄像机（主要平面检测器）、计算机和数据采集卡等组成。此外，波长色散装置、步进电机、移动平台则是高光谱成像系统的附加组件。为了避免外界环境光的干扰，整套系统会置于暗室或暗箱中。以下对各主要器件进行逐一介绍。

2.2.1　光源

光源产生光波并以此作为激发或者照明样品的信息载体，是机器视觉监测系统重要的组成器件。常用于机器视觉监测系统的光源包括：卤素灯、发光二极管（light emitting diode，LED）、激光以及可调谐光源，具体介绍如下。

1. 卤素灯

卤素灯是一种热辐射光源，作为一种宽波段照明光源，常用于可见光和近红外光谱区域的照明。尤其是卤钨灯，它是以钨丝为灯丝、碘或者溴为卤素气体的石英玻璃灯，在低压状态工作，可以产生一组波长范围在可见光和红外线之间的平滑、高强度和连续光谱的光波，是一种通用照明光源。但是，卤素灯也存在一些缺点，如相对较短的使用寿命、高热量输出、由于温度变化易使光谱峰位发生偏移，以及因操作电压波动和对振动敏感易使输出不稳定。

2. LED

LED 是一种半导体光源，不需要靠灯丝发射光波，其原理是当半导体充电时，LED 产生紫外线、可见光和红外线区域的窄波段光波，还有高强度的宽波段白光。目前，LED 的波长范围主要是从紫外线到短波近红外，也有少数发射长波近红外到中红外区域的光波。由于具有方向性分布的能力，LED 在一个方向上发射的光子不会有能量损失，很适合现场照明。它具有很多优点，包括形状小、成本低、反应快、寿命长、产热少、耗能低、鲁棒性强、对振动不敏感等。

因此，LED 开始被用于针对食品监测的高光谱成像系统的照明单元。但是，LED 也存在一些缺点，如对宽的电压波动和节点温度很敏感、光强度较卤素灯低、多个 LED 用在灯泡中会产生模糊光等。随着新材料和电子产品的发展，LED 技术有望成为主流的光源。

3. 激光

激光是有方向性的单色光，是被广泛用于荧光和拉曼检测的激发光源。激光器以受激辐射的方式产生激光，包括 3 个基本组成部分，分别是：工作物质，它能够实现能级跃迁，可激发的波长范围从 X 射线到红外线，是激光器的核心；激励能源（也称为光泵），通常可以是光能源、热能源、电能源和化学能源等，其作用是给工作物质提供能量，即将原子由低能级激发到高能级的外界能量，是产生激光的必要条件；光学谐振腔，它的作用是使工作物质的受激辐射连续进行，选择激光的方向性，同时提高激光的单色性，是激光器的重要部件。激光最大的特点是亮度极高，能量高度集中，方向性、单色性和相干性好。当样品被激光照射时，样品中的某些组分分子的电子会被激发并发射宽波长范围的较低能量的光波，从而产生荧光发射和拉曼散射。荧光高光谱成像和拉曼成像技术都能承载样品像素水平的组分信息，可以监测样品品质的微小变化。

4. 可调谐光源

可调谐光源是把宽波段的照明和波长色散装置结合在一起，可以将光波分散到特定波段。它能够在照明光路上直接调谐波长色散装置，允许通过面扫描来采集样品的空间和光谱信息。由于一次只有窄的波段的光波入射到样品，因此可调谐光源的光强度相对较弱。它目前主要被用于面扫描，不适用于点扫描和线扫描，也不适用于传送带上的样品监测。

2.2.2 镜头

成像镜头由透镜和光阑两部分构成。其中透镜分为凸透镜（会聚透镜、正透镜）和凹透镜（发散透镜、副透镜），镜头常常将二者组合使用以校正各种像差、失真等；光阑约束进入镜头的光束部分，使有益的光束进入镜头成像。孔径光阑决定进入镜头成像光束的多少，从而决定了镜头成像面的亮度。调节光圈就是调节孔径光阑的口径，改变成像面的亮度。机器视觉中的镜头根据用途不同可以分为远心镜头、微距镜头、闭路电视（CCTV）镜头等，表 2-2 列出了这些镜头的说明及优缺点。

表 2-2 不同镜头的说明及优缺点

	说明	优点	缺点
远心镜头	镜头的主线与镜头的光轴平行，必须使用同轴入射光源	被摄物体精度高，无透视误差	镜头体积大、价高
微距镜头	用于近距离摄影	低失真、小型、轻量、抗振性能好	只适合一定视野范围，倍率限定
CCTV 镜头	可轻松进行聚焦、变焦等调整且稳定性良好	视野范围可以任意调节、低价位、适合于大视野	周边可能出现失真，周围尺寸可能变动
线扫描镜头	主要用于线感应	低失真、阴影小、抗振性好	尺寸大、笨重
变焦镜头	可以改变放大倍率而不改变工作距离和摄像机位置	可根据需要随时变换焦距，无须更换镜头	焦段跨度大的不如焦段较近的成像质量好，体积大

选择镜头时通常需要综合考虑以下几个参数。

1. 焦距

焦距指入射光进入透镜中心后聚集到焦点的距离，如图 2-10 所示。对于固定焦距镜头而言，焦距即透镜中心到 CCD 或 CMOS 芯片的距离。镜头焦距的长短决定拍摄的成像大小、视场角大小、景深大小和画面的透视强弱。按照镜头焦距可变性可分为固定镜头和变焦镜头。按照焦距的长短可将镜头分为标准镜头、广角镜头和长焦距镜头等。较常见的焦距有 8mm、16mm、20mm、25mm 等。

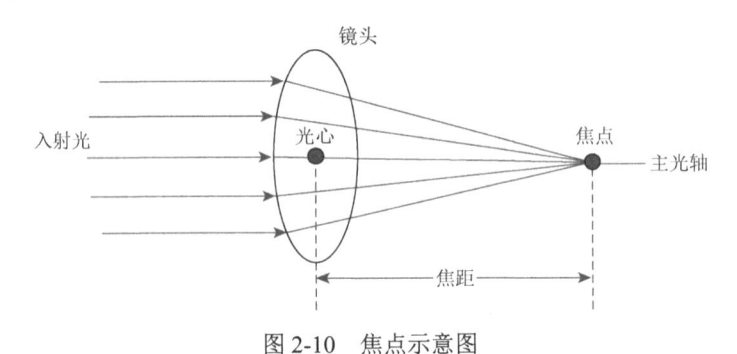

图 2-10 焦点示意图

2. 相对孔径/光圈

光圈为焦距与入射光孔直径的比值。相对孔径为光圈的倒数。光圈为镜头最前端控制进光量多少的调节装置，一般采用手动调节，通常采用光圈数 F 来表示通光孔径的大小。

3. 景深

在焦点前后，光线从聚集到扩散，点的影像从圆到点（焦点），继而又扩散到圆，这个焦点前面和后面的圆称为弥散圆，如果此圆形足够小，肉眼依然可被视为点的成像。这个可以被接受的最大直径称为容许弥散圆直径。在对焦时，通过镜头将在焦平面上清晰成像，而对焦点的前景和后景也在焦平面成像，只要成像的弥散圆等于或小于容许弥散圆直径，将认为是清晰的，这样影像就有一个清晰的区间即为景深，如图 2-11 所示。景深随镜头的焦距、光圈值、对焦距离的不同而变化。焦距短、工作距离远、光圈小的条件下景深大。

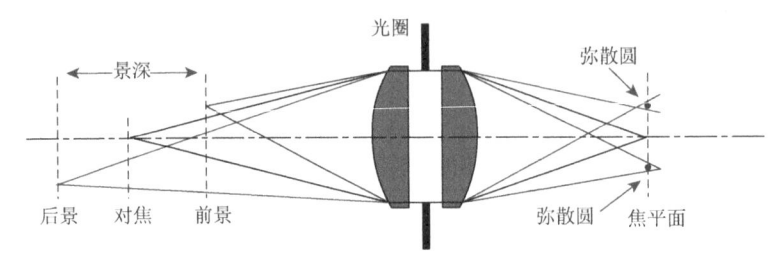

图 2-11 景深示意图

2.2.3 主要平面检测器/摄像机

平面检测器作为一种图像传感器，可以把入射光转换为电子并量化其获取的光强度。CCD 和 CMOS 检测器是目前常见的两种固态平面检测器。由光敏材料制作的光电二极管是 CCD 和 CMOS 的基本单元（像元），能够把辐射能量转换为电信号，将图像转换为数据，即当光波被转化为电信号后，会通过一个模拟数据转换器被数字化并生成数据立方体。硅、砷化镓铟和碲镉汞是 3 种常用于高光谱成像仪器的材料，其中硅常用在紫外、可见和短波近红外区域内采集光谱信息；砷化镓铟常用于检测波长范围在 900~1700nm 的光谱；碲镉汞常用于采集长波近红外（1700~2500nm）区域的光谱。关于 CCD 与 CMOS 检测器的详细介绍如下。

1. CCD 检测器

CCD 是一种半导体光电转换器件，被广泛应用在紫外、可见、红外、荧光、原子发射和拉曼等多种光谱仪的换能器中。它由光敏单元、转移结构和输出结构组成，其中，光敏单元是 CCD 中注入和存储信号电荷的部分，转移结构是转移信号电荷的部分，输出结构是以电压或电流的形式输出信号电荷的部分。CCD 检测器的基本工作原理是，信号电荷的生成、存储、传送和监测，并实现二维的光学图像信号到一维的视频信号的转换，即先通过光注入和点注入方式产生信号电荷，电荷存储在 CCD 的基本单元（金属-氧化物-半导体结构）中；接着每一行的每个像素的电荷数据都会依次传输到下一个像素中，由 CCD 末端输出，再经检测器边缘的放大器进行放大处理；最后，在 CCD 的输出端可以获取被测目标物的视频信号。

依据光敏单元的排列方式，CCD 可分为线阵 CCD 和面阵 CCD 两大类。第一大类，线阵 CCD 的光敏单元只有一列，它的光电转换（光敏区）和信号电荷转移（位移寄存器）是独立的两部分，单次感光只能获取一行图像数据。位移寄存器由不透明的材料覆盖，可屏蔽光，其功能是从光电二极管收集和传递信号电荷，可避免在转移过程中由感光而引起的图像不清。典型的线阵 CCD 芯片，是由一列光敏阵列和与之平行的两个位移寄存器组成，属于双通道型；当阵列光敏曝光一定时间后，随着驱动脉冲的作用，转移栅把信号电荷交替转移到两侧的位移寄存器，然后电荷由位移寄存器一位一位地输出，进而获取所需的光电信号。第二大类，面阵 CCD 常用于获取二维的平面图像，其体系结构常见的有 3 种设计，分别是全帧型、帧转移型和行间转移型。它们的特点如下。

（1）全帧型是最简单的结构，它由串行 CCD 位移寄存器、并行 CCD 位移寄存器和感光信号输出放大器组成。它是逐行地将聚集的信号电荷以并行的方式移入串行 CCD 位移寄存器，随后以串行数据流的形式移除，再由并行 CCD 位移寄存器感知和读出图像。采用全帧型的图像测量相对较慢，这是因为每一行均需要通过一个机械的快门来控制它的逐行输出，以避免新产生行的干扰。

（2）帧转移型在结构上与全帧型很相似，唯一的差异是它增加了一个独立的不感光的并行位移寄存器，称为存储阵列。它先把从光敏区获得的图像很快地转移到存储阵列，再从存储阵列读出图像信息，在这一过程中，存储阵列也在积分下一帧的图像。帧转移型的优点是具有连续性且不需要快门，因此有更快的帧速率；但光积分导致图像"拖影"，降低了分辨率。

（3）行间转移型是为了克服帧转移型"拖影"的缺点而设计。它通过在非感光的或遮光的并行读出 CCD 列之间形成隔离的光敏区的办法将感光和读出作用分开。它在读出的过程中，下一帧图像也在积分，因此它是连续的，有较高的帧速率。但是，每个像元的光敏区减少，降低了 CCD 的灵敏度，导致量子化误差增多。目前，采用联片透镜，可将整体量子效应至少提高 70%。简而言之，由于体积小、速度快、波长响应范围宽、噪声低、灵敏度高、分辨率高、功耗小、抗振性及抗冲击性好、寿命长等优点，CCD 检测器已经被广泛用于高光谱成像系统。

2. CMOS 检测器

CMOS 检测器是大规模数模混合集成电路，它将像素单元阵列、模数转换器、模拟信号处理器、偏置电压生成单元、数字逻辑单元、时钟生成单元、时序发生器和存储器等集成在一个芯片上，是图像处理技术的重要组成部分。其工作原理是：首先，当光信号入射到感光区的像素阵列上，时序发生器对像素单元阵列复位后开始积分时，光电二极管进行光电转换，把光信号转换为相关的电信号（电荷、电压或电流等）；在积分时间结束后，由行列选择译码器控制，依次通过列总线把电信号传送至模拟信号处理模块；其次，模拟信号处理模块把电信号放大后经相关双采样电路进行降噪处理；最后，电信号经模数转换器转换为数字信号输出。CMOS 检测器通过采用独特的同步快门方式，能够让所有像元同时复位并开始积分，积分时间结束后每个像元的电信号传送到像元内部的存储区并等待读出，因此，运动的目标物也不会产生模糊、变形或拖尾现象。由于成本低、读出速度快、功耗低和无拖尾等优势，CMOS 检测器已经成为高光谱成像领域极具竞争力的检测器。但由于转移和放大电信号的芯片上，电路产生比 CCD 检测器更多的噪声和暗流，CMOS 检测器的动态范围更小且灵敏度更低。

选择合适的检测器是机器视觉监测系统设计中的重要环节，检测器的选择不仅直接决定所采集到的图像分辨率、图像质量等，同时也与整个系统的运行模式直接相关。而将检测器采集图像进行传输，就需要通过检测器的接口来实现，将图像数据传输到主控电脑进行存储与分析运算。工业检测器的常用接口如表 2-3 所示，在交通和安全领域通常使用模拟信息传输方式，因为在这种情况下信号需要传输非常长的距离。传输工业现场应根据所需的处理速度和采集图像分辨率选择相应的接口。

表 2-3 工业检测器常用接口一览表

项目	USB2.0	IEEE 1394a	IEEE 1394b	GigE Vision	Camera Link	模拟
电缆长度	5m（加转发器可达 20m）	10m（加转发器可达 20m）	4.5m（加转发器可达 72m）	100m	可达 15m（取决于带宽）	可达 100m 以上或更长
带宽	60MB/s	32MB/s	64MB/s	100MB/s	255～680MB/s	—
传输率	480MB/s	400MB/s	800MB/s	1000MB/s	>2000MB/s	—
标准	USB2.0 标准	IEEE 1394 贸易联合会 DCAM 标准	IEEE 1394 贸易联合会 DCAM 标准	GigE Vision 标准	AIA Camera Link 标准	多种视频信号标准
接口/板卡	主板自 USB2.0 或 USB2.0 板块	普通 IEEE 1394a 板卡	普通 IEEE 1394b 板卡	千兆以太网板卡	图像采集卡	图像采集卡
相机最大数量	8	16 [双摄分析模块（DCAM）]	16（DCAM）	有限	2（每个帧抓取器）	16（取决于帧抓取器）
即插即用功能	有	有	有	有	无	无

2.2.4 图像采集卡

由于图像信号的传输需要很高的传输速度，通用的传输接口不能满足要求，因此需要图像采集卡。图 2-12 是图像采集卡的数据传输流程，图像采集卡在计算机视觉系统中充当采集设备与处理设备的媒介，其主要作用是对摄像机采集的图像模拟信号进行实时采集，使得图像经过一系列处理后转换为数字图像并输入、存储到存储器。图像采集卡还提供数字输入/输出（I/O）的功能。通过 PCI 高速数据总线可实现直接采集图像到 VGA 显存或主机系统内存，这不仅可以使图像直接采集到 VGA，实现单屏工作方式，而且可以同时实现序列图像处理分析。此外，图像可直接采集到主机内存，图像处理可直接在内存中进行，因此图像处理的速度随中央处理器（CPU）速度的不断提高而提高，使得对主机内存的图像进行并行实时处理成为可能。

应用于视觉技术领域的图像采集卡，尤其是高光谱成像系统，需要具备实时快速、高效、数据流量大特点，因而除了有常规的数模转换（A/D）任务外，还需具备以下几方面作用。

（1）摄像机传送来的数字图像信号，经过 PCI 高速数据总线传送到计算机视觉系统的数据存储设备。

（2）可以对摄像机的每个通道输出的信号进行重构，从而重新建立数据。

（3）对摄像机及计算机视觉系统的其他模块进行控制。

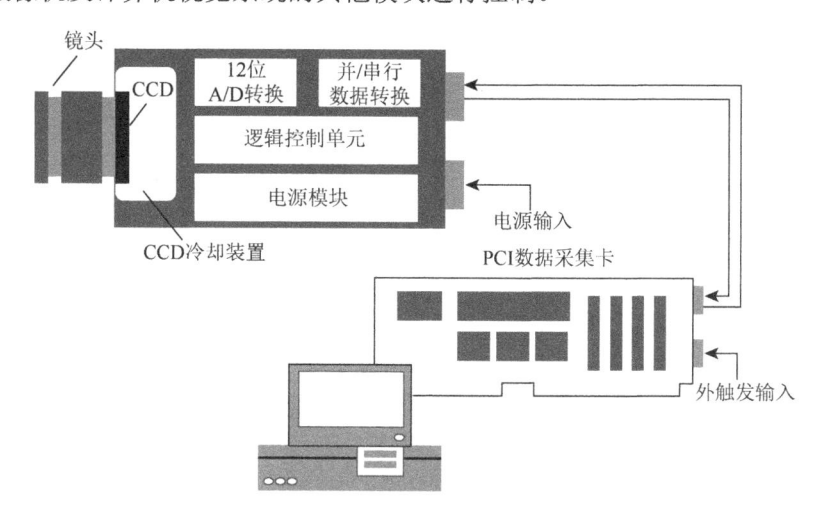

图 2-12　图像采集卡的数据传输流程

2.2.5　波长色散装置

对于采用宽波段照明光源的高光谱成像系统来说，波长色散装置是非常重要的，它可以把宽波段光波分散到不同的波长。常见的装置包括滤波轮、成像光谱仪、可调谐滤波器、傅里叶变换成像光谱仪和单景相机。它们具体的特点和功能如下所述。

（1）滤波轮携带一组离散的带通滤波片，是最基本和最简单的滤波色散装置。它可以有效地传送特定波长的光波而消除其他波段的光波；在一个从紫外线、可见光到近红外线的较宽波长范围内有各式各样的滤波片，通常可以满足不同的需求。由于滤波片的移动，滤波轮会受到移动部件带来的机械振动、波长转换慢和图像不匹配的限制。

（2）成像光谱仪通常用于线扫描方式，可以把入射的宽波段光波瞬间色散到不同的波长下，并且不需要通过移动部件就能生成扫描线上每个像元的光谱。它一般使用衍射光栅来进行波长色散；衍射光栅是一种由密集、等间距平行刻线构成的光学器件，分为反射和透射两大类，可以将光波按波长依次分开。推扫型成像光谱仪根据采用的光栅不同，主要分为透射光栅型和反射光栅型。透射光栅型最常使用的是棱镜-光栅-棱镜（prism-grating-prism，PGP）成像光谱仪。由图 2-13（a）可见，PGP 成像光谱仪的工作原理是：入射光束在通过入射狭缝后，被前端的镜头准直，接着以透射的方式在 PGP 组合色散器被色散到不同的波长；最后，色散开的光波通过后端的镜头被投影到一个平面检测器上并生成一个二维的矩阵，其中一维表示一组连续的光谱，另一维表示空间信息。透射光栅型采用的是在轴成像设计，能够有效避免像散等问题从而获得更好的成像质量。虽然它可透过入射光，但大部分光不会通过入射狭缝，还有受光栅基板的限制，衍射的角度不如反射光栅型大，因此透射光栅型的性能较差。反射光栅型是另一种主要的成像光谱仪，其最常使用的凸面光栅分光的成像光谱仪，一般包括入射狭缝、两个球面反射镜、凸面光栅和平面检测器，如图 2-13（b）所示。凸面光栅成像光谱仪的工作原理是：入射光束在通过入射狭缝后，经第一球面反射镜成为平行光，接着由凸面光栅依据它们不同的波长色散到不同的传播方向，色散后的光波再经另一个球面反射镜进入平面检测器，最后不同像元的连续光谱由此获得。反射光栅型采用的是离轴成像设计，从紫外线到红外线的光谱区域内无吸收，无高阶色差、低畸变、低焦距比数、高信噪比和较大的斜射角度。但是，反射光栅型存在一个主要的缺点，即需要使用昂贵的方法来纠正本身固有的成像畸变；而透射光栅型采用同轴光学器件就自动减少了成像畸变。

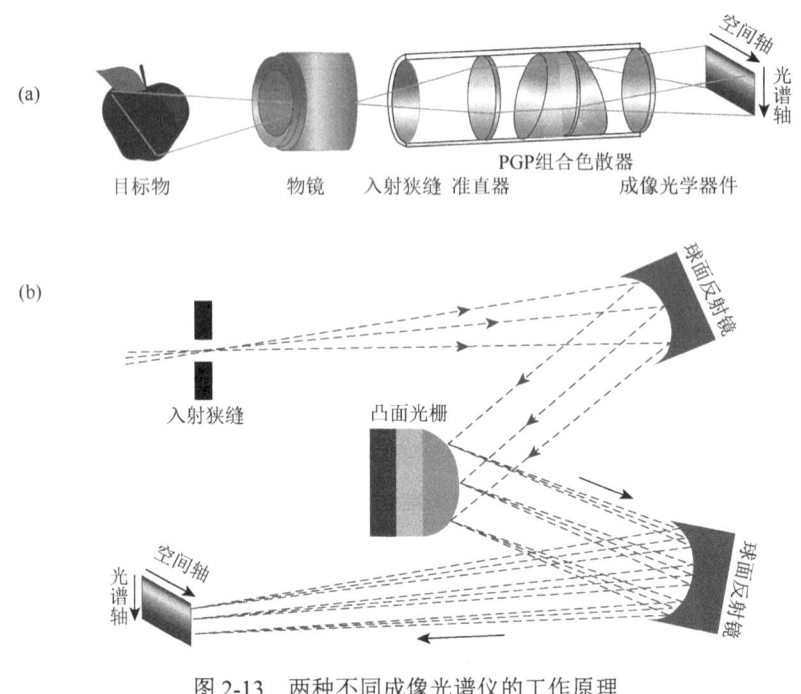

图 2-13　两种不同成像光谱仪的工作原理

空间轴、光谱轴通过平面检测器构成，图中仅展示了空间轴和光谱轴作为示意

（3）可调谐滤波器包括声光可调谐滤波器和液晶可调谐滤波器。声光可调谐滤波器是根据声光衍射原理制成的分光器件，它由晶体和键合在其上的换能器构成，换能器将高频的射频驱动信号转换为在晶体内的超声波振动，从而在晶体内产生周期性折射率变化，其作用像衍射光栅，具有光的调制、偏转和滤光等方面的功能。由于入射光照射到可调谐滤波器后，其衍射光的波长与射频驱动信号的频率有着一一对应的关系，当声波和光波的动量满足动量匹配条件时，则相应的光波被衍射，单一波长的光波就从宽波段光源中隔离出。因此，只要改变射频驱动信号的频率，即可改变衍射光的波长，从而达到了分光的目的。液晶可调谐滤波器是根据液晶的电控双折射效应和偏振光的干涉原理制成的光学器件，它由若干平行排列的利奥滤光片级联而成，每级利奥滤光片由石英晶体、两个平行的偏振片和液晶层组成，它具有功耗低、带宽窄、调谐范围宽、结构简单、驱动电压低、孔径大、视场角宽、部件无移动等优点。根据双折射效应可知，当某一波长的光经过前一个偏振片后成为线偏振光，该线偏振光垂直于液晶层入射后，会产生平行于光轴振动的非常光和垂直于光轴振动的寻常光，它们再沿同一方向传播，但由于两光在液晶层内的传播速度不同，所以从液晶层出射后，寻常光和非常光间产生相位差，却不发生干涉；随着它们通过石英晶体后相位差进一步加大，通过后一个偏振片后，寻常光和非常光振动方向平行，便产生干涉。在温度恒定时，寻常光和非常光的透过率取决于波长和电压，因此只要改变液晶层上的电压，透过率将随之改变，进而达到调谐波段的目的。可调谐滤波器有着许多优点，如适中的光谱分辨率（5～20nm），宽的波长范围（400～2500nm），以及它无须移动器件，不会有速度限制、机械振动和图像失配等问题。但是它们仍然存在一些缺点，如高焦比导致小的光收集角度和低的光收集效率，由于散射、吸收、折射等因素，部分光信号在通过滤波器时被衰减，以及在较弱照明的条件

下，与成像光谱仪相比需要更长的曝光时间。

（4）傅里叶变换成像光谱仪可采集样品的二维空间信息和一维光谱信息，是成像光谱仪的典型代表，它采用傅里叶变换干涉仪进行分光，进而产生包含光谱信息的干涉图，再由逆傅里叶转换计算干涉图来解决宽波段光波的波长组分分离问题。迈克尔孙干涉仪和萨尼亚克干涉仪是目前傅里叶变换成像光谱仪主要的两种设计。两者都包括一个分光镜和两个平面镜，它们的不同在于：前者把一个平面镜和分光镜固定在迈克尔孙干涉仪上，另一个平面镜移动引入光程差以此产生干涉图；后者把两个平面镜都固定在萨尼亚克干涉仪上，分光镜可以被轻微地旋转从而产生干涉指纹图；再者，迈克尔孙干涉仪上的两个平面镜是彼此平行的，而萨尼亚克干涉仪上的两个平面镜不是平行的而是呈一定角度（<90°）。由于没有移动的器件，萨尼亚克干涉仪有良好的机械稳定性和精密度，但分辨率相对较低。与之相反的是，迈克尔孙干涉仪上移动的平面镜增加了它对振动的敏感性。一方面，迈克尔孙干涉仪是基于像素的干涉，可以在两个空间维同时成像；但是，由于它需要一个时间间隔来移动平面镜的位置，因此为了高的光谱分辨率和高的信噪比，需要花长时间来采集干涉图，而且只能测量不随时间变化或者变化缓慢的光谱。另一方面，萨尼亚克干涉仪类似于色散光谱仪，一次扫描仅采集一个空间维的信息和与之垂直的单一线上像元的光谱，通常再通过一个扫描场景或者移动平台采集另一个空间维的信息。萨尼亚克干涉仪和色散光谱仪的区别在于萨尼亚克干涉仪除了测量不同波长下的光谱，还增加了一个傅里叶变换的步骤。虽然傅里叶变换成像光谱仪存在一些需要改进的方面，但是也存在许多优点，如高的光谱分辨率、宽波长范围和高光通量等。

（5）单景相机可以同时采集多路复用的空间和光谱数据，使得以视频帧速率获取一个数据立方体成为可能。它克服了空间扫描方法和光谱扫描方法不能一次采集完快速移动样品的高光谱图像的缺陷。尽管单景相机仍然处于起始阶段，但是已经有一些可用的系统，如图像映射光谱内窥镜和图像映射光谱仪系统等。当前单景相机在时间和光谱分辨率之间有一个权衡，即光谱分辨率越好，则时间分辨率越低；反之亦然。由于具有在毫秒时间尺度上获取高光谱图像的特点，单景相机在样品实时监测上显得特别先进。

2.3 食品加工过程外观图像信号处理的方法

由于图像采集系统的不完善，获得的图像会有各种缺陷，从而影响后续的图像处理。尽管这些缺陷有时可以通过调整采集硬件来纠正，如增加同一场景的图像采集数量和采用更高质量的仪器，但基于硬件的解决方案既费时又费钱。因此，人们倾向于使用计算机程序来纠正图像，这种方法速度快，成本也不高。例如，平滑过滤器包括线性过滤器和中值过滤器，可以用来去除噪声，在低对比度的图像中，可以通过缩放或均衡图像的图谱来增强对比度。这些图像缺陷的修正通常被称为图像预处理。

图像预处理后，需要进行图像分割，这是图像分析的第一步。食品图像分割是指识别和分离图像中的目标食品区域与背景，这完全是由计算机程序自动进行的，没有任何人工参与。图像分割一般可以描述为将图像细分为具有类似图像特征的各种区域。分割直接影响到后续的图像分析，如物体测量和物体分类，这些都非常依赖分割的结果。目前，许多人已经完成了开发有效的分割技术的工作，其中基于阈值、基于边缘、基于区域、基于梯度和基于分类的分割是食品行业最流行的五种技术。然而，这些技术中没有一种能在不同食品的图像中同时表现出高精确度和高效率。两种或更多的上述技术的组合也是一种选择，但对食品显著的多样性仍然不够适应。

2.3.1 图像预处理技术

1. 降噪技术

（1）线性滤波器。对图像本身进行平均的最简单的方法是线性滤波，通过这种方法，图像中像素的强度值利用其相邻的像素在一个小区域内的强度值进行平均而获得。滤波处理可以用以下公式来描述：

$$f_{f'(x,y)} = \sum_{i=-M}^{M}\sum_{j=-M}^{M} w_{i,j} f(x+i, y+i) \sum_{i=-M}^{M}\sum_{j=-M}^{M} w_{i,j} \tag{2-16}$$

式中，$f(x,y)$ 为像素 (x,y) 的强度值；M 为滤波器的大小；w 为滤波器的权重。滤波器的权重和大小可以调整以去除不同类型的噪声。例如，增加中心像素的权重可以使中心像素主导平均化。增加滤波器的大小可以使图像更平滑，噪声更少，但平滑的同时图像的细节会减少。

（2）高斯滤波器。高斯滤波器是一个脉冲响应为高斯函数的滤波器，具有对阶梯函数输入无过冲，同时上升和下降时间最短的特性。高斯滤波器用于消除高斯噪声，不会使图像过于模糊，这使高斯滤波器在边缘检测中表现良好。这种滤波器已经被用于食品图像的预处理，如肉类、蔬菜、谷物等。

（3）高/低通滤波器。高/低通滤波器是一个通过高/低频率成分（指像素）的滤波器，衰减频率低于/高于截止频率的成分。每个频率的实际衰减量取决于具体的滤波器设计。

（4）维纳滤波器。维纳滤波器是一个最佳的线性滤波器，在反滤波和噪声平滑的过程中使整体均方误差（MSE）最小。应用维纳滤波器之前，必须知道原始噪声的功率谱。此外，维纳滤波器可以用来减少高斯噪声。

（5）中值滤波器。另外一个被广泛使用的滤波器是中值滤波器。对一个与滤波器大小相同的小区域内的像素的强度值进行分析，中心像素的强度值被选择为中值。使用中值滤波器去除噪声并不会减少图像的亮度差异，因为过滤后的图像强度值取自原始图像。此外，中值滤波器不会转移图像的边缘。这两个主要的优点促进了中值滤波器在食品行业的广泛应用。

（6）标准中值滤波器。标准中值滤波器在对每个像素进行处理时不会考虑图像被污染的程度。结果是使产生贡献的像素被过滤掉，导致一些图像信息损失。为了解决这个问题，进行图像滤波之前，引入了一个监测脉冲噪声的机制。在滤波过程中，监测机制将损坏的像素过滤掉，而未损坏的像素则被保留下来。

（7）混合中值滤波器。混合中值滤波器是中值滤波器的改进版，可以轻松去除脉冲噪声而不损失边缘。实际上，混合中值滤波器比中值滤波器更好地保留了边缘。在这种方法中，一个点的像素值被该点的 4 个邻域的中值、该点的交叉邻域的中值和该点的像素值的中值所取代。

（8）渐进式切换中值滤波器。渐进式切换中值滤波器被用于监测和去除高度损坏的图像中的脉冲噪声。通过使用这种方法，位于大面积噪声斑点中间的脉冲像素可以被正确检测和滤波，在高达 60% 的噪声中显示出较好的效果。然而，当噪声超过 60% 时，如使用固定窗口大小，渐进式切换中值滤波器的性能可能会急剧下降。

（9）自适应中值滤波器。自适应中值滤波器主要用于区分损坏和未损坏的像素，噪声像素由中值代替，未损坏的像素保持不变。该滤波器在低噪声密度下表现更好。增加窗口大小后，在较高的噪声密度下也能获得较好的噪声去除效果，然而这将导致损坏的像素值和被替换的中值像素值之间的关联性降低。

2. 对比度增强

对比度增强是机器视觉领域中常用的图像处理技术之一，旨在增强图像中不同区域之间的灰度差异，使图像更具视觉效果和信息丰富度。通过提高图像中相邻像素之间的灰度差异，对比度增强有助于突出图像中的细节，改善图像的视觉质量，同时对于后续的图像分析和计算机视觉任务也起到积极的作用。

（1）直方图缩放法。直方图缩放法是一种用于图像对比度增强的方法，通过分析图像的像素值分布（即直方图），并对其进行线性变换来实现。该方法通过对图像的像素值进行重新映射，使得原始图像的灰度级别范围被拉伸或压缩，从而增强图像的对比度。其基本思想是将图像的原始直方图通过缩放操作，映射到一个新的直方图，从而调整图像的亮度和对比度。

（2）直方图均衡化。大多数用于直方图缩放的变换函数都有局限性。因此，开发一个灵活的可以用于不同类型图像的直方图分析方法十分重要。基于这种考虑，直方图均衡化被开发出来，通过分散直方图峰值的像素数量和选择性地压缩直方图低谷值的像素数量，从原始直方图中生成一个更加均匀的直方图。直方图均衡化可以用式（2-17）简单描述：

$$j' = \frac{\sum_{i=l}^{j} H(i)}{\sum_{i=l}^{L} H(i)} \tag{2-17}$$

式中，H 为原始直方图；l 和 L 分别为最小和最大强度值；i 为直方图中的第 i 个强度值；j 和 j' 分别为原始直方图中的强度值和其在均衡化直方图中的相应强度值。有时，为了保留图像中物体的视觉信息，特别是那些具有相似强度值的物体，对比度需要被限制在一个有限的范围内。在这种方法中，首先将每幅图像划分为不重叠的小区域，然后分别增强每个小区域的对比度，从而提高图像的对比度。

2.3.2 图像分割技术

1. 基于阈值的分割技术

在基于阈值的分割中，根据直方图的特点，用一个值将图像直方图划分为两个类别（称为双级阈值法）或用多个值划分为多个类别（称为多级阈值法）。在双级阈值法中，强度值小于阈值的像素被设定为背景（对象），而其他像素被设定为对象（背景）。在多级阈值法中，强度值在两个连续的阈值之间的像素被指定为一个类别。然而，在三级阈值法处理中，通常只定义两类，即强度值在两个阈值之间和强度值在两个阈值之外。理论上，阈值的级别可以根据图像中存在的物体的数量无限增加，而计算负荷也将成倍增加。庞大的计算量使得多级（超过三级）阈值法处理在应用中不可行。因此，在实践中只使用双级阈值法和三级阈值法处理。

很明显，上述图像分割的阈值是整个图像的一个固定值（称为全局阈值）。事实上，还有一种阈值，叫作局部阈值，它是由像素的局部特征决定的自适应值。然而，只有全局阈值在食品行业非常流行，因为全局阈值是从图像直方图而不是图像本身中选择的。因此，计算速度不会像局部阈值那样受到图像大小的影响。由于自适应阈值在食品工业中几乎没有使用，这里不作进一步讨论。

全局阈值的选择主要有四种方法，包括人工选择、ISODATA 算法、目标函数和直方图聚类。人工选择是最简单的全局阈值的选择方法，通常利用图像处理软件实现，如 Photoshop（Adobe Systems Incorporated，USA）、Aphelion（AAI, Inc., USA）、Optimas（Media Cybernetics, Inc., USA）等。尽管这种方法简单且易于操作，但它并不适合计算机视觉的食品质量自动在线评估。

因此需要开发更先进的方法来实现自动阈值选择。ISODATA 算法可能是最初由 Ridler 和 Calvard（1978）提出的第一个自动阈值选择方法。在该算法中，首先猜测一个阈值（在大多数情况下，它是从图像的平均强度值中选择的），然后利用该阈值将直方图分割成两类，即 A 和 B，计算两类的平均强度值 mA 和 mB，然后将新阈值确定为 mA 和 mB 的平均值。新的阈值通过新的平均强度值反复更新，直到达到收敛。

目标函数也被用来选择阈值。直方图通过式（2-18）被初步归一化并被视为概率分布，即

$$h(j) = \frac{H(j)}{\sum_{i=l}^{L} H(i)} \qquad (2\text{-}18)$$

分布被分为两类，即物体和背景，通过反复选择从最小到最大强度值的不同值，从而确定阈值。使目标函数最大化的阈值是最佳阈值，基于方差和基于熵的目标函数是两个最常用的目标函数。K 均值聚类是主要用于阈值选择的聚类方法。挑选一个从 l 到 L 的强度值作为阈值，将直方图分成物体和背景两类，其平均强度值为 mA 和 mB。如果该阈值满足 A（B）类的每个强度值都比 mB（mA）更接近 mA（mB）的标准，则该阈值被选为候选阈值。然后，用式（2-19）计算每个候选阈值的分区误差，并选择分区误差最小的阈值作为最佳阈值：

$$\text{分区误差}(t) = 1 - \frac{1}{N} \sum_{i=1}^{N} \delta(S_t(i), G(i)) \qquad (2\text{-}19)$$

式中，N 为图像中的像素总数；$S_t(i)$ 为使用阈值 t 获得的分割结果中像素 i 的标签；$G(i)$ 为像素 i 的真实标签；$\delta(a,b)$ 为一个函数，如果 $a \neq b$（表示误分类），则等于 1，否则等于 0。

2. 图像的开闭运算

通过阈值法对图像分割后，图像中可能存在一些缺陷，即物体的某些部分可能被错误地归类为背景，而背景的某些小区域可能被错误地分割为物体。因此，我们提出了图像开闭运算来进行图像的后处理。图像的开运算是为了保留物体的未分割部分，首先通过图像扩张将物体的相邻像素合并到物体中，然后通过移除物体的边界像素进行图像侵蚀。相反，图像的闭运算是先侵蚀后扩张，以消除背景中未分割的部分。为了消除小的缺陷，由一轮扩张和侵蚀组成的开运算和由一轮侵蚀和扩张组成的闭运算已经足够了。当缺陷的大小增加时，需要更多轮的扩张或侵蚀，而产品边界上的细节可能会丢失。因此，如果基于阈值分割后的图像中的缺陷尺寸相对较大，应采用另一种阈值技术，而不是后处理。

3. 基于边缘的分割技术

基于边缘的分割依赖边缘检测，它被广泛用于灰度图像的分割。在单色图像中，边缘被定义为不连续的灰度等级，只有在两个区域之间出现亮度差异时才能被检测到。边缘检测通常使用边缘运算符来检测不连续，并定位灰度级中突然变化的点。边缘检测技术通常被分为顺序和平行两类。在顺序法中，一个点的边缘检测取决于之前检查的点。而在平行法中，一组点是否在一个边缘上，其结果并不取决于其他点是否在一个边缘上。

4. 基于区域的分割技术

有两种基于区域的分割技术，即 growing-and-merging（GM）和 splitting-and-merging（SM）。在 GM 方法中，最初选择一个像素作为一个生长区域。如果该区域的相邻像素与该区域有相似的特征，如强度和纹理，则迭代合并到该区域，直到没有更多的像素可以被合并。之后，用另一个没有被并入任何区域的像素重复生长过程，直到图像中的所有像素都被并入区域。然而，由于噪

声的存在，图像通常会被过度分割。因此，一般要进行后处理，将被分割的区域合并到附近具有较大面积的独立区域。在 SM 方法中，整个图像最初被视为一个大区域，并被反复分割成具有统一图像特征的小区域，如颜色、梯度和纹理。当没有任何具有不均匀特征的区域需要分割时，分割就会终止。与 GM 类似，为了克服过度分割的问题，非常小的区域被合并到它们的邻近区域，使这些区域大到足以成为独立的区域。事实上，基于区域的分割方法通常是为了分割复杂的图像而提出的，在这些图像中，类的数量是很大而且是未知的。但对于食品图像分割来说，图像的类别数量较少，通常可以简单分为食品类别与背景类别，或者是缺陷类别与非缺陷类别。此外，使用基于区域的分割技术进行图像分割通常很耗时。因此，基于区域的分割技术在食品行业的计算机视觉应用中并不广泛。

5. 基于梯度的分割技术

图像梯度计算之所以受到青睐，主要原因在于计算完梯度后，能够直观地揭示图像的局部对比度变化，使得图像边界特征一目了然，从而简化物体边缘的检测过程。同时，图像中物体的边缘被定位后，图像分割也就完成了。在基于梯度的分割中，通常使用卷积梯度算子计算图像的梯度，并设置一个阈值 t 来区分梯度大于 t 的有效边缘。这个阈值通常可以从图像的梯度直方图的累积中选择，可以选择具有最大梯度的 5%~10% 的像素作为边缘。

2.4 数字图像的特征分析

图像分割之后，需要计算物体特征的测量值，以便进一步分析。这些测量值是计算机视觉系统的核心要素，因为它们包含了对图像基本特征的有用信息。在食品工业中，这些测量值带有可用于质量评估和监测的直接信息。如果不能成功地提取适当的测量值，很可能会导致计算机视觉系统无法应用于食品质量监测。在计算机中，图像是以矩阵的形式存储和处理的。矩阵中的元素被称为像素，其中有两类信息被相应地提出，即几何信息（图像中像素的位置）和表面信息（与像素相关的强度值）。从几何信息中，可以得到两种不同的测量值，即尺寸和形状。从表面信息中，可以提取颜色和纹理这两种测量值。这四种测量值被作为物体特征测量值的主要类型，可以从任何图像中获得。

2.4.1 尺寸

物体的三维信息在图像采集过程中会丢失，除非提出特殊技术，如结构光技术，否则数字图像中物体的尺寸测量被限制在一维和二维中。因此，对体积和表面积的三维测量在数字图像中并不那么流行。相反，对图像的长度、宽度、面积和周长进行测量是首选，尤其是后两者。面积和周长的计算方法很简单，就是计算属于一个物体的像素数，以及分别计算该物体边界上每两个相邻像素之间的距离之和。不管物体是什么不规则形状，也不管物体处于什么方位，一旦成功地将物体从背景中分割出来，面积和周长的测量都是稳定而有效的。

长度和宽度的计算要比面积和周长的计算复杂得多，特别是对于形状非常不规则的食品物体。尽管如此，研究人员已经开发了一些长度和宽度的测量方法，并在食品行业中使用。这些测量方法主要是费雷特直径、长轴和短轴。费雷特直径被定义为对象在不同旋转角度下的最大值和最小值之间的差异。长轴是可以横跨物体的最长的线，通过检查每两个边界像素的距离并取最长得到。短轴是垂直于长轴在物体上画出的最长的线，因此可以在长轴之后确定。除此之外，长轴和短轴也可以被定义为椭圆中的轴，用椭圆拟合的方法来拟合物体。

使用长度和宽度测量的一个缺点是，在计算之前应该确定测量长度和宽度的方向。由于食品的形状在加工过程中大多会发生变化，计算长度和宽度的方向需要及时更新，增加了计算量，这对食品质量在线评估来说是不可取的。因此，面积和周长的测量对于产品尺寸的评价更为可取。

2.4.2 形状

形状，类似于尺寸，是食品的另一种几何测量。形状在顾客的购买决定中也起着重要的作用，因此在使用计算机视觉系统进行食品质量监测时，形状测量是十分重要的。形状的典型应用包括使用机器学习技术评估顾客对产品的接受程度，以及对具有不同特征的产品进行区分。伴随着这些应用，许多方法也被开发出来以表征产品的形状，包括以下两大类：尺寸依赖性测量（SDM）和尺寸无关性测量（SIM）。

1. 尺寸依赖性测量

通过尺寸依赖性测量对图像进行处理，可以得到描述形状的参数，这些参数是由测量尺寸变量的适当组合形成的。尺寸依赖性测量方法已被应用于食品行业，包括测量以下参数：①紧凑性，即面积与周长平方的比率；②伸长率，即长轴与短轴的比率；③凸度，即凸形周长与周长的比率；④粗糙度，即面积与长轴平方的比率。

2. 尺寸无关性测量

测量形状的理想目的是将一种形状与另一种形状充分区分开来。尺寸无关性测量可能不足以描述每个食品的形状，因为产品的形状有很大的不规则性。但是在这些简单的尺寸测量组合下，两个不同的、非常不规则的形状具有相同的值的机会仍然很大。因此，包括基于区域的方法和基于边界的方法在内的尺寸无关性测量被相应地开发出来。

2.4.3 颜色

颜色包含可以被人类感知的基本信息。此外，颜色也是被储存在像素中构成数字图像的基本信息。因此，颜色是理解图像和描述物体的最重要的参数之一。根据三色理论，颜色可以通过三个基本颜色成分的组合来区分，三个数字值被分配给彩色图像的每个像素。为存储这三个颜色分量中的不同类型的值和使用这三个分量进行不同颜色再现的方法，产生了不同的色彩空间。这些色彩空间一般可分为三种类型：硬件导向的色彩空间、视觉导向的色彩空间和仪器导向的色彩空间。

1. 硬件导向的色彩空间

硬件导向的色彩空间是为方便硬件处理而开发的，如捕捉、存储和显示。最受欢迎的硬件导向的色彩空间是 *RGB*（红、绿、蓝）空间，*RGB* 被用于大多数计算机的图像采集、存储和显示。*YIQ*（亮度、同相、正交）空间是另一个流行的硬件导向的色彩空间，主要用于电视传输。*YIQ* 空间可以使用下面的公式从 *RGB* 空间转换得到，以分离亮度和色度信息，以便压缩应用：

$$\begin{bmatrix} Y \\ I \\ Q \end{bmatrix} = \begin{bmatrix} 0.299 & 0.587 & 0.114 \\ 0.596 & -0.275 & -0.321 \\ 0.207 & -0.497 & -0.290 \end{bmatrix} \begin{bmatrix} R \\ G \\ B \end{bmatrix} \quad (2-20)$$

除了 *RGB* 和 *YIQ*，*CMYK*（青、品、黄、黑）也是一个流行的硬件导向的色彩空间。然而，*CMYK* 主要用于印刷和复印输出，不用于食品行业的色彩测量。

2. 视觉导向的色彩空间

视觉导向的色彩空间主要基于色相和饱和度，包括 HSI（色相、饱和度、强度）、HSV（色相、饱和度、明度）和 HSL（色相、饱和度、亮度）。色相定义为视觉感知的属性，它决定了颜色的基本类型，如红色、黄色、绿色、蓝色或这些颜色的组合。饱和度衡量颜色的纯度，即颜色中白色光成分的多少。在 HSI 模型中，强度指的是颜色的亮度或明暗程度；在 HSV 模型中，明度指的是颜色的亮度；而在 HSL 模型中，亮度指的是颜色的相对明暗。这些亮度指标都是通过与人类视觉亮度感知相关的光谱响应来测量的。与 RGB 空间（使用矩形坐标定义颜色）不同，基于色相和饱和度的色彩空间使用圆柱坐标来定义颜色，这使得颜色的调整和操作更加直观和符合人类对颜色的自然感知。RGB 空间和 HSI 空间之间的关系可以用以下公式描述：

$$H = \left[\frac{\pi}{2} - \arctan(\frac{2R-G-B}{\sqrt{3}(G-B)} + \pi\right] / 2\pi, G < B \tag{2-21}$$

$$H = \left[\frac{\pi}{2} - \arctan(\frac{2R-G-B}{\sqrt{3}(G-B)}\right] / 2\pi, G > B$$

$$S = 1 - \frac{\min(R,G,B)}{I} \tag{2-22}$$

$$I = \frac{R+G+B}{3} \tag{2-23}$$

如上所述，HSI 空间是通过考虑人眼的视觉感知概念而开发的，因此从 HSI 获得的颜色测量结果与食品表面的视觉意义更相关。因此，来自视觉导向的色彩空间的颜色测量值与食品的感官评分之间呈现出更多的关联性。然而，视觉导向的色彩空间与人类视觉相似，对颜色的微小变化不敏感。因此，视觉导向的色彩空间不适合评价产品在加工过程中的颜色变化。

3. 仪器导向的色彩空间

仪器导向的色彩空间是为色彩仪器开发的，如色度计和色度分光光度计。这样的空间是由国际照明委员会（CIE）在一系列标准条件下（光源、观察者和标准光谱）进行标准化得到的。CIE XYZ 是一个最早的空间，其中 Y 代表亮度，而 X 和 Z 是两个主要的虚拟成分。XYZ 空间可以通过以下公式从 RGB 空间进行线性转换得到：

$$\begin{bmatrix} X \\ Y \\ Z \end{bmatrix} = \begin{bmatrix} 0.412 & 0.358 & 0.180 \\ 0.213 & 0.715 & 0.072 \\ 0.019 & 0.119 & 0.950 \end{bmatrix} \begin{bmatrix} R \\ G \\ B \end{bmatrix} \tag{2-24}$$

然而，XYZ 对于描述人类视觉中的颜色感知并不理想，尽管它在定义颜色方面很有用。CIE $L^*a^*b^*$ 和 CIE $L^*u^*v^*$ 色彩空间是 XYZ 的非线性变换，并在许多色彩测量仪器中被使用。

$$L = \{116 \times (Y/Y')^{\frac{1}{3}} - 16, Y/Y' > 0.08856\} \tag{2-25}$$
$$L = \{903.3 \times (Y/Y'), Y/Y' \leqslant 0.08856\}$$

$$a^* = 500[(X/X')^{\frac{1}{3}} - 16(Y/Y')^{\frac{1}{3}}] \tag{2-26}$$

$$b^* = 200[(Y/Y')^{\frac{1}{3}} - 16(Z/Z')^{\frac{1}{3}}] \tag{2-27}$$

$$u^* = 13 \times L \times (u' - u'') \tag{2-28}$$

$$v^* = 13 \times L \times (v' - v'') \tag{2-29}$$

其中，X'、Y' 和 Z' 的取值与图像标准白点有关，取值如下：

$$\begin{bmatrix} X' \\ Y' \\ Z' \end{bmatrix} = \begin{bmatrix} 95.047 \\ 100 \\ 108.883 \end{bmatrix} \tag{2-30}$$

其中，u'、u''、v' 和 v'' 的计算公式分别为

$$u' = \frac{4X}{X + 15Y + 3Z} \tag{2-31}$$

$$u'' = \frac{4X'}{X' + 15Y' + 3Z'} \tag{2-32}$$

$$v' = \frac{9Y}{X + 15Y + 3Z} \tag{2-33}$$

$$v'' = \frac{9Y'}{X' + 15Y' + 3Z'} \tag{2-34}$$

颜色分量 L^* 称为亮度或明度，而 $a^*(u^*)$ 是沿红绿轴定义的，$b^*(v^*)$ 是沿黄蓝轴定义的。$a^*(u^*)$ 的正值表示红色在红绿两色之间占主导地位，而负值则表示绿色占主导地位。黄蓝轴上的 $b^*(v^*)$ 分量也有类似的意义。

由于计算机视觉系统测量的颜色可以很容易地与从仪器获得的颜色进行比较，仪器导向的色彩空间为评估计算机视觉系统测量物体颜色的性能提供了一种可能的方法。

2.4.4 纹理

常见的提取图像特征的方法包括直方图统计（histogram statistics，HS）法、灰度共生矩阵（gray level co-occurrence matrix，GLCM）法和灰度梯度共生矩阵（gray level-gradient co-occurrence matrix，GLGCM）法等。

1. 直方图统计法

直方图统计法是一种被广泛用于图像分析的重要方法。在直方图统计法中，计算图像上每个像素点的不同光谱的光谱强度值，并用不同图像的直方图统计来表示图像的纹理。在直方图统计计算中，有多个特征值可以被计算得到，在高光谱图像分析中常用的有：

（1）平均强度 H_i，即

$$H_i = \sum_{b=0}^{255} b p(b) \tag{2-35}$$

（2）平均对比组 H_c，即

$$H_c = \sum_{k}^{2} (b - H_i)^2 p(b) \tag{2-36}$$

（3）粗糙度 H_r，即

$$H_r = 1 - \frac{1}{1 + H_c^2} \tag{2-37}$$

（4）三阶矩 H_m，即

$$H_m = \sum_{b=0}^{255} (b - H_i)^3 p(b) \tag{2-38}$$

（5）一致性 H_{con}，即

$$H_{con} = \sum_{b=0}^{255}(p(b))^2 \tag{2-39}$$

（6）熵 H_e，即

$$H_e = \sum_{b=0}^{255}(p(b)\log_2 p(b)) \tag{2-40}$$

式中，b 为灰度值的随机变量；$p(b)$ 为灰度值 b 的直方图统计值，通常灰度值的最大值为 255。

2. 灰度共生矩阵法

灰度共生矩阵法通过统计方法计算共生矩阵来得到图像的纹理特征，其测量特定灰度级的像素出现在指定方向和距其相邻像素的距离的概率。在不同方向，图像的纹理特征是不同的，通常会在 0°、45°、90°和 135°四个方向来计算图像纹理特征。在灰度共生矩阵法中，有 4 个可以表示图像纹理的特征：

（1）对比度 G_{con}，即

$$G_{con} = \sum_{i=0}^{X}\sum_{j=0}^{Y}(i-j)^2 g(i,j) \tag{2-41}$$

（2）能量 G_e，即

$$G_e = \sum_{i=0}^{X}\sum_{j=0}^{Y}(i-j)^2 g(i,j) \tag{2-42}$$

（3）逆差矩 G_{cor}，即

$$G_{cor} = \sum_{i=0}^{X}\sum_{j=0}^{Y}\frac{(i-u_i)(j-u_j)g(i,j)}{\sigma_i \sigma_j} \tag{2-43}$$

$$\mu_i = \sum_{i=0}^{X} i \sum_{j=0}^{Y} g(i,j) \tag{2-44}$$

$$\mu_j = \sum_{j=0}^{Y} j \sum_{i=0}^{X} g(i,j) \tag{2-45}$$

$$\sigma_j = \sqrt{\sum_{i=0}^{X}(i-u_i)^2 \sum_{j=0}^{Y} g(i,j)} \tag{2-46}$$

$$\sigma_j = \sqrt{\sum_{i=0}^{Y}(i-u_i)^2 \sum_{j=0}^{X} g(i,j)j} \tag{2-47}$$

（4）相关性 G_i，即

$$G_i = \sum_{i=0}^{X}\sum_{j=0}^{Y}\frac{g(i,j)}{1+(i-j)^2} \tag{2-48}$$

式中，X 为灰度共生矩阵的行数；Y 为灰度共生矩阵的列数；$g(i,j)$ 为灰度共生矩阵。

3. 灰度梯度共生矩阵法

灰度梯度共生矩阵法可以同时分析图像的灰度和梯度的综合信息来提取图像的纹理特征。灰度梯度共生矩阵法计算的图像纹理特征有 15 个。将灰度梯度共生矩阵的元素 $H(x,y)$ 定义为归一化的灰度图像 $F(i,j)$ 和归一化的梯度图像 $G(i,j)$ 中灰度值为 x、梯度值为 y 的像素数，即在集合

$\{(i,j)|F(i,j)=x \cap G(i,j)=y, i=0,1,\cdots,N-1, j=0,1,\cdots,M-1\}$ 中像素的个数。其中，$F(i,j) \in [0, L-1]$，$G(i,j) \in [0, L_g-1]$，N 和 M 是图像的行列数，L 是最大归一化灰度值，L_g 是最大归一化梯度值。首先对灰度梯度共生矩阵进行归一化处理，使各像素之和等于1，即

$$\hat{H}(x,y) = \frac{H(x,y)}{\sum_{x=0}^{L-1}\sum_{y=0}^{L_g-1} H(x,y)} \tag{2-49}$$

而 $\sum_{x=0}^{L-1}\sum_{y=0}^{L_g-1} H(x,y) = N \times M = NM$，式（2-49）也可表示为

$$\hat{H}(x,y) = \frac{H(x,y)}{NM} \tag{2-50}$$

因此，灰度梯度共生矩阵的15个纹理特征值及其计算公式如下：

（1）小梯度优势 T_1，即

$$T_1 = \frac{\sum_{x=0}^{L-1}\sum_{y=0}^{L_g-1} \frac{\hat{H}(x,y)}{(y+1)^2}}{\sum_{x=0}^{L-1}\sum_{y=0}^{L_g-1} \hat{H}(x,y)} \tag{2-51}$$

（2）大梯度优势 T_2，即

$$T_2 = \frac{\sum_{x=0}^{L-1}\sum_{y=0}^{L_g-1} \hat{H}(x,y) y^2}{\sum_{x=0}^{L-1}\sum_{y=0}^{L_g-1} \hat{H}(x,y)} \tag{2-52}$$

（3）灰度分布的不均匀性 T_3，即

$$T_3 = \frac{\sum_{x=0}^{L-1} \left[\sum_{y=0}^{L_g-1} \hat{H}(x,y) \right]}{\sum_{x=0}^{L-1}\sum_{y=0}^{L_g-1} \hat{H}(x,y)} \tag{2-53}$$

（4）梯度分布的不均匀性 T_4，即

$$T_4 = \frac{\sum_{y=0}^{L_g-1} \left[\sum_{x=0}^{L-1} \hat{H}(x,y) \right]}{\sum_{x=0}^{L-1}\sum_{y=0}^{L_g-1} \hat{H}(x,y)} \tag{2-54}$$

（5）能量 T_5，即

$$T_5 = \sum_{x=0}^{L-1}\sum_{y=0}^{L_g-1} \hat{H}^2(x,y) \tag{2-55}$$

（6）灰度平均 T_6，即

$$T_6 = \sum_{x=0}^{L-1} x \sum_{y=0}^{L_g-1} \hat{H}^2(x,y) \tag{2-56}$$

（7）梯度平均 T_7，即

$$T_7 = \sum_{y=0}^{L_g-1} y \sum_{x=0}^{L-1} \hat{H}(x,y) \tag{2-57}$$

(8) 灰度均方差 T_8，即

$$T_8 = \left[\sum_{x=0}^{L-1}(x-T_6)^2 \sum_{y=0}^{L_g-1}\hat{H}(x,y)\right]^{\frac{1}{2}} \quad (2\text{-}58)$$

(9) 梯度均方差 T_9，即

$$T_9 = \left[\sum_{y=0}^{L_g-1}(y-T_7)^2 \sum_{x=0}^{L-1}\hat{H}(x,y)\right]^{\frac{1}{2}} \quad (2\text{-}59)$$

(10) 相关性 T_{10}，即

$$T_{10} = \sum_{x=0}^{L-1}\sum_{y=0}^{L_g-1}(x-T_6)^2(y-T_7)^2\hat{H}(x,y) \quad (2\text{-}60)$$

(11) 灰度熵 T_{11}，即

$$T_{11} = -\sum_{x=0}^{L-1}\sum_{y=0}^{L_g-1}\hat{H}(x,y)\log_2\sum_{y=0}^{L_g-1}\hat{H}(x,y) \quad (2\text{-}61)$$

(12) 梯度熵 T_{12}，即

$$T_{12} = -\sum_{x=0}^{L-1}\sum_{y=0}^{L_g-1}\hat{H}(x,y)\log_2\sum_{x=0}^{L-1}\hat{H}(x,y) \quad (2\text{-}62)$$

(13) 混合熵 T_{13}，即

$$T_{13} = -\sum_{x=0}^{L-1}\sum_{y=0}^{L_g-1}\hat{H}(x,y)\log_2\hat{H}(x,y) \quad (2\text{-}63)$$

(14) 惯性矩 T_{14}，即

$$T_{14} = \sum_{x=0}^{L-1}\sum_{y=0}^{L_g-1}(x-y)^2\hat{H}(x,y) \quad (2\text{-}64)$$

(15) 逆差矩 T_{15}，即

$$T_{15} = \sum_{x=0}^{L-1}\sum_{y=0}^{L_g-1}\frac{\hat{H}(x,y)}{1+(x,y)^2} \quad (2\text{-}65)$$

2.5 食品加工过程外观指标监测应用

2.5.1 肉类食品加工过程外观指标监测

色泽是反映肉类食品外观品质变化的一个重要物理指标。当前色泽的测定主要借助色差仪，通过对色差仪显示的示数变化来判定肉类食品的品质。色差仪参数的界定标准主要来源于 CIELAB 色彩空间表征三色光的色泽参数指标 L^*、a^*、b^* 以及它们之间的制约参数。然而，这种测量方法受外界条件影响较大，如储藏方式和温度、测量样品的厚度以及肌肉化合物的分布均匀性等。

质构也是反映肉类食品外观品质变化的一个重要物理指标。肉制品的质地构造与肌肉内在的固有因素有关，如肌纤维的密度、脂肪含量和胶原蛋白含量等，也与动物的年龄、品种、喂养环境等有很大关系。在动物体死后，细胞自溶以及微生物作用使得肉品变软，失去弹性。在冰冻储藏条件下，肌肉的质地也会发生变化，包括水分散失、肌肉纤维蛋白变性，最终使肉制品干硬。质构仪是对感官进行评价的直接延伸工具，可以衡量肉制品在外加力作用下的变形和弯曲程度。测量过程中，通过持续施加外力来测量样品的弹性和恢复度。质构仪可以配有很多不同的配件以适用不同类型的分析。在某些情况下，肉类食品的组织测量方法同感官分析方法之间有较好的线性关系。质构仪可以从嫩度、硬度、脆性、黏性、弹性、咀嚼性、拉伸强度、抗压强度、穿透强度等更多的物性方面对肉类食品进行监测分析，并通过专业的分析软件来获得剪切曲线、挤压变形破裂曲线、应力松弛曲线、弹性率松弛曲线、延展曲线等变化曲线，有助于做出更为准确、全面的新鲜度评价，但由于肉类食品质构分布不均匀，给测定带来了很大麻烦，测量结果的误差也较大。

1. 水产品加工过程外观指标监测

1）机器视觉技术

水产品色泽、大小、形状等方面能够很好地反映水产品品质，水产品的外观品质直接影响着消费者的购买意愿。因此通过先进的快速监测技术，分辨质量好的和质量差的水产品，对于提高水产品的品质至关重要。水产品外观品质监测的目的是提高水产品质量，防止水产品因质量上的缺陷导致品质差的食品流入市场。大多数水产品加工企业仍然采用人工方式进行分拣，但这种识别方式的准确性和效率受工人因素影响，且监测精度低、劳动强度大、智能程度低。因此部分大型食品生产企业引进智能自动监测设备，通过智能自动监测设备实时对水产品进行在线监测，实现水产品食品的大批量监测。

机器视觉是指利用图像采集设备代替人工肉眼识别，图像处理功能代替人脑分辨功能，从而完成产品关键信息的提取，通过对关键信息的判断，将具有差别的产品分拣出的一种人工智能技术。机器视觉监测系统中设备不会与食品直接接触，从而避免食品的二次污染。机器视觉监测系统能在恶劣环境下长时间进行监测，并能保证监测精度和工作效率。为提高水产食品的监测效率，将机器视觉在线监测技术应用于鱼类、虾类等食品加工生产初期质量监测中，可以提高有效的水产品品质监控和水产品品质，保障消费者食用安全。为实现水产品生产企业自动化、智能化，提高企业生产效率，提升产品品质，设计一款基于机器视觉的水产品外观品质监测系统。将图像采集技术、图像处理技术及电气自动控制技术融为一体，采用CCD相机、光源、图像采集卡及计算机作为系统的硬件结构，并通过图像滤波、图像分割等图像处理技术，实现图像中重要信息提取，提高监测准确率。结果表明，试验监测方法能够实现水产品的快速监测，监测准确率在97%以上。该监测方法大幅提高食品生产企业生产效率、降低工人劳动强度，对于提高水产品品质起到积极作用。

机器视觉监测系统作为一种自动化的、快速的、客观的监测工具已经广泛应用在果蔬、肉品和农产品等品质分级与评价领域。其在鱼肉品质评价与监测方面也取得了较大的发展，主要包括形态学评价（大小、体积、质量、形状）、物种识别、组织评价、物理特性分析（死后僵直、色泽、硬度）以及化学成分分析和鱼肉加工过程等方面。图像分析主要对鲜鱼和鱼片外观品质进行监测。为获得最好的监测效果，可以采用不同波长的单色光照射样品，利用CCD镜头获取样品图像，分析其空间结构的一致性，即测定图像每个点周围显微结构的相似度。通过测定鲜鱼表皮黏液浊度，或是冰冻鱼片表面的肌肉纤维粗糙度来确定鱼肉品质。这种方法适用于鱼的诸多可视化质量特征，如对变形、瘀伤、出血点等进行快速、无损、在线监测，通过提高图像采集精度，缩短采集时间间隔可进一步提高数据的精确度。表2-4列举了机器视觉技术在鱼肉品质评价与监测中的应用。然而，机器视觉技术当前的主要应用集中在鱼肉的色泽及形态学等物理特性方面，且在背景分割和重叠区域分割的精准度还不够高，在评价鱼体内部相关的化学变化等安全信息方面效果不够理想。

表 2-4 机器视觉技术在鱼肉品质评价与监测中的应用

鱼种	分类特点	监测部位	监测指标
羽鳃鲐	形态学	整条鱼	长度
大西洋鲷	形态学	整条鱼和鱼鳍	长度、质量
鲟鱼	物理特性	鱼片	颜色（$L^* a^* b^*$）
罗非鱼	自动加工过程	鱼片	颜色（RGB 和 $L^* a^* b^*$）
虹鳟鱼	物理特性	鱼肉饼	颜色（RGB 和 $L^* a^* b^*$）
三文鱼	形态学	整条鱼	质量分级
虹鳟鱼	物理特性	鱼片	死后僵直
三文鱼	物理特性	鱼片	颜色（RGB 和 $L^* a^* b^*$）
三文鱼	形态学	整条鱼	质量、面积

2）高光谱成像技术

一般认为光谱分辨率在 $10^{-2}\lambda$ 数量级范围内称为高光谱。高光谱成像技术结合了传统的光谱学技术和图像分析技术，能够同时获取研究对象的光谱信息和空间信息，是近年来在食品品质安全监测应用中逐渐新兴起来的快速、无损监测方法。高光谱成像技术能够同时测定多指标，是一种快速信息采集与数据分析、监测过程无损、环保无污染、无须预处理的绿色分析技术。在获得样品图像的同时，高光谱成像技术还为图像上每个像素点提供其波长点的光谱信息，实现了"图谱合一"，因此这种高光谱图像包含了样品内部丰富的成分、含量信息，能实现对样品的成分、含量、存在状态、空间分布进行快速、无损、精确测量，并实现监测对象的品质信息可视化表达。与传统方法相比，高光谱成像技术具有巨大的优势和潜力。

高光谱成像技术结合化学计量学和图像分析算法在食品安全监测领域已经取得了较快的发展，尤其是在肉品安全监测与控制方面有较大突破。高光谱成像技术在鱼肉品质方面的监测也有了一定的发展，主要集中在三文鱼色泽、质构、持水力、汁液损失、品质分类以及微生物指标测量等方面，表 2-5 列举了高光谱成像技术在鱼肉品质评价与监测中的应用。以上这些研究充分证实了高光谱成像技术在食品安全监测与控制领域的应用具有可行性和巨大潜力。

表 2-5 高光谱成像技术在鱼肉品质评价与监测中的应用

检测指标	分析方法	波长范围/nm	R^2 或 R	RMSE
嫩度	MLR	400、580、605、660、740、875、930、955	0.901	1.117
嫩度	MLR	555、605、705、930	0.847	1.364
嫩度	PLSR	400~1000	0.890	1.161
嫩度	PLSR	900~1700	0.860	1.316
嫩度	PLSR	400、580、605、660、740、875、930、955	0.901	1.106
嫩度	PLSR	555、605、705、930	0.847	1.364
嫩度	LS-SVM	400~1000	0.902	1.103
嫩度	LS-SVM	900~1700	0.884	1.199
嫩度	LS-SVM	400、580、605、660、740、875、930、955	0.905	1.086
嫩度	LS-SVM	555、605、705、930	0.905	1.089
汁液损失	PLSR	400~1000	0.808	0.072
汁液损失	PLSR	900~1700	0.692	0.088

续表

检测指标	分析方法	波长范围/nm	R^2 或 R	RMSE
汁液损失	PLSR	415、445、500、590、605、675、760、825、880、955、990	0.834	0.067
L^*	MLR	1161、1295、1362	0.869	2.378
a^*	MLR	1081、1161、1362	0.729	1.463
b^*	MLR	964、1024、1081、1105、1161、1295、1362	0.788	2.104
L^*	PLSR	964~1631	0.864	2.424
L^*	PLSR	1161、1295、1362	0.868	2.393
a^*	PLSR	964~1631	0.736	1.446
a^*	PLSR	1081、1161、1362	0.730	1.461
b^*	PLSR	964~1631	0.798	2.060
b^*	PLSR	964、1024、1081、1105、1161、1295、1362	0.798	2.061
硬度	MLR	405、410、460、515、560、580、615、920、955、990	0.673	4.020
凝聚力	MLR	425、460、580、615、735、865、930、945、970	0.563	0.066
黏着性	MLR	405、410、460、515、560、580、615、920、955、990	0.639	0.483
胶黏性	MLR	405、410、460、515、560、580、615、920、955、990	0.670	1.925
咀嚼性	MLR	405、410、460、515、560、580、615、920、955、990	0.666	11.658
硬度	PLSR	400~1758	0.665	4.091
凝聚力	PLSR	405、410、460、515、560、580、615、920、955、990	0.711	3.850
黏着性	PLSR	400~1758	0.555	0.067
胶黏性	PLSR	425、460、580、615、735、865、930、945、970	0.567	0.066
咀嚼性	PLSR	400~1758	0.606	0.504
硬度	PLSR	405、410、535、555、595、615、730、840、890、945、990	0.639	0.488
弹性	PLSR	400~1758	0.369	0.999
胶黏性	PLSR	400~1758	0.665	1.952
胶黏性	PLSR	405、410、425、435、555、585、615、740、960、995	0.711	1.837
咀嚼性	PLSR	400~1758	0.605	12.559
咀嚼性	PLSR	405、410、555、585、615、720、825、920、955、990	0.702	11.226

注：PLSR（partial least squares regression）为偏最小二乘回归；MLR（multiple linear regression）为多元线性回归；LS-SVM 为最小二乘-支持向量机。

2. 生鲜肉制品加工过程外观指标监测

肉类富含蛋白质、维生素和许多其他对健康有益的营养素，它在世界范围内的需求量很大。然而，肉类往往会很快变质，因此面对这种不断增长的需求，确保其高质量至关重要。尤其是在经济快速增长和生活水平提高的今天，以及食品掺假等不道德营销行为的兴起，促使消费者意识到食品的质量和安全的重要性尤为重要。

一般来说，肉类具有物理、生物和化学特性，包括颜色、质地、pH、嫩度和新鲜度。新鲜度被认为是评估肉类质量和安全性的最重要因素之一。因此，肉类行业必须控制质量过程以避免经济损失。为此，需要有效的技术来确保整个过程中食品的新鲜度和安全性。颜色和表面纹理特征用于在加工线中使用计算机成像方法对肉类产品进行快速视觉质量评估。

本节旨在基于颜色、质地、大理石花纹、pH、嫩度、新鲜度等参数评估机器视觉技术在猪肉、羊肉、牛肉和鸡肉等肉制品质量识别中的应用，强调机器视觉技术与高光谱成像技术在肉制品等食品质量方面的潜在优势。

1）基于机器视觉技术的肉制品品质监测技术研究

利用机器视觉技术对肉类质量进行评估始于 20 世纪 90 年代，1996 年 Demos 和 Mandigo 利用机器视觉技术从肉制品原始图像中获得颜色特征参数，并使用特征参数定量描述肌肉中肌红蛋白含量，同时根据试验数据计算线性方程，为机器视觉实现肉制品新鲜度识别奠定理论基础；2008 年 Larraín 等采用图像处理分析技术和色度计法，对图像颜色等级进行预测，并对这两种方法的预测能力进行了对比，研究表明图像处理分析方法提取的图像颜色特征参数与肉制品新鲜度等级之间存在较高的相关性，比起色度计法能够更有效地预测肉制品新鲜度；2015 年 Ropodi 等使用机器视觉技术对牛肉的色相和色度进行评估，研究发现机器视觉技术所采集的图像颜色可准确地预测色度计测量的颜色坐标，机器视觉技术可以成为监测颜色变化的实用工具；Hernández 等将机器视觉技术获得的彩色图像分割转换成 CIELAB 值，使用方差分析法对不同肉制品的新鲜度进行评估，但在图像采集过程中，图像的采集质量很容易受到环境光照的影响，基于此不足，Hosseinpour 等建立了能够规避光照以及图像尺度缩放平移影响的图像处理算法，从新鲜牛肉中提取不变的纹理特征，将纹理特征与剪切力数据相关联，并以神经网络为基础进行牛肉的嫩度监测。

相比于国外，国内使用机器视觉技术对食品进行监测相对较晚。最初大部分的研究主要通过对颜色、纹理等特征进行提取来实现图像识别，如周炜应用机器视觉技术提取猪肉颜色，探究猪肉颜色变化与新鲜度变化之间的规律，建立神经网络模型对其新鲜度进行判别。姜沛宏等以储藏温度在 0~10℃的多组牛肉为实验对象，通过机器视觉技术进行牛肉新鲜度监测，研究牛肉表面红（R）、绿（G）、蓝（B）三个颜色通道值随时间的变化规律，以实验所总结的规律为基础构建新鲜度识别模型，成功证实了机器视觉技术在新鲜度分级任务中的发展潜力。随着计算机技术及神经网络的快速发展，卷积神经网络逐渐被应用于食品图像识别监测，卷积神经网络的卷积层可自行提取图像特征以达到分类效果，泛化能力和自学能力较强，多应用于人脸识别、语音识别等领域，便利人们的日常生活。随着学科融合逐渐发展，卷积神经网络为食品监测领域提供了新的思路和方向。经众多学者实验研究，目前卷积神经网络可实现食品外形尺寸高效识别，如兰韬等将机器视觉技术应用于牛肉大理石纹的特征提取和分类上，并基于深度学习算法建立智能分级模型；肖旺使用卷积神经网络监测鸭蛋表面缺陷，对比实验中 AlexNet 模型的准确率为 85.3%。为了提高网络性能，在卷积神经网络的基础上，学者将可重叠混淆树、多通道融合等概念引入神经网络模型，通过对模型结构的优化或训练机制的改进来提高准确率，如厉溢成提出将迁移学习的概念引入模型中对食品图像进行分类，迁移学习概念的引入有效强化了模型性能，能够更高效地完成目标监测物品识别。

2）基于高光谱成像技术的肉制品品质监测技术研究

猪肉是最具有营养价值的肉类产品之一，也是人们尤其是中国居民获取优质蛋白质的主要途径，然而猪肉是易变质肉品。低温可以减缓肉品内部大部分生化反应，因此冷冻是一种最为常用的保证其质量的技术手段。此外，不同的冷冻技术也会对冷冻肉的质量造成不同程度的影响。例如，慢速冷冻促进大冰晶生成，这可能会损坏细胞结构，在解冻时会有更多的汁液损失和肉色的褪色或变暗。此外，冷冻储存温度的波动也能恶化冷冻食品的质量，引起蛋白质变性和脂质氧化变质。很多指标可以用来表征冷冻肉品质，包括自然解冻过程中失水率、蒸煮失水率、肉色和嫩度。它们从不同侧面反映肉制品品质，其中，解冻失水率和蒸煮失水率是对经济效益有直接影响的两个重要指标。用传统的方法来测量解冻失水率和蒸煮失水率需要通过称量解冻前后或蒸煮前后样品质量差来测得。在测量解冻失水率前，样品通常解冻 12~24h。猪肉的颜色可以利用比色计来测量，其影响消费者的感官评价和消费欲望。嫩度反映了产品的适口性，Warner-Bratzler 剪切力（Warner-Bratzler shear force，WBSF）是目前公认的测量和表征肉嫩度的方法。所有这些测量技术是耗时的,特别是不能满足在线测量的要求。高光谱成像是农业和食品工业领域广泛采用的一种新的非破坏性的测量方法。高光谱成像可以同时提供食品的图像和光谱信息,因此高光谱成像不仅可以像传统的图像技术一样,很容易捕捉到外部属性(大小、颜色、形状、表面纹理等),还能如光谱技术一样识别食品中的化学成分。从光谱特性上看,冷鲜肉不存在水分相变和表面冰霜等因素干扰,光谱曲线相对于冷冻肉统一、简单。然而,众所周知,解冻会给冷冻产品带来不可逆的损伤。解冻并质检后的食品无法再正常销售,严重损害商品价值。因此,对于冷冻产品来说,先解冻后监测的方法,不能称为快速、无损的监测。因此,本节旨在探索基于高光谱成像的无须解冻直接测量冷冻猪肉品质的快速监测方法。

光谱通常包含冗余和重复的数据。因此,更多的波段并不一定意味着更好的模型性能。如表 2-6 所示,对于预测蒸煮失水率,基于近红外光谱模型比基于全波段光谱模型的精确度更高。对于预测 L^*,基于可见光波段的模型优于基于全波段光谱的模型。这可能是由于氢键的吸收带(1000nm、1200nm)都位于近红外范围内,而在可见光波段内含有更多的颜色信息。另外,如果仅仅是基于 RGB 3 种波长(700nm、510nm、440nm)建模,结果十分不理想。例如,基于 RGB 数据的 L^* 预测模型 R_p^2 仅为 0.414,比其他 3 种模型都低。此结果说明,可见光或近红外光谱中含有比 RGB 图像更多的有用信息。

表 2-6 基于不同的光谱波段的模型性能比较

指标	项目	全波段	Vis	NIR	RGB
L^*	RMSEP	1.135	1.075	1.389	2.226
	R_p^2	0.802	0.867	0.778	0.414
a	RMSEP	0.761	0.653	0.756	1.216
	R_p^2	0.512	0.622	0.531	0.017
b	RMSEP	0.879	0.811	0.895	1.978
	R_p^2	0.689	0.734	0.681	0.246
蒸煮失水率	RMSEP	1.192	1.281	0.936	—
	R_p^2	0.701	0.655	0.779	—
解冻失水率	RMSEP	1.396	1.219	1.081	—
	R_p^2	0.509	0.591	0.664	—

注:RMSEP(root mean square error of prediction),即预测均方根误差。Vis(可见光)模型含 381 个波段,覆盖 400~1000nm;NIR(近红外)模型含 190 个波段,覆盖 1000~2200nm;全波段是 Vis 和 NIR 波段的总和;RGB 模型包括 3 个波段,分别为 440nm、510nm 和 700nm。

除了色泽参数,嫩度也是重要的物理品质指标之一。嫩度极大地影响肌肉的质地、多汁性、风味和适口性。鸡肉嫩度值的高低与一些重要的物理/化学特性有密切关系,如水分/系水力、蛋白质(肌肉纤维和胶原蛋白)、脂肪等。低系水力会导致水分流失过多而使得剪切力强度增大(低嫩度)。蛋白质变性常会引起肌肉纤维萎缩,组织结构变得更紧凑、肉质更硬。另外,还有研究发现胶原蛋白含量与嫩度有密切关系。胶原蛋白含量越高,肉品的嫩度值越低。脂肪含量的升高有利于提高嫩度值。在现代肉品工业中,嫩度值大小已经被看成是评价肉品是否具有高品质的关键指标之一。目前,最常用的嫩度评价方法是通过质地测定仪器如万能材料试验机和 TA-TX2 质构仪测定鸡肉的 WBSF 值。尽管 WBSF 方法是客观可靠的,但这种方法会损坏食品且消耗大量时间,不适合在线监测。因此,采用高光谱成像技术对鸡肉的色泽与嫩度进行实时、在线、无损监测显得格外的重要。

目前,基于全光谱波长构建 PLSR 模型需要较长的数据处理时间,因此,可以采用特征波长提取方法提取出少数几个波长建立简化模型,且尽可能保证模型的预测精度不受太大影响。以一篇报道为例,该研究采用两种经典特征波长选择方法[连续投影算法(successive projections algorithm,SPA)和回归系数(regression coefficients,RC)法]来提取颜色(L^*、a^*、b^*)和嫩度的特征波长,结果如表 2-7 所示。

表 2-7 应用 RC 法和 SPA 提取 L^*、a^*、b^*和嫩度的特征波长

特征波长选择方法	品质参数	波长/nm
RC	L^*	447、487、522、550、608、674、852、965
	a^*	446、466、508、538、558、575、600、960
	b^*	450、466、490、539、562、578、638、964
	WBSF	402、408、422、453、481、656、687、725、775、818、977、996
SPA	L^*	407、447、522、550、586
	a^*	407、431、552、564、594、630、677、780、965
	b^*	420、440、485、549、578、603、633、810、964
	WBSF	402、408、411、420、422、435、446、508、530、560、602、619、913、965

基于提取的 L^*、a^*、b^*和嫩度的特征波长,分别建立 RC-PLSR 和 SPA-PLSR 简化模型。建模过程中,采用留一交叉验证(leave-one-out cross validation,LOOCV)法检验模型是否出现过拟合。各模型预测结果如表 2-8 所示。从表 2-8 可以看出基于特征波长的 RC-PLSR 和 SPA-PLSR 模型在预测 L^*、a^*、b^*时取得了较为满意的结果,而在预测嫩度 WBSF 值上准确度稍差,原因可能是人工切片导致厚度存在细微差异,而万能材料试验机对厚度的细微差异较为敏感,使得所测 WBSF 值与光谱数据不能很好地对应起来。此外,RC-PLSR 和 SPA-PLSR 模型的校正集、交叉验证集和预测集的结果相近,体现了模型的稳定性。

表 2-8 基于特征波长建立的简化 PLSR 预测模型的预测结果

模型	品质参数	潜在变量	校正集 R_C	RMSEC	交叉验证集 R_{CV}	RMSECV	预测集 R_p	RMSEP
RC-PLSR	L^*	6	0.891	1.493	0.873	1.618	0.873	1.545
	a^*	4	0.940	0.671	0.937	0.694	0.894	0.891
	b^*	2	0.958	1.675	0.956	1.735	0.951	1.463
	WBSF/N	7	0.732	12.235	0.658	13.674	0.675	12.321
SPA-PLSR	L^*	4	0.877	1.577	0.865	1.658	0.876	1.518
	a^*	4	0.948	0.630	0.940	0.675	0.897	0.882
	b^*	3	0.967	1.480	0.963	1.577	0.959	1.175
	WBSF/N	13	0.801	10.747	0.699	12.952	0.740	11.147

注:RMSEC(root mean square error of calibration),即校正均方根误差;RMSEP(root mean square error of prediction),即预测均方根误差;RMSECV(root mean square error of cross validation),即交叉验证均方根误差。

将 RC-PLSR 和 SPA-PLSR 模型结果与全波长-PLSR 模型结果进行对比,可以看出 RC-PLSR 和 SPA-PLSR 模型与全波段模型的结果相近,这证明了提取的特征波长具有较好的代表性。具体对比 RC-PLSR 与 SPA-PLSR 模型的预测结果,不难发现 SPA-PLSR 模型表现出更好的预测能力,具有较高的 R_p 值,反映了 SPA 相比于 RC 法提取颜色和嫩度特征波长带有更多的有用信息。因此,SPA-PLSR 模型将应用于实现图像可视化,以便更直观地了解鸡肉的物理品质变化。

2.5.2 生鲜果蔬加工过程外观指标监测

1. 基于机器视觉技术的生鲜果蔬品级、缺陷分类技术研究

品质较低的生鲜果蔬表现为果实的大小、形状不均,果实表面不光洁,有斑点或者病变,果实颜色不均匀,易被挤压变形,糖度低,口感不佳,香味不足等特点。我国在水果分类方面处于起步阶段,主要靠人力,会不可避免地因人为因素导致准确率低下、无固定分级标准,致使同等级下水果大小、形状不一,出现质量参差不齐等局面,难以达到国际出口标准,在国外出口贸易商处失去应有的竞争力。而国外经过多年摸索,形成了一套先进的商品化处理模式,对水果采摘后的包装处理上尤为看重,对水果分类采取清洗、打蜡、精包装等后处理来提升水果的价值。若要提高我国水果在国际贸易中的竞争力和价值,采用自动无损分类技术是必要的。对水果的大小、形状、颜色、表面缺陷、糖度等进行标准的自动化等级分类,然后将分类好的不同等级的水果按照所属等级统一进行包装,达到产品的标准化。机器视觉技术在水果自动分级中,可以将因病虫害、碰撞、采摘时不小心致使水果表面破损等产生问题的水果剔除出去,这样更有利于水果的储存,降低后期损失。机器视觉技术可以降低人工分级的不准确性,有效地节约成本,提高效率,具体应用情况见表 2-9。

表 2-9 基于机器视觉技术在生鲜果蔬品级、缺陷分类中的应用

样本	目的	特征	模型方法	结果
西红柿	成熟度分级	大小、形状、颜色	—	Acc>96.6%
苹果	缺陷检测	形状、颜色	—	R^2>0.89
水果	类别分类	颜色、纹理、形状	SVM	Acc = 88.2%
胡椒浆果	品级分类	颜色	ANN	Acc>92%
芒果	品级分类	形状、大小、颜色	—	Acc = 100%
水果	类别分类	形状、大小、颜色	SVM	Acc = 95.33%
脐橙	缺陷分类	形状、颜色	DT	Acc = 92%
蜜柚	品质检测	形状、大小	—	Acc = 100%

注:Acc(accuracy),即准确率;ANN(artificial neural networks),即人工神经网络;DT(decision trees),即决策树;SVM(support vector machine),即支持向量机;R^2(coefficient of regression),即回归系数。

2. 基于高光谱成像技术的生鲜果蔬营养成分预测技术

高光谱成像技术是集探测技术、光学机械技术、计算机技术等于一体的综合技术。它通过高光谱成像仪获取研究对象(以草莓为例)的 3D 超立方体,其中包括二维几何空间信息(x 轴和 y 轴)以及一维光谱信息(λ 轴),每个像元上均可以提取一条光谱曲线,具有图谱合一的优点,而获取的高光谱图像数据同时具有分辨率高和连续的优点。因此,高光谱成像技术既

可以对瘀伤、货架期、成熟期等进行定性判定，也可用来对水果的酸度、硬度、可溶性固形物等指标进行定量预测。更有趣的是，由于具有相似光谱特性的样品区域具有相似的化学成分，它也可以在分析水果内部品质时结合相关的数据处理方法实现样本生化成分的可视化，并将生化成分分离到特定图像区域。目前高光谱成像技术在生鲜水果品质无损监测方面也有大量的研究报道（表2-10）。

表2-10 高光谱成像技术在生鲜水果营养成分预测中的应用

样本	目的	特征波长/nm	模型方法	R^2	RMSE
草莓	MC、SSC	480、528、608、685、753、817、939、977	PLSR、MLR	0.94	0.0091
苹果	SSC	400~1000	PLSR	0.876	±0.514°Brix
油桃	SSC、pH	450~1040	PCA、PLSR	0.90	0.32
蓝莓	SSC、硬度	500~1000	PLSR	0.87	0.25/1.36
芒果	花青素、SSC	380~1000	PLSR	0.88	2.96
香蕉	TSS、MC	440、525、633、672、709、760、925、984	MLR、PLSR	0.9831	—
葡萄	pH、SSC	380~1028	MLR	0.95	0.95°Brix
西瓜	SSC	900~1600	PLSR	0.864	0.329
甘蔗	SSC	931~1676	PLSR	0.813	0.810
香梨	SSC	400~1000	SVR	0.946	0.403

注：MC（moisture content），即水分含量；MLR，即多元线性回归；PLSR，即偏最小二乘回归；R^2，即回归系数；RMSE（root mean square error），即均方根误差；SSC（soluble solids content），即可溶性固形物含量；SVR（support vector regression），即支持向量机回归；TSS（total suspended solids），即总悬浮固体量。

课外延伸阅读

[1] 季文娜. 基围虾冻藏过程中品质变化规律及黑变影响因素的研究. 无锡：江南大学，2021.
[2] 张慜，廖红梅. 果蔬食品加工贮藏过程中易变色素的降解及调控机理研究与展望. 中国食品学报，2011，11（9）：258-267.
[3] Zhang B H, Huang W Q, Li J B, et al. Principles, developments and applications of computer vision for external quality inspection of fruits and vegetables: A review. Food Research International, 2014, 62: 326-343.
[4] Deng L Z, Mujumdar A S, Zhang Q, et al. Chemical and physical pretreatments of fruits and vegetables: Effects on drying characteristics and quality attributes-a comprehensive review. Critical Reviews in Food Science and Nutrition, 2019, 59（9）: 1408-1432.
[5] Bhargava A, Bansal A. Fruits and vegetables quality evaluation using computer vision: A review. Journal of King Saud University-Computer and Information Sciences, 2021, 33（3）: 243-257.
[6] 刘丽，匡纲要. 图像纹理特征提取方法综述. 中国图象图形学报，2009，14（4）：622-635.
[7] Haralick R M, Shanmugam K, Dinstein I. Textural features for image classification. IEEE Transactions on Systems, Man, and Cybernetics, 1973, SMC-3（6）: 610-621.
[8] Lu Y, Yi S J, Zeng N Y, et al. Identification of rice diseases using deep convolutional neural networks. Neurocomputing, 2017, 267: 378-384.
[9] Zhang H, Li D L. Applications of computer vision techniques to cotton foreign matter inspection: A review. Computers and Electronics in Agriculture, 2014, 109: 59-70.
[10] 赵涛. 机器视觉技术在食品检测中的发展与应用研究. 食品研究与开发，2021，42（19）：233-234.
[11] 尚梦玉. 红枣外部品质分类及分级方法研究. 银川：宁夏大学，2019.

[12] Ma J, Sun D W, Pu H B, et al. Advanced techniques for hyperspectral imaging in the food industry: Principles and recent applications. Annual Review of Food Science and Technology, 2019, 10: 197-220.

[13] Tang L N, Shao G F. Drone remote sensing for forestry research and practices. Journal of Forestry Research, 2015, 26 (4): 791-797.

[14] Huang Y B, Chen Z X, Yu T, et al. Agricultural remote sensing big data: Management and applications. Journal of Integrative Agriculture, 2018, 17 (9): 1915-1931.

[15] 侍昊, 李旭文, 牛志春, 等. 遥感技术在环境监测中的应用进展与思考. 环境监控与预警, 2021, 13 (6): 11-17.

[16] 夏杨毅, 赵鸾. 高光谱成像技术在肉类安全无损检测的应用研究进展. 食品与生物技术学报, 2020, 39(12): 6-13.

[17] Elmasry G, Kamruzzaman M, Sun D W, et al. Principles and applications of hyperspectral imaging in quality evaluation of agro-food products: A review. Critical Reviews in Food Science and Nutrition, 2012, 52 (11): 999-1023.

[18] 邱雁. 漫反射光谱的理论与应用研究. 上海: 同济大学, 2007.

[19] 田世杰. 基于透射光谱的苹果霉心病判别影响因素及其修正方法研究. 杨凌: 西北农林科技大学, 2020.

[20] 张若宇. 番茄可溶性固形物和硬度的高光谱成像检测. 杭州: 浙江大学, 2014.

[21] Gongal A, Amatya S, Karkee M, et al. Sensors and systems for fruit detection and localization: A review. Computers and Electronics in Agriculture, 2015, 116: 8-19.

[22] 招润浩. CCD 及摄像机技术在工业中的应用分析. 集成电路应用, 2021, 38 (4): 154-155.

[23] 李天琦. CMOS 图像传感器像素光敏器件研究. 哈尔滨: 哈尔滨工程大学, 2013.

[24] 吴从均, 颜昌翔. 棱镜-光栅-棱镜型光谱成像系统光学设计. 应用光学, 2012, 33 (1): 37-43.

[25] 于磊. 成像光谱仪的发展与应用 (特邀). 红外与激光工程, 2022, 51 (1): 290-300.

[26] 赵同林. 声光可调谐滤波器的研究. 太原: 中北大学, 2017.

[27] 赵慧洁, 宋汪洋, 张颖, 等. 声光可调谐滤波器成像光谱仪实时预处理系统. 中国光学, 2013, 6 (4): 577-583.

[28] 王文丛. 中波红外傅里叶变换成像光谱仪理论分析与光学系统设计研究. 北京: 中国科学院大学, 2015.

[29] 柏财勋. 傅里叶变换高光谱偏振成像技术研究. 南京: 南京理工大学, 2019.

[30] Ma J, Sun D W, Pu H B, et al. Protein content evaluation of processed pork meats based on a novel single shot (snapshot) hyperspectral imaging sensor. Journal of Food Engineering, 2019, 240: 207-213.

[31] Ridler T W, Calvard S. Picture thresholding using an iterative selection method. IEEE Transactions on Systems, Man, and Cybernetics, 1978, 8 (8): 630-632.

[32] Demos B P, Mandigo R W. Color of fresh, frozen and cooked ground beef patties manufactured with mechanically recovered neck bone lean. Meat Science, 1996, 42 (4): 415-429.

[33] Larraín R E, Schaefer D M, Reed J D. Use of digital images to estimate CIE color coordinates of beef. Food Research International, 2008, 41 (4): 380-385.

[34] Ropodi A I, Pavlidis D E, Mohareb F, et al. Multispectral image analysis approach to detect adulteration of beef and pork in raw meats. Food Research International, 2015, 67: 12-18.

[35] Holman B W B, van de Ven R J, Mao Y W, et al. Using instrumental (CIE and reflectance) measures to predict consumers' acceptance of beef colour. Meat Science, 2017, 127: 57-62.

[36] Hernández S B, Sáenz G C, Diñeiro J M, et al. CIELAB color paths during meat shelf life. Meat Science, 2019, 157: 107889.

[37] Hosseinpour S, Ilkhchi A H, Aghbashlo M. An intelligent machine vision-based smartphone app for beef quality evaluation. Journal of Food Engineering, 2019, 248: 9-22.

[38] 周炜. 基于多源信息融合技术的猪肉新鲜度无损检测方法研究. 武汉: 华中农业大学, 2009.

[39] 姜沛宏, 张玉华, 钱乃余, 等. 基于机器视觉技术的肉新鲜度分级方法研究. 食品科技, 2015, 40 (3): 296-300.

[40] 兰韬，初侨，刘文，等. 基于深度学习的牛肉大理石纹智能分级研究. 食品安全质量检测学报, 2018, 9(5): 1059-1064.
[41] 肖旺. 基于深度学习的禽蛋缺陷识别与检测研究. 广州：广东工业大学, 2022.
[42] 厉溢成. 基于迁移学习的食品图像分类. 信息通信, 2018, (12): 103-104.
[43] 熊振杰. 基于高光谱成像技术的鸡肉品质快速无损检测. 广州：华南理工大学, 2015.

扩展与思考

[1] 机器视觉技术在食品加工过程中快速、无损监测的发展方向。
[2] 人工智能在食品品质加工过程可视化的应用前景。

第3章

食品加工过程内部成分智能监测技术

> **知识点**
> - 食品加工过程内部成分变化特征。
> - 紫外-可见、红外、拉曼、分子荧光光谱技术原理。
> - 食品加工过程光谱监测系统构成。
> - 光谱仪的主要性能指标。
> - 近红外光谱数据处理主要算法。

食品内部成分是指构成食品的各种元素和化合物,包括营养成分、添加剂、天然化学物质等。这些成分对于食品的口感、营养价值以及最终的质量和安全性都起着关键作用。食品加工过程中,内部成分的监测技术发挥着至关重要的作用,可确保最终产品的质量、安全并符合法规标准。这些监测技术涵盖了多个方面,主要包括原材料监测、生产过程监控和最终产品的质量监测。食品加工过程内部成分的监测技术是保障食品质量与安全的关键环节。通过不断引入创新技术和提升监测手段,可以有效应对食品行业面临的挑战,确保消费者获得高质量、安全可靠的食品产品。

3.1 食品加工过程内部成分智能监测概述

3.1.1 食品加工过程内部成分变化分布特征

食品原料种类繁多,来源广泛,这使得其组分差异较大。食品中的主要成分有水、碳水化合物及其衍生物、蛋白质及其衍生物和脂肪及其衍生物。此外,还有无机物、矿物质和一系列微量有机物质,包括维生素、酶、有机酸、氧化剂、抗氧化剂、色素及风味物质等。目前,市场上的消费食品主要为加工食品,热处理、干燥处理、低温处理、浓缩与结晶、微波处理、辐照处理、发酵腌制烟熏和化学处理等都是常见的加工方法。然而,食品加工在给人们的生活带来便利的同时,也会造成食品的营养成分发生各种各样的变化。因此,为了保证食品最终产品的品质,提升加工的效率,减少成分的损失,在加工过程中对食品内部成分变化进行智能监测至关重要。

1. 水分的变化分布特征

水分在食品中通常以自由水和结合水的形式存在。自由水依靠毛细管存在于细胞间隙、细胞液以及食品组织结构中,可被微生物利用而影响食品货架期。结合水即食品中与淀粉、蛋白质、纤维素等成分的活性基团以氢键等形式结合的水。相比自由水，结合水不仅具有更高的沸点，其冰点也较低，因此，含水量较低的谷物种子能够在较低温度下保持生命力。然而，果蔬含有较多的自由水，冰冻时形成的冰晶容易破坏细胞结构。

大多数食品的加工过程中，通常会有目的地将食品中的水分减少（主要是自由水）。例如，食品的干制过程，水分由内部向表面扩散而蒸发汽化，以降低食品的水分活度，从而延缓褐变反应的进行，降低成分的分解和破坏程度。然而，不同类型食品的理想水分活度范围不同，过低的水分活度可能会加速脂肪的氧化酸败。对于液态物料，浓缩处理一般是不可缺少的，浓缩方法主要包括：①蒸发浓缩，即在不同压力下加热使水分汽化以实现浓缩；②冷冻浓缩，即冷冻使水分子形成冰晶，再将冰晶分离出来实现浓缩；③膜浓缩，即利用膜的孔径特征及吸附作用使水分分离出来。除了这些，直接冻结处理也是食品加工中常用的处理方法，这种处理能够使水分子结成冰晶，使蒸汽压降低，从而降低水分活度，有利于食品的保藏。

2. 糖类的变化分布特征

食品中的糖类主要包括单糖、双糖、转化糖、麦芽糊精、淀粉、果胶和纤维素等，影响着食品的色、香、味和营养品质。单糖和双糖可作为甜味剂，还可形成食品的色泽；多糖能够起到增稠作用；淀粉的糊化能够改善食品的营养品质，使其更易于消化吸收。糖类具有多种理化特性，包括溶解性、结晶性、水解反应、氧化反应、还原反应、酯化反应、羰氨反应、烯醇化作用与互变异构等。在含糖类食品加工过程中，不同处理方式会使糖类发生各种变化。例如，在果蔬加工过程中，烫漂处理可能会造成部分可溶性糖类物质的损失，这是由于可溶性糖类具有一定的溶解性；根据不同糖类的结晶性不同，部分糖类可用来参与制作糖衣，在糖衣的制作过程中会形成不溶于水的屏障；糖类的有氧氧化能够生成丙酮酸和乙酰辅酶 A 或通过三羧酸循环形成有机酸，再氧化为水和二氧化碳，无氧氧化则可发生糖酵解反应，生成的丙酮酸能够进一步形成乳酸、乙醇和乙酰辅酶 A；羰氨（焦糖化）反应能够改善食品的色、香、味，但会使糖类失去原来的营养作用。

淀粉是一种典型的多糖，对淀粉基食品的致密性、脆性、硬度、黏度、稠度、水溶性、吸水膨胀性、凝胶形成性和水分散性等有很大的影响。淀粉包括直链淀粉和支链淀粉。前者易溶于冷水，当搅拌并加热时，会形成稳定黏稠的胶体溶液；后者不溶于冷水，加热处理能够使其分散于热水中形成胶体溶液。直链淀粉与支链淀粉以氢键结合成微晶束，而许多排列成放射状的微晶束则构成了淀粉粒。食品加工过程中，通常需要对淀粉进行糊化处理。例如，方便面和即食米饭的制作，这些经预先糊化处理的食品只需要用开水冲泡片刻，即可食用。淀粉粒不溶于冷水，当温度增加到一定程度，其会吸水膨胀，进而使得淀粉中有序的微晶结构逐渐被破坏，形成无序黏稠的胶体溶液（淀粉的 α 化）。糊化后的淀粉在较低温度放置一段时间后，部分无序结构的淀粉分子会以氢键的形式重新排列组合，形成微晶化（淀粉的老化），此时淀粉的消化性弱于糊化的淀粉。食品加工过程中，经常见到淀粉与油脂共用的情况，油脂能够起到包裹淀粉的作用，若在糊化前包裹，淀粉糊化速度会减小，若在糊化后包裹，则能够延缓淀粉的老化。

3. 蛋白质的变化分布特征

蛋白质是生物体的重要营养物质，在含有蛋白质的食品加工过程中对食品的色、香和味起到重要作用。加热、干燥、低温、机械、酸、碱和还原剂等多种理化因素通常会导致蛋白质发生变性，使其空间结构和生理活性降低甚至丧失。例如，加热能够破坏大豆胰蛋白酶抑制剂的活性；揉捏和挤压等机械处理所产生的剪切力能够使蛋白质变性，反复拉伸能够破坏 α-螺旋从而导致蛋白质的网络结构发生变化；抗坏血酸可以使二硫键还原，从而改变蛋白质的构象。随着蛋白质的变性，其性质会发生多种变化：①疏水基团大量暴露，蛋白质溶解度降低；②蛋白质与水之间的作用力发生变化；③蛋白质空间结构破坏，生物活性改变；④蛋白质发生絮积，通常形成不可逆凝胶；⑤肽键暴露，对蛋白酶水解的敏感性增加；⑥黏度增加等。

蛋白质在食品中存在的主要作用力包括氢键、疏水键、离子键、二硫键、范德瓦耳斯力和配位键，其存在多种功能性质，包括水合作用（蛋白质与水相互作用）、蛋白质-蛋白质相互作用和表面性质（表面张力、乳化性和发泡性），这些功能性质影响着食品中蛋白质在加工过程中的变化分布。pH 的变化会影响蛋白质的静电荷量和解离过程，从而影响水合作用和蛋白质-蛋白质相互作用，当达到等电点时，蛋白质-蛋白质相互作用最强而蛋白质的水合作用最弱。例如，宰后僵直前的生牛肉 pH 从 6.5 降至 5.0（等电点）左右时，蛋白质的水合作用减弱，持水量减小，导致牛肉的汁液减少且嫩度降低。温度的升高一般也会降低水合作用，这主要是因为温度升高降低了氢键作用力，当温度升高到一定程度时，蛋白质则会发生变性和聚集。但对于一些结构紧密的蛋白质（如乳清蛋白质）而言，其在加工条件下发生解离和伸展的过程中，更多肽键和极性侧链的暴露能够提高其与水的结合能力。大多数蛋白质在加热处理时，溶解度会出现不可逆地显著降低的情况，可通过碱处理或添加半胱氨酸来缓解。在牛奶、冰淇淋、干酪和黄油等乳胶体类食品加工过程中，可溶性蛋白质具有向水-油界面扩散和在界面吸附的能力，大多数蛋白质的强亲水性使其趋向于界面的水相一侧。通常情况下，加热能够降低被界面吸附的蛋白质膜的黏度及刚性，降低乳浊液稳定性，而高度水合的界面蛋白质膜的凝胶作用（即蛋白质分子聚集并形成有序的网络结构的过程）能够提高其黏度及刚性，使乳浊液保持稳定。

含有蛋白质的食品加工过程中，通常还会发生一系列蛋白质与还原糖、脂类等的反应。当对食品进行加热处理时，羰氨反应能够改善食品的色、香和味（如面包的制作），但可能会一定程度地降低蛋白质的营养价值（如牛奶的干燥）；脂类和醌类等物质与蛋白质发生反应也会影响蛋白质营养价值，如亚硝酸盐与蛋白质反应，会降低可利用的赖氨酸、色氨酸和半胱氨酸等氨基酸的含量。

4. 脂类的变化分布特征

在食品加工过程中，脂类的降解对许多食品风味的形成是非常重要的。食品中的脂肪酸极易被酶破坏，尤其是一些不饱和脂肪酸，如亚油酸、亚麻酸。它们受到酶破坏发生降解后，随即产生许多低碳链风味物质。在各种内源酶作用下又发生许多次级反应，如酯化反应、酸氧化反应、异构化反应、还原反应和缩聚反应等，生成许多挥发性气体。

食品加工过程中，对含有油脂的食品物质进行加热是很常见的。在高温情况下，油脂的色泽会变深，流动性减弱，且有烟气产生，这是由于油脂酸值变化或一些有毒物质产生。在 200~300℃的高温无氧情况下，多烯化合物能够转化成共轭双键，然后参与聚合（热聚合），生成带有一个双键的六元环状化合物；在 200~300℃的高温有氧情况下，油脂会发生热氧化反应，其本质与自动氧化相同，在热氧化反应过程中，产生的氢过氧化物快速分解为醇、酮、醛和酸等物质；当温度达到 350℃时，在无氧条件下，油脂会发生热分解，生成脂肪酸、二氧化碳和小分子脂等，而在有氧条件下，油脂分解形成多种烃、醛、内酯和甲基酮等物质。在高温油炸过程中，因为水的引入，油脂分子与水接触部位发生水解，水解产物可能会缩合成醚型化合物。

脂类物质的营养改善越来越受到人们的重视。油脂的精炼加工能够减少呈色和呈味物质，提高氧化稳定性。例如，油脂的氢化处理能够增强风味，提高稳定性，人造奶油生产通常用到氢化油。然而，油脂的精炼加工常常会损失一些微量物质，如维生素 E 和 β-胡萝卜素。

5. 矿物质的变化分布特征

矿物质在食品中一般具有比较高的稳定性，但多种食品加工处理仍会对其产生各种影响。谷类的矿物质多分布于糊粉层和胚组织中，而谷类加工一般需要碾磨处理，这一过程通常会导致矿物质含量降低，并且碾磨精度越高，其损失越大。清洗、烫漂和过滤等预处理都会造成食品材料中矿物质一定程度的损失，尤其是一些水溶性矿物质，如海带中的碘。炒、煮、煎和炸等热处理也会造成矿物质的损失，如煮沸的牛乳，这与蛋白质的沉淀有关。此外，食品加工用水及设备中的矿物质通常会引入食品材料中，这些因素容易导致食品中某些矿物质含量增加。

6. 维生素的变化分布特征

食品加工一般会导致多种维生素的损失。谷类的碾磨过程会导致维生素的损失，尤其是 B 族维生素，加工精度越高，其损失越大。这是因为维生素多分布于籽粒的糊粉层和胚组织中。清洗和切块过程会引起水溶性维生素的损失，这主要是由于维生素在水中的溶解以及氧化反应的发生。烫漂、预煮、熟化、灭菌和干燥等热处理对食物维生素含量有着不同程度的影响：①常压湿热处理中水溶性维生素（如维生素 B_1）和热敏感维生素（如维生素 C）的损失较多；②高温短时处理能够减少维生素的损失。在食品加工过程中，为了尽可能防止食品原料及制成食品中维生素的损失，经常采用高温短时、低温保鲜和采后烫漂结合低温保藏的方法。例如，油炸熟化由于加热快，时间短，能够在一定程度上缓解热敏感维生素的损失；经过烫漂和未经过烫漂的青豆在-20℃下储存一年后，前者维生素 C、B_1 和 B_2 的损失率约为 50%、20% 和 30%，而后者则高达约 90%、70% 和 40%。

3.1.2 食品加工过程内部成分智能监测原理

随着人们生活水平的提升，食品质量与安全问题越来越受关注。食品加工过程中内部成分智能监测是食品工作的重要环节，及时提供产品质量信息对于保证产品合格至关重要。传统食品成分监测流程烦琐，耗时费力，不利于食品管理。光谱和光谱成像技术的出现，能够快速完成食品无损监测，逐步发展为主要的应用技术。分子光谱是分子能级之间跃迁形成的发射和吸收光谱，可分为纯转动光谱带、振动-转动光谱带和电子光谱带，主要包括紫外-可见光谱、红外光谱、拉曼光谱以及分子荧光光谱，利用分子光谱技术能够对食品成分进行快速监测分析。

1. 紫外-可见光谱分析技术原理

紫外-可见光谱能够用来对样品进行定量。最早是在公元 60 年，古希腊人就已经利用比色原理采用五倍子浸液对醋中铁的含量进行估计。经过 16 世纪和 17 世纪的快速发展，直至 1852 年，Beer 在 Bouguer 和 Lambert 的基础上，提出了分光光度的基本定律（朗伯-比尔定律），即液层厚度相等时，颜色的强度与呈色溶液的浓度成比例。这奠定了分光光度法的理论基础。

紫外-可见光谱是由于分子/离子吸收紫外-可见光（200~800nm）后发生价电子跃迁所形成的。电子间能级跃迁总是伴随着振动和转动能级间的跃迁，使得紫外-可见光谱呈宽带带。通过测量物质对不同波长的吸收程度（吸光度），以波长为横坐标，吸光度为纵坐标，就可以得到该物质在测量波长范围内的吸收曲线，其能够体现物质对不同波长光的吸收能力（即吸收光谱）。最大吸收峰位置和最大吸收峰的摩尔吸光系数为该吸收光谱的两个重要特征。前者对应的波长代表物质在紫外-可见光谱中的特征吸收响应（与物质结构有关），而对应的后者即为定量分析的依据。

不同物质的分子、原子及分子空间结构不同，其对光能量的吸收存在差异。因此，一种物质本身有其特有的吸收光谱曲线。对于有机物，可以采用与标准有机物图谱对照的方式对其进行分析。由于紫外-可见光谱反映的是分子中生色团/助色团的特性，那么具有相同基团的化合物之间的吸收光谱类似。总之，使用紫外-可见光谱进行定性分析时，需要结合其他方法才能进行准确的结构分析。

2. 红外光谱分析技术原理

红外光谱能够记录分子吸收红外辐射后发生振动/转动能级跃迁的信息，是一种根据分子内部原子间的相对振动和分子转动等信息来确定物质分子结构和鉴别化合物的分析方法。当一束具有连续波长的红外光通过物质，物质分子中某个基团的振动/转动频率与红外光的频率一致时，分子就吸收能量由原来的基态振动/转动能级跃迁到能量较高的振动能级，分子吸收红外辐射后发生振动/转动能级的跃迁，该处波长的光就被物质吸收。

按照波长范围，红外光谱一般可分为近红外（4000~14000 cm^{-1}）、中红外（400~4000 cm^{-1}）和远红外光谱（50~400 cm^{-1}）。其中，近红外和中红外光谱在食品监测分析中应用较多。中红外光谱主要是由分子中官能团的基频振动峰组成，谱峰强度大，波长范围窄，主要应用于具体官能团的定性定量；而近红外光谱是C—H、N—H和O—H的倍频与合频峰，谱峰强度弱（约为中红外光谱的1/100~1/10），波长范围宽，其在基团特异性和灵敏性方面相比中红外光谱要差一些。但通常可通过增加样品厚度来补偿相对微弱的近红外光谱的谱峰。通常，近红外光谱的测试样品为厘米/毫米级，而中红外为微米级。因此，对加工食品品质进行监测时，近红外光谱更加方便，大大缩短了采样过程。另外，近红外光谱中水峰强度十分微弱，这使得湿度大的食品样品中水对其他峰的干扰基本可以忽略。通过对样品进行近红外光谱扫描，即可获得样品中有机分子含氢基团的特征信息，这种方法方便、快捷、环保且耗费小，能够在样品无损情况下进行。因此，近红外光谱在谷类、果蔬、食用油等多种食品材料及制成食品的品质监测分析中应用广泛。

3. 拉曼光谱分析技术原理

拉曼光谱是一种分子振动光谱。当单色光照射在食品材料上，入射光光子与材料分子间相互作用，能够发生弹性散射（瑞利散射）和非弹性散射（拉曼散射）。发生弹性散射的光子只有方向改变，频率不变，无能量交换；而后者存在能量交换，波长位移改变，大部分频率无变化，仅小部分发生偏移。当能量减少，波数位移减小时，产生斯托克斯线；反之，产生反斯托克斯线。斯托克斯线和反斯托克斯线对称分布在瑞利散射线两侧，相当于分别得到/失去一个振动量子的能量。通常讨论的拉曼散射即斯托克斯散射，其谱线仅与食品样品的振动/转动能级有关，不受入射光波长影响。通过拉曼光谱可以获取相关分子振动/转动的相关信息。该方法可直接进行无损定性、定量分析，方便、快捷且灵敏度高。因为水具有较弱的拉曼散射，这种方法更适用于在水溶液中的测定。随着拉曼光谱技术的快速发展，一系列新的拉曼光谱技术逐渐衍生，包括傅里叶变换拉曼光谱分析技术、显微拉曼光谱分析技术、共振增强拉曼光谱分析技术和表面增强拉曼光谱分析技术。

4. 分子荧光光谱分析技术原理

某些物质的分子在辐射能作用下跃迁至激发态，在返回基态的过程中，先以无辐射跃迁的形式释放部分能量，回到第一激发态，然后再以辐射跃迁回到基态，由此产生的光谱即为分子荧光光谱，它是一种发射光谱。通常，荧光发生在具有平面以及刚性结构的电子共轭体系分子中，其强度随着分子的平面度和电子的共轭度的增加而增加，同时，光谱中会出现相应的红移，如此光谱中的强度和形状也会发生相应的变化。因此，荧光可以作为一种能够提供有着共轭结构的分子组分的分布与浓度大小相关信息的监测方法。加工的食品材料中通常包含芳香族氨基酸、黄酮类、多酚类、叶绿素、核黄素和维生素等具有荧光特性的物质，部分食品添加剂也包含荧光物质，这些物质的荧光图谱可以作为食品定性、定量分析中的重要的基本信息。

在食品加工过程中，近红外光谱由于监测速度快、方便快捷且耗费小，可在加工过程中不破坏样品的情况下在线监测食品成品内部成分变化，在食品工业有很好的应用前景，下面以近红外光谱为例介绍食品加工过程中光谱监测系统与数据处理方法。

3.2 食品加工过程内部成分光谱监测系统

3.2.1 光谱仪的基本结构

光谱仪一般都由光学系统、电子系统、机械系统和计算机系统等部分组成。其中，电子系统由光源电源电路、检测器电源电路、信号放大电路、A/D 变换和控制电路等部分组成；计算机系统则通过接口与光学系统和机械系统的电路相连，主要用来操作和控制仪器的运行，除此还负责采集、处理、储存和显示光谱数据等。光学系统是光谱仪的核心，如图 3-1 所示，光学系统主要包括光源、分光系统、测样附件和检测器等部分。不同波段和类型的光谱仪在结构设计和器件材料上有较大差异。

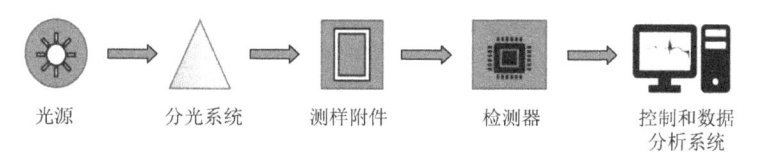

图 3-1 光谱仪光学系统的基本构成

1. 光源

光源用来提供稳定且足够能量的辐射，其可分为线光源和连续光源，在分子光谱仪中通常使用连续光源，如用于紫外光谱的氘灯和氙灯，用于近红外光谱的卤素灯（图 3-2）以及红外光谱的能斯特灯、陶瓷光源或碳硅棒。拉曼光谱则使用单色性高的激光器作为光源，一些专用仪器也采用固定波长的线光源，如发光二极管（LED）等（图 3-2）。

图 3-2 卤素灯和发光二极管

2. 分光系统

分光系统也称单色器，其作用是将复合光变成单色光。实际上，单色器输出的光并非真正的单色光，也具有一定的带宽。色散型仪器的单色器通常由准直镜、狭缝和光栅（或棱镜）等构成。另一种常用的单色器是干涉仪，如傅里叶干涉仪。也有一些专用仪器采用滤光片得到所需的单色光。

3. 测样附件

测样附件用于盛放待测样品，针对不同的测量方式有多种类型的测量附件。例如，透射方式最常用的是比色皿，比色皿的类型也多种多样。对于测定黏稠样品的红外光谱，可采用衰减全反射（ATR）附件等。固体粉末或颗粒类样品多采用漫反射积分球附件等。

4. 检测器

检测器将辐射能转换成电信号进行检测，有热电检测器、光电检测器和半导体检测器三种。光电检测器多用于色散型仪器，如光电倍增管、光电二极管阵列（PDA）检测器、硫化铅（PbS）探测器、铟镓砷（InGaAs）探测器、碲镉汞（HgCdTe）探测器等。热电检测器在傅里叶变换红外光谱仪中多见，如氘化三甘氨硫酸酯（DTGS）检测器等。

5. 控制和数据分析系统

目前，光谱仪已大多采用计算机实现信号的处理与记录，包括个人计算机和各种类型的嵌入式微处理器。计算机对光谱仪的控制及参数设置都是通过测量软件完成的，测量软件还可对光谱进行必要的处理，如横坐标单位的转换（纳米或波数）、纵坐标单位的转换（透光率或吸光度）、光谱差减、求导、卷积和光谱拟合。

所有光谱仪的光学系统都是由前述几部分组成的，只是依据所测量的波段和方式不同，其光学材料、分光方式和检测器类型等存在差异而已。

3.2.2 光谱仪的主要性能指标

1. 波长范围

波长范围是指仪器能够有效监测到的光谱范围，主要取决于仪器的分光方式、光路设计、检测器的类型、光源以及光学材料（如光纤、分束器）等。短波区域的光透射性强，吸光系数小，多使用长光程（如30~50mm），其取样代表性及样本池抗污染能力相当强。短波区域可以使用硅检测器和普通光学材料，制造成本较长波仪器低，且可使用普通石英光纤进行传输，便于在线分析。但与长波相比，短波区域的信息量相对少一些，测量复杂体系中较低含量组分的精度会下降。由于颜色吸收的影响，短波区域也不适合深色样本的分析。总之，短波近红外光谱区域较适用于工业常规分析、现场分析。

长波近红外光谱区较短波区域信息丰富，吸收波带的重叠没有短波区域严重，并且通过透射、漫透射和漫反射等方式，适合各类样本的测量。但仪器价格昂贵，较适用于科研院所进行分析方法的开发和光谱理论的研究，以及一些复杂体系中低含量组分的常规分析。

2. 分辨率

光谱分辨率是指仪器区分两个相邻吸收峰能力的量度，主要取决于分光系统。光栅分光仪器的分辨率与狭缝的设计有关，狭缝越窄，分辨率越高，但光通量也会下降，显著降低光谱的信噪比。阵列检测器的分辨率，还与检测器的像素有关。傅里叶近红外光谱仪的分辨率由反光镜移动距离决定。

傅里叶近红外光谱仪分辨率可通过 CO 或大气中水蒸气的某些特征吸收谱线的半峰宽来判定。对于扫描型近红外光谱仪，分辨率可用高压汞灯或标准物质来测量。

一般要求仪器的分辨率小于测量峰宽的 1/10 左右。样本在近红外区域的吸收多为宽峰且重叠严重，进行定量分析时通常不要求高的仪器分辨率。因此，在实际应用中，近红外光谱仪一般不追求高分辨率，通常 16cm^{-1} 或 10nm 的分辨率就可满足绝大多数分析对象的应用要求。例如，分析汽油的辛烷值，一般 16cm^{-1} 的分辨率便可满足常规分析精度的要求。但对于结构特征十分相近的复杂样本，要得到准确的分析结果，就要对仪器的分辨率提出一定的要求，但一般也不会超过 4cm^{-1}。

3. 波长的准确度

近红外光谱分析几乎完全依赖校正模型，校正模型的准确性、通用性和稳定性在很大程度上取决于仪器的稳定性和重现性。因此，国际各近红外光谱仪厂商一直在追求仪器的高信噪比、高稳定性以及仪器间的高一致性，并通过仪器信噪比、波长（波数）准确性和重现性、光度重现性等指标来体现。

光谱仪波长准确度是指仪器测定标准物质某一谱峰的波长与该谱峰的标定波长或波数之差。波长准确度对保证近红外光谱仪间的模型传递非常重要。为了保证仪器间校正模型的有效传递，对于光栅扫描型仪器，通常要求在长波近红外范围波长的准确度优于 ±1.0nm，在短波近红外范围波长的准确度优于 ±0.5nm。傅里叶变换型仪器采用单一波长的氦氖（He-Ne）激光作为仪器内部波长校准的标准，分辨率较高，且具有较好的波长准确度，通常优于 ±0.1cm^{-1}。常用某些水蒸气峰（如 7299.45cm^{-1} 或 7306.74cm^{-1}）来评价傅里叶变换型仪器的波长准确度。

4. 波长的精确度

波长精确度又称波长重复性，是指对同一样品进行多次扫描，光谱谱峰位置间的差异程度或重复性，通常用多次测量某一标准物质谱峰所得波长的标准差来表示。波长精确度是体现仪器稳定性的一个重要指标，取决于光学系统的结构，与波长准确度一样，也会影响分析结果的准确性。扫描型近红外光谱仪波长的重复性通常应好于 0.04nm，傅里叶变换型仪器则优于 0.02cm^{-1}。

5. 吸光度准确性

吸光度准确性是指仪器所测某标准物质的吸光度值与该物质标定值之差。对于同一台近红外光谱仪而言，波长准确度和吸光度准确性并不是关键性指标，只要有稳定的波长重复性和吸光度重复性，以及宽的吸光度线性范围，便可建立优秀的校正模型。但若将一台仪器上建立的校正模型直接用于另一台仪器，波长准确度和吸光度准确性就成为至关重要的指标。尽管近几年已有了许多有效的模型传递算法，但仪器间的差异越小，模型传递的精度则越高。

测量光谱仪的吸光度准确性可选择合适的标准物质，如标准溶液或标准滤光片，在规定的波长处连续获取 10 个吸光度，得出的平均值与标准吸光度之差，即为吸光度准确性。在近红外光谱区域，目前国际上尚未制定测量吸光度准确性的标准方法，仪器生产厂商大多采用企业内部标准，也有不少厂商对吸光度准确性不作要求。

6. 信噪比

信噪比就是样品吸光度与仪器吸光度噪声的比值。仪器吸光度噪声是指在一定的测量条件下，在确定的波长范围内对样品进行多次测量得到光谱吸光度的标准差。仪器的光谱噪声主要取决于光源的稳定性、放大器等电子系统的噪声、检测器产生的噪声及环境噪声。一般近红外光谱仪的零基线噪声要小于 5.0×10^{-5} AU，目前有些仪器的零基线噪声已小于 5.0×10^{-6} AU。

对比不同类型仪器的噪声时，应注意扫描时间和分辨率的影响，同类型仪器需在相同的测试条件下才有可比性。由于检测器等因素的限制，噪声、吸光度的重复性及准确性在整个近红外波长范围内也有差异，通常仪器所测波长范围两端的噪声较高。

7. 杂散光强度

杂散光是指未透过样本而到达检测器的光，或虽通过样本但不是用于对样本进行光谱扫描的单色入射光。在仪器方面，杂散光是影响吸光度和浓度之间线性关系的主要因素之一，尤其对于光栅分光型光谱仪来说，控制杂散光至关重要。杂散光对仪器噪声、基线及光谱的稳定性均有不同程度的影响。

测试某波长的杂散光时，将具有相应截止波长的材料置于样本光路中，则在透光率应为零的波长上所测得的透光率即为仪器的杂散光。可采用二溴甲烷（CH_2Br_2）和 50mm 光程的比色皿来测量 1690nm 处的杂散光。一般近红外光谱区域的杂散光要求小于 $0.01T\%$（T 为透射比）。

8. 分析速度

近红外光谱仪往往被用于实时、在线检测或监测，分析样品的数量往往较多，所以分析速度也是值得注意的一项重要指标。仪器的分析速度主要由仪器的扫描速度决定。仪器的扫描速度是指在仪器的波长范围内，完成一次扫描，得到一个光谱所需要的时间。

9. 软件功能及处理能力

除了稳定、可靠的光谱仪器外，近红外光谱仪还需具备光谱采集软件（包括仪器控制）和化学计量学软件。

光谱采集软件的核心任务是采集光谱，主要包括以下功能：①光谱采集与参数设置，如分辨率、测量次数和积分时间等；②仪器的自检和故障诊断，如能量衰减、波长准确性以及恒温控制等；③光谱变换，如基线校正（微分、扣减）、平滑、吸光度和透光率之间的转换，波长和波数之间的转换等；④光谱显示，如光谱放大或缩小等；⑤光谱格式的转换，如将光谱文件转换成国际通用的数据或文本文件等；⑥其他，如光谱峰谷标定积分计算等。

化学计量学软件的核心任务是建立定量和定性校正模型，主要包括以下功能：①光谱预处理，如微分、平滑、均值化、标准化、多元散射校正（MSC）、正交信号校正（OSC）法、标准正态变量交换（SNV）和小波变换（wavelet transform，WT）等；②波长筛选，相关系数（correlation coefficient，CC）法、方差分析法、非信息变量剔除（UVE）、区间偏最小二乘（interval partial least squares，iPLS）法、遗传算法（genetic algorithm，GA）等；③多元定量校正，如多元线性回归（MLR）、主成分回归（principal component regression，PCR）、偏最小二乘（partial least squares，PLS）法、局部加权回归（LWR）、人工神经网络（ANN）等；④模式识别定性，如线性学习机（LLM）、K 最近邻（KNN）法和簇类独立软模式（SIMCA）法等有监督模式识别方法，以及聚类分析（clustering analysis，CA）法等无监督模式识别方法；⑤模型传递，如有限脉冲响应滤波器（FIR）、直接标准化（DS）、分段直接标准化（PDS）和 Shenk 算法等；⑥其他，如模型界外样本的识别、校正样本的选择、模型质量控制以及模型评价等。

目前，近红外光谱仪的软件功能都较为完善，也基本类似，没有显著性差异，只是在界面语言、风格以及操作习惯上存在一定的差异。对于专用型近红外光谱仪针对不同的应用对象而言，软件功能差异较大，但基本都能满足实际工作的需要。

3.2.3 光谱监测处理流程

一般近红外光谱技术的应用包括三大过程（图 3-3）：校正过程、验证过程和预测过程。一个成熟的近红外模型的建立往往需要收集大量样本，同时需要多种化学计量学方法的辅助，一旦建成一个较为成熟的模型，就可以在一段时间内用于样品的快速和精准分析，大大节省分析成本，提高效率。

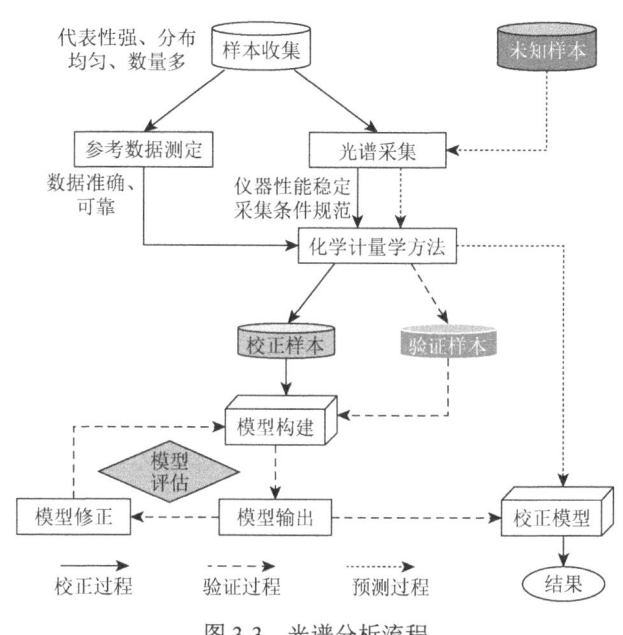

图 3-3 光谱分析流程

1. 具有代表性的建模样品的收集

建模样品为从总体中抽取的有限个能代表研究对象总体的适合分析的样品。这里说的代表性是指同一材料的不同类型、不同品种、不同来源以及待测组分含量分布等。待测组分含量范围应覆盖被测样品中该组分的含量范围，而且在这范围内建模样品的分布尽量是均匀的。如果有足够的数量，同一类型的品种可做单独建模，这样会得到更好的效果。

2. 光谱数据的采集

测定光谱数据时，应注意到仪器状态和环境因素的变化，测量条件尽量保持一致。另根据样品的物化性质，选择最佳的光谱数据采集方式。合适的光谱测量方式应满足以下条件：①光谱的重复性和再现性好；②测试方便、快捷；③光谱的信噪比高；④光谱包含的样本物化信息完整。

由于食品类型较多，评价的角度和需求不一样，因此选择一种合适的光谱数据采集模式就显得尤为重要，针对不同样品应选择合适的光谱数据采集模式。

3. 样品被测组分化学值的测定

校正模型是由建模样品被测组分的化学值和相关近红外光谱的吸光度或光密度值经回归分析后得到的，因此模型预测结果的准确性很大程度上取决于标准方法测得的化学值的准确性，只有准确的化学值才能得到可靠的回归模型，从而保证未知样品预测的准确性。

参考化学值测定时，须注意以下几点：①参考国际或国家标准方法测定建模样品的化学值；

②食品取样测定光谱后及时测定对应化学值,且要保证光谱测试点和化学测试点一致;③尽可能在一台仪器上,由操作熟练的工作人员测定参考化学值;④为得到准确性高的基础数据有时需要多次测量取平均值。

4. 异常样本识别

样本异常是指由实验操作(光谱测量和化学值测量)不当而引起的样本光谱或化学值异常,以及样本本身离群而超出设定的置信度范围的情况。因此,建立校正模型前,须先对异常样品进行剔除。计算所有样品光谱的马氏距离(Mahalanobis distance,MD),并按从小到大排列,在95%置信度下采用 Chauvenet 检验来识别异常光谱。另外,样品杠杆(leverage)值与学生化残差(studentized residual)值也用于样品异常判别,样品的杠杆值大小表明了样品对模型的影响程度,位于被测组分浓度和性质两端(高端和低端)的样品具有较大的杠杆值,位于被测组分和性质均值附近的样品杠杆值较小。通常以杠杆值平均值的 3 倍和学生化残差值作为异常判定阈值。

5. 样本集划分

样本集划分是指将所有样本分为校正集和预测集,校正集用于建立模型,预测集用于验证模型。如果样本数较少,也可采用留一交叉验证法的内部交叉验证来评估模型。样本集划分常用的有以下几种方法。

(1)随机分类(RS)法。RS 法随机性大,并不能保证所选出的样本有足够的代表性,而且存在选择的校正集样本属性范围小于预测集样本的属性范围,导致模型预测外延而不准确。

(2)Kennard-Stone(KS)法。KS 法是将光谱差异大的样本选入校正集,其余样本归入验证集。但是对于低含量或者低浓度的范围,样本之间光谱变化很小,往往选出的样本也不具有代表性。

(3)SPXY(sample set partitioning based on joint X-Y distances)法。SPXY 法是在 KS 法的基础上提出的,其样本的选择策略与 KS 法相同,只是在计算样本之间的距离时,除考虑以光谱为特征参数计算样本之间的距离外,还考虑了以浓度为特征参数计算样本之间的距离。为使样本在光谱空间和浓度空间具有相同的权重,分别除以它们各自的最大值进行标准化处理。

(4)浓度排序(CS)法。CS 法是一种依浓度或化学值大小排序的样本划分方法。首先,根据样本的浓度或化学值从小到大排序;然后,按照设定的比例(如 3:1 或 2:1)将样本分为校正集和预测集。为确保模型能够覆盖整个浓度范围,化学值的最大值和最小值样本通常被强制归入校正集。

6. 光谱数据预处理

在建模过程中,光谱数据的预处理往往是必不可少的,是近红外定量分析与定性分析中非常关键的一步,采用适当的光谱数据预处理方法可有效提高模型的适用能力。合理的预处理方法可以有效地过滤光谱中的噪声信息,保留有效信息,从而降低模型的复杂度,提高模型的稳健性。目前,常用的光谱数据预处理方法主要有平滑、导数、多元散射校正(MSC)、标准正态变换(SNV)、小波变换(WT)和正交信号校正(OSC)等。以上预处理方法可以单独使用或联用。

7. 光谱信息选择方法

光谱信息选择方法可以排除不相关或者非线性的变量,同时可以减少建模变量达到简化模型的目的。在近红外定量和定性分析中，光谱信息选择方法主要有相关系数（CC）法、逐步回归分析（stepwise regression analysis，SRA）法、无信息变量消除（uninformative variables elimination，UVE）法、竞争性自适应权重取样（competitive adaptive reweighted sampling，CARS）法、连续投影算法（SPA）、区间偏最小二乘（iPLS）法、移动窗口偏最小二乘（moving windows partial least squares，MWPLS）法和遗传算法（GA）等。

8. 模型构建

定量建模方法也称多元定量校正方法，是建立分析仪器响应值与物质浓度（或其他物化性质）之间定量数学关系的一类算法。在近红外光谱分析中常用的定量建模方法包括多元线性回归（MLR）法、主成分回归（PCR）法和偏最小二乘（PLS）法等线性校正方法，以及人工神经网络（ANN）、支持向量机（SVM）和卷积神经网络（CNN）等非线性校正方法。其中，PLS法在近红外光谱分析中得到较为广泛的运用，目前已经成为一个标准的常用方法，ANN和SVM等方法也越来越多地用于非线性的近红外光谱分析体系。

9. 模型评价与验证

近红外模型的评价一般采用决定系数（R-square，R^2）、预测均方根误差（root mean square error of prediction，RMSEP）、交叉验证均方根误差（root mean square error of cross validation，RMSECV）以及相对预测偏差（relative prediction deviation，RPD）来评定。模型建立完后，需要对模型的准确性、重复性、稳健性和传递性进行评估。

准确性：在相同条件下测试验证集光谱和参考化学值（不少于28个样本），用前述的R^2、RMSEP和RPD等参数来评价。

重复性：从验证集中选择少量样本（一般不少于5个），这些样本应是均匀分布且覆盖校正集浓度范围的95%及以上。对每个样本进行多次（一般不少于10次）连续测量，光谱采集时要重复装样，用所建模型进行预测，通过平均值、极差和标准偏差来评价模型的重复性。

稳健性：稳健性是指模型抗外界干扰的能力，这些因素包括测试器皿的更换、光线弯曲差异、光源更换、参比更换、装样条件变化、温湿度变化以及物料物理状态不一致等。对于温度因素的变化，可以考虑在模型中引入这些变量，做温度修正的处理。对于考察装样器皿变化，可以采用不同批次同规格的器皿装样，通过平均值、极差和标准偏差来评价。

传递性：模型的传递性很大程度上取决于仪器硬件的一致性，但在使用中不可避免地要进行部件更换，特别是分光系统部件、检测器部件和光源部件等。为了考察模型的传递性，可以采用一个模型分别对不同仪器上测量的光谱进行预测，以平均值、极差和标准偏差来评价模型的传递性。

3.3 光谱数据处理方法

3.3.1 光谱数据的预处理

样本光谱数据量较大，其中不仅包含对样本分析有用的化学信息，同时也包括许多背景噪声以及与样本无关的信息。因此，利用光谱信息建立多元校正模型之前，需要对其进行预处理，减少各种非目标因素对光谱的影响，从而保留有效信息，提高光谱分辨率，降低模型的复杂度，增强模型的稳健性。一般情况下，预处理方法的选择主要取决于光谱数据的自身特性以及研究人员的经验。合理的光谱数据预处理方法能够有效过滤光谱的无关信息，提高最终的监测精度。

目前，典型的光谱数据预处理方法主要包括均值中心化（mean centering）、平滑处理、多元散射校正（MSC）、标准正态变换（SNV）、去趋势（detrending）处理、一阶和二阶求导等。

1. 均值中心化

光谱数据均值中心化（mean centering）是指将单个样品的原始光谱数据减去所有样品的平均光谱数据，从而使处理后的光谱矩阵的列平均值为零。通过将光谱的变动量与待测属性的变动量进行关联，能较好地反映出样品光谱信息的变化情况，同时能够简化下一步回归模型的计算。具体处理流程如下。

（1）计算所有样品的平均光谱值 $\bar{x}$

$$\bar{x} = \frac{\sum_{i=1}^{n} x_{i,k}}{n} \tag{3-1}$$

式中，n 为样品数；$k = 1,2,\cdots,m$，k 为第 k 个波数。

（2）中心化处理光谱 x_{centered}

$$x_{\text{centered}} = x - \bar{x} \tag{3-2}$$

2. 平滑处理

平滑处理是消除光谱噪声的一种常用的信号平滑方法，其原理是假设光谱噪声是均值为零的随机白噪声。平滑处理适用于不规则的随机噪声，而对于有相关性的噪声，平滑处理是没有效果的。在定量模型构建的过程中，当收集光谱的环境条件发生变化时，通过平滑处理并不能增加模型的适应能力。常用的平滑处理方式主要有移动窗口平滑和 Savitzky-Golay（S-G）卷积平滑。

1）移动窗口平滑

移动窗口平滑是指选择一个宽度为 $(2w+1)$ 的平滑窗口，该窗口内含有奇数个波长点，用窗口内的中心波长点 k 及其前后 w 点处测量值的平均值 $\bar{x}_k$ 来代替波长点的测量值，从左到右依次移动 k，直到完成对所有点的平滑。具体计算公式如下：

$$X_{k,\text{smooth}} = \bar{x}_k = \frac{1}{2w+1} \sum_{i=-w}^{w} x_{k+i} \tag{3-3}$$

式中，x_{k+i} 为不同波长点下的测量值之和。

移动窗口平滑的关键在于窗口宽度大小的选取，窗口宽度太大会平滑部分有用的信息，造成光谱数据信号失真，降低模型的预测能力；窗口宽度太小会导致平滑的效果不够理想。

2）Savitzky-Golay 卷积平滑

Savitzky-Golay 卷积平滑，也称为多项式平滑，其更加强调中心点的中心作用。与移动窗口平滑处理相比，该方法是采用多项式对移动窗口内的数据进行多项式最小二乘拟合。波长点经 Savitzky-Golay 卷积平滑后的平均值计算公式为

$$x_{k,\text{smooth}} = \bar{x}_k = \frac{1}{H} \sum_{i=-w}^{w} x_{k+i} h_i \tag{3-4}$$

式中，H 为归一化因子；h_i 为平滑系数；$H = \sum_{i=-w}^{w} h_i$。将测量值乘以平滑系数 h_i 是为了尽量减少平滑对有用信息的影响。

3. 多元散射校正（MSC）

MSC 是一种常用的多波长定标建模方法，主要用于消除样品颗粒度和颗粒大小不均匀造成的散射影响，以及由样品湿度、密度、装载方式等物理因素所造成的散射影响，在固体漫反射和浆状物反射光谱中应用较为广泛。MSC 的基本思路是将每个样品的光谱和所有光谱的平均光谱进行一元线性回归计算，然后用回归方程的斜率和截距来校正原始光谱。MSC 的具体算法步骤为：①计算校正集样本的平均光谱 $\bar{x}$；②将 x 和 $\bar{x}$ 进行线性回归，$x = b_0 + \bar{x}bx$，用最小二乘法求得 b_0 和 b；③ $x_{\text{MSC}} = (x - b_0)/bx$。

由于 MSC 法是假定散射与波长、样品浓度变化无关，所以在处理样品属性变化较大的样品光谱时，结果可能会有较大的偏差。

4. 标准正态变换（SNV）

SNV 主要是用来消除样品颗粒大小、表面散射光以及光程变化等对近红外光谱的影响，SNV 法通过单个样本光谱的标准偏差修正光谱的变化，将每条光谱进行均值中心化及方差缩放处理，即原始光谱中减去该条光谱的平均值，再除以标准偏差。其计算公式为

$$x_{i,k,\text{SNV}} = \frac{x_{i,k} - \bar{x_i}}{\sqrt{\sum_{k=1}^{m} \frac{(x_{i,k} - \bar{x_i})^2}{(m-1)}}} \tag{3-5}$$

式中，$x_{i,k,\text{SNV}}$ 为第 i $(i = 1, 2, \cdots, n)$ 个样本在第 k $(k = 1, 2, \cdots, m)$ 个波数点处的光谱数据经 SNV 处理后的值；$x_{i,k}$ 为第 i 个样本在第 k 个波数点处的光谱数据；$\bar{x_i}$ 为第 i 个样本的光谱在所有 m 个波数点处光谱数据的平均值。由于 SNV 对每条光谱单独进行处理，一般认为 SNV 的校正能力比 MSC 要强。

5. 去趋势处理

去趋势法通常用在 SNV 法之后，主要用于消除光谱的基线漂移。该方法的处理过程简单，首先将光谱的吸光度和波长按照多项式拟合出一条趋势线 d，然后从原始光谱 x 中减去趋势线 d，从而达到去趋势的目的。去趋势的计算步骤主要分为两步：① $d = b_0 + b_1 x_m + b_2 x_m^2$；② $x_{\text{DT}} = x - d$。式中，x_m 为原始光谱中的吸光度值；d 为经过二项式线性拟合的趋势线；x 为原始光谱；x_{DT} 为经过去趋势处理后的光谱；各个 b 值为多项式拟合趋势线过程中得到的常数。去趋势一般和 SNV 联合使用，也可以单独使用。

6. 导数处理

在消除原始光谱基线漂移方面，导数处理能够有效消除基线和其他背景的干扰，是漫反射光谱中最常用的光谱预处理方法。对于光谱 x_k，在波长 k 处、差分宽度为 g 的一阶导数（1st derivative）和二阶导数（2nd derivative）光谱的计算公式分别为：① $x_{k,1^{\text{st}}} = \frac{x_{k+g} - x_{k-g}}{g}$；② $x_{k,2^{\text{nd}}} = \frac{x_{k+g} - 2x_k + x_{k-g}}{g^2}$。

7. 小波变换

小波变换（WT）由法国地球物理学家 Morlet 在 1984 年分析地震数据时首次引入。它是将

交织在一起的不同频率组成的混合信号用不同分辨率的窗口分解成对应的不同频率的块信号，并对大小不同的频率成分采用相应的时域（或空域）取步长，从而不断"聚焦"对象的任意微小细节，对特殊频域范围的噪声或背景进行滤波处理。其对信号具有自适应性，甚至可以对信频等其他干扰进行平滑处理，在光谱信号的平滑滤噪、背景去除、数据压缩以及重叠信号解析汇总中得到越来越多的应用。

小波变换消噪的方法有很多种，归结起来有极大值检测法、屏蔽消噪法和阈值消噪法。其中，阈值消噪法是目前最常用的一种消噪方法，比较简单，计算量小，在保持信号奇异性的同时能有效地去除噪声。

3.3.2 光谱数据压缩及特征成分提取

光谱数据压缩及特征成分提取是对光谱测量数据成分的分解、重组和选择的过程，是光谱数据挖掘中的关键环节。一般情况下，光谱数据经过前期预处理后，与样品信息无关的背景信息及噪声被有效去除。然而，采用样品所有信息建立校正模型仍存在数据量大、复杂耗时等缺点。因此，在实际应用中，对样品光谱数据进行压缩及特征成分提取，能够有效减少原始数据量，提高建模效率、模型的稳健性和准确性。本节对一些常用的光谱数据压缩及特征成分提取方法进行了总结介绍。

1. 主成分分析

主成分分析（principal component analysis，PCA）能够有效解决数据多重共线性问题，可提取数据特征信息，常被应用于光谱数据的压缩降维。其原理主要是通过线性变换将多个变量转换到一个新的坐标系，根据数据投影的方差，按照从大到小对其进行主成分排序，依次为第一主成分（PC1）、第二主成分（PC2）等。这些主成分是原始变量的线性组合且相互正交，所含信息不重叠，从而能够消除变量之间的多重共线性。理论上，PCA 最终得到的主成分维数与原始变量数据相同，但是在实际应用中，通常会选择前几个贡献率较大、能够代表主要样本信息的主成分。其中主成分的数量主要根据实际需要决定，没有统一的标准。

2. 偏最小二乘法

相比于 PCA，偏最小二乘（PLS）法能够同时对光谱矩阵和理化性质值进行分解，且在计算主成分时，会同时考虑主成分的方差值以及主成分与理化性质的相关程度。PLS 中的主成分一般称为主因子或隐含变量。对于预测集光谱的得分而言，计算方法与 PCA 计算预测集样本得分一样。

3. 线性判别分析

线性判别分析（linear discriminant analysis，LDA）是一种常用的数据压缩方法，它能够将原始数据中不同类别样本的高维数据投影到低维最佳鉴别矢量空间，保证不同类别样本特征在新的子空间有最大的类间距离和最小的类内距离，以此来确保不同类别在该空间内有最佳的可分离性，从而提取特征信息，达到数据压缩的目的。目前常用的 LDA 法是基于 Fisher 准则的线性判别分析法，它能够有效提取原始数据的特征信息。一般而言，LDA 对线性可分样本的分类和数据压缩效果较好，对线性不可分样本则无法取得较好的效果。

4. 独立成分分析

独立成分分析（independent component analysis，ICA）在源信号未知的情况下，能够通过线性变换将数据分离成独立统计的非高斯源信号的线性组合,可用于提取光谱及图像的有效信息。

5. 小波变换

小波变换用于数据压缩的基本原理类似于小波变换消噪,一般采取如下步骤:先对原始数据进行计算得到小波系数,然后删除代表无用信息的小波系数,保留代表有用信息的小波系数。需要时,将其反变换即可还原原始数据。保留的小波系数可被用来作为小波变换的特征信息,以压缩后数据(特征信息)代替原始数据进行校正模型的建立。

6. 局部线性嵌入

局部线性嵌入(locally linear embedding,LLE)是一种经典的非线性降维流形学习方法,其能够使降维后的数据保持原有数据的流形结构。LLE 的主要思想是将高维数据映射到低维空间,并保持原流形中局部邻域间相互关系。

将 LLE 应用于光谱数据分析,主要是利用样本空间的局部线性来反映全局非线性,从而解决光谱数据中存在的非线性问题。LLE 认为每一个数据点都是其邻近点的线性加权组合。因此,LLE 的基本步骤如下。

(1)计算样本集中任意两点的欧氏距离,并选择距离最近的 k 个点作为邻域,这个过程与 K 最近邻(KNN)法有点类似,k 为算法进行之前给定的值。

(2)计算样本点的局部重建权重矩阵 W,使误差函数 $E_x = \sum_i \left| X_i - \sum_j w_{ij} y_j \right|^2$ 最小,其中 $\sum_j w_{ij} = 1$,若 X_i 与 X_j 不是邻近点,则 w_{ij} 为 0。

(3)通过得到的局部重建权重矩阵,重构低维嵌入向量 Y,使重构误差 $E_y = \sum_i \left| y_i - \sum_j w_{ij} y_j \right|^2$ 最小,其中低维重构向量必须满足两个限制条件:$\sum_i y_i = 1$,$\frac{1}{n} \sum_i y_i y_i^T = 1$。

最终转化求解矩阵 $M = (I-w)^T(1-w)$ 的第 2 个到第 $d+1$ 个特征值对应的特征向量为重构低维向量。

LLE 的优点是:①只需要设定邻近点数 k 及降维的维数 d;②具有全局最优解;③计算简单。

7. 等距特征映射

等距特征映射(isometric feature mapping,ISOMAP)是一种经典的非线性降维的流形学习方法,是一种非迭代的全局优化算法。其主要原理是通过计算两点之间的测地距离,从而很好地反映数据集的内部特征。因此,ISOMAP 算法得到的降维数据能很好地体现原始高维数据的本身结构。ISOMAP 算法的具体实现步骤如下。

(1)构建邻域图。计算所有样本点之间的欧氏距离,选择距离某一点最近的 k 个点或距离小于设定半径的相邻点,将相邻点连起来作为邻域图的边构建邻域图。

(2)计算测地距离。对于离得很近的节点,计算欧氏距离作为近似测地距离;对于离得较远的点(距离大于某一固定值),则计算任意两节点在邻域图中的最短路径,将此最短路径值作为对应节点间的近似测地距离。

(3)根据得到的测地距离,运行多维尺度(multidimensional scaling,MDS)分析算法将数据映射到低维空间,求解最终 d 维嵌入向量。

3.3.3 光谱特征波长筛选

一般情况下,光谱仪采集的是样本在一个连续波段范围内的光谱信息,最终得到的光谱曲线中包含数百上千个能够反映样本理化品质的数据点。在前两节中,我们已经对原始光谱数据的预处理和压缩降维的运算方法进行了总结归纳。这两项工作能够有效去除原始光谱数据中包含的背景噪声、冗余、共线性和重叠的光谱信息。然而,在此基础上,被测样本的全波段光谱数据量依旧十分庞大,大部分波长下的有效信息较少,这会影响建模效率和最终模型的准确性。与数据压缩提取特征信息不同,特征波长选择不改变原有数据,只是从原有数据中选择少数几个或几十个特征波长数据点。特征波长的选择减少了变量数目,加快了模型的计算速度,便于维护。因此,对原始光谱数据进行选择,挑选出共线性最小、冗余最少且包含主要有效信息的波长,减少无用信息的干扰,用这些少数几个或几十个波长代替原始的数百甚至数千个波长建立多元校正模型,可以使建立的模型更简便、更稳健、更准确,且不降低模型的预测能力。此外,目前实际应用的光谱仪价格昂贵,数据采集量大,建立模型时复杂费时。因此,基于特征波长开发便携式光谱检测仪器,能够有效解决这一问题,具有重要的实际意义。

1. 人工选择

在样本定量检测过程中,人工选择特征波长主要根据与样品目标化学组分密切相关的化学基团和官能团所在的波峰、波谷或光谱区间,选择原始光谱数据中与之对应的光谱区间进行数据提取,最终建立回归分析模型。该方法的关键是需要了解化学基团对应的波长信息及化学组分对应的波长区间。在对样本进行判别分析及分类时,特征波长的选择主要是通过比较不同样本平均光谱曲线的差异,将具有明显差异的波长或波长区间作为特征波长,随后进行判别分析。基于样本外观品质或内部组分光学信息的差异进行特征波长的选择,能够有效反映样本的特性,但由于人工选择存在主观性,实际应用中可能会有部分有用信息被遗漏,且并未考虑实际的化学组分值的问题存在。因此,基于人工选择的特征波长建立的校正模型可能无法取得令人满意的效果。

2. 基于PCA的特征波长选择方法

(1) 载荷法。PCA 的载荷 (loading) 反映了主成分与光谱原始波长变量的相互关联程度,PCA 载荷越大,表明对应的波长变量越重要,包含的信息越多。PCA 载荷法选择特征波长的主要步骤为:①计算不同主成分的贡献率,确定用来分析的主成分累计贡献率;②确定在累计贡献率下的主成分个数,以及对应主成分下的载荷,设定阈值,基于波长-载荷图来选择特征波长。由于 PCA 只是对校正集光谱信息进行了分析,未考虑到校正集样本理化性质的影响,因此采用 PCA 载荷法选择的特征波长建立的校正模型可能得不到理想的效果。

(2) Modeling Power 法。Modeling Power (MP) 法能够通过评估不同波长对模型预测效果的影响,选择特征波长。MP 值的范围为 0~1,MP 值大于 0.3 时,说明该波长对模型有一定的影响,越接近 1,说明其与模型相关性越高。在实际应用中,可以通过设定 MP 阈值选择符合要求的特征波长。其计算公式如下:

$$\mathrm{MP} = \sqrt{\frac{\text{变量残余方差}}{\text{变量总方差}}} \tag{3-6}$$

(3) 特征投影图法。在 PCA 的过程中,可以通过计算得到数据载荷矩阵和得分矩阵。其中,数据载荷矩阵能够有效反映不同波长变量之间的关系，基于数据载荷矩阵可以作图得到特征投影图（latent projective graph，LPG）。近红外光谱数据中含有大量共线性的波长变量，特征波长筛选的目的是选择包含最多有用信息且非线性最小的波长变量，在 LPG 中，直线代表共线性数据，当直线出现拐点时，表明其为非线性数据，包含着样本的有用信息。因此，可以选择 LPG 中两条直线的拐点处所代表的波长变量为特征波长。

3. 基于 PLS 的特征波长选择方法

（1）PLS 载荷与载荷权重法。PLS 在计算过程中，可以得到载荷和载荷权重（loading wight，LW）值，其大小代表了对应波长或波段在光谱矩阵中的重要程度，即波长或波段含有的信息量的大小。因此，可以根据载荷及载荷权重选择特征波长或特征波段。基于载荷和载荷权重选择特征波长或特征波段，是将从第一个主因子到最优主因子下的载荷或载荷权重中选择出的一个绝对值最大的峰或谷作为特征波长或特征波段。

（2）PLS 回归系数与加权回归系数法。在 PLS 计算中会得到回归系数（RC），一般会以最优的 PLS 模型的回归系数来选择特征波长或特征波段。一般可以基于阈值，选择绝对值大于阈值的波峰和波段作为特征波长或特征波段。但是可能出现变量值较小而方差较大的情况，从而导致选择的特征波长或特征波段代表性不强。加权回归系数（weighted regression coefficient，WRC）是对数据标准化之后 PLS 计算得到的回归系数，所有的变量都有同样的方差。绝对值大的加权回归系数值表示该波长对光谱矩阵的影响大，且对预测结果的影响更大，可以用来作为特征波长，基于回归系数和加权回归系数选择特征波长或特征波段，都是以取得最优的 PLS 模型的主因子个数来计算的。

4. 独立成分分析

独立成分分析（ICA）用于特征波长选择主要是基于每个独立成分的权重值进行的，ICA 选择出的独立成分，每个波长对应不同组分的权重值不同，权重绝对值越大表明波长越重要，则越可能作为特征波长。对于 ICA 选择特征波长的标准，目前没有较好的理论依据。但考虑到与 PCA 的相似性，因此一般选择的独立成分数与 PCA 选择的主成分数相同，在每一个独立组分中，选择权重绝对值最大时所对应的波长为特征波长。

5. 小波变换

基于小波变换将原始光谱信号分解成低频系数和高频系数，低频系数近似为原始光谱，而高频系数则代表的是噪声。低频系数能够最大限度地表征原始光谱数据，且不包含高频噪声，因此可以用来选择特征波长。小波变换选择特征波长的基本步骤如下。

（1）对原始光谱进行小波分解，小波分解具体方式和参数可以通过不断计算确定。

（2）分别基于不同低频系数与理化性质值建立校正模型，通过比较基于不同低频系数向量的校正模型的效果，选择最优模型对应的低频系数为最优低频系数。

（3）将最优低频系数与原始光谱进行相关性计算，计算最优低频系数与原始光谱数据列的相关系数，相关系数越大的波长含有的原始光谱数据的信息越多，选择相关系数最大的波长组合建模。

6. 其他特征波长选择方法

（1）相关系数法。相关系数法是根据每一个波长下的光谱值与化学成分含量的相关系数来筛选特征波长。相关系数的绝对值越大,则代表该波长包含的样本信息越多。由于其直接与待测组分进行关联,因此一般用于定量模型的建立。

(2)方差分析法。方差分析法是为了解决相关系数法对非线性相关及校正样本分布不均匀导致选择结果不可靠的问题而提出的。方差分析法对校正集样本光谱矩阵在各波长下进行方差分析,计算各波长下的标准偏差,波长的标准偏差越大,则表明光谱变动越明显。结合波长和标准偏差做出波长标准消差图,通过设定阈值以选择特征波长。由于方差分析法与实际的化学成分含量并未关联,选择的特征波长并不是针对特定的化学组分,因此建立定量分析模型时可能得不到满意的效果,方差分析法并不常用于建立定量校正模型,而是以定性分析为主。

(3)连续投影算法(SPA)。SPA 是一种前向特征变量选择方法。其利用向量的投影分析,通过将波长投影到其他波长上,比较投影向量大小,以投影向量最大的波长为待选波长,然后基于校正模型选择最终的特征波长。SPA 选择的是含有最少冗余信息及最小共线性的变量组合。

(4)逐步回归分析法。逐步回归分析法与逐步判别分析法分别针对回归分析与判别分析选择特征波长。逐步回归分析法中,首先选择部分敏感波长以建立回归方程,在光谱分析中对回归方程中每一个波长进行检验,观察其对理化性质值 y 影响是否显著,若不显著则剔除。当回归方程中包含的所有波长对 y 影响都显著时,考虑在未选入的波长中重新选择新的波长加入,检验其显著性,若显著则加到回归方程中,若不显著则剔除,继续进入下一步计算,必须保证在引入新的波长变量之前,回归方程中所有波长变量均对 y 影响显著。每引入一个波长变量,原有的回归方程中的波长变量则可能变得不显著而被剔除。逐步回归分析法也可采用反向逐步回归法,首先将所有的光谱波长均用于回归,然后在回归方程中逐步剔除对 y 影响不显著的变量,直到所有剩下的变量都对 y 影响显著。

逐步判别分析法与逐步回归分析法的思想是相同的,通过逐步判别分析法选择对判别效果有显著影响的变量作为特征波长,建立最终的判别分析模型。判别能力不强的波长对整个判别分析的结果是有害无益的。逐步回归分析法与逐步判别分析法对波长变量显著性的检测采用不同的方式。

3.3.4 光谱数据数学模型建立

通过光谱数据对样本进行定性或定量分析是光谱检测的最终目的。通过定性分析,可以在无须检测样本内外部品质的情况下,对样本所归属的类别、品质等级、是否损伤、产地等各个方面的信息进行判别分析;与之相反,定量分析是基于样本的光谱信息和理化性质,研究其内在联系,建立校正模型,用于预测未知样本的理化特性。此外,在校正模型建立完成后,对模型精度的评价也是重中之重。因此,本节将对上述提到的三部分内容进行简要的概括和描述。

1. 定性分析模型的建立

模式识别,又被称为定性分析,是光谱分析的重要组成部分。其主要应用于样本种类、品质等级、产地等方面的判别。该方法只需要采集样本的光谱信息,无须对其内外部品质进行分析。根据学习训练的过程不同,模式识别方法可分为有监督和无监督两类。有监督模式识别方法是对已知类别的样本进行训练,获取已知样本的信息,并由这个学习过程得到分类模型,然后对未知的预测样本类别进行预测。无监督模式识别方法是在事先未知样本类别的前提下,无须训练学习过程而进行分类的方法。

在光谱模式识别中，常见的无监督模式识别方法有系统聚类分析（hierarchical cluster analysis，HCA）法、K 均值聚类分析法和自组织竞争神经网络（self-organizing competitive neural network）法等。

1）无监督模式识别方法

无监督模式识别方法的主要应用场景为事先不知道样本数据的内在分类规律。其中典型的无监督模式识别方法是聚类分析（CA），其主要思想是根据同类样本彼此相似，相似的样本在多维空间中彼此的几何距离小，而不相似的样本彼此间的几何距离较大，从而达到分类的目的。

（1）系统聚类分析（HCA）法，采用非迭代分级聚类。其主要步骤如下：①设定每个样本为单独一个分类，计算各个样本之间的距离，距离最近的两个样品归为一类；②计算类间的距离，并将距离相近的两类合并为一类，如果是多类，则继续并类，直到所有样品归成一类为止；③绘制系统聚类谱系图，并根据其对样本进行最终的分类。

（2）K 均值聚类分析法是一种动态聚类方法。其主要通过设定聚类数 K 值实现对样本的分类判别。主要步骤如下：①随机选择 K 个初始聚类中心，计算各个样本与聚类中心的距离，根据距离大小确定样本所归属的类；②以每一类样本的平均值作为新的聚类中心，并重新划分样本类别；③重复上述两个步骤，直至聚类中心值不再变化，得到最终的样本分类结果。

（3）自组织竞争神经网络法能够根据算法设定的人工经验自动适应无法预测的环境变化，可以通过自身学习训练，对样本进行分类。Kohonen 网络是一种典型的自组织竞争神经网络。其自组织学习过程主要如下：①赋予竞争层所有神经元初始权重矩阵 w，其元素 w_{ij} 代表输入向量 x 第 i 个特征变量与竞争层神经元 j 之间的权重；②计算输入样本向量 x 与所有权重向量 w_j 之间的欧氏距离 d_j，并确定对应距离最短的神经元为获胜神经元，并标示为 j^*；③获胜的神经元按公式 $w_j^*(t+1) = w_j^*(t) + \eta[x - w_j^*(t)]$ 进行调整。式中，$w_j^*(t)$ 为获胜神经元 j^* 第 t 次迭代次数的权重向量；η 为学习速率，通常 η 的初始值 η_0 相对选得较大，一般取 0.2～0.5，用于加快连接权的修正速度。随着迭代次数的增加，η 逐渐减小，避免网络学习过程中可能出现的振荡。H 的典型形式为 $\eta(t) = \eta_0(1-t/T)$，t 为当前迭代次数，T 为总迭代次数。

2）有监督模式识别方法

与无监督模式识别方法相反，有监督模式识别方法是将一组已知类别的样本作为训练集，随后让算法对已知样本进行学习。常见的有监督模式识别方法包括距离判别法、贝叶斯（Bayes）判别法、Fisher 判别法、线性判别分析（LDA）法、线性学习机（LLM）、K 最近邻（KNN）法、势函数判别法、簇类独立软模式（SIMCA）法、人工神经网络和支持向量机（SVM）等。

（1）距离判别法主要是通过计算训练集样本得出每一个分类的中心坐标，然后计算新的样本与各个类别中心的距离，根据距离值的大小进行分类。距离判别法适用于对自变量均为连续变量的情况分类，它对变量的分布类型无严格要求。距离判别法主要包括欧氏距离和马氏距离。其中欧氏距离代表 n 维空间内两个样本的真实距离；马氏距离总体上与欧氏距离一致，但是其进一步考虑了样本总体分布的分散性信息。

（2）Fisher 判别法属于线性判别分析法的一种，既适用于确定性模式分类器的训练，也适用于随机模式的训练。其主要通过找出最佳投影方向，将高维空间的点投影到低维空间，此时，不同类别的样本分布较为离散，而同类样本分布较为集中，从而达到样本分类的目的。

（3）贝叶斯（Bayes）判别法的原理是假设在抽样前对样本总体已有一定的认知，这种认知称为先验分布，随后对样本的先验分布进行修正，得到后验分布以进行后期的统计判断。

（4）K 最近邻法是指计算待测样本与训练样本之间的距离，距离最近者则归为一类。然而，选取单一的最邻近样本对待测样本进行分类,错误率较高。因此,为了提高样本分类的准确率,可以同时选取 k 个邻近样本,随后根据它们的类别,将待测样本归入比重最大的一类。K 最近邻法的最大优点是它不需要训练集的几类样本是线性可分的,也不要求单独的训练过程,新的已知类别的样本可以非常容易地加入训练集中,而且能够处理多类问题,因此应用较为方便。该方法的关键是对 k 值的选取,因为每一类中的样本数量和分布不尽相同,选用的 k 值不同,可能未知样本的判别结果也会不同。目前,k 值的选取尚无规律可循,只能根据具体情况或由经验来确定,通常不宜选取较小的 k 值。

(5) 簇类独立软模式法又称为相似分析法,是一种基于主成分分析的有监督模式识别方法。此算法的基本原理是对训练集样本中每一类样本建立主成分分析数学模型,然后在此条件下对未知样本进行分类。其主要步骤为:①建立每一类的主成分分析模型;②将未知样本逐一去拟合各类的主成分模型,从而进行判别归类。

(6) 支持向量机(SVM)是基于统计学习 VC 维理论和结构风险最小原理,用有限的样本信息在模型的复杂性和学习能力之间寻求最佳的平衡,以获得最好的推广泛化能力。其适用于小样本、非线性及高维模式识别的问题。使用 SVM 对样本进行模式识别的关键在于选择合适的核函数,其主要包括线性核函数、多项式核函数、径向基(RBF)核函数以及 Sigmoid 核函数。核函数的选择主要取决于对样本数据处理的需求,在实际应用中,通过选择或改写核函数,可以实现对样本的分类。

(7) 回归判别分析。在实际应用与研究中,回归分析方法也可被用于判别分析。较为常用的包括人工神经网络和偏最小二乘判别分析。人工神经网络不仅可以用于定量校正方法和聚类分析中,也可用于有监督的模式识别,通过已知类别的训练集建立识别模型对未知样本进行分类和预测。

偏最小二乘判别分析是基于 PLS 回归分析的判别分析方法,计算过程与 PLS 回归分析一致。基于代表类别值的整数或二进制编码,根据需要采用不同的交叉验证方式建立 PLS 回归模型,然后基于建立的 PLS 回归模型对预测集数据进行预测,最终得到的也是实际的数值。因此需要设定阈值以确定类别归属,最常用的阈值为 0.5,即实际值与预测值之差的绝对值小于 0.5 则表明判别正确,否则判别错误,而对于未知样本,则确定与其最近的数为其类别。

2. 定量分析模型的建立

定量分析模型的建立主要依赖回归分析方法,其主要研究变量之间的函数关系。在光谱分析中,通过测定样本的光谱信息和理化指标,研究其内在联系,建立校正模型,用于预测未知样品的理化性质。总体来说,回归分析主要分为线性回归分析和非线性回归分析,模型的建立可基于全部光谱数据,也可基于提取的特征变量和选择的特征波长。

1) 线性回归分析方法

(1) 一元线性回归分析是基于一个自变量与一个因变量建立的用于回归预测的线性分析方法。在光谱分析中,一元线性回归分析通常用于建立单一波段或单一参数与物理化学性质之间的校正模型,以及模型预测结果与实际结果的相关关系分析。在计算及形式上,一元线性回归分析在回归分析中最为简单。

(2) 与一元线性回归分析不同,多元线性回归分析可以用于探究多个自变量与因变量之间的线性关系。其适用于变量数少于样本数的情况,当变量数多于样本数时,多元线性回归分析无法正常运行。因此,多元线性回归分析通常是基于提取的特征变量及特征波长对样本进行建模。

（3）PLS 法是光谱数据分析中常用的一种多元统计数据分析方法。PLS 法在建模时，会同时考虑样本的光谱信息及与其对应的理化性质，对样本的光谱矩阵和理化性质矩阵进行分解，探究两者之间的线性关系。PLS 法通过线性变换，将原始数据线性转换为相互正交、互不相关的新变量，新变量是原始数据的线性组合，称为主因子或主成分，其包括了原始数据的主要信息，能够解释绝大多数的变量。

（4）主成分回归（PCR）首先对光谱数据进行主成分分析，用主成分分析得到的前 f 个得分向量组成矩阵 $M = [m_1, m_2, \cdots, m_f]$，代替光谱变量进行多元线性回归分析，得到主成分回归模型。

（5）逐步线性回归的基本原理是在每一次回归分析中，对参与的自变量进行显著性检验，挑选具有显著性的变量，重复这一过程，直至回归方程中仅包含全部显著的自变量。

（6）岭回归是一种改良的 PLS 法，但对病态数据的耐受性远远强于 PLS 法，岭回归能够有效分析共线性数据。岭回归通过放弃 PLS 法的无偏性，以损失部分信息、降低精度为代价获得更符合实际、更可靠的回归系数。岭回归与其他回归分析方法的区别主要在于其相关系数通常低于其他回归分析方法而显著性往往高于其他回归分析方法。当数据存在共线性和病态问题时，岭回归分析有较大的实用价值。

（7）逻辑斯谛（Logistic）回归与多重线性回归十分相似，都可以归为广义线性模型。广义线性模型家族成员之间的不同主要在于因变量的不同。Logistic 回归分析可分为两类：二元 Logistic 回归分析和多分类 Logistic 回归分析。

应用 Logistic 回归首要的条件应该是自变量与 logit(P) 符合线性关系 $[\text{logit}(P) = \ln(P/(1-P))]$，即自变量应与 $\ln(P/(1-P))$ 呈线性关系。当然，这种情形主要针对多分类变量和连续变量。

Logistic 回归模型有 3 个特点：①常见的回归分析变量一般是连续变量，而 Logistic 回归则是分类变量；②若将事件发生概率 P 进行 logit 变换，则 logit(P) 能等效替换因变量而进行回归；③Logistic 回归可以计算某事件发生特定状况的概率，回归结果也大多更符合实际。

2）非线性回归分析方法

（1）人工神经网络（ANN）是一种数学模型，通过人工学习模拟动物神经网络的结构和功能，从而实现对信息的快速准确处理。人工神经网络具有较好的自组织、自适应与自学习能力，是一种良好的非线性的数据建模方法。一个常见的人工神经网络主要由输入层、隐含层和输出层 3 个部分组成。其中，隐含层可以包括单个或多个隐含层。输入层的节点为输入变量的个数，输出层的节点个数与输出的节点个数及输出的格式有关。隐含层的节点个数则要相对复杂得多，它也是人工神经网络的关键，隐含层节点个数的确定需要不断地尝试与训练。人工神经网络的种类繁多，目前常用的人工神经网络算法主要是反向传播神经网络（BPNN），其示意图如下（图 3-4）。

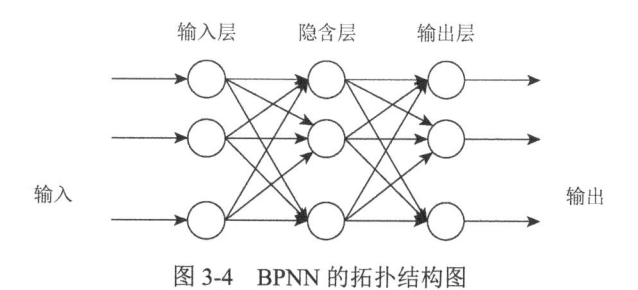

图 3-4 BPNN 的拓扑结构图

（2）最小二乘支持向量机（least-squares support vector machine，LS-SVM）是一种基于支持

向量机改进的算法，可同时用于判别分析和回归分析。与普通支持向量机一样，最小二乘支持向量机同样能够在进行函数拟合时将输入数据从常规空间里映射到高维空间，同时采用等式约束代替不等式约束，在高维空间中对最小化损失函数进行求解，获得一个线性拟合函数。最小二乘支持向量机只需通过一个等式方程组求解对偶空间中的二次规划问题，就能够显著提高计算效率并降低计算复杂度。

（3）随机森林（random forest，RF）是一种机器学习方法，由多个单独决策树组成，结合Bagging算法与Randomization算法构造决策器组合，其广泛应用于分类和回归分析中，对线性和非线性数据都有较好的效果。随机森林只需要设定两个参数，即决策树个数及决策树的每个节点进行分裂时输入的特征个数。

随机森林法应用于回归分析的基本原理与具体步骤如下：①原始数据样本数量记为 N，采用 Bagging 算法有放回地随机抽取 N 个样本形成新的训练集，而每次未被抽取到的样本则为袋外数据（out-of-bag，OOB），作为预测集样本估计模型的性能，称为 OOB 估计；②原始数据变量个数为 p，在每一棵决策树的每个节点都随机抽取 mtry 个变量（mtry $\ll p$），根据这些特征计算最佳的分裂方式并对节点进行分裂。每一棵决策树都完整生长而不进行剪枝，一般选择 mtry = $p/3$；③不断生成大量的决策树直到达到预先设定的决策树的数目；④输出单棵决策树结果的平均值，用于后续的回归分析。

（4）相关向量机（relevance vector machine，RVM）是一种基于贝叶斯框架的稀疏概率学习模型，被广泛应用于回归分析中。与上述提到的 SVM 模型相比，RVM 与 SVM 函数形式类似，但是 RVM 具有更高的泛化能力，能够极大地减少核函数计算量，且核函数不需要满足 Mercer 条件。RVM 运行的主要步骤包括：①输入训练集样本变量 x_i，得到实际输出值 y_i；②确定合适的核函数，将特征变量从低维空间映射到高维空间；③通过迭代运算计算得到变量权重，并比较筛选出最优的权重分布；④对引入的新样本数据进行预测。

（5）高斯过程回归。与 RVM 相似，高斯过程回归也是一种基于贝叶斯理论的稀疏概率学习模型，是随机过程中具有高斯分布的任意随机变量的集合。高斯过程回归适用于处理非线性、高维、小样本的运算情景。其最终的运算结果主要由均值函数和协方差函数决定，假设均值函数为 $M(x)$，协方差函数为 $C(x,x')$，则高斯过程回归的定义为：$f(x) \sim gp(M(x), C(x,x'))$。

3. 模型精度评价

模型精度评价能够有效验证模型预测值的精度和可信度，通过模型精度评价可以判断模型的优劣，防止模型发生过拟合或欠拟合。目前，留一交叉验证（LOOCV）法是用于验证模型可信度的常用方法。LOOCV 通过每次留出一个样本，利用剩余的样本进行建模，随后利用模型对留出的样本进行预测，并计算预测误差，循环往复便可完成对所有样本的预测。目前，常用的模型精度评价指标包括偏差（d）、极差（e）、相关系数（R）、交叉验证均方根误差（RMSECV）、预测均方根误差（RMSEP）等。

1）偏差与极差

偏差 d 和极差 e 是用于评价模型精度的最简单、最基础的指标，其值越小，证明模型精度越高。其中 $d_i = \hat{y}_i - y_i$，$e = \max(d_i)$，式中，$\hat{y}_i$ 和 y_i 分别为校正集中第 i 个样本的预测值和实际值。

2）相关系数

相关系数主要是通过评价预测值和实际值之间的线性相关程度来验证模型的精度，其值越接近 1，证明预测结果越好。其中：

$$R = \sqrt{1 - \frac{\sum_{i=1}^{n}(\hat{y}_i - y_i)^2}{\sum_{i=1}^{n}(y_i - \bar{y})^2}} \tag{3-7}$$

式中，n 为验证集的样本数；$\hat{y}_i$ 和 y_i 分别为样本集（校正集或验证集）中第 i 个样本的预测值和实际值；$\bar{y}$ 为样本集中所有样本实测值的平均值。

3）交叉验证均方根误差

交叉验证均方根误差（RMSECV）主要评价建模方法的可行性和预测能力，在模型校正过程中采用交叉验证的方法来计算误差值，其值越小，说明模型预测能力越好。

$$\mathrm{RMSECV} = \sqrt{\frac{\sum_{i=1}^{n}(\hat{y}_i - y_i)^2}{n-1}} \tag{3-8}$$

式中，n 为校正集的样本数；$\hat{y}_i$ 和 y_i 分别为校正集中第 i 个样本的预测值和实际值。

4）预测均方根误差

预测均方根误差（RMSEP）主要用于评价所建模型对外部样本的预测能力，RMSEP 值越小，说明模型对外部样本的预测能力越强。

$$\mathrm{RMSEP} = \sqrt{\frac{\sum_{i=1}^{n}(\hat{y}_i - y_i)^2}{m-1}} \tag{3-9}$$

式中，m 为验证集的样本数；$\hat{y}_i$ 和 y_i 分别为验证集中第 i 个样本的预测值和实际值。

3.4 近红外光谱在食品加工过程中的监测应用

食品加工是指以农业、林业、牧业、渔业产品为原料，依据原料特性及市场需求选择适宜的加工技术，最终生产得到目标产品。一方面，食品加工可以有效提高食品原料的利用率，减少资源浪费，提高产业收益。另一方面，食品加工可以赋予食品更好的外观、感官及营养品质，满足人们的消费需求。近年来，随着我国国民生活水平的提高，人们对于食品品质及安全日益关注，给食品加工行业提出了更高的要求。目前，常见的检测手段主要包括高效液相色谱（HPLC）、气相色谱（GC）以及其他一些理化测定方法，这些方法精度高，但操作复杂烦琐，耗时费力，不能满足在线或实时监测需求。因此，食品质量的快速评估监测愈发受到关注。

近红外光谱技术是一种省时、廉价、易用和对环境友好的无损监测技术，通过解析近红外信号与分子振动之间的关系，可实现同时测定不同食品基质中的多种质量属性，避免采样、分析和评估造成的时间延迟，因此在出现异常情况时可以立即干预，从而减少资源浪费和经济损失，保证最终产品的品质及安全。近年来，近红外光谱技术已被广泛应用于果蔬、肉制品、乳制品、酒水饮料以及调味品等食品的品质及安全监测中。近红外光谱技术已被证明具有在食品生产过程中进行 At-line、On-line 和 In-line 监测的能力。本节将对近红外光谱技术在不同加工食品中的应用进行总结归纳。

3.4.1 水果加工制品的品质监测

水果加工制品的加工处理是指通过各种加工工艺处理，延长水果货架期，达到长期保存、经久不坏、随时取用的目的。加工处理中要最大限度地保存其营养成分，改进食用价值，使加工成品色、香、味俱佳，组织形态更趋完美，进一步提高水果加工制品的商品化水平。加工过程中，原料的个体差异及加工工艺对产品品质有显著的影响。因此，将近红外光谱应用于加工过程中的品质监测及管理具有重要意义。

1. 水果品质鉴别

水果的质量属性对其加工制品的品质影响较大，原料品质的好坏直接决定产品的最终可接受度。现阶段，近红外光谱技术结合化学计量学方法可实现样品组分含量快速预测，也可以实现品质等级、成熟度及采后病害的分类识别。Zhang 等以淀粉指数为成熟度指标，采用可见-近红外光谱（Vis-NIR）对袋装富士苹果的成熟度进行了预测。其采用主成分分析、随机蛙跳和随机蛙跳结合连续投影（RF-SPA）算法提取光谱数据的主成分或特征波长；随后利用最小二乘支持向量机（LS-SVM）、概率神经网络、极限学习机、偏最小二乘判别分析和线性判别分析（LDA）建立了校准模型；通过比较不同建模方法的结果，确定基于 15 个特征波长的 RF-SPA-LS-SVM 模型的预测性能最好，预测集的分类准确率为 89.05%，说明利用可见-近红外光谱可以准确、无损地测定袋装富士苹果的成熟度。Jie 等基于近红外光谱在线监测系统对西瓜的可溶性固形物含量进行在线分析，以判别其成熟度。监测时，传送带以 0.3m/s 的速度移动；获取光谱信息后，使用基线偏移校正（BOC）对光谱进行预处理，随后基于蒙特卡罗无信息变量消除（MC-UVE）和逐步多元线性回归（SMLR）算法获得了最优定量预测模型（r_{pre} = 0.66）。McGlone 等在近红外光谱监测样本成分信息的基础上，开发了一套在线监测装置，可实现在储藏、销售或者加工前对病害苹果的自动化监测和剔除。

2. 水果加工制品品质预测

苹果泥作为苹果最常见的加工制品之一，常被用来制作果酱、蜜饯或以水果为基础的婴幼儿食品。苹果泥的品质极易受到多样性（苹果种类、栽培条件、储藏时间或条件）及各向异性（个体差异、组织结构差异）的影响，导致产品品质参差不齐。因此，探究原料特性与果泥品质的关系，并实现通过原料特性预测最终产品品质，有助于减少资源浪费，提升产品质量及产业效益。Lan 等发现在苹果泥加工过程中，苹果的多样性及各向异性对产品品质有较大的影响，基于近红外光谱技术能够有效地对苹果泥品质进行把控和预测。研究通过采集不同苹果样本及其对应苹果泥的光谱数据，并对苹果泥的关键品质指标进行测定（颜色、黏度、可溶性固形物、总酸、pH 以及干物质含量），探究了基于苹果的光谱数据对苹果泥品质进行预测的可能性。二维相关光谱分析（2D-COS）结果表明，在可见光谱（655~685nm）和近红外光谱（1125~1400nm、1850~2150nm、2250~2450nm）部分波段中，苹果及其加工苹果泥之间具有较高的相关性。基于这些波段的苹果光谱数据和理化指标数据，采用偏最小二乘（PLS）、支持向量机（SVM）以及随机森林（RF）三种算法建立了苹果泥品质指标的预测模型，并且取得了较好的效果。结果表明，基于苹果光谱数据建立的 PLS 和 RF 回归模型，能够较好地预测苹果泥的黏度（η_{50} 和 η_{100}，RPD≥2.3）、颜色（a^*、b^*，RPD≥2.1）、可溶性固形物（RPD = 2.1）、总酸（RPD = 2.8）以及 pH（RPD = 2.5）等品质指标。其中，基于苹果光谱数据的 PLS 回归模型效果甚至优于直接基于苹果泥光谱数据建立的模型。因此，采用近红外光谱技术采集苹果的光谱数据并结合相关品质指标建立苹果泥品质预测模型，有助于更好地根据苹果的质量预测产品特性进行品质分级，实现智能化食品加工，最终减少水果浪费，提高产业收益。

3.4.2 乳制品的品质监测

乳制品富含蛋白质、脂肪、乳糖及各种维生素等多种人体所需要的营养元素，广受消费者的喜爱。国际乳品联合会（IDF）预测从 2015 年到 2024 年，乳制品的消费量预计增长 25%。乳制品加工过程中，产品品质与加工工艺及其内部成分组成密切相关。目前，在乳制品加工行业中，pH、温度、压力和流量仪表已被普遍安装在生产线的关键控制点，以显示加工过程中的实时工艺条件。此外，破坏性（溶剂萃取、液体和气体色谱技术、流变学技术）和非破坏性（近红外、中红外、荧光光谱技术）分析技术已被广泛应用于测定乳制品加工过程中内部成分的变化（即蛋白质、脂肪、黏度等）。近红外光谱技术自 20 世纪 70 年代末被首次应用于乳制品行业以来，已被确定为是一种乳制品成分分析的无损监测技术。与传统的化学测量方法相比，近红外光谱技术具备实时监测、快速无损检测、样品制备量小、劳动强度小、无化学品消耗等优点。因此，基于近红外光谱技术实现生产过程中乳制品成分的快速、准确性检测对提高牛奶生产自动化及保证乳制品品质具有重要意义。图 3-5 是近红外光谱技术在乳制品加工过程中在线取样的示意图。

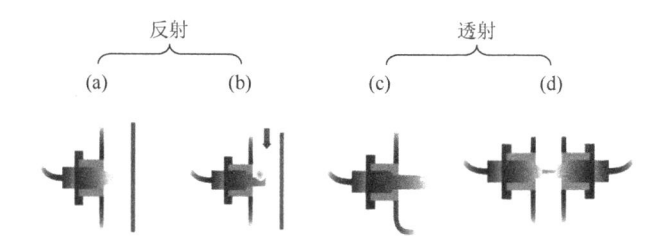

图 3-5　乳制品加工过程中在线取样示例

（a）管内均质工艺流的漫反射取样；（b）粉末的匙形探针取样；（c）罐内透明液体的透射探针取样；
（d）管内液体的透射池取样

1. 牛奶

牛奶作为所有乳制品的起始原料，其质量和内部组成成分对生产工艺和最终产品品质具有较大的影响。因此，对牛奶品质的监测尤为重要。牛奶中的蛋白质、脂肪、乳糖以及水分等物质在近红外光谱范围内均有较强的吸收峰，这为利用近红外光谱技术进行牛奶品质监测提供了基础。

王明等通过近红外光谱技术实现了对牛奶中蛋白质和脂肪含量的预测。采集牛奶样品的原始光谱数据后，采用多点平滑、快速傅里叶滤波、小波变换三种预处理方法对原始光谱进行降噪处理，并建立了初始的蛋白质及脂肪预测模型。随后根据光谱特征及测量目标分子特性来提取建模特征值，通过绘制牛奶成分残差分布图剔除异常样本，对预测模型进一步优化，提高其预测性能。通过另外选取 30 个样品验证了优化后模型的预测性能，发现蛋白质和脂肪的平均相对误差分别为 3.07%、2.37%，结果较为精确，表明近红外光谱技术适用于实验室或在线测量牛奶成分分析。Melfsen 等使用漫反射在线近红外光谱仪实现了对农场鲜奶获取过程中内部成分的监测，通过获取 851～1649nm 波段范围内的鲜奶的近红外光谱数据，预测了鲜奶中脂肪（%）、蛋白质（%）、乳糖（%）、尿素含量（mg/L）以及体细胞数。其中，脂肪、蛋白质和乳糖的预测模型 R^2 分别为 0.99、0.98 和 0.92，标准误差分别为 0.09、0.05、0.06，尿素、体细胞数的预测模型 R^2 分别为 0.82 和 0.85，各个指标的预测效果均表现良好。此外，Melfsen 等还研究了在线近红外光谱校准模型的稳健性，将该模型用于预测三个不同农场在挤奶过程中和六个月储藏期内的原料奶中脂肪、蛋白质和乳糖的含量。结果显示，扩大建模集的样本量以及将不同农场的光谱数据作为验证集，可以有效提高在线近红外光谱校准模型的预测精度。

2. 乳粉

乳粉是指通过一定的干燥手段（加热、冷冻）将乳中的水分去除，最终形成的粉末状乳制品，其营养价值高，且易于储存和运输，是最受欢迎的乳制品。按照加工原料和工艺条件的不同，可以将其划分为全脂乳粉（WMP）、脱脂乳粉（SMP）和乳清蛋白浓缩物（WPC）三大类。目前，近红外光谱技术已被广泛应用于乳粉加工过程中水分及营养物质含量的监测。

美国福斯公司将近红外光谱技术应用于加工过程中乳粉的湿度、脂肪以及蛋白质的监测，其中，湿度预测结果的标准差为 0.07%～0.09%，效果较好。然而，脂肪和蛋白质的预测结果不稳定，效果较差，这可能是由于外界温度以及光谱仪持续工作时自身产热导致仪器精度下降。此外，研究表明，系统的校准稳定性还与粉末类型、流量和生产率密切相关。新西兰恒天然合作社集团有限公司将布鲁克光学公司的 MATRIX-F 在线近红外光谱系统应用于全脂乳粉加工过程中的品质监测。该系统包括一个位于远离工艺线的温控柜中的光谱仪、两个反射探头以及传输光纤。结果表明，在排除温度影响外，在线近红外光谱系统在整个试验过程中运行较为稳定，可准确测量全脂乳粉的水分［预测标准误差（SEP）= 0.03%］、脂肪（SEP = 0.11%）和蛋白质含量（SEP = 0.07%）。因此，近红外光谱技术在实时监测乳粉品质方面有一定的应用潜力。

3. 奶酪

奶酪，又名干酪，是一种通过发酵制得的乳制品，其风味独特、营养丰富，且含有大量具有保健作用的乳酸菌，深受消费者喜爱。在奶酪生产过程中，确定成型乳凝胶的最佳切割时间对于生产高品质奶酪产品非常重要。Lyndgaard 等利用近红外光谱技术实时测量牛奶凝固过程。在凝固过程中，使用反射探针收集近红外光谱数据。通过主成分分析对凝固过程中记录的近红外光谱（1000～2500nm）进行压缩，提取特征信息。利用主成分得分作为时间的函数，建立整个凝固过程的模型和三个单独凝固过程的复合模型来描述牛奶凝固的三个过程：κ-酪蛋白水解、胶束聚集和网络形成。采用 12 批奶酪对模型预测效果进行验证。结果表明，这两个模型与实验近红外数据拟合良好（$R^2 > 0.99$）。因此，该模型能够为牛奶凝固过程动力学的半经验模型提供实时参数，并确定三种不同凝固过程之间的过渡时间，从而保证奶酪品质。此外，da Costa Filho 和 Volery 使用近红外光谱技术对奶酪品质进行了鉴定。通过测定不同种类新鲜奶酪中的总固体含量并采集其光谱数据，最终基于 960～1700nm 范围内的光谱数据建立了总固体含量的最佳预测模型，从而对奶酪品质进行了很好的区分。

4. 酸奶

在酸奶生产过程中，对牛奶乳酸发酵过程进行实时监控，能够优化控制微生物数量、乳酸和糖浓度，以确保最终酸奶产品的品质及其一致性。Grassi 等使用近红外光谱仪和光纤透射探针直接监测发酵过程中接种的脱脂牛奶。结果表明，近红外光谱技术结合化学计量学法（主成分分析和多元曲线分辨率加权最小二乘法）可以获取与离线流变学和常规质量参数（微生物计数、pH、可滴定酸度、乳糖、半乳糖和乳酸浓度）相匹配的关键过程信息。Svendsen 等使用 15L 内部玻璃单壁发酵罐进行了 7 批中试规模的牛奶发酵。其中，批次 1～4 发酵温度为 35℃、批次 5 发酵温度为 32℃，批次 6～7 发酵温度为 37.5℃。将光纤透射探针插入发酵液中，用于在线实时采集近红外光谱（1000~1800nm），并且利用在线 pH 计测定不同发酵温度下牛奶的 pH。通过 SNV 对原始光谱数据进行预处理，然后通过 PCA 对每个发酵批次进行建模。通过比较 pH 和 PCA 建模计算得到的得分图可以发现，近红外光谱更适合用于酸奶发酵过程的品质监控，因为它既能提供 pH，也能提供与发酵过程中的物理（凝胶结构差异）和化学变化（糖酸转化）相关的信息。

3.4.3 肉制品的品质监测

肉是人体重要的营养物质来源之一，可提供较高营养价值的蛋白质、脂质、碳水化合物以及必需的维生素和矿物元素等微量营养物质。我国是畜禽肉生产和消费大国，据《中国统计年鉴—2020》统计，2019 年中国肉类总产量为 7758.8 万 t，2013~2019 年中国人均肉类消费量总体上呈持续增长趋势，消费结构仍以猪肉和禽肉为主，但牛羊肉的市场需求逐渐旺盛。随着居民家庭收入的增加以及消费习惯的变化，各种精深加工的半成品肉、冷冻肉、熟肉制品及以肉类为原料的食品的消费明显上升。然而，近年来发生了几起与肉类掺假有关的重大事件，肉类质量及其真实性已成为一个重要问题，这也使得消费者对肉类及肉类加工食品的品质和安全有了更高的要求。因此，肉类行业一直在寻求快速有效的质量控制体系。相对于传统监测方法，近红外光谱技术由于其无损、快速、经济等优点，已被广泛用于在线预测各种肉制品的质量参数，显著提高了产品质量和企业生产效益。

蛋白质、脂肪以及水分等物质是评价肉制品品质好坏的主要参数。Liao 等采用可见-近红外光谱技术在线预测了新鲜猪肉的品质属性（肌内脂肪、蛋白质、水分含量、pH 和剪切力）。该研究通过一个移动的传送带系统对来自背最长肌（MLD）的新鲜猪肉片进行扫描，使用光电传感器触发光谱仪以采集光谱。当样品被运输到光电传感器检测范围中时，电信号被发送到光谱仪，并采集样品的反射光谱。实验共采集了 211 个新鲜猪肉片样品的原始光谱（100~350nm）信息，随后通过小波变换去噪、一阶导数以及多元线性回归预处理方法对原始光谱信息进行降噪处理，最终利用偏最小二乘回归法建立了新鲜猪肉品质属性的预测模型。结果表明，基于一阶导数结合多元线性回归算法预处理后的光谱数据建立的预测模型效果最佳，除剪切力值外，所有预测模型 R^2 均高于 0.757。脂肪酸作为肉的关键质量参数之一，其组成成分的快速预测也是研究热点之一。Pullanagari 等还探究了可见-近红外光谱技术在商业屠宰场条件下定量预测羔羊肉脂肪酸组成的应用潜力。研究采用遗传算法结合偏最小二乘法建立回归模型，分别预测饱和脂肪酸、单不饱和脂肪酸和多不饱和脂肪酸的含量。结果表明，预测模型能够对大多数脂肪酸含量进行精准预测，其中，R_{CV}^2 为 0.60~0.74，RPD_{CV} 为 1.60~2.24。

Isaksson 等探究了基于旋转过滤轮的近红外分光光度计直接预测绞肉机出口磨碎牛肉的化学成分的可能性。牛肉通过 4 个不同的磨盘进行粉碎，磨盘的孔径分别为 4mm、8mm、9mm 和 13mm。近红外传感器安装在研磨机出口处。选择五个波长滤波器分别覆盖与脂肪和水分相关的 C—H（1728nm）和 O—H（1441nm 和 1510nm）波段范围。结果显示，使用直径为 4mm 和 8mm 的磨盘获得了良好的预测效果，检测精度主要受样品与近红外探针的接触效果以及样品的异质性影响。

Anderson 和 Walker 利用可见光-近红外光谱技术，通过传送系统在线测量碎牛肉中的脂肪含量。牛肉片在被输送到绞肉机之前，用一个水力蒸煮器制成足够小的牛肉片；使用成型头，以便将一定量的碎牛肉暴露在可见光-近红外系统下，其主要由一个二极管阵列组成，二极管阵列分析样品反射光，同时记录到达传感器的光能量，每 1/30s 获得一次光谱测量。最终通过乙醚萃取法测定每个样品的脂肪含量，并建立脂肪含量与光谱测量值之间的预测模型。结果表明，校准和验证数据集的预测标准误差值分别为 1.00%~1.68%和 2.15%~2.28%。该系统在牛肉脂肪含量在线分析中具有良好的可行性。然而，该系统的设计并不能处理由样品表面不均匀而导致有效路径长度快速变化的情况。

总体来说，近红外光谱技术在肉制品加工工厂已有较多应用。然而，为了提高近红外光谱技术在肉制品品质监测中的精确度，系统设计时还需做到以下几点：①多点分析可获取更好的样本代表性和空间特征；②使用准直器的高距离，最大限度地减少样本干扰；③使用分束器的自动基线校正，以克服路径长度突然变化引起的偏移；④探针独立性和灵活性，用于同时分析不同样品以及在不同运动条件下分析不同样品。

3.4.4 调味剂加工过程中的品质监测

调味剂能够增加食品的色、香、味，促进食欲，是一种有益于人体健康的辅助食品。调味剂按照其功能主要分为鲜味剂、咸味剂、酸味剂、甜味剂等，如常见的酱油、醋、食盐、淀粉等。通过测定反映调味剂品质及其营养价值的关键指标含量，能够对调味剂的生产品质进行有效控制。目前，在调味剂的加工过程中，常见的品质监测方法主要有液相色谱法、气质联用法、液质联用法、原子荧光光谱法、电位滴定法等。上述常规仪器分析方法监测精度较高，但是存在成本高、监测时间长、操作要求高等缺点，难以满足现代化生产过程中实时监测的需求。近红外光谱技术作为一种绿色、无损的快速监测技术，目前已被广泛应用于调味剂品质监测中。

1. 食醋

食醋是我国传统的发酵酸味调味剂，其制备过程主要包括原料配比混合、粉碎蒸熟、拌曲发酵以及成品调味等。制备工艺对食醋的最终品质有着显著的影响。因此，快速测定食醋中关键指标的变化［可溶性固形物含量（SSC）、pH 以及总酸］对改进其生产工艺和保证产品品质具有重要意义。陆辉山等基于近红外光谱技术结合反向传播神经网络，对不同醋龄陈醋中的可溶性固形物含量和 pH 进行了定量分析。通过标准归一化结合 25 点平滑算法得到了预处理后的光谱数据，并对其进行主成分分析，基于主成分的累计贡献率选取了前 7 个主成分代表样本信息，建立了偏最小二乘（PLS）法和反向传播神经网络（BPNN）定量预测模型。结果表明，基于 BPNN 建立的预测模型效果更佳，能够对陈醋品质进行精确评价。其中，可溶性固形物预测模型的相关系数（R）为 0.9999，预测均方根误差（RMSEP）为 0.0118；pH 预测模型的相关系数为 0.9997，预测均方根误差为 0.0088。食醋的总酸含量也是评价食醋品质的重要指标之一，总酸包括挥发性酸和非挥发性酸两大类，其中挥发性酸是食醋酸味的主要来源。通过测定总酸含量能够有效评价食醋品质。梁楷等随机采集了不同酸度食醋样品（106 个）的近红外光谱数据，采用不同算法对光谱数据进行预处理后，通过偏最小二乘回归法建立了食醋总酸含量的定量预测模型。结果表明，适量归一化＋一阶导数光谱预处理方法结合 PLS 建立的预测模型效果最佳，交叉验证决定系数（R^2）为 0.9723，交叉验证均方根误差（RMSECV）为 0.0621。模型经外部验证后，该模型的总酸预测值和实测值之间的平均绝对偏差为 0.035，最大相对误差为 1.383%，相关性系数达到 0.995，证明该方法有用于监测食醋生产过程中品质的潜力。

2. 酱油

酱油作为日常生活中一种基础的调味剂，可以提升食物香味，增强人体食欲，促进人体健康。总氮和总酸是酱油中重要的质量指标，与其风味品质密切相关。通过测定酱油中总氮和总酸的含量，能够对酱油品质进行有效的评价。陈斌等采集了 120 个不同年份酱油样品的原始光谱数据，在经过光谱数据预处理后，分别采用逐步回归分析和偏最小二乘回归法建立了总氮和总酸的预测模型。结果表明，总氮和总酸在 3500～10000cm^{-1} 范围内，与光谱有较好的相关性，基于偏最小二乘回归法建立的模型预测效果更佳。其中，总氮的预测平均相对误差为 4.036%，标准差为 0.035；总酸的预测平均相对误差为 4.820%，标准差为 0.054。因此，该研究表明近红外光谱技术可用于酱油品质的快速监测。

3. 淀粉

近年来，淀粉被广泛应用于牛肉酱、甜面酱等调味剂的生产中，具有增强产品稳定性、改善产品口感和感官性状等功能。不同种类的淀粉，其分子结构迥异，性质和用途也不尽相同。因此，在酱料调味剂的加工过程中，明确添加的淀粉种类对于保证产品质量至关重要。目前，常用的方法主要包括感官评定和理化分析，此类方法容易受主观影响，且耗时费力、精确度低，无法满足工业生产中快速的定性定量监测需求。李梦瑶等采集了 73 份不同种类淀粉的近红外光谱原始数据，采用二阶导数结合矢量归一化的算法对光谱数据进行预处理，最终使用主成分分析法，选取了前两个主成分（累计贡献率为 93%）建立了淀粉的定性判别模型。此外，通过对不同比例的马铃薯和小麦粉的混合物进行光谱检测，原始光谱数据经一阶导数结合矢量归一化处理后，采用 PLS 法建立了最优的淀粉定量预测模型，校正集和预测集的决定系数分别为 0.9988 和 0.9982，均方根误差分别为 0.358 和 0.347，相对预测偏差为 14.6。模型外部验证结果进一步证明该定量模型预测效果较好。

3.4.5　食用油加工过程中的品质监测

食用油在我们的日常生活中发挥着至关重要的作用，为人类提供能量、必需脂肪酸和营养物质。它可以直接食用，也可以用作配料或用于食品加工，主要用于煎炸。因此，能够可靠地监控食用油的质量非常重要。目前，评估食用油的品质最常见的仍然是通过人类的嗅觉，然而感官专家的成本相对较高，并且重复性和再现性较低无法进行定量分析。而一些仪器分析技术，如气相色谱法、滴定等经典分析技术使用时相对耗时费力。近年来，近红外光谱技术被广泛应用于食用油品质的快速评估，具有较好的发展前景。

1. 氧化过程监测

食用油是健康饮食的重要组成部分，然而，在生产、运输和储存过程中，它们的质量会因氧化而恶化。油氧化是一个复杂的过程，它涉及起始、传播和终止步骤。整个过程是由热、自由基、光、光敏色素和金属离子引发的。第一步是氢键的均解离，导致不稳定自由基的形成。在传播过程中，自由基链式反应涉及氧气的消耗和氧化产物的形成。这些反应通过自由基重组而终止，形成聚合物和（或）含氧化合物。脂质氧化的一级产物主要是氢过氧化物，进一步分解为醛类、酮类和环氧化物等二级氧化产物。氧化改变了油的营养和感官特性，并导致形成对健康不利的产品。光谱技术与多变量数据分析相结合，为传统的化学方法提供了一种替代方法，近年来其在食品质量监测中越来越重要。Wójcicki 等利用红外光谱和近红外光谱技术，对橄榄油、菜籽油和葵花籽油的氧化变化进行了全面的研究。多变量方法有助于评价氧化过程中的光谱变化。主成分分析的结果表明，特定光谱区具有显著性，多元曲线解析（MCR）的结果进一步证实了这一点。化学分析和光谱分析结果表明，用化学计量学法，特别是多元曲线解析-交替最小二乘法（MCR-ALS）分析的组合和分离的 MIR 与 NIR 光谱可以代替化学方法来评价油脂的相对氧化稳定性。这项研究的重要发现证明了近红外光谱技术在评价氧化过程中的潜力。

2. 油精制工艺

脱胶是一种去除天然植物油中磷脂的油精制工艺，与仅使用水或酸的传统脱胶工艺相比，酶脱胶的产油率更高，加工成本更低。磷脂酶 C 在脱胶过程中将磷脂水解成二甘油酯和磷酸基团。因此，二甘油酯的含量可以被认为是酶促反应状态的良好指标。Tonolini 等利用近红外光谱和化学计量学，在离线和在线设置下，通过定量豆油中的二甘油酯来监测脱胶过程。研究选取了 15 种实验室规模的不同酶脱胶工艺制备得到的大豆油样品进行光谱检测，并构建二甘油酯的定量预测模型。通过采用定制的预处理和变量选择方法，二甘油酯含量预测的均方根误差在离线设置时为 0.06%（w/w，即质量比），在线设置时为 0.07%（w/w）。结果表明，双甘油酯含量能很好地反映酶的性能，近红外光谱是一种可靠的二甘油酯实时定量分析技术。

3. 煎炸油废弃点判定

烹调过程中油脂氧化分解形成氢过氧化物，生成醛类、酮类和烷烃，以及一些有害物质，包括多环芳烃、杂环胺、丙烯醛等致癌物。这些成分的含量与油炸时间呈正相关。因此，确定煎炸油废弃点尤为重要。一些国家对煎炸油废弃点的判定制定了强制性或推荐性指标。游离脂肪酸（FFA）是评价煎炸油安全质量的重要指标。FFA 值的变化可以反映出煎炸油质量的变化，在一些国家的法规中被作为判断煎炸油废弃点的监测指标之一。智利、波兰、芬兰、比利时、澳大利亚规定油炸用油中 FFA 含量≤2.5%，巴西规定油炸用油中 FFA 含量≤0.9%。Zhao 等采用低场核磁共振（LF-NMR）、近红外光谱和反向传播人工神经网络（BP-ANN）算法，实现了对煎炸油样品中 FFA 含量的监测。采用 LF-NMR、近红外光谱和参比法对 105 种不同油炸程度的废煎炸油进行了检测。采用层次聚类分析（HCA）和 PCA 对 LF-NMR 参数（S21、S22、S23、T21、T22 和 T23）与近红外光谱进行自然聚类。最后，相关系数（R^2）表明，LF-NMR 模型和 NIR 模型的准确率分别达到 0.850 和 0.963。NIR 模型的 R^2 值比 LF-NMR 模型的 R^2 值高 0.113，表明近红外光谱技术更适用于煎炸油废弃点的判定。

3.4.6 谷物的品质监测

谷物品质涉及谷物的外观、营养和安全属性。随着人们生活水平的提高，粮食质量问题越来越受到重视。目前，谷物品质监测主要基于感官评定和化学分析方法来实现。感官分析耗时长、效率低、主观性强、易受外界干扰（疲劳等身体状况影响）；化学分析昂贵、耗时、费力且具有破坏性，并且无法实现实时监测。近年来，为适应现代质量监测的要求，基于声、光、热、电、机械等物理特性和视觉、味觉、嗅觉等感官特征的监测技术得到迅速发展。当谷物含有不同含量的营养成分时，在近红外区域表现出不同的光谱响应特征，因此可以根据光谱特征量化其营养属性。

1. 小麦

小麦是世界上用于人类消费和动物饲料的最重要的谷类作物之一，其营养质量对人类健康和动物生产非常重要。经典湿化学方法因其精确性和可靠性而闻名。然而，该方法通常费力、耗时，并且需要经验丰富的分析师。此外，食品和饲料原料营养物质消化率的测定比较困难，需要专门的设施、昂贵的仪器、专业的人员和较长的实验周期。目前，大多数定量光谱方法都是基于近红外光谱技术开发的，已广泛应用于食品和饲料加工、材料回收、飞机或卫星遥感、环境调查、聚合物和塑料等许多领域。Shi 等评估了使用近红外（NIR）和傅里叶变换中红外

(ATR-FT/MIR)光谱测定小麦肠道粗蛋白（CP）消化率（IPD）的潜力。对于 CP，最佳 NIR 模型表现出出色的预测性能（$R^2 = 0.98$）；最好的 MIR 模型也表现出出色的预测性能（$R^2 = 0.96$）。对于 IPD，NIR 光谱技术获得的最佳模型显示出近似的定量预测能力（$R^2 = 0.68$），而 MIR 技术生成的最佳模型获得了相似的预测性能（$R^2 = 0.67$）。NIR 模型通常比 MIR 模型表现出更好的预测能力，这可能是由于 MIR 光谱记录了基本的分子振动，并且更容易受到多重干扰的影响。酰胺 I 和酰胺 II 谱带在 CP 和 IPD 的 PLS 模型的开发中发挥了重要作用。这项研究的结果证明了使用红外光谱预测养分消化率的潜力，同时需要付出更多努力来提高 NIR 和 ATR-FT/MIR 光谱在预测小麦 IPD 方面的性能。

2. 大豆

过去十年中，与功能性食品相关的全球市场大幅增长。在亚洲，由于人口众多，预计市场将继续增长。就功能性食品而言，大豆因其内部复杂的化学成分而成为最值得评估的产品之一。其是世界上蛋白质含量最高的来源之一，也是动物饲料中主要蛋白质的供应来源。因此，快速、无损测定大豆中化学成分将有助于保证大豆品质，促进产业发展。Amanah 等探讨了傅里叶变换近红外（FT-NIR）和傅里叶变换红外光谱（FT-IR）使用完整大豆样品预测总异黄酮和低聚糖的可行性。采用偏最小二乘回归方法，根据 310 个大豆样品的光谱数据开发模型，并将其与使用常规测定评估的参考值同步。此外，使用最初未参与模型构建的大豆品种对所获得的模型进行了测试。结果显示，FT-NIR 的最佳预测模型可以使用完整种子预测总异黄酮和寡糖，性能可接受（R_p^2：0.80 和 0.72），略优于基于 FT-IR 数据获得的模型（R_p^2：0.73 和 0.70）。结果还证明了使用 FT-NIR 预测评估组件的个别类型的可能性，由 R_p^2 超过 0.70 的预测模型的可接受性能值表示。此外，测试模型的结果通过获得与校准模型相似的 R_p^2 和误差证明了模型的性能。

3. 水稻

水稻是世界三大粮食作物之一。其种植过程中不同种子的混杂，无论是自然原因还是人为原因，都严重影响水稻种植的产量和质量。因此，种子纯度分析非常必要，我国也为此制定了相关国家监管标准［农作物种子检验规程 真实性和品种纯度鉴定（GB/T 3543.5—1995）］。Zhang 等利用可见光和近红外（Vis-NIR）光谱，开发了一种新颖的杂粒水稻种子纯度分析方法。样品为目标品种（'Y 两优 900'）被其他 4 个品种污染的混合样品。使用标准正态变量方法进行光谱预处理。采用等距组合偏最小二乘（EC-PLS）法进行大范围波长筛选，进一步采用波长逐步淘汰偏最小二乘（WSP-PLS）法来消除干扰波长，提高预测效果。在可见光-短近红外区域，所选的 WSP-PLS 模型包括 19 个非等距波长。建模预测的均方根误差（$RMSEP_M$）和相关系数（$R_{P,M}$）分别达到 0.115 和 0.920。预测的均方根误差（$RMSEP_V$）和相关系数（$R_{P,V}$）分别为 0.152 和 0.845。在长近红外区域，所选模型包括 24 个非等距波长，$RMSEP_M$、$R_{P,M}$ 分别为 0.103、0.930，$RMSEP_V$、$R_{P,V}$ 分别为 0.129、0.894。结果表明，预测纯度值与实际纯度值相关性较高，且波长模型复杂度较低。所提出的 Vis-NIR 检测方法具有分析杂粒水稻种子纯度的可行性，是一种快速、无损且有前途的分析技术。作为一种简单高效的波长选择方法，WSP-PLS 法有望用于更多的分析对象。

4. 玉米

甜玉米是美国、加拿大等国家最受欢迎的食品之一，由于其宜人的风味和较高的营养价值，在中国和其他亚洲国家也越来越受欢迎。甜玉米在消费者中受欢迎程度的提高导致近年来其在世界各地的种植规模不断扩大。但甜玉米种子的发芽率和幼苗活力较低，仍然在一定程度上限制了甜玉米产业的发展。与大田玉米种子相比，其高可溶性糖含量和较低淀粉含量被认为是甜玉米种子快速变质的主要原因，特别是在储存过程中，原因是淀粉越少，意味着可以保留作为新陈代谢能量来源的胚乳组织就越少。因此，与其他甜玉米品种相比，超甜玉米种子的出苗率和幼苗活力通常较差。研究表明，甜玉米种子的品质在一年内下降，因此每年应使用新的甜玉米种子，特别是超甜玉米种子进行栽培。因此，及时有效地检测超甜玉米种子质量，对于降低劣质、死种子进入市场和播种过程的风险具有重要意义。Qiu 等使用波长范围为 1000～2500nm 的单核傅里叶变换近红外（FT-NIR）光谱来区分有活力和无活力的超甜玉米种子。实施各种预处理算法与偏最小二乘判别分析（PLS-DA）相结合来测试分类模型的性能。FT-NIR 光谱技术成功区分了有活力的种子和因过热或人工老化而无法存活的种子。热损伤粒和人工老化粒的正确分类率均达到 98.0%。当将热损伤样品和人工老化样品合并为一类时，综合模型也能达到 98.7% 的准确率。总体而言，采用多变量数据分析方法的 FT-NIR 光谱技术在快速、无损监测超甜玉米种子活力方面显示出巨大的潜力。

课外延伸阅读

[1] 谢笔钧. 食品化学. 北京：科学出版社，2011.
[2] 江波，杨瑞金.食品化学. 北京：中国轻工业出版社，2018.
[3] 高秀兰. 食品营养与卫生. 重庆：重庆大学出版社，2015.
[4] 闫路娜，王英泽，李晨. 食品生物化学. 北京：北京师范大学出版社，2021.
[5] 王成忠，任慧贤.食品风味化学进展. 中国调味品，2011，36（5）：8-11.
[6] 徐颖.光谱和光谱成像技术在食品检测中的应用分析. 食品安全导刊，2021，(29)：145，147.
[7] 吴文铭.紫外可见分光光度计及其应用. 生命科学仪器，2009，7（4）：61-63.
[8] 严衍禄. 近红外光谱分析基础与应用. 北京：中国轻工业出版社，2005.
[9] 高荣强，范世福. 现代近红外光谱分析技术的原理及应用. 分析仪器，2002，(3)：9-12.
[10] 陆婉珍，袁洪福，徐广通，等. 现代近红外光谱分析技术. 北京：中国石化出版社，2000.
[11] 赵杰文，孙永海. 现代食品检测技术. 2 版. 北京：中国轻工业出版社，2008.
[12] 田地，金钦汉. 近红外光谱仪器. 分析仪器，2001，(3)：39-42.
[13] 史永刚，冯新泸，李子存. 化学计量学. 北京：中国石化出版社，2003.
[14] 许禄，邵学广. 化学计量学方法. 2 版. 北京：科学出版社，2004.
[15] 奥托 M. 化学计量学：统计学与计算机在分析化学中的应用. 邵学广，等译. 北京：科学出版社，2003.
[16] 王文真. 在近红外光谱定量分析中应注意的几个问题. 现代科学仪器，1996，(1)：24-25.
[17] 徐广通，袁洪福，陆婉珍. CCD 近红外光谱谱图预处理方法研究. 光谱学与光谱分析，2000，20(5)：619-622.
[18] 赵杰文，林颢. 食品、农产品检测中的数据处理和分析方法. 北京：科学出版社，2012.
[19] Ridgway C，Chambers J. Detection of external and internal insect infestation in wheat by near-infrared reflectance spectroscopy. Journal of the Science of Food and Agriculture，1996，71（2）：251-264.
[20] 张东亮. 基于可见/近红外光谱技术的夏秋茶提取液氧化过程在线监测研究. 镇江：江苏大学，2016.
[21] 韩小燕. 基于光谱技术的蜂蜜中大米糖浆掺假检测研究. 镇江：江苏大学，2013.
[22] 欧阳琴. 仿生传感器及近红外光谱技术在黄酒品质检测中的应用研究. 镇江：江苏大学，2014.
[23] 戎念慈，黄梅珍. 可见-近红外多光谱和多种算法模型融合的血迹年龄预测. 光谱学与光谱分析，2020，40（1）：168-173.
[24] Hao Q X，Zhou J，Zhou L，et al. Prediction the contents of fructose, glucose, sucrose, fructo-oligosaccharides and iridoid glycosides in *Morinda* officinalis radix using near-infrared spectroscopy. Spectrochimica Acta Part A:

[25] Zhang M S, Zhang B, Li H, et al. Determination of bagged 'Fuji' apple maturity by visible and near-infrared spectroscopy combined with a machine learning algorithm. Infrared Physics & Technology, 2020, 111: 103529.

[26] Jie D, Xie L, Rao X, et al. Improving accuracy of prediction model for soluble solids content of watermelon by variable selection based on near-infrared spectroscopy. Transactions of the Chinese Society of Agricultural Engineering, 2013, 29 (12): 264-270.

[27] McGlone V A, Martinsen P J, Clark C J, et al. On-line detection of Brownheart in Braeburn apples using near infrared transmission measurements. Postharvest Biology and Technology, 2005, 37 (2): 142-151.

[28] Lan W J, Jaillais B, Chen S C, et al. Fruit variability impacts puree quality: Assessment on individually processed apples using the visible and near infrared spectroscopy. Food Chemistry, 2022, 390: 133088.

[29] 王明, 于峰, 刘新, 等. 采用近红外漫反射技术对牛奶中蛋白质、脂肪检测. 激光杂志, 2015, 36 (1): 70-73.

[30] Melfsen A, Hartung E, Haeussermann A. Accuracy of milk composition analysis with near infrared spectroscopy in diffuse reflection mode. Biosystems Engineering, 2012, 112 (3): 210-217.

[31] Melfsen A, Hartung E, Haeussermann A. Accuracy of in-line milk composition analysis with diffuse reflectance near-infrared spectroscopy. Journal of Dairy Science, 2012, 95 (11): 6465-6476.

[32] Lyndgaard C B, Engelsen S B, van den Berg F W J. Real-time modeling of milk coagulation using in-line near infrared spectroscopy. Journal of Food Engineering, 2012, 108 (2): 345-352.

[33] da Costa Filho P A, Volery P. Broad-based versus specific NIRS calibration: Determination of total solids in fresh cheese. Analytica Chimica Acta, 2005, 544 (1-2): 82-88.

[34] Grassi S, Alamprese C, Bono V, et al. Monitoring of lactic acid fermentation process using Fourier transform near infrared spectroscopy. Journal of Near Infrared Spectroscopy, 2013, 21: 417-425.

[35] Svendsen C, Skov T, van den Berg F W J. Monitoring fermentation processes using in-process measurements of different orders. Journal of Chemical Technology and Biotechnology, 2015, 90: 244-254.

[36] Liao Y T, Fan Y X, Cheng F. On-line prediction of fresh pork quality using visible/near-infrared reflectance spectroscopy. Meat Science, 2010, 86 (4): 901-907.

[37] Pullanagari R R, Yule I J, Agnew M. On-line prediction of lamb fatty acid composition by visible near infrared spectroscopy. Meat Science, 2015, 100: 156-163.

[38] Isaksson T, Nilsen B, Tøgersen G, et al. On-line, proximate analysis of ground beef directly at a meat grinder outlet. Meat Science, 1996, 43 (3-4): 245-253.

[39] Anderson N M, Walker P N. Measuring fat content of ground beef stream using on-line visible/NIR spectroscopy. Transactions of the ASAE, 2003, 46: 117-124.

[40] 陆辉山, 吴远远, 刘修林. 基于近红外光谱技术的老陈醋品质分析. 中国调味品, 2017, 42 (5): 103-106.

[41] 梁楷, 闫裕峰, 郎繁繁, 等. 食醋总酸近红外快速检测方法的研究. 中国酿造, 2020, 39 (2): 94-97.

[42] 陈斌, 于丽燕, 陆道礼, 等. 近红外分析技术快速检测酱油中的总氮和总酸. 中国调味品, 2003, (9): 40-44.

[43] 李梦瑶, 翟晨, 王书雅, 等. 基于近红外光谱对淀粉种类的定性鉴别及定量分析. 中国调味品, 2019, 44 (10): 154-157, 160.

[44] Wójcicki K, Khmelinskii I, Sikorski M, et al. Near and mid infrared spectroscopy and multivariate data analysis in studies of oxidation of edible oils. Food Chemistry, 2015, 187: 416-423.

[45] Tonolini M, Wawrzynczyk J, Nielsen P M, et al. On-line monitoring of enzymatic degumming of soybean oil using near-infrared spectroscopy. Applied Spectroscopy, 2023, 77 (12): 1333-1343.

[46] Zhao L L, Zhang M, Wang H X, et al. Monitoring of free fatty acid content in mixed frying oils by means of LF-NMR and NIR combined with BP-ANN. Food Control, 2022, 133: 108599.

[47] Shi H T, Lei Y G, Louzada Prates L, et al. Evaluation of near-infrared (NIR) and Fourier transform mid-infrared (ATR-FT/MIR) spectroscopy techniques combined with chemometrics for the determination of crude protein and intestinal protein digestibility of wheat. Food Chemistry, 2019, 272: 507-513.

[48] Amanah H Z, Joshi R, Masithoh R E, et al. Nondestructive measurement of anthocyanin in intact soybean seed using Fourier Transform Near-Infrared (FT-NIR) and Fourier Transform Infrared (FT-IR) spectroscopy. Infrared Physics & Technology, 2020, 111: 103477.

[49] Zhang J, Li M L, Pan T, et al. Purity analysis of multi-grain rice seeds with non-destructive visible and near-infrared spectroscopy. Computers and Electronics in Agriculture, 2019, 164: 104882.

[50] Qiu G J, Lü E L, Lu H Z, et al. Single-kernel FT-NIR spectroscopy for detecting supersweet corn (*Zea mays* L. *Saccharata* sturt) seed viability with multivariate data analysis. Sensors, 2018, 18 (4): 1010.

扩展与思考

[1] 光谱技术如何应用于食品加工过程的成分监控？
[2] 光谱技术在食品加工过程的应用前景。

第4章

食品加工过程风味特征智能监测技术

> **知识点**
>
> ➢ 食品加工过程中产生的挥发性物质与特征。
> ➢ 食品加工过程中产生的滋味特征。
> ➢ 人工嗅觉与电子嗅觉工作原理特征。
> ➢ 人工味觉与电子味觉工作原理特征。
> ➢ 仿生传感器类型与特征。
> ➢ 仿生传感系统及工作原理。
> ➢ 仿生传感信号处理方法。

食品的风味是人体感官对食品中不同种类、数量风味物质的综合感知效果。目前，人们在食品中已发现的风味物质有近5000种。食品加工过程风味的形成机制以及风味智能监测和控制在保障食品品质方面扮演了重要的角色。在茶叶、咖啡、酒醋发酵等风味食品加工，以及果蔬干燥、肉制品加工过程中，了解食品加工过程的风味特征以及挥发性风味和滋味物质的形成机制，进一步实现加工过程中风味等品质指标变化的实时监测控制、描述、分析、评价和阐释，对食品加工过程中品质保障和风味控制有十分重要的意义，也是实现食品工业信息化和智能化的前提和基础。

4.1 食品加工过程风味特征智能监测概述

4.1.1 食品加工过程风味特征

食品加工过程中，风味物质的生成是多种物理和化学反应的综合结果。例如，在肉类烹饪过程中，蛋白质和氨基酸在高温下发生美拉德反应，生成多种香气化合物，如吡嗪类和醛类物质，赋予烤肉独特的香味。在发酵食品如酱油和醋的生产中，微生物代谢产生有机酸、酯类和醇类物质，形成复杂的风味特征。这些例子均体现了加工方法对食品风味的显著影响。

食品加工过程中，脂类的降解对许多食品风味的形成是非常重要的。食品中脂肪酸在加工过程中极易受到酶的破坏，尤其是一些不饱和脂肪酸如亚油酸、亚麻酸，受到酶破坏降解后，随即产生许多低碳链风味物质。在各种内源酶作用下又发生许多次级反应，如酯化反应、酸氧化反应、异构化反应、还原反应、缩聚反应等，生成许多挥发性气体。此外，食品中的蛋白质、碳水化合物及某些微量有机组分在加工中受到降解和破坏，产生许多不同类型的挥发性物质。食品加工过程会产生各种特征风味物质，如低级醇、醛、酸、酮、酯类化合物以及呋喃、吡嗪、噻吩、噻唑、咪唑、吡咯的杂环类化合物，还有萜类化合物等。这些挥发性气体以不同的种类和浓度相混合所形成的混合物、聚合物共同形成加工食品的风味，构成了影响食品风味的决定因素。

在加工过程中食品内部化学变化相当复杂。因此在食品加工过程中加工条件（如温度、含氧基、pH、水分活度、酶浓度）的控制对风味物质的形成更显得至关重要。任何风味物质都有一段最合适的感受浓度范围，若风味物质浓度过高，风味的刺激会过于强烈，往往引起令人不愉快的感觉，特别是主要风味物质，会有一个最合适的浓度，如食盐的添加量一般为 2.5% 左右，若高于这个数值，人就会感觉太咸了，再高的浓度，人会感觉极其难受，甚至出现呕吐等症状，可见对感官的刺激是不能过于强烈的。再如味精，放一点能够增加鲜味，但放多了就成了苦味。再如做馒头时，放入糖精也必须适量才有甜味，放多了就会成苦味。太酸、太辣的风味也会让人无法接受。以香肠为例，酸度以 pH 5.0～5.1 为最合适，酸度再增高就会有令人不愉快的感觉。

4.1.2 食品加工过程中挥发性风味的形成

食品中的组分在加工时受到一定程度的破坏，这会导致食品风味发生不同程度的变化。食品的加工风味来源主要分为：①由氨基酸与糖发生的美拉德反应或其他相关反应产生的（如肉类风味）；②由发酵产品产生的（如酒类、醋）；③由可控制酶促反应产生的（如酶发酵乳制品）；④由脂类高温产品产生的（如油炸风味）。

美拉德反应指的是含游离氨基的化合物和还原糖或羰基化合物在常温或加热时发生的聚合、缩合等反应，经过复杂的过程，最终生成棕色甚至是棕黑色的大分子物质类黑精或称拟黑素，所以又被称为羰氨反应。除产生类黑精外，反应还会生成还原酮、醛和杂环化合物，这些物质是食品色泽和风味的主要来源。影响美拉德反应的主要因素有加热温度、加热时间、体系组分、水分活度、pH、缓冲液/盐、氧化还原状态。

脂类产生特征香气的途径主要是通过热降解及热降解产物的次级反应。首先，脂质在受热时分解成游离脂肪酸，其中不饱和脂肪酸氧化生成过氧化物，进一步分解成酮、醛、酸等挥发性物质而产生香气，含羟基的脂肪酸脱水成内酯化合物而产生令人愉快的气味。其次，热降解产物继续与存在的少量蛋白质、氨基酸发生非酶褐变反应，得到许多杂环芳香物质。

水解植物蛋白（HVP）的应用是利用热加工途径生产肉类风味料的开端。谷氨酸钠、5′-核苷酸也是相应的风味增效剂。肉类风味料中重要的组分之一是还原糖，最常用的是葡萄糖，其价格低廉，反应活性适中；木糖是一种戊糖，在美拉德反应中变得更加活泼可以缩短反应时间，但是价格较为昂贵。也有将核糖、5-磷酸核糖、水解多糖、酵母、酵母自溶物作为碳水化合物的来源用于产生风味。多糖的美拉德反应活性比还原性单糖或二糖低得多。

酶在食品加工中十分常见，可用于风味材料工业的多个领域，包括加工辅助处理以及由风味基础转化为理想的食物材料。酶是一种复杂的蛋白质，可以在多种生化反应中作为催化剂。它们一般在室温下起作用，活性专一，有最合适的 pH，在低浓度时便有效。对每一种酶来说，其活性最适温度及最高、最低温度界限是唯一的。

食品加工过程中会形成各种风味物质。不同食品加工各个阶段会出现各种风味物质，特别是吡嗪类、呋喃类、吡喃酮类、吡咯类等化合物的形成是构成食品加工风味物质的主要部分。①吡嗪类化合物的形成涉及的 Strecker 降解是吡嗪类化合物形成的一个很重要的途径。Strecker 降解是蛋白质降解产生的氨基酸与碳水化合物降解产生的 α-羰基化合物之间的反应。通过脱氨作用和脱羧作用，生成少一个碳原子的醛（如乙醛、异丁醛等），这些醛类是许多加工食品（如煮熟的马铃薯、巧克力）中的重要呈味物质。此外，Strecker 降解生成的氨基化合物（如氨或胺）

可以进一步参与美拉德反应，与其他中间体（如 α-二羰基化合物）反应，形成吡嗪类化合物，这类化合物也是食品风味的重要贡献者。②呋喃类、吡喃酮类、吡咯类和噻吩类化合物是大多数焙烤食品和加工食品（如可可、爆米花、绿茶、啤酒等）的重要风味来源。它们的形成主要涉及羰基化合物（通常来源于碳水化合物的降解）与氨基化合物（通常来源于氨基酸）之间的反应。在美拉德反应中，还原糖（如葡萄糖、麦芽糖、乳糖等）与氨基酸反应，经过 Amadori 重排生成中间产物，这些中间产物进一步降解和环化，形成各种杂环化合物。例如，葡萄糖与氨基酸反应生成呋喃类化合物；麦芽糖和乳糖与氨基酸反应生成吡喃酮类化合物；半胱氨酸（含硫氨基酸）与还原糖的降解产物反应，生成噻唑类或噻吩类化合物。这些杂环化合物在食品中贡献独特的风味，如甜香、焦糖味、烤肉味和坚果味等。③噻唑的形成。碳水化合物的降解与含硫氨基酸如半胱氨酸反应生成的乙醛基噻唑是最常见的噻唑类风味物质。在咖啡中至今已发现了近 30 种噻唑类风味物质。以上介绍的杂环类化合物上的取代基可以是甲基、乙基、烷基、羟基、氨基或乙酰基等的混合和重排。食品的风味通常是许多种风味物质共同作用的结果，即便两种结构相似的化合物，其产生的风味效果也是不相同的。

4.1.3 食品加工过程中滋味物质的形成

加工食品大部分或全部是由来自食品或其他有机来源的物质配制而成的。配制而成的食品会产生不同的滋味，这些滋味有些成分是食物的本味，如油脂、淀粉、糖；有些成分是化学合成的，如氢化油、水解蛋白、高果糖玉米糖浆、麦芽糊精；有些成分从其他有机来源如酪蛋白、乳糖、乳清和麸质提取的。它们被人感受到的基本可以分为四种：酸、甜、苦、咸。这些滋味的物质有以下特点：多为不挥发物，能溶于水，阈值比呈香物质高得多。添加剂与味感的关系是：在化学上的"酸"呈酸味，在化学上的"糖"呈甜味，在化学上的"盐"呈咸味，生物碱及重金属盐则呈苦味。

1. 酸味

酸味就是氢离子的味道。但是在相同 pH 条件下，由于酸的阴离子不同，酸味的强度也不一样。在相同 pH 下不同酸的强弱顺序为醋酸＞乙酸＞乳酸＞草酸＞盐酸。一般，在 pH 相同时，有机酸的强度大于无机酸。酸味物质中的阴离子对酸强度的影响是由酸对味细胞的吸附方式不同所引起的。有机酸比无机酸更容易吸附于细胞膜上，导致细胞膜表面的正电荷减少，从而减少氢离子的排斥力。

食品中常用的酸味物质有醋酸、柠檬酸、苹果酸、酒石酸、乳酸、抗坏血酸、葡萄糖酸、磷酸。比如说醋酸就是食醋中的主要酸味成分，在食醋中含 3%～5%，除醋酸外，食醋中还含有多种有机酸、氨基酸、糖类和脂类等。

2. 甜味

1967 年 Sehallenberger 等首先提出 AH-B 理论，认为在甜味物质的分子中都存在着氢供给基（AH）和氢接受基（B），并且两者的距离为 2.5～4.0Å（平均为 3Å）。接受甜味物质的味觉受体也同样有 AH 和 B，甜味物质的 AH 和 B 与受体的 AH 和 B 之间以氢键结合，从而引起甜的味感。

甜味物质除了以蔗糖为代表的糖类以外，还有各种各样非糖类的物质，如氨基酸、肽、蛋白质、配糖体等。

3. 苦味

一般认为苦味物质分子中必须存在分子内氢键，即分子中有 AH 和 B，它们之间的距离

（分子内氢键距离）在 1.5Å 以内，分子内氢键的形成使整个分子的疏水性增高。一般苦味物质的呈味阈值比酸、甜、咸味物质要低得多，这是由于苦味物质大多是疏水物质，容易吸附在味受体膜上。另外，像奎宁这样的苦味生物碱，在中性条件下大多带有正电荷，由于味受体膜表面带有负电荷，这些带正电荷的苦味物质就特别容易吸附于味受体膜上，因此呈味阈值非常低。

植物性食品中常见的苦味物质是生物碱类、糖苷类、萜类、苦味肽、氨基酸等；动物性食品常见的苦味物质是胆汁和蛋白质的水解产物等；其他苦味物质有无机盐（钙、镁离子）、含氮有机物等。

4. 咸味

在自然界存在许多具有 NH_4^+、Na^+、K^+、Ca^{2+}、Mg^{2+} 等阳离子的盐，说到咸味人们就要想到食盐 NaCl 的呈味，但这种咸味仅 NaCl 具有，其他的盐都呈不同的味感。例如，与 NaCl 阳离子相同的盐 Na_2SO_4 和 Na_2HPO_4，其味感与 NaCl 大不相同。另外，与 NaCl 阴离子相同的盐如 KCl 等也与 NaCl 呈不同的味感，说明咸味的味感决定于阳和阴两种离子。尽管咸味是中性盐呈现的味感，但除 NaCl 外，其他中性盐的味道均不够纯正。

4.1.4 食品加工过程风味特征智能监测和评价

目前，我国食品加工过程中的风味监测和评价是以人工感官的评定和判别为主。在全球工业化和智能化背景下，自动化和智能化是食品加工领域发展的新趋势。近年来，在食品加工监测领域，随着新的监测与监控技术的不断涌现，特别是仿生传感技术、电子和控制信息科学等其他学科的先进技术不断应用到食品加工领域中，对食品加工过程进行智能监测和控制，可实现食品质量安全信息的实时在线和精准获取，它是实现食品工业信息化和智能化的前提和基础。因此，食品加工过程的智能监测和控制，以及相应操作体系的工作原理，及其在食品行业的创新性应用和对未来发展趋势进行系统性介绍就显得尤为必要。

4.2 食品风味特征智能传感监测原理

4.2.1 电子嗅觉传感监测原理

人工嗅觉作为一种模拟生物嗅觉的技术，其原理与生物嗅觉相似，就是运用传感器响应气味分子，对产生的信号经处理和识别后作出对气味的评判。

要想了解人工嗅觉工作原理，首先要知道生物嗅觉是如何形成的。生物嗅觉的产生大致可以分为三个阶段：首先，是信号产生阶段。气味分子经空气扩散到达鼻腔后，被嗅觉细胞中的嗅细胞吸附到其表面上，呈负电性的嗅细胞表面的部分电荷发生改变，产生电流，使神经末梢接受刺激而兴奋。其次，是信号传递与预处理阶段。兴奋信号经嗅小球进行一系列加工放大后输入大脑。最后，是大脑识别阶段。大脑把输入的信号与经验进行比较后作出识别判断，这是牛奶、咖啡、玫瑰的香味，还是其他的气味。大脑的判断识别功能是自孩提时代起，在不断与外界接触的过程中学习、记忆、积累、总结而形成的。

弗里曼通过对神经解剖学、神经生理学和神经行为的各个水平的实验研究，确证嗅觉神经网络中的每个神经元都参与嗅觉感知，认为人和动物在吸气期间，气味会在鼻腔的嗅觉细胞阵列上形成特定的空间分布，随后嗅觉系统以抽象的方式直接完成分类。当吸入熟悉的气味时，脑电波比以前变得更为有序，形成一种特殊的空间模式。当不熟悉的气味输入时，嗅觉系统的脑电波就表现出低幅混沌状态，低幅混沌状态等价于一种"我不知道"的状态。

气味可以是单一的也可以是复合的，单一的气味是由一种气味分子形成的，而复合气味则是由许多种（有可能是上百种）不同的气味分子混合而成的。实际上自然产生的气味都是复合的，单一气味是人造的。

生物嗅觉品闻气体的过程如图 4-1 所示，某种产生风味的物质在空气中散发气味分子，空气将携带着气味分子进入生物嗅觉中，生物嗅觉的气体受体会感受到气体分子的来到，气体就会附着于受体上；嗅觉受体细胞被激活，并发出电信号；该电信号在嗅小球中接力，直到电信号传送到大脑的更高区域，识别到达嗅觉细胞中的风味物质。

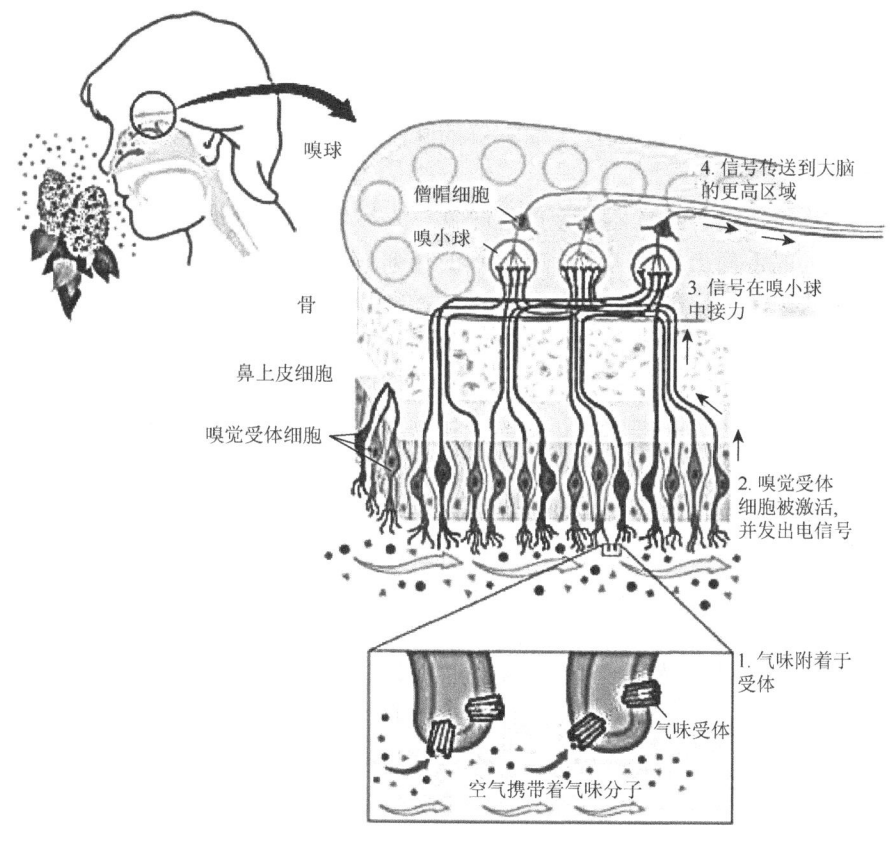

图 4-1 生物嗅觉工作原理图

电子鼻系统便是依据生物嗅觉的原理而形成的一项技术，诞生后便迅速发展，实现了感官模糊的表述到数值精确的表征的跨越。现如今，电子鼻已经成为食品加工实现智能化、自动化的一个新的选项。

4.2.2 电子味觉传感监测原理

人工味觉又称电子舌，其工作原理是建立在模拟生物味觉形成过程的基础上的，化学物质引起的感觉不是化学物质本身固有的，而是化学物质与感觉器官发生反应后出现的。比如说，味觉可看成由味觉物质与味蕾的感受膜发生的物理、化学反应引起的。人工味觉的基本思想就包含了这些反应的人工再现。

和嗅感形成相似，味感的形成过程也可分为三个阶段：①舌头表面味蕾上的味觉细胞的生物膜感受味觉物质并形成生物电信号；②该生物电信号经神经纤维传至大脑；③大脑识别。众多的味道是由四种基本的味觉组合而成的，就是甜、咸、酸和苦。国外有的学者将基本的味觉定为甜、咸、酸、苦和鲜五种，近年来又引入了涩和辣。通常酸味是由氢离子引起的，如盐酸、氨基酸、柠檬酸等；咸味主要是由 NaCl 引起的；甜味主要是由蔗糖、葡萄糖等引起的；苦味主要是由奎宁、咖啡因等引起的；鲜味主要是由海藻中的谷氨酸单钠（MSG）、鱼和肉中的肌苷酸二钠（IMP）、蘑菇中的鸟苷酸二钠（GMP）等引起的。不同物质的味道与它们的分子结构形式有关，如无机酸中的氢离子是引起酸感的关键因素，但有机酸的味道也与它们带负电的酸根有关；甜味的引起与葡萄糖的主体结构有关；而奎宁及一些有毒植物的生物碱的结构能引起典型的苦味。味觉刺激物质必须具有一定的水溶性，能吸附于味觉细胞膜表面，与味觉细胞的生物膜发生反应，才能产生味感。该生物膜的主要成分是脂质、蛋白质和无机离子，还有少量的糖和核酸。对不同的味感，该生物膜中参与反应的成分不同。实验表明：当产生酸、咸、苦的味感时，味觉细胞的生物膜中参与反应的成分都是脂质，而味觉细胞的生物膜中的蛋白质有可能参与了产生苦味的反应；当产生甜和鲜的味感时，味觉细胞的生物膜中参与反应的成分只是蛋白质。

可溶性呈味物质作用于味觉器官便产生味觉。人体口腔内的味感受体主要是味蕾，其次是自由神经末梢。人的舌面上约有上万个香蕉形的味细胞。味蕾分布于咽与咽头的黏膜以及菌状乳头与轮廓乳头的侧壁。菌状乳头呈圆形，主要位于舌中部及舌的边缘；轮廓乳头分布于舌背，排成"人"字形；叶状乳头位于舌的边缘。此外，轮廓乳头上方分布有丝状乳头，一般不含味蕾。味蕾通常由一个味细胞所组成，味细胞表面由蛋白质、脂质及少量的糖类、核酸和无机离子组成，不同的呈味物质与味细胞上不同的受体作用。味觉细胞连着传递信息的神经纤维，这些神经纤维另一端则通向大脑。

食物的滋味虽然多种多样，但它们使人体产生味感的基本途径却很相似。首先具有一定水溶性的呈味物质吸附于受体膜表面并刺激其上的味感受体，主要的初始反应仅限于质子的中和、酸、氢键的交换，咸、氢键的形成，甜及疏水键的形成；其次通过一个收集和传递信息的神经感觉系统传导到大脑的味觉中枢；最后通过大脑的综合中枢神经系统分析从而产生味感。

电子舌模拟人类的味觉识别系统。人类味觉识别的一个基本过程为舌头表面上的味蕾感受不同的溶液化味觉物质的刺激信号，通过神经系统传导到大脑，大脑对所获取的信息进行分析，从而对味觉作出判断，给出不同物质的区分辨识以及感官信息。相应的电子舌的工作过程是通过味觉传感器阵列相当于舌头，感受不同的呈味物质，并产生电信号调理电路及数据采集系统，对味觉传感器产生的电信号进行放大、转换、采样和传输，并最后将这些电信号输入电脑软件分析，对采集的数据进行模式识别，作出判断并输出结果。

4.3 食品风味特征智能传感监测系统

4.3.1 电子鼻系统

1. 电子鼻系统的组成

电子鼻系统是在模拟生物嗅觉的基础上形成的一种仿生技术。表 4-1 中列出了人的嗅觉与电子鼻系统之间的对应关系。人的嗅觉要完成信号接收、预处理以及识别功能，所以电子鼻系统的信号产生、采集以及后续的数据处理是电子鼻系统的重要内容。

表 4-1 人的嗅觉与电子鼻系统之间的比较

人的嗅觉	电子鼻系统
初级嗅觉神经元：嗅细胞、嗅神经	气体传感器阵列
二级嗅觉神经元：对初级嗅觉神经元来的信号进行调节、抑制	运放、滤波等电子线路
大脑：对二级嗅觉神经元得到的信号进行处理，作出判断	计算机

电子嗅觉检测系统主要由气体传感器阵列、数据处理分析系统、微处理器和接口电路组成，如图 4-2 所示。气体传感器阵列由多个相互间性能有所重叠的气体传感器构成，在功能上相当于彼此重叠的人的嗅觉感受细胞。与单个气体传感器相比，气体传感器阵列不仅检测范围更宽，而且其灵敏度、可靠性都有很大的提高。气体传感器阵列产生的信号传送到数据处理分析系统，先进行预处理（滤波、变换、放大和特征提取等），再通过模式识别实现气体组分分析。数据处理分析系统相当于人的嗅觉形成过程中的第 2、第 3 两个阶段，经人的嗅神经和大脑的作用，具有分析、判断、智能解释的功能。数据处理分析系统由 A/D 转换数据采集器、阵列数据预处理器、数据处理器、智能解释器和知识库组成。

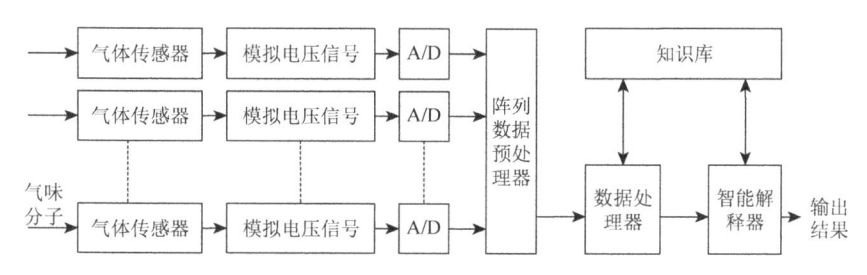

图 4-2 电子嗅觉检测系统结构图

被测嗅觉的强度既可用每个气体传感器输出的绝对电压、电阻或电导等信号来表示，也可用相对信号值如归一化的电阻或电导值来表示。气体传感器阵列输出的信号经专用软件采集、加工、处理后与经"人为学习、训练"后得到的已知信息进行比较、识别，最后得出定量的质量因子，由该质量因子来判断被测样品的类别、真伪、优劣、合格与否等。

人工嗅觉系统 AOS（同样，对于人工味觉系统 ATS）采用的识别方法主要包括统计模式识别（如线性分类、局部最小方差、主元素分析等）和人工神经网络模式识别。统计方法要求有已知的响应特性解析式，而且常常须进行线性化处理。由于嗅觉传感器阵列的响应机制较为复杂，给响应特性的近似及线性化处理带来相当大的困难，难以建立精确的数学模型，因而限制了它的识别精度。人工神经网络则可以处理较复杂的非线性问题，且能抑制漂移和减少误差，故自 20 世纪 80 年代以来，一直得到较广泛的应用。

2. 电子嗅觉传感阵列

电子鼻传感器通常是指由气敏元件、电路和其他部件组合在一起所构成的传感装置。气敏元件指能感知环境中某种气体（如 CO、CO_2、O_2、Cl_2 等）及其浓度的一种元件。

在实际应用中，气体传感器应满足下列要求。

（1）具有较高的灵敏度和宽的动态响应范围。在被测气体浓度低时，有足够大的响应信号；在被测气体浓度高时，有较好的线性响应值。

（2）性能稳定。传感器的响应不随环境温度、湿度的变化而发生变化。

(3) 响应速度快，重复性好。

(4) 保养简单，价格便宜。

目前研制的半导体气体传感器还不能完全满足上述要求，尤其是在稳定性和选择范围方面还有不少问题，有待进一步解决。

用作人工嗅觉气体传感器的材料必须具备两个基本条件：①对多种气味均有响应，即通用性强，要求对成千上万种不同的气味在分子水平上作出鉴别。②与嗅味分子的相互作用或反应必须是快速、可逆的，不产生任何"记忆效应"，即有良好的还原性。

气体传感器的分类如下。

根据材料类型的不同，现有的传感器（指气体传感器，下同）可分为金属氧化物半导体传感器、有机导电聚合物传感器、脂涂层（质量）传感器[包括石英晶体谐振传感器和声表面波（surface acoustic wave，SAW）传感器]、金属氧化物半导体场效应管传感器、红外线光电传感器和金属栅MOS气体传感器等。下面将介绍这几种嗅觉传感器的概况。

图4-3 金属氧化物半导体传感器

(1) 金属氧化物半导体传感器。金属氧化物半导体传感器（图4-3）是目前世界上生产量最大、应用最广泛的气体传感器，它是利用被测气味分子吸附在敏感膜材料上，导致金属氧化物半导体的电阻发生变化这一特性而实现检测的。这种传感器选择性不高，恢复时间长，工作时需要加热，体积大，组成阵列时不易布置，并且信号响应的线性范围很窄；但是由于这类传感器的制造成本低廉，信号检测手段简单，工作稳定性较好，检测灵敏度高，是当前应用最普遍、最具实用价值的一类气体传感器。其主要测量对象是各种还原性气体，如CO、H_2等。金属氧化物半导体传感器的分类列于表4-2。

表4-2 金属氧化物半导体传感器的分类

主要物理特性	类型		检测气体	气敏元件
电阻型	电阻	表面控制型	可燃性气体	SnO_2、ZnO等的烧结体，薄膜，
		体控制型	酒精	厚膜氧镁，SnO_2
非电阻型	二极管特性		可燃性气体	氧化钛（烧结体）
			氧气	T-Fe_2O_3
			氢气	铂-硫化镉
	晶体管特性	表面控制型	一氧化碳	铂-氧化钛
			酒精	金属-半导体结型二极管
			氢气、硫化氢	铂栅-钯栅MOS场效应管

(2) 有机导电聚合物传感器。有机导电聚合物传感器的工作原理是工作电极表面上杂环分子涂层在吸附和释放被测气体分子后导电性发生变化。导电聚合物材料是有机敏感膜材料，如吡咯、苯胺、噻吩等。这种传感器的特点是体积小，能耗小，工作时不需加热，稳定性好，吸附和释放快，被测对象的浓度与传感器的响应在很大范围内几乎呈线性关系，给数据处理带来极大的方便。近年来，这类传感器阵列的应用有增加的趋势。

(3) 脂涂层传感器。脂涂层传感器又称质量传感器，典型的脂涂层传感器有声表面波传感器和石英晶体谐振传感器两种。声表面波传感器（图4-4）发展至今已有四十多年的历史，1979年由 Wohhjen 和 Dessy 成功地将表面涂有有机聚合物的 SAW 元件用作气相色谱分析仪的检测器,从而揭开了 SAW 传感器的第一页。声表面波传感器的工作原理是在压电晶体上涂敷一层气体敏感材料,当被测气体在流动过程中被吸附在气敏膜上时,压电晶体基片的质量就发生变化,由于质量负荷效应而使基片振荡频率发生相应的变化,从而实现对被测气体的检测。SAW 虽然也可以检测某些无机气体,但主要的测量对象是各种有机气体,其气敏选择性取决于元件表面的气敏膜材料,它一般用于同时检测多种化学性质相似的气体,而不适于检测未知气体组分中的单一气体成分。石英晶体谐振传感器的工作原理是在石英振子上涂敷一层敏感膜(如脂类等),当敏感膜吸附分子后,由于质量负荷效应,石英振子的振荡频率就成比例地变化,从而实现对被测气体的检测。石英振子上涂敷的敏感膜材料不同,传感器的性能就不同。

图 4-4 声表面波传感器实物图

(4) 红外线光电传感器。红外线光电传感器的工作原理是在给定的光程上,红外线通过不同的媒质(这里是气体)后,光强以及光谱峰的位置和形状均会发生变化。测出这些变化,就可对被测对象的成分和浓度进行分析。其特点是在一定范围内,传感器的输出与被测气体的浓度基本呈线性关系,但这类装置的体积大、价格昂贵、使用条件苛刻等,使其应用范围受到限制。

这几种传感器的共同特点是对温度和湿度的敏感性强,所以测试时必须严格控制温湿度的影响。

如前所述,生物嗅觉系统中的单个嗅觉受体细胞的性能(如灵敏度、感知范围等)并不高,但是,生物嗅觉系统的整体性能却令人惊叹不已。我们也不应该刻意追求单个气体传感器的性能越高越好,而应把多个性能有所重叠的气体传感器组合起来构成气体传感器阵列。气体传感器阵列与单个气体传感器相比,不仅检测范围更宽,而且其灵敏度、可靠性都有很大提高。因此,目前对气体或气味进行检测时,大多数人都趋向于用气体传感器阵列装置。气体传感器阵列装置的发展趋势是集成化、监测范围宽和携带方便。表 4-3 列出了常用的气体传感器阵列及有关特性。

表 4-3 常用的气体传感器阵列及其有关特性

气体敏感材料	传感器类型	典型的被测对象
金属氧化物	化学电阻	可燃气体
有机导电聚合物	化学电阻	NH_3、NO、H_2、酒精
脂涂层	声表面波、压电材料	有机物
红外线	光能量吸收	CH_4、CO_x、NO_x、SO_2

(5) 色敏气体传感器。色敏气体传感器的基本原理是利用具有强显色能力的色敏材料与挥发性气体相结合,通过传感器与气体结合进行成像分析,检测分析气体的成分与浓度。色敏材料是气味成像技术的关键,气味成像传感器所用的色敏材料需要满足以下两个基本的条件:①色敏材料至少要有一个能够和待检测物质发生强烈化学反应的官能团;②色敏材料和检测物质发生反应后,能够发生一定的颜色变化。色敏材料中心通常为不同的金属离子(M),可以形成不同颜色的金属化合物。以最为常见的色敏材料卟啉为例,含有相同 R 取代基的钴卟啉和三价铁卟啉在二氯甲烷中的颜色分别是深紫色和墨绿色。四个次甲基位置上连接不同的取代基

（R1、R2、R3、R4）也可以得到不同颜色的金属离子，如含有不同 R 取代基的锌卟啉会呈现绿色、浅红色、棕色等不同的颜色。更重要的是，当金属卟啉（metalloporphyrin）作为化学反应的受体，外来基团进入卟啉环内与中心金属离子以及其他基团连接时，金属卟啉会发生颜色变化。当含氮配体与铁卟啉轴向配位时，铁离子上的电子云密度会加大，同时吡咯环上的电子云密度也会增大，以上变化体现在光谱上就是吸收峰发生了红移。相同量的外来基团或不同量的同一基团会产生不同的颜色变化，从而可以根据色敏材料与气体分子反应前后的颜色变化程度对挥发性有机物（VOCs）进行定性或定量分析。以下对色敏材料的官能团特征以及显色原理做简单介绍（表 4-4）。

表 4-4 色敏材料分类

色敏材料	特点	适用检测范围	分子结构图
卟啉类化合物	①环系基本处于一个平面上，高度共轭；②改变环上的取代基类型、调节 4 个氮原子的给电子能力、引入不同的中心金属离子、改变轴向配体，可使其具有不同性质	可进行分子大小、形状、官能团和手性异构体的识别	化学结构；立体结构
氟硼吡咯类化合物	①保留了部分发色基团（两个吡咯环）；②具备简单的单共轭化学结构；③最高占有分子轨道（HOMO）和最低未占有分子轨道（LUMO）能级增加，能带隙降低；④在红光至近红外区域，结构轻微改变就能调节光谱特性；⑤易于功能化和纳米化	作为小分子物质或有机化合物的有效吸附位点	TPPM 卟啉类化合物；RBDP 氟硼吡咯类化合物
金属有机骨架（MOF）类化合物	①具有丰富孔隙的拓扑晶体结构聚合物晶体材料；②具有巨大的比表面积、大量的配位不饱和金属位点和金属羟基以及具有吸附/催化活性的有机官能团等位点；③配体与金属离子的配位形式均为平面结构，金属有机框架结构（MOFs）为 1D 或 2D 结构；若均为非平面结构，合成为 3D 结构	作为小分子物质或有机化合物的有效吸附位点	(a)M：具有"空缺"位置的金属离子+L：多齿桥联配体；(b) MIL-101(Cr)；(c) Zif-8
酸碱指示剂	①一般为有机弱酸或弱碱；②由于有不同的结构而呈现出不同的颜色；③物质极性变化，指示剂颜色变化	色敏材料	黄色(偶氮式)；红色(醌式)；甲基橙在酸碱环境中的变色原理

4.3.2 电子味觉系统

1. 电子味觉系统的组成

电子味觉（电子舌）主要由味觉传感器阵列、信号采集卡和模式识别系统三部分组成（图4-5）。味觉传感器阵列相当于生物系统中的舌头，感受被测溶液中的不同成分，信号采集卡就像是神经感觉系统，采集被激发的信号传输到电脑中，电脑发挥生物系统中脑的作用，通过软件对数据进行处理分析，最后对不同物质进行区分辨识，得出不同物质的感官信息。味觉传感器阵列中每个独立的传感器仿佛舌面上的味蕾，具有交互敏感作用，即一个独立的味觉传感器并非只感受一个化学物质，而是感受一类化学物质，并且在感受某类特定的化学物质的同时，还感受一部分其他性质的化学物质。

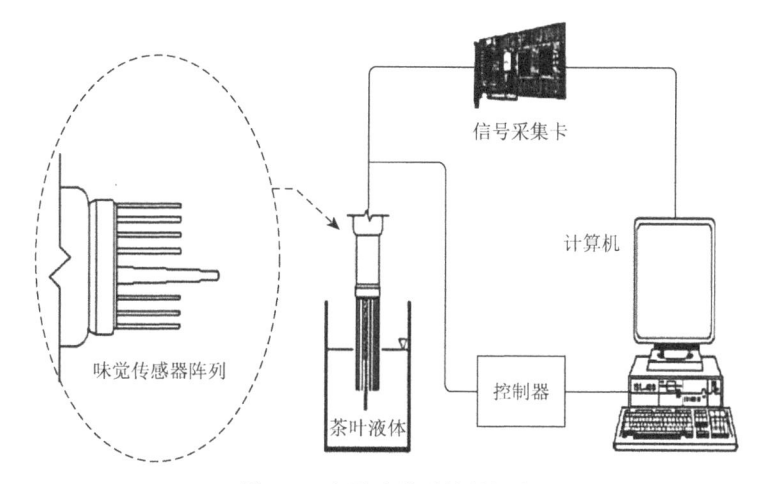

图4-5 电子味觉系统的组成

1985年，日本九州大学的Kiyoshi Toko教授课题组研制开发了世界上第一台能够区分五种基本味觉的电子舌。1995年，俄罗斯圣彼得堡国立大学的Andrey V. Legin课题小组构建了一种以非特异性传感器组成味觉传感器阵列的新型电子舌系统，并且第一次正式地提出了电子舌这个名称。1997年，瑞典的林雪平大学的Ingemar Lundstrom研究小组成功开发了一种基于金属裸电极和伏安法的新型电子舌系统，伏安型电子舌的味觉传感器由一组贵金属的工作电极阵列组成，取代了传统方法中的单一工作电极。近年来，科研学者研发了一种由锡、铌、钯、钛、铁、钨、铂和铝八种不同的性能彼此重叠的金属材料组成的味觉传感器阵列，通过恒电位仪把不同金属电极味觉传感器拾取的味觉信号转换成电信号，再结合由误差反向传播算法组成的神经网络模式识别工具，用于不同种类或品质的食品农产品的识别。

2. 电子舌传感器阵列

与人在表达味觉时不必区分每一种化学物质一样，人工味觉传感器所测得的也不是某一化学成分的定性定量结果，而是整个所测物质味道的整体信息。另外，在食物中大致有1000种以上的化学物质，并且味觉物质之间还存在着相互作用，因而使用许多化学传感器也是不切实际的。实现人工味觉的最有效、研究得最多的是多通道类脂膜味觉传感器阵列，它能部分再现人的味觉对味觉物质的反应。目前，常见的电子舌包含有对多种滋味交互敏感的传感器，以及对某种滋味专一敏感的鲜味传感器、咸味传感器、酸味传感器、苦味传感器、甜味传感器等，常见的电子舌传感器的分类如表4-5所示。

表 4-5　电子舌传感器的分类

传感器	味觉	味觉信息	
		先味	回味
鲜味传感器 AAE	鲜味	鲜味	丰富度（浓郁感）
咸味传感器 CT0	咸味	咸味	—
酸味传感器 CA0	酸味	酸味	—
苦味传感器 C00（检测酸苦味物质）	酸性苦味	苦味	酸性苦味
苦味传感器 AN0（检测矿物性苦味）	碱性苦味 涩味	— 苦味	碱性苦味
涩味传感器 AE1	涩味	涩味	涩味回味
苦味传感器 BT0（检测盐酸盐苦味）	盐酸盐类苦味	—	盐酸盐类苦味
甜味传感器 GL0	甜味	甜味	—

在几种基本的味觉（甜、咸、酸、鲜和苦）中，最难检测的是苦味，因此这里着重讨论一下多通道类脂膜味觉传感器阵列对苦味的检测机制。常用的各种类脂膜材料见表 4-6。油酸的基本性质：油酸的分子式为 $C_{18}H_{34}O_2$，分子量为 282.5，结构式为 $CH_3(CH_2)_7CH\!=\!CH(CH_2)_7COOH$，即油酸由 18 个碳原子组成，在 9、10 位之间有一个不饱和双键，该不饱和双键极易被强氧化剂氧化。胆固醇亦为不饱和醇，易被氧化。当油酸和胆固醇作为电活性物质被固定在聚合物上时，其与待测溶液发生氧化还原反应导致膜中不同电荷的聚集，失去电中性而产生电位，从而实现对待测液的检测。

表 4-6　常用的类脂膜材料

材料名称（英文）	材料名称（中文）
dioctyl phosphate（DOP）	二辛基磷酸盐
cholesterol	胆固醇
oleic acid	油酸
decy lalcohol	癸醇
trioctyl methyl ammonium chloride	三辛基甲基氯化铵
disulfonamide dimethyl ammonium bromide	二磺酰胺二甲基溴化铵
trimethyl sulfonamide ammonium chloride	三甲基磺酰胺氯化铵

研究结果表明苦味物质能使磷脂膜的阻抗增加。从食品化学可知，产生苦味的物质很多，主要有奎宁、柚皮苷、尼古丁等有机苦味物质和卤盐等含碱土金属离子（Ca^{2+}、Mg^{2+}）的无机苦味物质。虽然它们具有不同的分子特性，但都可以引起磷脂膜阻抗增加，如奎宁、柚皮苷或尼古丁是强抗水的，它们是通过进入膜的烃基链层，占据膜上的小孔，使类脂膜呈压缩状态，从而使膜的阻抗增加；而由于 Ca^{2+}、Mg^{2+} 等碱土金属离子易受磷脂分子束缚，含碱土金属离子的苦味物质表现出以下效应：一方面，该苦味物质在磷脂膜的分子间的窄槽内压缩类脂分子，使膜的阻抗增加；另一方面，该苦味物质和类脂分子之间的离子交换使膜阻抗增加。因此认为磷脂膜的阻抗增加可以模拟生物生理系统苦味感觉产生的过程，但是基于磷脂膜阻抗测量的苦

味传感系统尚有以下几个问题。

（1）有些并不产生苦味感的味觉物质，如蔗糖、谷氨酸钠（味精），也能使磷脂膜阻抗增加，可能是它们对磷脂膜有很高的亲和力，可以吸附在膜表面。因此，目前的苦味传感系统不能很好地将苦味物质从高吸附性物质中区分出来。

（2）具有相对低的毒性的苦味物质，如咖啡因、可可碱和 L-氨基酸，它引起磷脂膜阻抗的增加量比那些高毒性物质的要小。目前的苦味传感系统的灵敏度对检测低毒性苦味物质还不够有效。

（3）一些苦味物质引起的阻抗变化虽然较大，但它们引起的阻抗变化在特定浓度点时是不连续的，我们称这种不连续变化为"跃迁"，即浓度与磷脂膜阻抗变化呈现极强的非线性。这种变化的不连续性给检测苦味带来了困难。

（4）$CaCl_2$ 和 $MgSO_4$ 都含碱土金属离子，它们引起跃迁的浓度低于人体对苦味产生感觉的阈值浓度。除 $CaCl_2$、$MgSO_4$ 外，苦味物质引起磷脂膜阻抗跃迁的浓度比人体内相应的阈值浓度高。因此，阐明机制，找出苦味物质固有电子信号响应是很必要的。

基于目前研究情况，多通道类脂膜味觉传感器阵列还有待进一步研究。

4.4 传感信号的数据处理方法

模式识别是根据所研究的对象的共同特征或属性对其进行识别和分类，一个模式类的特征应当属于该模式的共同属性，这种属性称为类内特征，代表不同模式类之间的特征称为类间特征。模式识别有着众多的分支，如聚类分析、神经网络，以及其中包含的相关算法，如 K 最近邻算法、SIMCA 算法、支持向量机等。

4.4.1 传感响应的数字化表达

仿生传感的数学模型非常复杂，目前仅有人工嗅觉的数学模型表达相对明确，因此这里只介绍人工嗅觉的响应表达式。设由 m 个气体传感器组成阵列，检测对象为 h 种不同成分、不同浓度的气体组成的混合气体。

$i(i=1,2,\cdots,m)$ 个气体传感器的灵敏度 k_i 与单一化学成分 $j(j=1,2,\cdots,h)$（浓度为 b_j）之间关系的数学表达式为

$$k_i = \frac{G_{ij}^W}{G_{ij}^S} = a_{ij}(b_j + p_{ij})^{t_j} \tag{4-1}$$

式中，G_{ij}^S、G_{ij}^W 为传感器在标准状态和工作状态的电导；t_j 为 0~1 的常数；a_{ij}、p_{ij} 为待定系数。第 i 个气体传感器对由各种成分浓度为 $b_j(j=1,2,\cdots,h)$ 组成的混合气体的总响应 q_i 之间关系的表达式为

$$q_i = a_{i0} + a_{i1}b_1^{t_1} + \cdots + a_{ij}b_j^{t_j} + \cdots + a_{ih}b_h^{t_h} \tag{4-2}$$

式中，a_{i0} 为常数项。

由 m 个气体传感器组成的阵列对某种气体混合物进行一次测量，得到一个数值向量：

$$\begin{bmatrix} q_1 \\ q_2 \\ \vdots \\ q_m \end{bmatrix} = \begin{bmatrix} a_{11} & a_{12} & \cdots & a_{1h} \\ a_{21} & a_{22} & \cdots & a_{2h} \\ \cdots & \cdots & & \cdots \\ a_{m1} & a_{m2} & \cdots & a_{mh} \end{bmatrix} \begin{bmatrix} b_1^{t_1} \\ b_2^{t_2} \\ \vdots \\ b_h^{t_h} \end{bmatrix} + \begin{bmatrix} a_{10} \\ a_{20} \\ \vdots \\ a_{m0} \end{bmatrix} \tag{4-3}$$

式（4-2）可认为是一个气体传感器对气体混合物的响应模型；式（4-3）则描述了气体传感器阵列对气体混合物的响应模型。这说明气体传感器的测量值与气体浓度之间的关系非常复杂，待定系数很多，用常规的数据处理方法很难找到式（4-3）中的参数。对于具有高度选择性的气体传感器阵列，系数矩阵可简化为对角矩阵，则当 $h < m$ 时，方程有唯一解。即该系统可以准确地进行成分分析，但要求混合气体成分不超过 m 种。实际上，由于组成气体传感器阵列的传感器的选择性不高，在性能上相互重叠，因此，系数矩阵往往是不可对角化的，即存在大量非零的非对角元。此时，系统可以监测更多种气体，但精度将降低。实际的气体传感器特性，还受到温度等环境因素的影响［这些变化反映在待定系数 $a_{ij}(j=1,\cdots,m)$ 上］，使得气体传感器阵列对气体混合物的响应模型更趋复杂，这也是以后数据处理用神经网络的原因。

4.4.2　传感信号预处理方法

气体传感器阵列中不同传感器的不同特征值之间数据差异性可能会很大，有时会相差几个数量级。因此，提取传感器特征的基础上，还需将传感器响应特征值归一化，使气体传感器响应特征值处于[0，1]。几种常见的归一化方法见表4-7，表中 y_{ij} 为归一化的特征值，$x_{ij}^{\max}$ 为第 i 个气体传感器对第 j 种气体响应的最大特征值，$x_{ij}^{\min}$ 为第 i 个气体传感器对第 j 种气体响应的最小特征值，$\bar{x}_{ij}$、σ_{ij} 分别为第 i 个气体传感器在第 j 种气体中的多次响应特征值的平均值和方差。

表 4-7　特征值归一化方法及公式

方法	公式
一般归一化（max-min normalization）	$y_{ij} = \dfrac{x_{ij} - x_{ij}^{\min}}{x_{ij}^{\max} - x_{ij}^{\min}}$
矢量归一化（vector normalization）	$y_{ij} = \dfrac{x_{ij}}{\sqrt{x_{1j}^2 + x_{2j}^2 + \cdots + x_{nj}^2}}$
自归一（self-normalization）	$y_{ij} = \dfrac{x_{ij} - \bar{x}_{ij}}{\sigma_{ij}}$

4.4.3　传感信号特征提取方法

在模式识别中，特征提取是一个重要的问题。如果从输入数据中得到了能区分不同类别的所有特征，那么模式识别和分类也就不困难了。但实际上只需要提取对区分不同类别最为重要的特征，即可有效地分类和计算，这叫作特征的选择。特征可分为三种：物理特征、结构特征和数学特征。前两种特征由接触、目视观察或其他感觉器官检测得到。数学特征如统计均值、相关系数、协方差矩阵的特征值和特征向量等，常用于机器识别。

1. 特征提取法

采样后的传感器输出的是一个时间序列，其稳态响应特征值和瞬态响应特征值是提取特征的依据。常用的特征提取方法如表 4-8 所示。实验表明，相对法和差商法有助于补偿敏感器件的温度敏感性。对数法常用于浓度测定，可将高度非线性的浓度响应特征值线性化。表中 x_{ij} 为

第 i 个传感器对第 j 种气体的响应特征值，$v_{ij}^{\max}$ 为第 i 个传感器对第 j 种气体的最大响应特征值，$v_{ij}^{\min}$ 为第 i 个传感器对第 j 种气体的最小响应特征值。

表 4-8 气体传感器响应常用的特征提取方法

方法	公式	传感器类型
差分法	$x_{ij} = v_{ij}^{\max} - v_{ij}^{\min}$	金属氧化物化学电阻，SAW
相对法	$x_{ij} = v_{ij}^{\max} / v_{ij}^{\min}$	金属氧化物化学电阻，SAW
差商法	$x_{ij} = \left(v_{ij}^{\max} - v_{ij}^{\min}\right) / v_{ij}^{\min}$	金属氧化物电阻，导电聚合物
对数法	$x_{ij} = \log\left(v_{ij}^{\max} - v_{ij}^{\min}\right)$	金属氧化物电阻

2. 主成分分析法

国内外对人工嗅觉、人工味觉的数据进行统计处理时，使用最多的是主成分分析法。主成分分析也称为主分量分析，是一种通过降维来简化数据结构的方法，即把原有的多个指标转化成少数几个代表性较好的综合指标，这少数几个指标能够反映原来指标的大部分信息，可以达到数据简化，揭示变量之间的关系和进行统计解释的目的，为进一步分析总体的性质和数据的统计特性提供一些重要信息。对于总体 $X = (x_1, \cdots, x_p)'$，提出 X 的综合指标 $y_1, \cdots, y_k (k \leqslant p)$ 的原则：① $y_i(i=1,\cdots,k)$ 是 X 的线性函数；②要求新特征值 $y_i(i=1,\cdots,k)$ 的方差尽可能大，即 y_i 尽可能反映原来数据的信息；③要求 $y_i(i=1,\cdots,k)$ 互不相关，或者说 $y_1,\cdots,y_k$ 之间尽可能不含重复信息。这样，$y_1,\cdots,y_k$ 均称为 X 的主成分。

主成分分析法的基本目标是减少数据的维数，维数减少有许多的用处。第一，后续处理步骤的计算被减少了；第二，噪声可被减少，因为没有被包含在前面几个主成分里的数据可能大多是噪声，有利于特征数据的优化；第三，投影到一个非常低维的（如 2 维）子空间对于数据的可视化是有用的。正因为主成分分析法有以上功能，其在人工嗅觉和人工味觉特征值的简化中得到了广泛的应用。

4.4.4 模式识别方法

1. SIMCA 方法

SIMCA 是一种基于主成分回归的类模型方法，通过为每个类别构建独立模型，实现对试样的分类。此法在 1976 年由瑞典学者 Wold 所提出，很快受到普遍的重视，并在化学中得到广泛的应用。SIMCA 方法实际上是一种建立在主成分分析基础上的模式识别方法。SIMCA 模式识别方法首先针对每一类样品的光谱数据矩阵进行主成分分析，建立主成分回归类模型，然后依据该模型对未知样品进行分类，即分别试探将未知样本与各样本的类模型进行拟合，以确定未知样本类别。

2. K 最近邻法

K 最近邻法是一种直接以模式识别的基本假设——同类样本在模式空间相互靠近——为依据的分类方法。它计算在最近邻域中 K 个已知样本到未知待判样本的距离，即使所研究的体系线性不可分，此方法仍可适用。K 最近邻法从算法上讲极为直观，在这种方法中，实际上是要将训练集的全体样本数据存储在计算机内，对每个待判别的未知样本，逐一计算与各训练样本之间的距离，找出其中最近的 K 个样本进行判别。其基本原理的示意图由图 4-6 给出。图中有三类不同样本，分别以实心点、空心点和方框点表示，其中一个以"+"表示的样本，需要判别它属于哪一类。图中以此样本为圆心，画出了两个圆，如果以小圆为界，在此圆内，只有 2 个实心点，如按照 K 最近邻法的原理，显然应划为实心点那一类。如以大圆为界，在此圆内，共有 11 个点（包括边界点），其中实心点类是 8 个，方框点类是 3 个，按照 K 最近邻法的原理，也应该划为实心点这一类。很显然 K 值的大小对判别的结果有一定的影响，一般情况下还是靠经验来确定，当然也可以通过交叉验证的方法来优化 K 值。

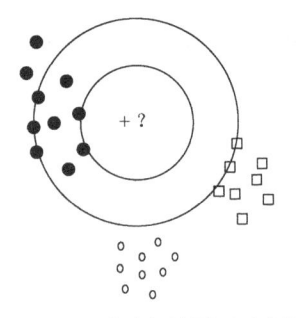

图 4-6 K 最近邻法原理示意图

3. 人工神经网络

人工神经网络（ANN）是模拟人的大脑进行工作的。ANN 信息处理技术的兴起，为人工味觉、人工嗅觉检测技术的发展注入了活力。英国的 Shumer、Gardner 等率先将 ANN 用于嗅敏传感器阵列信息处理，并较好地解决了信息的并行处理、变换、环境的自学习和自适应，特别是由传感器交叉响应带来的非线性严重等难题，在一定程度上可抑制传感器的漂移或噪声，有助于气体检测精度的提高。目前 ANN 用于人工嗅觉信息处理中面临的问题是：在网络构造上尚缺乏一定的指导，网络的训练时间较长，特别是在感受器件特性不够稳定或出现疲劳时往往不能满足要求等。未来的人工嗅觉和人工味觉将是传感器阵列与处理电路的大规模集成，神经网络的硬件实现将是首选方案之一，因此，发展新的神经网络算法及与其他模式识别及信号处理方法相结合以解决 ANN 在人工嗅觉和人工味觉应用中的实际问题成为该领域的又一热点。

在 ANN 的研究过程中，以误差反向传播算法为数学模型的前向多层神经网络（multi-layer neural networks，MLNNs）在模式识别和分类、非线性映射、特征提取等许多领域中获得了成功的应用。

图 4-7 为一个前向三层神经网络的拓扑结构示意图，它由一个输入层、一个隐含层和一个输出层所组成。当然，隐含层可以不止一层。同一层各单元之间不存在相互连接，相邻层单元之间通过权值进行连接。假设一个输入模式的维数为 m，则网络输入层的节点数为 m。输出层节点数与研究对象有关，如果该网络被用来分类，则输出节点数一般等于已知的模式类别数。隐含层节点数可以根据需要进行选择。输入层单元是线性单元，即该层的神经元输出直接等于输入。隐含层和输出层各单元常用的传递函数为 Sigmoid 函

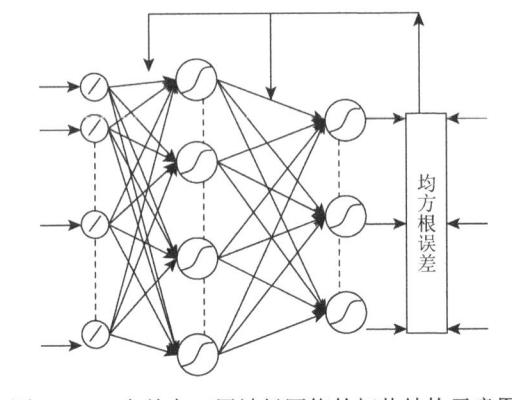

图 4-7 一个前向三层神经网络的拓扑结构示意图

数，即若该单元的网络输入为 x，则输出为误差反向传播算法的前向多层神经网络的工作原理是：设训练集的模式个数为 N，其中某一个模式的下标为 p，即 $p = 1, 2, \cdots, N$；输入层各

单元接收到某一个输入模式 $X_p = (x_{1p}, x_{2p}, \cdots, x_{mp})$，不经任何处理直接将其输出，输出后的各变量经加权处理后送入隐含层各单元，隐含层各单元将接收到的信息经传递函数处理后输出，再经加权处理后送入输出层各单元，经输出层各单元处理后最终产生一个实际输出向量。这是一个逐层更新的过程，被称为前向过程。如果网络的实际输出与期望的目标输出之间的误差不满足指定的要求，就将误差沿反向逐层传送并修正各层之间的连接权值，这称为误差反向传播过程。对于一组训练模式，不断地用一个个输入模式训练网络，重复前向过程和误差反向传播过程。当整个输入训练集网络的实际输出与期望的目标输出之间的误差满足指定的要求时，我们就说该网络已学习或训练好了。由于这种网络的前一层各单元的输入是后一层所有单元输出的线性加权和，故我们也称之为线性基本函数（linear-basis function，LBF）神经网络。

4. 支持向量机

支持向量机（SVM）是由线性可分情况下的最优分类面发展而来的，基本思想可用图 4-8 的两维情况来说明。图中方形和圆形分别代表 A 类样本和 B 类样本，$H[(w \cdot x) + b = 0]$ 为分类线，$H_1[(w \cdot x) + b = 1]$ 和 $H_2[(w \cdot x) + b = -1]$ 分别称为分类边缘线，它们之间的距离为分类间隔，H_1 和 H_2 上的训练样本点就称作支持向量。对两类分类问题，设 $X = \{x_i\} \in R^n$ 为输入空间，$Y \in \{-1, 1\}$ 表示输出域，对 n 个样本组成的训练集 S 可以表示为

$$S = ((x_1, y_1), \cdots, (x_n, y_n)) \subseteq (X \times Y)^n$$

根据结构风险最小原理，构造一个目标函数，寻找一个满足要求的分割超平面，并使训练集中的点距离分割超平面尽可能地远，即使其两侧的空白区域间隔距离 Margin $= 2/\|w\|$ 最大，等价于使 $\|w\|$ 最小。因此，SVM 方法将待解决的模式分类问题转化为一个二次规划寻优问题。概括地说，SVM 就是首先通过内积核函数定义的非线性变换将输入空间变换到一个高维空间，在这个空间中求（广义）最优分类面。SVM 分类函数形式上类似于一个神经网络，输出是中间节点的线性组合，每个中间节点对应一个支持向量，如图 4-9 所示。

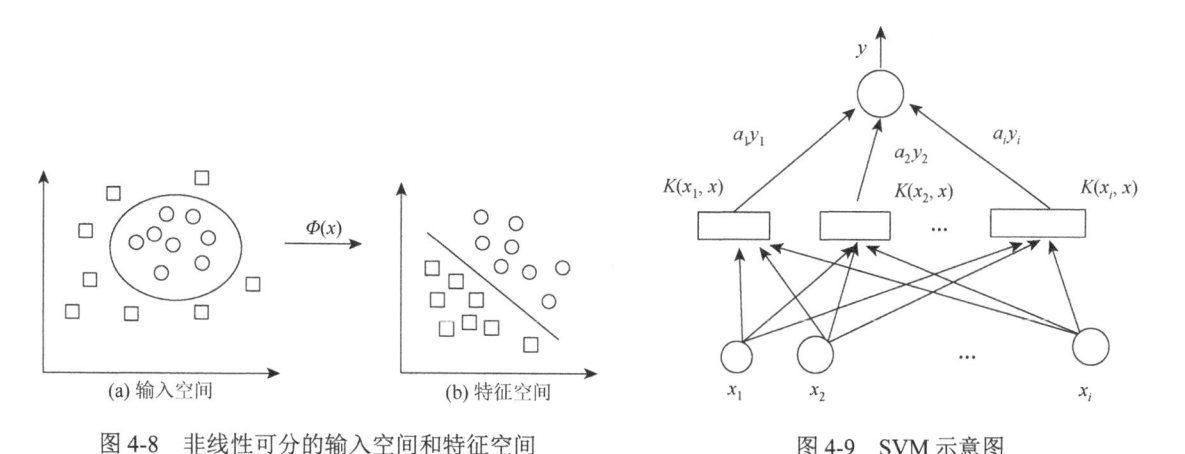

图 4-8　非线性可分的输入空间和特征空间

图 4-9　SVM 示意图

SVM 中不同的内积核函数将形成不同的算法，目前研究最多的核函数主要有多项式形式的核函数，径向基函数（RBF）形式的核函数，还有 Sigmoid 形式的核函数。第一种核函数所得到的是 p 阶多项式分类器；第二种分类器是基于径向基函数形式的核函数所得，它与传统径向基函数人工神经网络方法的重要区别在于它的每个径向基函数中心对应一个支持

向量，它们及输出权值都是由算法自动确定的；第三种核函数实现的就是包含一个隐含层的多层感知器，隐含层节点数是由算法自动确定的，而且算法不存在困扰神经网络方法的局部极小点问题。

4.5 智能传感在食品加工过程风味特征监测上的应用

4.5.1 电子鼻在绿茶杀青状态在线监测中的应用

茶叶加工过程的状态参数监测是自动化生产的重点和难点。针对茶叶杀青过程中的状态监测，利用自制的电子鼻，在优选传感器阵列的基础上，对杀青过程香气开展连续抽样监测。实验所用的茶鲜叶原料为浙江更香有机茶业开发有限公司提供的'乌牛早'品种，采摘时间为9月上旬。为尽可能保证鲜叶原料质量的统一性，选取连续2日上午采摘的茶叶进行香气数据采集。绿茶加工流程为鲜叶、摊青、杀青、揉捻、干燥。茶鲜叶采摘进厂后平铺8cm进行摊青，摊青适度后，作为杀青叶的原料。采集茶香气数据的电子鼻系统为实验室自主研制，主要包含传感器阵列、反应室气腔、微型吸气泵、采集芯片、干燥管、电源模块、整机控制系统和PC分析端（图4-10）。

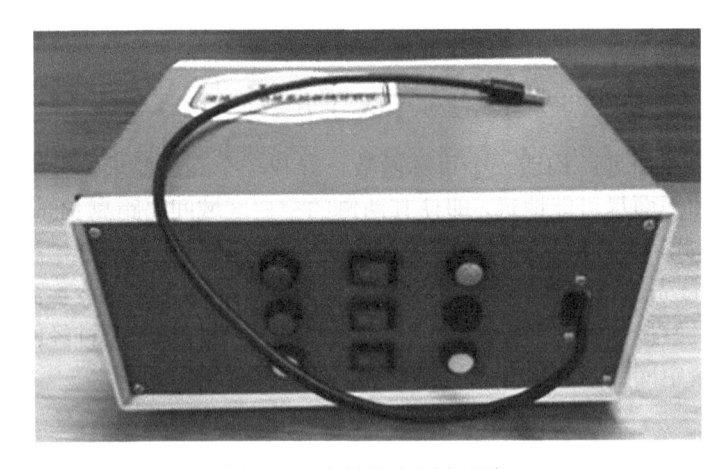

图 4-10 实验室自制电子鼻

采集杀青全过程的香气数据，按如下4个步骤进行。第一步：预热设备。打开电子鼻设备的加热按钮对传感器进行加热，直至传感器数据在空气环境下30s内不再发生明显变化；启动滚筒杀青机，将滚筒内温度均匀加热至220℃，在1min内温度变化不超过±1℃。第二步：投放茶叶。待传感器数据和杀青温度稳定下来后，一次性投放10kg摊青完成后的茶叶至滚筒内部，转动滚筒。第三步：采集数据。将电子鼻进气管伸入滚筒内部距离入口10cm处，按下电子鼻数据采集按钮开始采集数据，采集频率1s/次。第四步：记录数据，制茶专家现场对茶叶杀青状态实时判断，并记录状态变化的时间点，直至杀青过头大约2min（表4-9）。

表 4-9 杀青全过程的香气数据记录

茶叶类型	时间	地点	设备	杀青温度	叶源量	环境温度	环境湿度
'乌牛早'	2019年9月	浙江更香有机茶业开发有限公司	自制电子鼻 6CWS-90型滚筒杀青机	约220℃	10kg	约25℃	约90%

续表

数据文件名	加工不足时间段	加工适中时间段	加工过头时间段
杀青1桶	开始~3min20s	3min20s~5min	5min~结束
样本序号	0~200	201~300	301~397
杀青2桶	开始~3min20s	3min20s~4min30s	4min30s~结束
样本序号	0~200	201~270	271~407

4.5.2 电子鼻在酸辣肉干卤制中的应用

猪肉干是我国传统的肉类食品,营养丰富,历史悠久,深受人们喜爱。经过不同卤制方法制作的猪肉干,可用电子鼻对其进行风味成分的分析检测,电子鼻选用法国 Alpha MOS 公司的 FOX 4000 电子鼻,配有 18 种金属氧化物传感器(LY2/LG、LY2/G、LY2/AA、LY2/GH、LY2/gCTL、LY2/gCT、T30/1、P10/1、P10/2、P40/1、T70/2、PA/2、P30/1、P40/2、P30/2、T40/2、T40/1、TA/2),并搭配了自动进样器 HS100 和 Alpha SOFTV9.1 软件。将肉干粉碎,取 2.0g 样品置于 10mL 的进样瓶中,用脱脂棉盖住,以免肉的粉末飘动,堵住进样针。测试条件:加热箱温度 40℃,振荡速度 500r/min,每个样品加热 1200s;分析条件:以合成的干燥空气为载气,流速 150mL/min,注射体积 2500μL,注射针温度 50℃,注射针的总体积 2500μL,注射速度 2500μL/s,获取时间 120s,延滞时间 300s。每个样品在上述条件下重复分析 5 次。将电子鼻获得的样品数据信息用 Alpha SOFTV9.1 软件进行统计学分析。

不同传感器在 120s 的响应值及其变化如图 4-11 所示。图 4-11 清楚显示了加酸卤制的肉干与传统卤制的肉干对 18 个传感器的反应信号强度差别,特别是 LY2/LG、LY2/AA 和 T40/1 这 3 个传感器的响应特征值随着样品的不同有明显的变化趋势,而其他的传感器差别不明显。不同的传感器信号可以表明不同样品之间的特征风味物质有一定的差异。LY2/LG、LY2/AA 和 T40/1 这 3 种传感器可以作为肉干香气差异的特征传感器。每组样品进行 3 次重复实验,实验结果显示 18 种传感器检测值的相对标准偏差(RSD)<5%,说明实验样品在传感器上有良好的检测重复性。

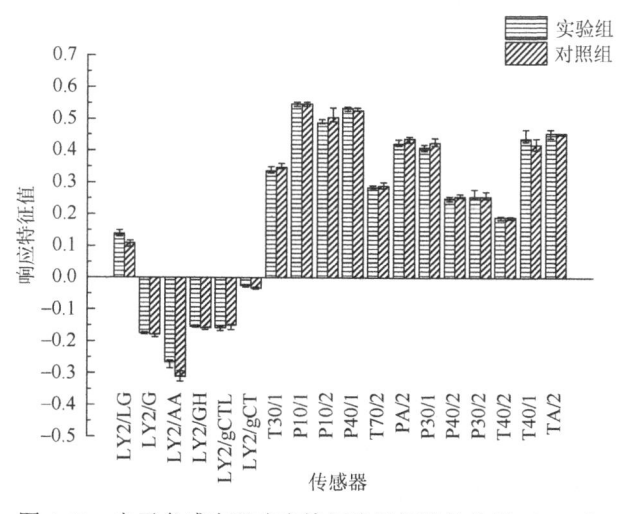

图 4-11 电子鼻感应器响应特征值及标准差分析($n = 5$)

4.5.3 电子鼻在咖啡加工过程控制中的应用

咖啡原产于埃塞俄比亚,是特色热带农产品。而电子鼻是一种用来对食品中的复杂风味和很多挥发性成分进行分析、识别和检测的仪器,具有客观、快捷、重复性好的特点,其通过一个带有部分特异性结合的模式识别系统的化学传感器列阵进行简单或复杂的气味识别。电子鼻对咖啡样品的测定结果与感官评定结果一致。测定时,取置于样品瓶中的六类咖啡样品在室温下进行数据采集。以洁净干燥空气为载气,设置电子鼻测定仪采样时间为 180s,气体流量为 0.3L/min,等待时间为 10s,清洗时间为 60s。每个样品重复采集 5 次,取稳定后的 3 次数据。

图 4-12 为电子鼻对六种咖啡挥发性气味的响应特征值雷达图。由图可知,传感器 S1、S2、S4、S6、S8 对六种咖啡的挥发性气味响应特征值较高。哥伦比亚咖啡、越南咖啡与意式浓咖啡、爪哇咖啡、肯尼亚咖啡、曼特宁咖啡在传感器 S1、S2、S5、S6、S7、S10 上的响应特征值有较大差异,响应特征值差异越大,表明传感器对六种咖啡挥发性气味的区分效果越好。其中越南咖啡在各传感器上的感应值最为显著,其在 S1、S2、S4、S6、S9、S10 上有最高的响应特征值,分别为 2.08、1.64、1.40、1.54、1.38、1.5。意式浓咖啡、爪哇咖啡、肯尼亚咖啡、曼特宁咖啡的雷达图响应曲线重合度较高,说明上述四种咖啡整体的挥发性气味较为相似,但根据图 4-12 所示,此四种咖啡在部分风味指标存在显著差异,因此电子鼻结果相似的原因可能是由于不同挥发性成分之间的相互作用。而对于六种天然咖啡整体风味的区别需进一步研究。

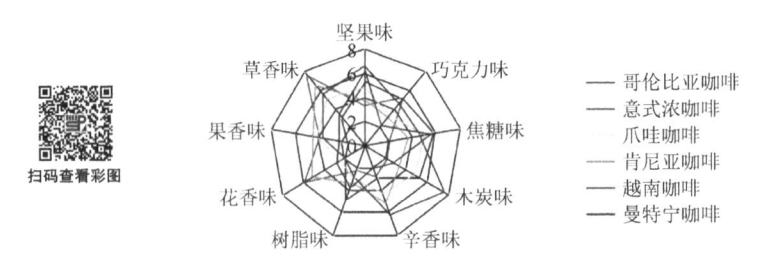

图 4-12 电子鼻对六种咖啡挥发性气味的响应特征值雷达图

4.5.4 电子鼻在食醋酿造过程中的应用

食醋既是人们喜爱的调味品,也是我国典型的传统发酵食品。我国拥有悠久的酿醋历史,传统的醋酸固态发酵阶段是制醋工艺中的重要环节,也在很大程度上决定了其成品的最终风味。在发酵过程中,物料(醋醅)呈半固态,醋酸菌等微生物将酒精氧化为醋酸和其他风味物质。食醋醋酸发酵阶段所挥发的气味有多种呈香物质并存,发酵初期以醇酯类物质为主,随着发酵的进行,中后期逐步过渡到以酸类物质为主。发酵过程中,既要考虑醇、酯、酸等主要挥发性气体物质含量变化的检测,以掌握醋醅发酵的主体状况,也要考虑到其他挥发性气体的检测和表征,以获得醋醅气味的整体信息。本实例利用色敏传感技术进行醋醅气味表征和分析,并定性及定量监控和检测食醋发酵过程中醋醅品质。

本实例采用江苏恒顺集团有限公司的醋醅,镇江香醋的醋酸发酵周期共 19d,翻醅后取样,每天取 10 个样本,共 190 个样。利用 9 种卟啉类化合物及 3 种 pH 指示剂共 12 种色敏材料制成传感器阵列。图 4-13 是对不同发酵阶段的醋醅进行区分后,用第一主成分和第二主成分构建的二维散点图,前两个主成分的累计方差贡献率达到 55.44%(PC1 = 34.52%,PC2 = 20.92%)。发酵过程中所有的醋醅样本在散点图中均呈现一定的聚类趋势，随着发酵天数的增加，集群的样本继续传播；尽管样本随发酵阶段呈现一定的趋势性，但是，由于固态发酵的连续性和不均匀性，其样品分离得不是特别清楚，特别是在提热阶段和过枸阶段的样本有一些重叠，这是由于在过枸阶段，每天的翻醅使得下层的醋醅翻至上层，这是菌种扩大培养的过程，使得下层的酒醪等底物与上层发酵的醋醅混合，对前面发酵的醋醅有一定的稀释作用。

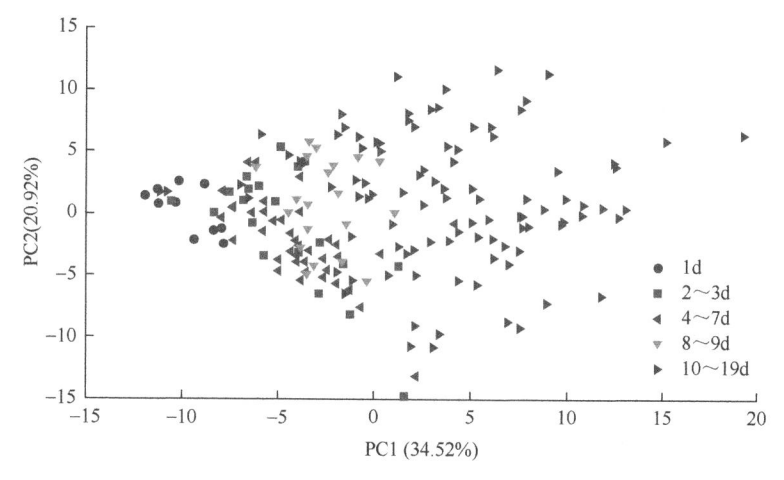

图 4-13 5 个阶段醋酸二维主成分散点分布图

为了进一步探讨色敏传感器阵列对醋酸发酵过程挥发性气体的表征，用线性判别分析（LDA）算法来鉴别醋醅的发酵天数。主成分数作为潜变量被用来作为 LDA 分类器的向量输入。将从 190 个醋醅样本的色敏传感器阵列特征图像中所提取的 36 个特征值代入 LDA 进行分析。结果表明，若将整个醋酸发酵过程中的醋醅样本分成 19 类，有 80.53%（153/190）的样本能够与它们发酵的天数正确对应，虽然有一些判别错误，但仍表现出良好的鉴别能力，发生的判别错误大多是相近天数。

在镇江香醋的固态分层发酵过程中，乙醇可被作为醋酸发酵阶段的指示剂，醋醅中酒精度的准确测定对于醋酸发酵过程的分析与控制具有十分重要的意义。采用江苏恒顺集团有限公司提供的醋酸发酵过程中的醋醅样品。在醋酸发酵的第 3 天、第 7 天、第 11 天、第 15 天和第 19 天取样（翻醅前取样），每个阶段取 12 个样本。9 种纳米锌卟啉及 3 种酸碱指示剂（中性红、溴甲酚绿、尼罗红）沉淀于聚偏二氟乙烯（PVDF）膜上，制得色敏传感器阵列。本实例首先利用色敏传感器技术对不同发酵阶段的醋醅挥发性气体进行了整体表征，再用气相色谱-质谱联用（GC-MS）技术对不同发酵天数的醋醅的乙醇含量进行定量分析，然后利用纳米卟啉传感器阵列结合相关的模式识别方法对不同醋酸发酵天数的醋醅进行乙醇含量检测，为实现食醋生产实时在线监控提供理论依据。

4.5.5 电子鼻对果蔬干燥过程的在线监测

电子鼻对果蔬加热干燥气味的在线监测装置主要包括石英晶体振荡器电子鼻、冷凝器、控制电路、微波炉、特氟龙容器和储气罐等装置，具体装置流程图如图 4-14 所示。特氟龙容器盖上有三个孔，一个孔用于插入温度传感器对加热干燥的果蔬进行测温，另外两个小孔分别用于导入压缩空气以及导出果蔬加热时散发的气体，导出的气体经冷凝气体滤去水分，通入电子鼻进行气味检测，得到的气味信号数据经 RS-232 输入计算机。其中，电子鼻 zNose^{TM} 为一种典型的石英晶体振荡器电子鼻，购自美国 Electronic Sensor Technology 公司，为 7100 型号。

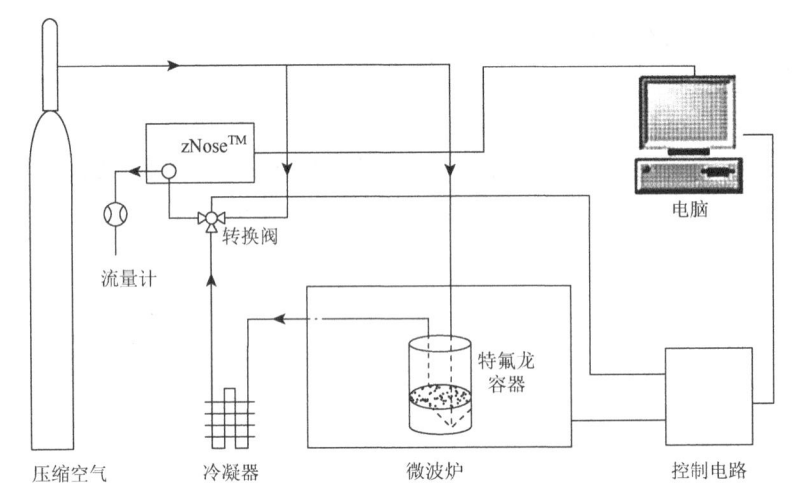

图4-14 电子鼻在线监测装置流程图

4.5.6 电子舌在果酒发酵过程风味分析中的应用

香气和口感是果酒重要的质量评价指标，传统上可依靠感官评价给出产品等级。然而，感官评价带有主观因素，会随着评价者身体状况、情绪变化、分辨能力等因素而产生不同的结果。拟采用电子舌系统采集不同品种果酒样品的味觉信息，运用主成分分析和判别因子分析法讨论电子鼻、电子舌对不同品种樱桃酒、葡萄酒的区分效果。

采用法国 Alpha MOS 公司的 αAstree 电子舌系统采集樱桃酒和葡萄酒样品的味觉指纹信息（图4-15）。中樱狄墨尔樱桃酒 2008 干红、2009 干白、张裕干白葡萄酒、长城干白葡萄酒这 4 种酒的酒精度都集中在 12% 左右，考虑到乙醇对电子舌传感器响应的影响，选用酒精作为清洗溶液，以使传感器适应酒精，消除测量过程中酒精对酒样检测结果的干扰。于是采用体积比为 10% 的酒精作为清洗溶剂。通过这种方式，确保了电子舌系统在测量过程中对酒精的适应性，从而降低了酒精对味觉指纹信息采集的干扰，提升了检测结果的准确性和稳定性。最终，选取各传感器在第 120s 的数据进行分析，以保证数据的可比性和可靠性，为樱桃酒与葡萄酒的味觉特征研究提供科学依据。

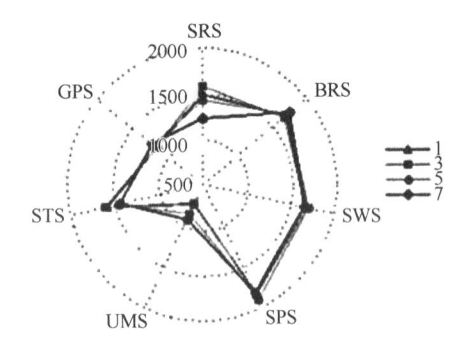

图4-15 干红、干白樱桃酒（1、3）和干红、干白葡萄酒（5、7）各2个样品的电子舌雷达图
SRS-酸；BRS-苦；SWS-甜；STS-咸；
UMS-鲜；GPS、STS-复合味觉

4.5.7 电子舌在罗非鱼双菌可控发酵滋味研究中的应用

罗非鱼又名非洲鲫、福寿鱼等，具有生长快、肉质嫩及蛋白质含量高等特点，是优质肉类来源。本书利用 2 种菌的生长、繁殖和代谢赋予罗非鱼发酵产品特殊风味，提高产品的氨基酸态氮、游离氨基酸含量，使发酵罗非鱼成为风味佳、营养价值高的食品，并且能够抑制腐败菌的生长，为产品的安全提供保障。

将新鲜罗非鱼（约0.5kg）去除内脏、头尾等，洗净，从鱼中部将鱼分成两半，于4℃条件下，盐水腌制一定时间备用，盐水与鱼肉质量比为1∶1。腌制时，盐水渗透到鱼肉内部，不仅可使鱼肉入味，还可以抑制鱼肉腐败变质。乳酸乳球菌乳亚种在乳酸杆菌 MRS 液体培养基中 37℃ 条件下活化；酿酒酵母在 YPD 液体培养基中 28℃ 条件下活化，传代培养 2 次，菌液于 4℃，5000r/min

条件下离心 15min，菌体沉淀用无菌生理盐水洗涤两次，调节菌体浓度为 7～9 CFU/mL（CFU 为菌落形成单位）。发酵菌种比例的不同将对产品品质产生影响，因而本实验将酿酒酵母和乳酸乳球菌乳亚种以不同比例接种到原料鱼，并添加 5%的蔗糖，25℃下进行 36h 的恒温发酵，测定其 pH，并做空白实验。发酵坛用开水清洗、沥干，并进行漏水与破损检查。检查完好装入鱼肉并补充合适的碳源于适宜温度发酵一定的时间，并保持水分。将发酵完的鱼肉取出 55℃下烘干脱水至水分含量达到 50%左右为终点，制得成品。

未发酵罗非鱼和发酵罗非鱼的电子舌雷达图如图 4-16 所示，发酵前后鱼肉味道有较大差异，说明发酵对罗非鱼的味道有较大程度的改变。发酵后的鱼肉苦味和涩味均有较大程度的降低，咸味有所提高。这是因为发酵罗非鱼在加工工艺中进行了盐水腌制，盐分进入鱼肉，赋予鱼肉咸味。鲜味有较大提升，这与前文所测定的游离氨基酸含量、氨基酸态氮含量提高相吻合，说明发酵能使鱼肉蛋白质分解为小分子的肽和氨基酸，使鱼肉鲜味提升。总体来说，发酵后的罗非鱼味道更好。

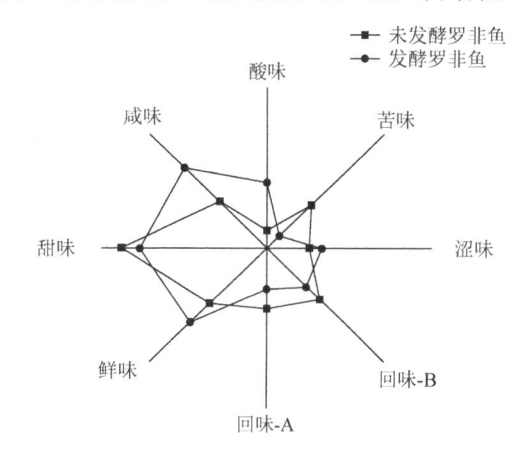

图 4-16 电子舌雷达图

4.5.8 电子舌在黄瓜腌制滋味研究中的应用

腌制是我国一种传统的蔬菜加工工艺，腌制蔬菜不仅具有独特的风味，还解决了储存、运输等问题。黄瓜是一种低热量，富含多种维生素、有机酸、钙、铁等营养元素的蔬菜，是我国最常用的酱腌菜品种之一。首先，选择肉质坚实的鲜嫩黄瓜，清洗干净，切块（约 2cm³），浸入盐水中（盐水浓度为 8%、10%、12%）腌制 10d。其次，配制糖醋香液，其中包括食醋（浓度为 0%、55%、60%）、白砂糖（浓度为 10%、15%、20%）、乳酸（浓度为 2%、4%、6%）、水。最后，将黄瓜浸入上述糖醋香液，腌制 15d 则为腌制黄瓜成品。

利用 PLS 模型和 BP-ANN 模型对腌制黄瓜中 4 种调料的含量进行校正和预测（表 4-10）。评价模型的指标有 4 个，分别为预测值的平均值、相关指数（R^2）、校正集中真实值与预测值之间的相关系数（$P1$）和预测标准偏差（RMSEP）。其中，预测值的平均值与真实值差距越小，模型越准确；R^2 越接近 1，模型越稳定；$P1$ 越接近 1，模型越准确；RMSEP 越小，模型越精确。

表 4-10 不同算法对腌制黄瓜中 4 种调料的分析结果

	真实值/%	预测平均值/%		R^2		$P1$		RMSEP	
		PLS	BP-ANN	PLS	BP-ANN	PLS	BP-ANN	PLS	BP-ANN
盐水	2.40	2.45	2.47						
	3.30	3.35	3.36	0.9379	0.9379	1.02	1.01	1.35	1.34
	3.70	3.76	3.76						
食醋	6.10	6.17	6.14						
	7.80	7.88	7.81	0.923	0.9867	1.02	1.01	1.43	0.85
	8.40	8.47	8.41						
白砂糖	2.40	2.41	2.43						
	2.80	2.77	2.85	0.9898	0.9421	0.99	1.02	0.76	0.97
	3.60	3.62	3.62						

续表

	真实值/%	预测平均值/%		R^2		PI		RMSEP	
		PLS	BP-ANN	PLS	BP-ANN	PLS	BP-ANN	PLS	BP-ANN
乳酸	0.20	0.17	0.21						
	0.60	0.59	0.59	0.9717	0.9741	1.02	1.05	0.88	0.91
	1.10	1.18	1.14						

4.5.9　电子舌在鲟鱼发酵加工过程中风味变化的应用

鲟鱼是一种世界上最古老的亚冷水性淡水鱼类，鲟鱼肉具有高蛋白质含量和低水分含量的特点，且富含多不饱和脂肪酸、人体必需氨基酸和多种矿物元素，以鲟鱼肉为原料发酵制成的腌鱼，具有独特的风味。

将新鲜鲟鱼宰杀后取鱼肉，切成质量为20～30g的鱼片，按照鱼肉质量的3%添加食盐，加入适量生姜、辣椒、花椒等香辛料拌匀，4℃下腌制2d；腌制好的鱼片在50～60℃下鼓风干燥3h，至水分含量55%～60%，将冷却的鱼片装入坛子中，在坛子底部铺上一层糯米粉，一层鱼一层糯米粉，压紧，最后顶部加一层糯米粉，加盖、封严。自然条件下，发酵5～6周，至pH为4.1～4.4，即得鲟鱼风味食品。分别采集新鲜（CX），腌制（CTA），发酵5d（CTB）、10d（CTC）、20d（CTD）、25d（CTE）和35d（CTF）的鲟鱼样品，每个时期取3个平行样品。按1:1的质量比将各组样品分别与0.18g/mL的NaCl溶液混合，匀浆；然后准确称取3g样品装入10mL的自动进样瓶中加盖待测，每组样品平行测定8次。电子鼻分析条件：载气为合成的干燥空气，流速为150mL/min，顶空注射体积为2500μL，注射速率为2500μL/s，顶空产生温度为50℃，产生时间为600s，搅动速率为500r/min，获得时间为120s，延滞时间为600s。

通过电子鼻自带分析软件处理每个鲟鱼样品的信号数据，建立电子鼻主成分二维图，结果见图4-17。识别指数是样品区分程度的表征值，其最大值为100，值越大表明样品间的区分度越好，且识别指数需大于70才能说明样品能被有效区分。由图4-17可知，此次检测的识别指数为80，表明所有样品能被有效区分。有文献表明，电子鼻能否适用样品的检测主要在于主成分的总方差贡献率是否超过70%。由图4-17亦可知，鲟鱼样品总方差贡献率为99.40%，说明主成分1和主成分2中包含了样品中的大量信息，全部传感器的响应结果基本包含在内。主成分1的方差贡献率（98.51%）远远大于主成分2的方差贡献率（0.89%），且样品间在横坐标上的间距越大则表明样品间的差异越大；由于主成分2的方差贡献率较小，因此鲟鱼样品在纵坐标上的间距实际差异较小。图4-17中同一样品的数据点在横坐标和纵坐标上的聚集程度均相对较高,表明同一样品的重复性和稳定性相对较高。图4-17中可明显看出不同处理阶段鲟鱼样品在横坐标上的距离相对较大，由此说明3个处理阶段鲟鱼样品的挥发性气味差异较大，电子鼻可以准确有效地区分。虽然不同发酵

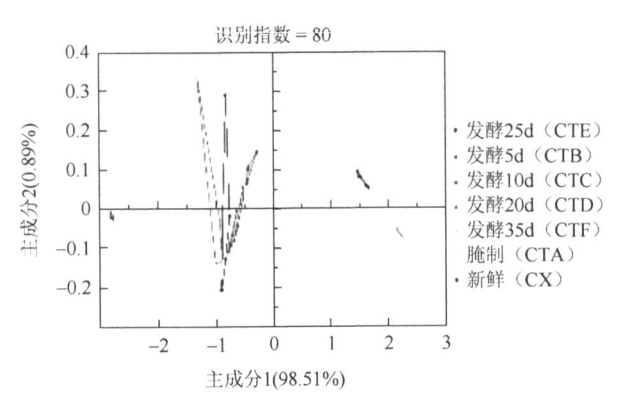

图4-17　基于电子鼻数据不同处理阶段和不同发酵时间鲟鱼样品的主成分分析结果

时间的样品在横坐标上的距离相对较近,但相互间完全无重叠,因此电子鼻仍然能够准确地进行区分。

课外延伸阅读

[1] 王永华,戚穗坚. 食品风味化学. 2版. 北京:中国轻工业出版社,2022.
[2] 王铁龙,许凌云,杨冠山,等. 智能感官分析技术在食品风味中的研究进展. 食品安全质量检测学报,2023,14(8):37-43.
[3] 陈全胜,江水泉,王新宇. 基于电子舌技术和模式识别方法的茶叶质量等级评判. 食品与机械,2008,(1):124-126.
[4] 田怀香,郑国茂,于海燕,等. 气味与滋味间相互作用对食品风味感知影响研究进展. 食品科学,2023,44(9):259-269.
[5] 鲁小利,张秋菊,蔡小庆. 实用仿生电子鼻在黄酒检测中的应用. 酿酒科技,2013,(3):53-55.
[6] 王丽霞. 食品风味物质的研究方法. 北京:中国林业出版社,2011.
[7] Chen T, Wei S, Cheng Z F, et al. Specific detection of monosaccharide by dual-channel sensing platform based on dual catalytic system constructed by bio-enzyme and bionic enzyme using molecular imprinting polymers. Sensors and Actuators B: Chemical, 2020, 320: 128430.
[8] 吴瑞梅. 名优绿茶品质感官评价的仪器化表征研究. 镇江:江苏大学,2012.
[9] 赵杰文,孙永海. 现代食品检测技术. 北京:中国轻工业出版社,2019.
[10] Du W H, Yang Y E, Liu L N. Research on the recognition performance of bionic sensors based on active electrolocation for different materials. Sensors, 2020, 20 (16): 4608.
[11] 吴守一,邹小波. 电子鼻在食品行业中的应用研究进展. 江苏理工大学学报(自然科学版),2000,(6):13-17.
[12] 肖宏. 基于电子舌技术的龙井茶滋味品质检测研究. 杭州:浙江大学,2010.
[13] 杨潇,陈祥贵,王祖文,等. 基于电子鼻的猪肉冷冻储藏期的无损检测方法. 食品与发酵工业,2018,44(3):6.
[14] Vlasov Y G, Legin A V, Rudnitskaya A M, et al. Electronic tongue-new analytical tool for liquid analysis on the basis of non-specific sensors and methods of pattern recognition. Sensors and Actuators B: Chemical, 2000, 65: 235-236.
[15] 张志鸿,刘文龙. 膜生物物理学. 北京:高等教育出版社,1987.
[16] Legin A, Rudnitskaya A, Lvova L, et al. Evaluation of Italian wine by the electronic tongue: Recognition, quantitative analysis and correlation with human sensory perception. Analytica Chimica Acta, 2003, 484 (1): 33-44.
[17] Singh S, Hines E L, Gardner J W. Fuzzy neural computing of coffee and tainted-water data from an electronic nose. Sensors and Actuators B: Chemical, 1996, 30 (3): 185-190.
[18] Dusastre V. Electronic noses: Principles and Applications. Oxford: Oxford University Press, 1999.
[19] 周牡艳,郑云峰,张韬,等. 智能电子舌对地理标志产品绍兴黄酒的区分判别研究. 酿酒科技,2012,(12):23-26.

扩展与思考

[1] 仿生传感器的作用和在食品检测中的地位及其技术的发展方向。
[2] 仿生传感器在食品工业化过程中的应用前景。

第5章

食品加工过程多传感器信息融合监测技术

> **知识点**
> - 褐变反应对食品品质的影响。
> - 糖代谢反应在食品加工中的作用。
> - 多传感器信息融合监测技术的定义、分类和工作原理。
> - 贝叶斯方法和 D-S 证据理论方法在多传感器信息融合中的应用。
> - 多传感器交互感应信息提取分析法的定义和应用。

食品加工是指通过各种工艺和方法，对原料进行加工、处理和改造，从而转变为可食用产品的过程。加工过程纷繁复杂，蕴含着食物形态、结构、质地和风味等多重维度的微妙变化。其实质是美拉德反应、脂质氧化、发酵反应等一系列的物理化学反应，促使有机酸、乙醇、胺、硫化物、羰基化合物等多种化合物的生成，从而赋予食物独特的风味品质。为了确保食品加工过程中品质稳定，有必要对食品加工过程物理化学反应以及风味物质的变化进行实时监测。电子眼可以通过光电转换技术获取食品的颜色、形状、大小等信息，电子鼻可以通过多个气体传感单元获得食品加工过程的气味和香气信息，电子舌可以利用化学传感单元的变化来监测食品加工过程的滋味信息，近红外光谱可以提供食品中化学成分和分子结构等内部组分信息。多传感器信息融合监测技术将电子眼、电子鼻、电子舌及近红外光谱传感器的数据进行融合，不仅能更全面地监测食品风味物质的变化，还能提高监测精度。因此，深入研究食品加工过程中的物理化学反应引起的风味物质变化以及多传感器信息融合监测技术的应用，对于稳定和提高食品加工过程的品质具有重要意义。

5.1 食品加工过程中物理化学反应

食品加工过程中发生的物理化学反应主要包括水分迁移、褐变反应、氧化反应和糖代谢反应等，形成食品特有的色泽、香气、口感和营养组分。了解加工过程中的物理化学反应及相关特征产物，可为食品加工过程品质监测和控制提供理论基础。

5.1.1 水分迁移

食品加工过程中的水分迁移是指食品中水分在干燥条件下从高浓度向低浓度的区域自发地扩散或移动的过程。其中，水分迁移主要发生在食品烹调和烘焙过程中，分为传导、蒸发、平衡三个阶段。随着水分迁移的发生，食品中的香气物质和挥发性成分也会随之移动，从而影响食品的香气和风味。一些挥发性风味物质可能会随着水分的蒸发而流失，如香草醇、乙酸乙酯、丁酮等，降低食品的风味；而另一些风味物质则可能在水分迁移的过程中得到释放，如谷胱甘肽、谷氨酸钠、没食子酸等，增加食品的风味。同时在食品干燥过程中，一些易溶解的营养成分（如维生素、矿物质等）可能会随着水分的迁移而流失，从而降低食品的营养价值。除此之外，水分迁移还会影响食品的口感和质地。过多的水分流失可能导致食品变得干燥、硬化，影响口感；而过少的水分流失则可能导致食品变得潮湿，影响食品的储藏稳定性。

5.1.2 褐变反应

食品加工过程中，一些食品组分参与化学反应，最终生成一些有色物质而使食品颜色加深，同时影响食品的品质和安全性，这一反应过程称为褐变反应。例如，面包、饼干烘焙过程中，表面逐渐形成一层诱人的金黄色，就是褐变反应的结果。食品中的褐变反应按有无酶的参与可分为酶促褐变反应和非酶促褐变反应两种，其中非酶促褐变反应包括美拉德反应、焦糖化反应和抗坏血酸氧化褐变。

酚类物质广泛存在于自然界的植物资源中，因此酶促褐变反应主要发生在植物源食品生产加工过程中，多发生在苹果、马铃薯等颜色较浅的果蔬中，当它们的组织被碰伤、切开、削皮时，就很容易发生褐变。这是由于组织暴露在空气中，在酚酶的催化下酚类物质被氧化为邻醌，邻醌进一步氧化聚合形成褐色色素（类黑精），引起褐变。对于浅色的水果和蔬菜，酶促褐变反应对产品的影响往往是不利的，如苹果、梨、香蕉、莲藕、马铃薯等原料，在生产罐头、水果干、饼干时，如果不控制褐变会引起产品色泽严重下降。但对于红茶来说，适当的褐变则是形成良好风味与色泽所必需的。

美拉德反应是食品加工中发生最广泛的一类非酶促褐变反应，是食品在加热和长期储存后发生褐变的主要原因。美拉德反应又称为羰氨反应，是由羰基化合物（还原糖类）和氨基化合物（胺、氨基酸、肽和蛋白质）在一定温度下发生层层叠叠的反应，其结果是产生多种化合物，其中包括风味物质、香气成分和褐色的高聚物。

美拉德反应主要发生在食品烘焙和发酵过程中，产物十分复杂，反应过程受许多因素影响，如温度、pH、时间、水分活度、氨基酸和糖的种类与浓度。改变这些因素会改变反应速率、反应途径和反应的最终产物。一般来说，当受热时间较短、温度较低时，反应产物除了Strecker醛类以外，还有特征香气的内酯类和呋喃类化合物等；当温度较高、受热时间较长时，氨基酸和糖类会发生缩合反应，生成的嗅感物质种类有所增加，还有吡嗪、吡咯、吡啶等具有焙烤香气的物质形成，如香草、巧克力、烤肉等。美拉德反应在食品颜色和风味的形成上有利有弊。例如，对于水果、蔬菜、冷冻食品和脱水食品，褐变通常是不受欢迎的，因为它会导致食品营养价值的损失和感官品质的下降。在某些情况下美拉德反应还会产生有毒和诱变的化合物。因此，控制和减少食品加工中的美拉德反应非常重要。

5.1.3 氧化反应

在食品加工过程中的氧化反应是指食品中的成分与氧气接触后引起的化学反应，这些反应可能导致食品的质量下降，如色变、质变、风味劣变等，其中一些常见的反应包括脂质氧化、色素氧化和维生素氧化。

脂质氧化是指食品中脂质分子与氧气发生化学反应的过程，其主要结果是形成挥发性气体和产生有机酸。纯净的油脂大多数是无色无味的，少数食用油脂因含有游离短链脂肪酸而略带异味和臭味。在食品加工和储藏期间，油脂因温度的变化及氧气、光照、微生物、酶等的作用产生令人不愉快的气味、苦涩味和一些有毒性的化合物，这些变化统称为酸败。例如，奶制品中的脂肪主要是三酰甘油，这是一种常见的脂类化合物，由三个脂肪酸分子通过酯键与一个甘油分子结合而成。三酰甘油分子中含有多个不饱和脂肪酸（如亚油酸、亚麻酸等），易受氧气攻击，形成自由基和过氧化物等反应产物，导致脂质氧化的发生，产生异味。在高温环境下，食品中的脂肪酸分子更容易与氧气发生氧化反应。这种反应通常是一个复杂的链式过程，其中脂质分子中的双键与氧气结合，形成过氧化物。这些过氧化物进一步分解，产生挥发性气体，如醛类和酮类化合物，以及有机酸。挥发性气体和有机酸的生成，直接影响着食品的味道和香气。脂质氧化还可能导致食品中不饱和脂肪酸的含量下降，同时增加饱和脂肪酸的含量，这种氧化反应不仅会降低食品的营养价值和口感，还会引起食品的变色和产生不良气味，致使食品品质下降。

在食品加工过程中，色素是一个常见的重要因素。食品中的色素可以来自天然原料，如蔬菜、水果和动物肉类等，也可以是人工添加的合成色素，能改变食品的颜色和外观。但是，色素在接触到氧气时，容易发生氧化反应。例如，红葡萄酒中的花色苷、黑巧克力中的黄酮类成分和天然胡萝卜素等，都容易受到氧化反应的影响，使其颜色和质量下降。

维生素 C 和维生素 E 是两种容易受氧气氧化作用影响的维生素。维生素 C，也称为抗坏血酸，是一种水溶性维生素，具有强大的抗氧化活性，有助于中和自由基，维护细胞健康。然而，维生素 C 在受到氧气氧化作用时会失去其抗氧化活性。这种氧化过程可能发生在食物的加工、存储和烹饪过程中，尤其是在与空气接触的情况下。例如，削好的水果在暴露于空气中时，维生素 C 可能会逐渐氧化而减少，从而影响食品的营养价值。

5.1.4 糖代谢反应

食品加工中的糖代谢反应包括糖的水解、糊化、焦糖化、发酵等。这些反应由酶催化或其他化学因素控制，影响食品的形状、口感、味道和保质期。

糖类可以通过水解反应分解为较简单的糖分子。这种反应在食品加工中常用于调节糖的甜度、脆度和结晶度等。例如，蔗糖经过水解反应生成葡萄糖和果糖，可以使食品更甜或更易消化。在高温和水的作用下，淀粉类食品中的糖分子可以发生糊化反应。这种反应会改变食品的黏性、稠度和纹理。例如，在面食制作过程中，淀粉的糊化能够使面团变得柔软且有弹性。焦糖化反应是一种重要的食品加工过程，在高温条件下，糖类物质开始发生分解。首先，糖分子经历碳水化合物的裂解、缩合、重排等过程，生成羟基自由基，这些自由基将与其他糖分子或非糖物质反应，形成各种中间产物，最终生成色素和香气物质。焦糖化产生的香气物质，通常由酮、醛、酸和其他含氧杂原子的化合物组成，赋予食品独特的风味，如烤面包的香味或焦糖糖浆的味道。

发酵反应是指在适宜条件下，微生物如酵母菌、乳酸菌等对食品中的糖类物质进行代谢，产生酒精、乳酸等物质的化学反应过程。这些反应会对食品的品质产生多种影响。在食品加工中，常见的发酵过程包括乳酸发酵、醋酸发酵、酒精发酵等。

乳酸发酵是指某些细菌，如乳酸菌，对糖类物质进行代谢，产生乳酸和二氧化碳等物质。这种反应常见于发酵食品，如酸奶、泡菜等。例如，酸奶是通过将牛奶或其他动物乳制品与乳酸菌混合并进行发酵而制成的，乳酸菌会代谢乳糖中的葡萄糖，产生乳酸，并使牛奶凝结。这个过程赋予酸奶特殊的酸味和丝滑的口感。

醋酸发酵是一种通过微生物代谢将酒精转化为醋酸的过程。这个过程主要由醋酸菌进行，常见的醋酸杆菌有醋酸杆菌属、巴氏醋酸杆菌、葡萄糖醋酸杆菌等。在生活中,醋是我们常见的调味品之一。例如,米醋、陈醋、苹果醋等都是通过醋酸发酵得到的。以陈醋为例,它是一种经过长时间发酵并陈化的醋,通常使用高粱、小麦等含淀粉的原料,通过糖化、酒精发酵以及醋酸发酵的过程,在醋酸菌的作用下将乙醇氧化成醋酸,最终形成风味浓郁的陈醋。

酒精发酵是酵母菌通过对糖类物质进行代谢,产生酒精和二氧化碳的过程。这种反应常见于酿造酒类饮品,如啤酒、葡萄酒等。酒精发酵会影响食品的风味,同时也影响酒类产品的酒精度和稳定性。

伴随着食品加工过程中所发生的物理化学反应,食品的色泽、香气、口感、营养组分也同步发生变化。单一传感(如视觉、成分等)难以反映食品在此过程的综合品质变化,通过多个传感同步采集和监测相关信息并进行信息融合,且将监测结果进行综合分析,可实现对食品加工过程中的品质和安全的全面监测和控制。通过精准的监测和控制,可以有效地提高食品的品质和安全性,降低食品加工过程中的损失和浪费,为食品企业带来更大的经济效益。

5.2 多传感器信息融合监测概述

5.2.1 多传感器信息融合的一般概念

多传感器信息融合(multi-sensors information fusion,MSIF)是模拟人脑综合处理信息的过程,充分利用多传感器资源,通过对各种传感器及其观测信息的合理支配与使用,将多个传感器的互补或冗余信息依据某种优化准则组合起来,产生对观测对象的一致性解释和描述。多传感器信息融合已在食品、环境、军事等领域得到广泛研究和应用。与单一传感器信息相比,它具有信息量大、容错性高以及与人类认知过程相似等优点。多传感器信息融合包括三个层次,即数据层(低层次)融合、特征层(中间层)融合和决策层(高层次)融合。数据层融合直接处理传感器的原始数据,虽然能够保留大量信息,但处理量大,导致实时性较差。特征层融合则是在提取各传感器的特征信息后进行融合,这种方式与决策分析直接相关,能够提供决策所需的关键特征信息,并且通过信息压缩提高了处理速度。决策层融合则是在传感器形成各自的判别估计后,再进行综合评判,这种方法灵活性高,抗干扰能力强,但可能会造成一定程度的信息损失,影响判别准确性。多传感器信息融合能够提高系统的时空分辨率,扩展监测范围,增加目标特征向量的维数,降低信息不确定性,增强系统的容错能力和自适应能力,提高系统的可靠性与鲁棒性。

综上所述,多传感器信息融合的实质是将来自多传感器或多源的信息和数据进行综合处理,从而得出更准确可信的结论。事实上,多传感器信息融合在自然中随处可见。以人脑为例,多传感器信息融合就是其常见的基本功能之一。在日常生活中,人们自然地运用大脑的这一能力把来自人体各个身体感官(如眼、耳、鼻、皮肤等)的信息组合起来,各个感官之间所获得的信息也会产生交互感应,并利用已取得的先验知识去估计、理解周围的环境和正在发生的事件。人脑在处理问题时充分利用了不同传感器的信息所具有的不同特征,如实时、快变、缓变、相互支持或互补,也可能互相矛盾或竞争。而多传感器信息融合的基本原理与人脑综合处理信息一样,充分利用多个传感器的冗余或互补信息并依据某种准则来进行综合,以获得被观测对象的一致性解释或描述。

5.2.2 多传感信息融合技术的原理和方法

多传感信息融合就是充分利用多种传感器信息资源，得到描述同一对象不同品质特征的大量信息。依据某种准则对这些信息进行分析、综合和平衡，以期获得若干个最佳简化的综合变量，最终目的是找到一个基于两种或两种以上传感器信息资源的综合陈述。

在多种传感器信息资源陈述过程中，各种传感器信息资源有可能存在相互交叉现象，因此，有必要在多种传感器信息技术融合的层面进行选择。根据融合系统所处理的信息层面可以将多传感器信息融合分为决策层（高层次）融合、特征层（中间层）融合和数据层（低层次）融合三个不同的层面。

数据层融合是指直接将各传感器的原始数据进行关联后，送入融合中心，完成对被测对象的综合评价，属于传感器水平上的融合，其结构原理如图 5-1 所示。它的优点是保持了尽可能多的原始数据信息，缺点是处理的信息量过大、速度慢、实时性较差。而且，当传感器的类型不一致时，由于没有合适的方法对原始数据所包含的特征进行一致性检验，所以数据层融合具有很大的盲目性。

特征层融合是指把原始数据先经过特征提取，再进行数据关联和归一化等处理，送入融合中心进行分析与综合，完成对被测对象的综合评价，属于信息的中间层融合，其结构原理如图 5-2 所示。它的优点是既保留了足够数量的原始信息，又实现了一定的数据压缩，有利于实时处理。而且，在特征提取方面前人积累了很多经验，所以特征层融合是目前应用较多的一种技术。但是，该技术在复杂环境中的稳健性和系统的容错性与可靠性还有待改善。

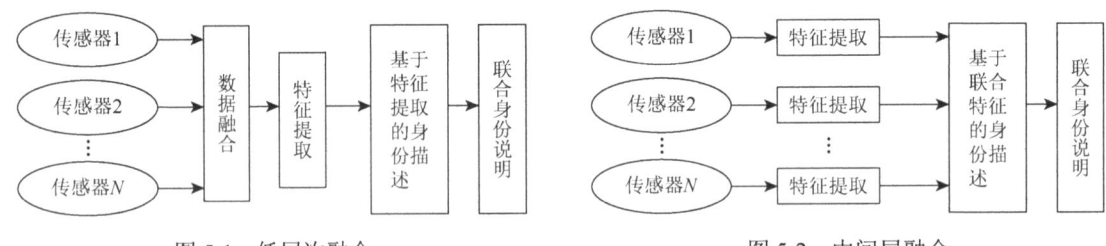

图 5-1 低层次融合

图 5-2 中间层融合

决策层融合是指在融合前，将各传感器的信号先作本地处理，即将每一传感器相应的处理单元先分别独立地完成特征提取和决策等任务，然后进行关联，再送入融合中心处理。因此，这种方法的实质是根据一定的准则和每个决策的可信度做出最优的决策，属于信息的最高层融合，其结构原理如图 5-3 所示。它的优点是数据通信量小、实时性好，可以处理非同步信息，能有效地融合不同类型的信息。在一个或几个传感器失效时，系统仍能继续工作，有良好的容错性。但是，这种技术也有其不足之处，如原始信息易遭损失、很难获取被测对象各个指标的先验知识、需要巨量的知识库等。

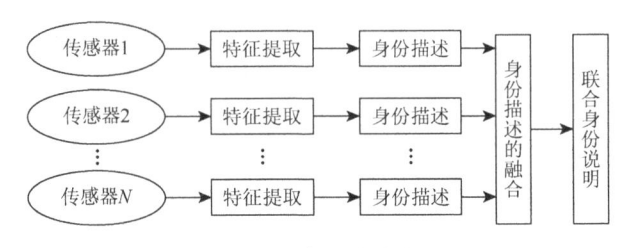

图 5-3 高层次融合

在本融合系统中，由于近红外光谱仪和机器视觉系统这两种检测设备被抽象为两种不同类型的传感器，它们的特性不一致，导致检测得到的信息模式不同，信息跨度大，很难直接相互关联，因此不易进行数据层融合。又由于茶叶的品质指标繁杂，如果利用决策层融合，就必须有反映茶叶品质的各个感官指标和理化指标等先验知识组成的知识库，而这些感官指标和理化指标需要通过茶叶专家的感官评定和化学方法来获取，这在实际应用中很难实现。因此，在本书中，较为实用的选择是采用特征层融合。这种方式不仅保留了足够数量的原始信息，而且实现了一定的数据压缩，有利于实时处理。

多传感器信息融合的目标是通过对来自多个传感器的不完整和分散数据进行综合处理，以获得关于对象和环境的全面与完整的信息。因此，多传感器信息融合系统的核心问题是选择合适的融合算法。对于融合系统来说，信息具有多样性和复杂性，因此，对信息融合算法的基本要求是具有鲁棒性和并行处理能力，还有方法的运算速度和精度、与前续预处理系统和后续信息识别系统的接口性能、与不同技术和方法的协调能力、对信息样本的要求等。一般情况下，基于非线性的数学方法，如果它具有容错性、自适应性、联想记忆和并行处理能力，则都可以用来作为融合算法。

5.3 多传感器信息融合的数据处理

多传感器信息融合技术是对来自不同传感器（信息源）的数据信息进行分析与综合，以产生对被测对象统一的最佳估计，因而可以使信息在准确性、可靠性及完备性等方面较其中任一传感器有明显提高，由于传感器提供的信息都具有一定程度的不确定性，因而信息融合过程实质上是一个非确定性推理与决策的过程。

近年来，针对多传感器信息融合中的不确定性处理，人们提出了多种不同的数据融合方法。下面将简要介绍最常用的融合方法——贝叶斯（Bayes）方法、D-S 证据理论、D-S 多传感器交互感应信息提取分析法。

5.3.1 Bayes 方法

主观 Bayes 方法是最早用于处理不确定信息的方法，由 Duda 于 1976 年提出，是融合静态环境中多传感器低层数据的一种常用方法。Bayes 估计是通过概率分布的形式对证据或者信息进行描述的，适用于信息中有高斯噪声的不确定性情况。当用 Bayes 方法处理多传感器信息融合问题时，需要具备研究对象的大量先验知识，从而能够将传感器提供的不确定性信息表示为概率，并利用 Bayes 条件概率公式对它们进行处理。先验知识的获取和精确的概率表达是制约其应用的主要原因之一。另外，Bayes 方法不能区分不确定和不知道两种识别状态。

Bayes 方法用在多传感器信息融合时，是将多传感器提供的各种不确定性信息表示为概率，并利用概率论中 Bayes 条件概率公式对其进行处理。使用 Bayes 方法要求系统可能的决策相互独立。这样就可以将这些决策看作一个样本空间的划分，使用 Bayes 条件概率公式解决决策问题。

设系统可能的决策为 $A_1, A_2, \cdots, A_m$，当某一传感器对系统进行观测时，得到观测结果 B，如果能够利用系统的先验知识及该传感器的特性得到各先验概率 $P(A_i)$ 和条件概率 $P(B|A_i)$，则利用 Bayes 条件概率公式，根据传感器的观测将先验概率 $P(A_i)$ 更新为后验概率 $P(A_i|B)$。当有 n 个传感器，观测结果分别为 $B_1, B_2, \cdots, B_n$ 时，假设它们之间相互独立且与被观测对象条件独立，则可以得到系统有 n 个传感器时的各决策总的后验概率为

$$P(A_i \mid B_1 B_2, \cdots, B_n) = \frac{\prod_{k=1}^{n} P(B_k \mid A_i) P(A_i)}{\sum_{j=1}^{m} \prod_{k=1}^{n} P(B_k \mid A_j) P(A_j)} \tag{5-1}$$

式中，$j = 1, 2, \cdots, m$；$i = 1, 2, \cdots, m$；$k = 1, 2, \cdots, n$。最后系统的决策可由某些规则给出，如取具有最大后验概率的那条决策作为系统的最终决策。Bayes 方法的信息融合过程可用图 5-4 来表示。

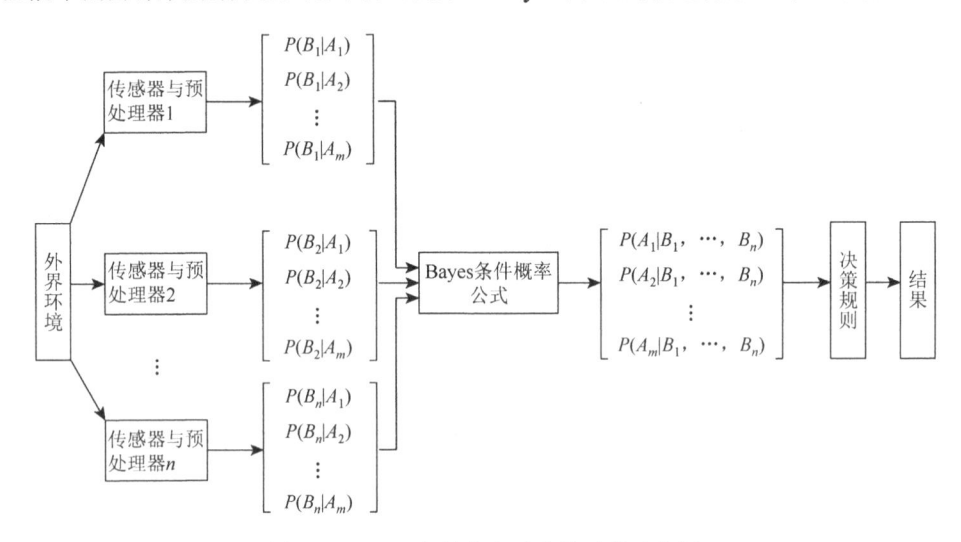

图 5-4　Bayes 方法信息融合的过程示意图

概括起来 Bayes 方法信息融合的主要步骤如下。

（1）将每个传感器关于目标的观测转化为目标身份的分类与说明 $B_1, B_2, \cdots, B_n$；

（2）计算每个传感器关于目标身份说明或判定的不确定性，即 $P(B_i \mid A_j)$，$j = 1, 2, \cdots, m$；$i = 1, 2, \cdots, n$；

（3）计算目标身份的融合概率，即

$$P(A_j \mid B_1, B_2, \cdots, B_n) = \frac{P(B_1, B_2, \cdots, B_n \mid A_j) P(A_i)}{P(B_1, B_2, \cdots, B_n)} \tag{5-2}$$

如果 $B_1, B_2, \cdots, B_n$ 相互独立，则

$$P(B_1, B_2, \cdots, B_n \mid A_j) = P(B_1 \mid A_j) P(B_2 \mid A_j), \cdots, P(B_n \mid A_j) \tag{5-3}$$

Bayes 方法在许多领域有广泛的应用，但在身份识别中直接使用 Bayes 条件概率公式主要有两个困难：首先，一个证据 A 的概率是在大量的统计数据的基础上得出的，当所处理的问题比较复杂时，需要非常大的统计工作量，这使得定义先验函数非常困难；其次，Bayes 方法要求各证据之间是不相容或相互独立的，从而当存在多个可能假设和多条件相关事件时，计算复杂性迅速增加。Bayes 方法的另一个缺陷是缺乏总的分配不确定性的能力。这些缺陷使 Bayes 方法的应用受到了限制。

5.3.2　D-S 证据理论

D-S 证据理论是由 Dempster 首先提出的，由 Shafer 进一步完善发展起来的一种不确定性信息的表达和处理方法，简称 D-S（Dempster-Shafer）理论。D-S 理论是贝叶斯方法的扩展，因引入信任函数（belief function）和满足比概率论更弱的公理，将前提严格的统计条件从它的成立

条件中分离。D-S 证据理论采用基本概率赋值，对一些事件的概率加以约束，以建立信任函数而不是精确的难以获得的概率，从而能够区分"不确定"和"不知道"之间的差异。另外，在应用 D-S 证据理论时，某一个传感器信息，不仅能够影响单一的假设，还能影响更一般的不明确的假设，因此 D-S 证据理论可以在不同细节、不同水平上收集和处理信息。

D-S 证据理论的 3 个基本要点是：基本概率赋值函数 m_i、信度函数 Bel_i 和似然函数 Pls_i。D-S 证据理论方法的推理结构是自下而上的，分 3 级，推理结构如图 5-5 所示。

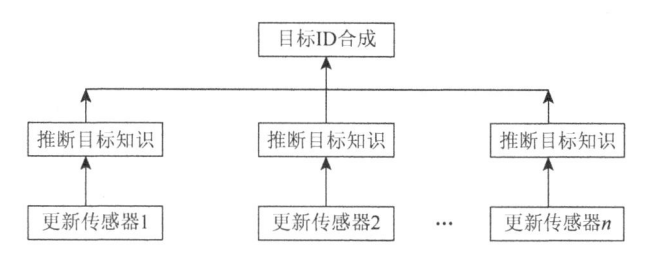

图 5-5 D-S 证据理论方法推理结构

第 1 级为目标合成，其作用是把来自独立传感器的观测结果合成为一个总的输出结果（ID）。第 2 级为推断，其作用是获得传感器的观测结果并进行推断，将传感器观测结果扩展成目标报告。这种推理的基础是：一定的传感器报告以某种可信度在逻辑上会产生可信的某些目标报告。第 3 级为更新，各种传感器一般都存在随机误差，所以在时间上充分独立地来自同一传感器的一组连续报告，比任何单一报告可靠。因此，推理和多传感器合成之前要先组合（更新）传感器的观测数据。

D-S 证据理论在多传感器信息融合中的基本应用过程如图 5-6 所示。它首先计算各个证据的基本概率赋值函数 m_i、信度函数 Bel_i 和似然函数 Pls_i；然后用 D-S 证据理论组合规则计算所有证据联合作用下的基本概率赋值函数、信度函数和似然函数；最后根据一定的决策规则，选择联合作用下支持度最大的假设。

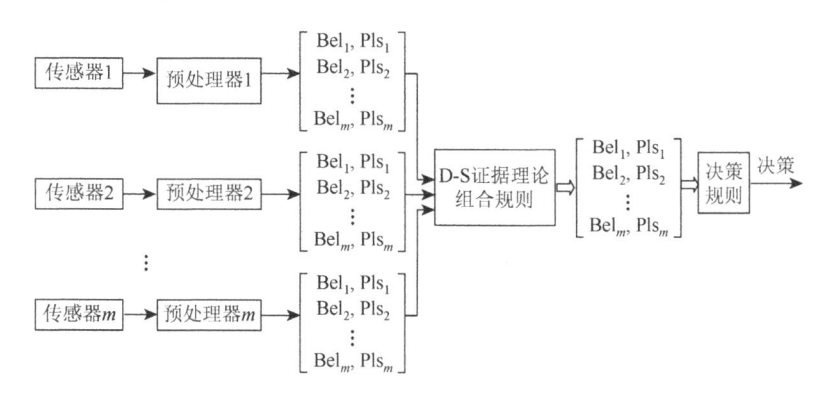

图 5-6 D-S 证据理论在多传感器信息融合中的应用过程

虽然 D-S 证据理论在信息融合中应用很广，但是它在应用中要求合并的证据相互独立，而且证据独立是一个很强的条件，很多情况下都不能满足，虽然大多数的研究者假设其近似独立并直接使用 D-S 证据理论，但是这样做必然会使融合结果超出估计。

随着人工智能、模糊逻辑、神经网络等学科的发展，它们往往能以简便且更有效的方式给出信息的不确定性推理过程，从而为解决信息融合算法中的不确定性问题提供了一种探索和模拟人的识别机制的途径。

5.3.3 D-S 多传感器交互感应信息提取分析法

当人的某一感官在获取信息时，会有意识或者无意识地受到其他感官的影响，如在品尝黄酒的滋味时，舌头提供的信息无疑是主要的，但是必然会受到色泽（视觉）和香气（嗅觉）的影响，也就是说，各感官之间的交互感应是客观存在的。此外，黄酒的风味感官特征描述也是人的各个感官器官经大脑综合判别后的结果，其综合了各感官之间的交互影响。因此，传统的数据层融合和特征层融合得到的特征变量没有考虑各类传感器数据之间的交互作用，即没有考虑人类各感官之间的交互影响。

针对食品智能化评价过程中一直被忽略的各个器官之间交互感应的问题，研究提出了食品智能化评价过程中交互感应的数学仿生理论。以黄酒为实验对象，首先，将视觉、嗅觉和味觉传感器数据进行组合；然后，通过多元线性回归（multiple linear regression，MLR）分别拟合色泽、香气、口味感官得分与99%的主成分得分传感器信息，得到能够体现交互感应的虚拟视觉、嗅觉和味觉变量；最后，通过线性和非线性模型建立虚拟的视觉、嗅觉和味觉变量与黄酒总的感官得分之间的关系，实现对黄酒感官品质的综合智能化评判。

图 5-7 显示了提取具有交互感应的虚拟嗅觉、味觉、视觉变量的过程。首先，将视觉、嗅觉、味觉传感器系统分别采集得到的黄酒的 12 个、10 个、7 个特征值进行组合，共得到 29 个传感器变量，并采用 Z 得分函数对传感器数据集进行标准化预处理。然后，通过 PCA 提取传感器数据集的重要信息。再通过 MLR 将黄酒的色泽、香气、口味感官得分分别与提取得到的主成分得分进行回归，得到一系列的回归系数（权重）。主成分与它们各自回归系数的组合就构成了具有交互感应的虚拟视觉、嗅觉和味觉变量。

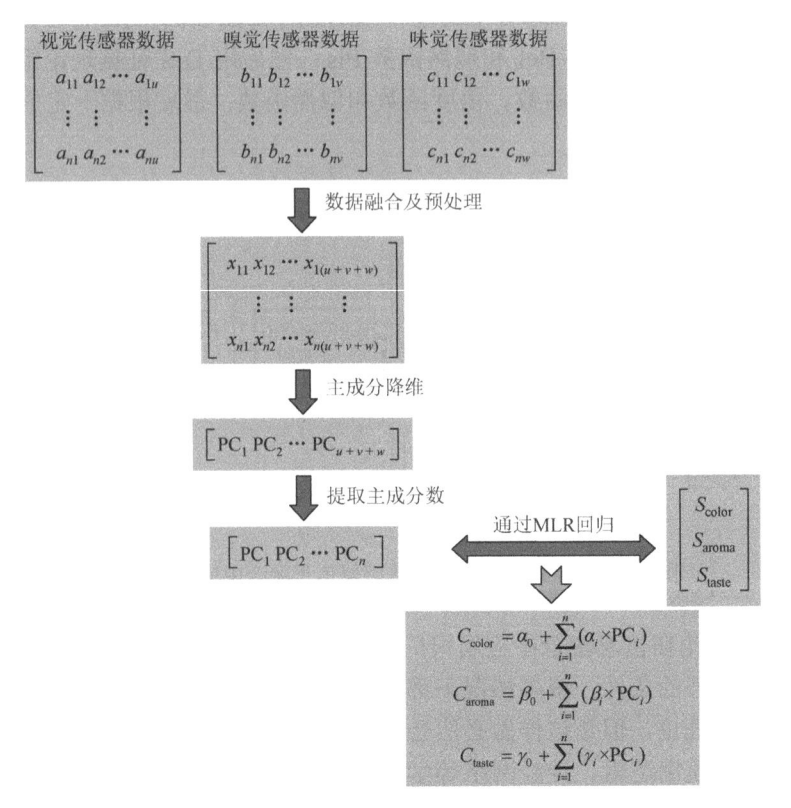

图 5-7 提取具有交互感应特征变量的步骤

S 为人工感官评审得分，C 为交互感应的虚拟变量

5.4 多传感器信息融合监测技术在食品加工过程中的应用

5.4.1 茶叶加工过程多传感器信息融合监测

1. 绿茶加工过程水分变化的预测

为了检测绿茶加工过程品质的变化，Liu 等结合了机器视觉和近红外光谱的传感器信息，构建了绿茶加工过程中不同阶段水分含量变化的定量预测模型。以绿茶自动化生产线为载体，同步采集不同绿茶加工阶段（鲜叶、萎凋、杀青、第一次干燥、第二次干燥）的图像和光谱信息，提取图像纹理、颜色特征和特征光谱变量，结合变量组合集群分析（VCPA）、随机森林（RF）、竞争性自适应权重取样（CARS）、迭代保留信息变量（IRIV）、主成分分析（PCA）算法建立了线性 PLSR 和非线性 SVR 预测模型，通过图像和光谱的数据融合，提高了模型的预测精度，数据融合流程见图 5-8。表 5-1 中结果表明，与单数据相比，基于低层次融合的 PLSR 和 SVR 模型并没有有效提高模型的预测精度，预测结果较差。而中间层融合去除了大量无用的图像与光谱信息，建立了绿茶加工过程中水分含量的预测精度较高的 PLSR 和 SVR 模型。如表 5-2 所示，CARS + PCA 模型所对应的校正集的相关系数（R_c）和均方根误差（$RMSE_c$）分别是 0.9804 和 0.0425，预测集的相关系数（R_p）和均方根误差（$RMSE_p$）分别为 0.9777 和 0.0490。

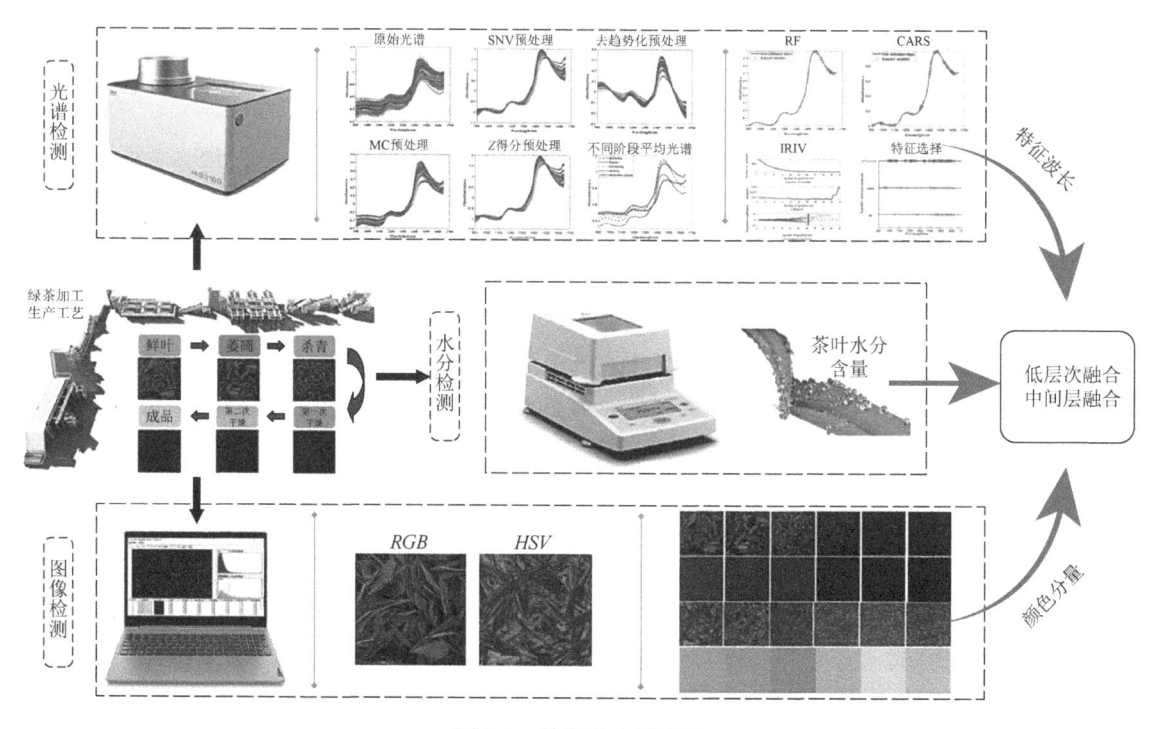

图 5-8 数据融合流程图

这些结果说明，基于机器视觉和近红外光谱的中间层融合可以有效预测绿茶加工过程中的水分含量，以及克服单一传感器预测精度低的问题。

表 5-1　基于单光谱和图像特征数据的 PLSR 和 SVR 模型在绿茶加工过程中水分含量预测中的性能

预测方法	模型	数据降维	校正集 R_c	RMSE$_c$/%	预测集 R_p	RMSE$_p$/%	RPD
近红外光谱	PLSR	RF + PCA	0.9734	0.0501	0.9679	0.0505	3.9175
		CARS + PCA	0.9740	0.0508	0.9556	0.0585	3.3921
		VCPA + IRIV + PCA	0.9745	0.0508	0.9689	0.0504	4.0035
	SVR	RF + PCA + PCA	0.9791	0.0454	0.9680	0.0513	3.9798
		CARS + PCA	0.9831	0.0412	0.9566	0.0608	3.4202
		VCPA + IRIV + PCA	0.9796	0.0443	0.9736	0.0460	4.4154
机器视觉	PLSR	PCA	0.9576	0.0623	0.9702	0.0575	4.0211
	SVR		0.9722	0.0564	0.9760	0.0507	3.9958
	PLSR	Z 得分 + PCA	0.9581	0.0610	0.9505	0.0656	3.5388
	SVR		0.9743	0.0481	0.9669	0.0512	4.0855

表 5-2　基于融合数据的 PLSR 和 SVR 模型在绿茶加工过程中水分含量预测中的性能

模型	融合数据	数据降维	校正集 R_c	RMSE$_c$/%	预测集 R_p	RMSE$_p$/%	RPD
PLSR	低层次	Z 得分 + PCA	0.9736	0.0491	0.9756	0.0499	4.1740
	中间层	RF + PCA	0.9779	0.0479	0.9747	0.0479	4.5051
		CARS + PCA	0.9761	0.0491	0.9737	0.0497	4.3161
		VCPA + IRIV	0.9785	0.0484	0.9742	0.0478	4.5678
SVR	低层次	Z 得分 + PCA	0.9783	0.0453	0.9756	0.0514	4.0764
	中间层	RF + PCA	0.9794	0.0437	0.9773	0.0499	4.2040
		CARS + PCA	0.9804	0.0425	0.9777	0.0490	4.5002
		VCPA + IRIV	0.9795	0.0433	0.9775	0.0505	4.2156

注：RPD 为相对预测偏差。

2. 红茶发酵过程品质变化的预测

红茶是最受欢迎的健康饮品，全球茶叶消费量的约 75%来自红茶。在传统的工业生产中，红茶的制备通常分为四个步骤：萎凋、揉捻、发酵和干燥。发酵是红茶加工中最关键的过程，直接决定了成品茶的质量和风味特性。红茶的发酵属于自然发酵过程，在多酚氧化酶和过氧化酶的作用下，茶多酚和儿茶素发生酶促氧化反应，产生了一系列的氧化产物，如茶黄素（TFs）、茶红素（TRs）和茶褐素（TBs）。随着茶叶色素的形成和叶绿素的降解，茶叶的颜色逐渐从绿色变为红褐色。氨基酸、类胡萝卜素和其他物质降解产生醇、醛、酯、酮等物质，形成了红茶独特的风味。传统上，红茶的发酵程度取决于茶叶制作者的直觉和经验，这在很大程度上受主观和情感因素的影响。

Zhou 等为了科学客观地监测红茶的发酵质量，采用了计算机视觉系统（CVS）和电子鼻对'英红 9 号'红茶的图像和气味特征值进行分析（图 5-9）。首先，分析了茶多酚、挥发性物质、图像特征值和气味特征值随着发酵时间延长的变化趋势，并将发酵过程分为不足、适度、过度三个阶段。其次，采用主成分分析（PCA）对 CVS 采集的图像和电子鼻获取的气味特征值进行处理。在 117 个挥发性成分上进行了偏最小二乘判别分析（PLS-DA），根据每个挥发性成分在投影中的变量重要性（VIP≥1）和单因素方差分析（$P<0.05$）筛选出 51 个差异挥发物，包括

香叶醇、芳樟醇和 α-紫罗兰酮。然后，通过数据融合策略将图像特征和气味特征进行融合。最后，将图像、气味和融合信息与随机森林（RF）、K 最近邻（KNN）和支持向量机（SVM）相结合，建立不同发酵阶段的分类模型并进行比较。表 5-3 显示，单一的计算机视觉传感器最佳预测模型为 CV-SVM，训练集的分类准确率为 91.11%，测试集的分类准确率为 82.22%；单一的电子鼻传感器最佳预测模型为 EN-PCA-KNN，训练集的分类准确率为 88.89%，测试集的分类准确率为 86.67%。表 5-4 显示，集成 SVM 的特征级融合策略是最有效的方法，训练集的分类准确率为 100%，测试集的分类准确率为 95.56%。图 5-10 显示，基于特征级融合策略的支持向量回归（SVR）预测模型在茶多酚含量方面的性能优于数据级模型（R_c、$RMSE_c$、R_p 和 $RMSE_p$ 分别为 0.96、0.48mg/g、0.94 和 0.6mg/g）。

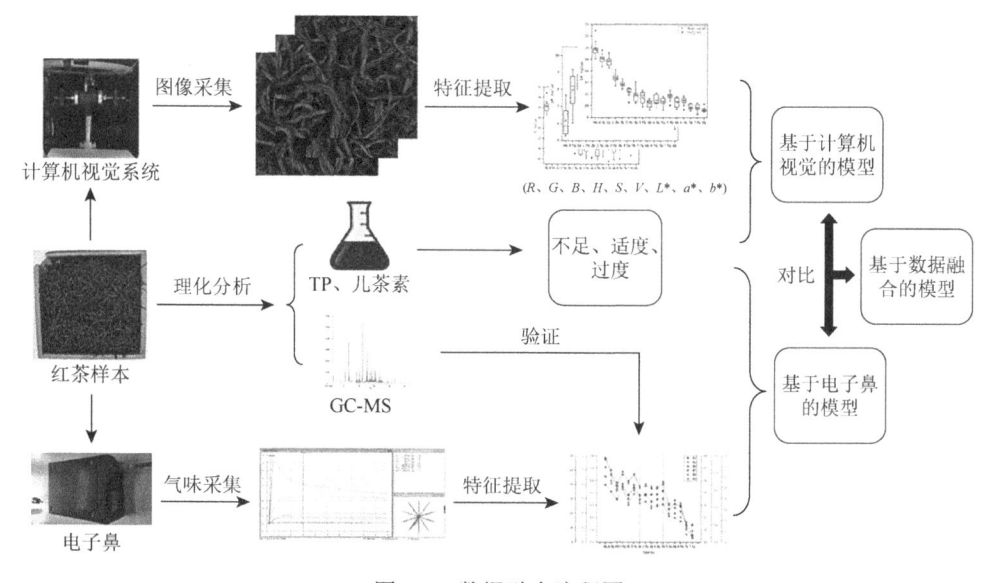

图 5-9 数据融合流程图

表 5-3 基于计算机视觉和电子鼻的红茶发酵度分类模型

模型	参数	训练集分类准确率/%	测试集分类准确率/%
CV-RF	$n = 80$	85.56	82.22
CV-PCA-RF	$n = 30$	90	74.44
CV-KNN	$k = 7$	86.67	78.89
CV-PCA-KNN	$k = 3$	85.56	76.67
CV-SVM	$c = 36.23$, $g = 0.01$	91.11	82.22
CV-PCA-SVM	$c = 420.37$, $g = 0.01$	86.67	80
EN-RF	$n = 30$	87.78	72.22
EN-PCA-RF	$n = 100$	90	82.22
EN-KNN	$k = 3$	85.56	76.67
EN-PCA-KNN	$k = 5$	88.89	86.67
EN-SVM	$c = 640.32$, $g = 0.35$	88.89	80
EN-PCA-SVM	$c = 45.81$, $g = 0.02$	90	80

注：CV 表示计算机视觉，EN 表示电子鼻；RF、KNN 和 SVM 表示基于原始数据的模型；PCA-RF、PCA-KNN 和 PCA-SVM 表示基于主成分数据的模型。

表 5-4　基于数据级融合策略的红茶发酵度分类模型

模型	参数	训练集分类准确率/%	测试集分类准确率/%
DL-RF	$n=100$	100	85.56
FL-RF	$n=20$	100	88.89
DL-KNN	$k=7$	100	87.78
FL-KNN	$k=5$	100	91.11
DL-SVM	$c=106.32$，$g=0.02$	100	93.33
FL-SVM	$c=86.59$，$g=0.51$	100	95.56

注：DL 为数据级融合策略，FL 为特征级融合策略。

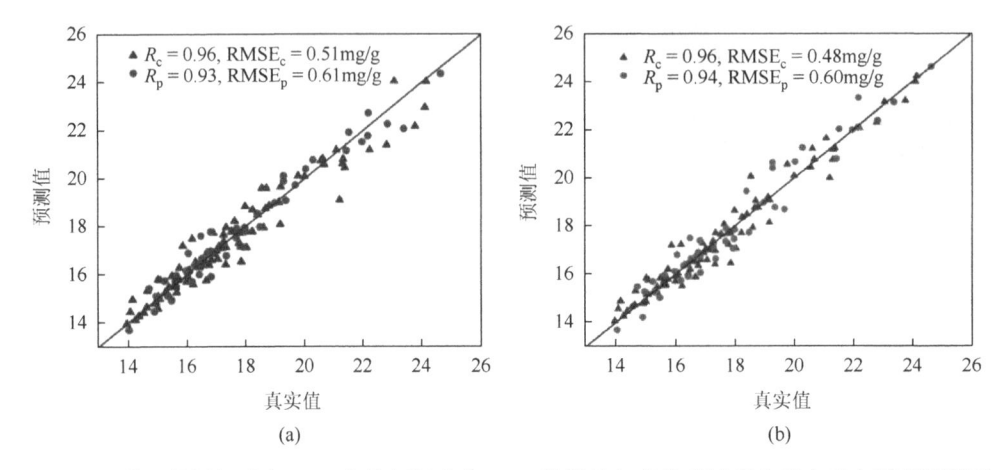

图 5-10　基于数据级融合（a）和特征级融合（b）数据的红茶发酵过程中茶多酚含量预测模型

5.4.2　水果加工过程多传感器信息融合监测

1. 鲜榨草莓汁冷藏过程品质的预测

草莓汁是一种深受消费者喜爱的果蔬加工产品，因其丰富的风味、营养和生物活性物质而备受青睐。然而，微生物污染是果汁行业的一个重要问题，微生物代谢产物会影响鲜榨草莓汁的风味和口感，并最终导致品质和价值降低。虽然热处理可以有效减少微生物的生长，延长果汁品质，但可能导致营养损失，并改变产品的风味和外观。目前，尚无统一的国家标准评估鲜榨草莓汁的营养、质量和安全性。我国浙江省的地方标准指出，当总细菌计数达到 5 CFU/mL（CFU 表示菌落形成单位）时，食品的安全性将会丧失。目前检测鲜榨果汁的方法有平板计数法、核糖体 RNA 测序、DNA 探针等方法，虽然较为精确，但是操作复杂且具有破坏性。

Zhang 等通过利用电子鼻和电子舌结合四种微生物动力学中的 Logistic 模型、Gompertz 模型、Huang 模型和 Baranyi 模型来检测鲜榨草莓汁冷藏过程中的细菌数。图 5-11（a）为电子鼻系统的示意图，图 5-11（b）为电子舌系统的示意图。冷藏过程中可以使用单一系统的电子鼻或电子舌传感器来预测鲜榨草莓汁冷藏过程的总细菌计数，电子鼻和电子舌的融合在预测鲜榨草莓汁冷藏过程的总细菌计数方面具有最佳拟合精度。如表 5-5 所示，传感器融合后的预测模型决定系数（R_p^2）为 0.954~0.964。与单独使用电子鼻系统或电子舌系统的预测结果相比，多传感器融合可以提高细菌总数预测的准确性。

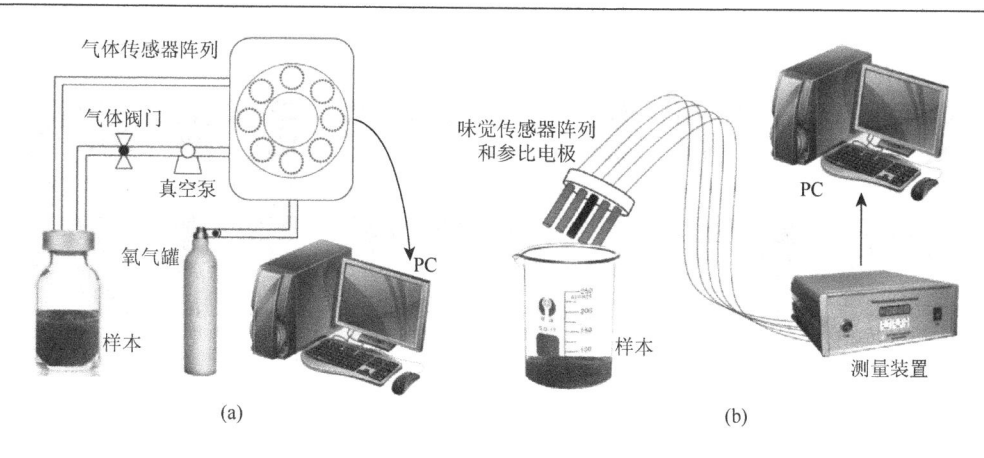

图 5-11　电子鼻系统示意图（a）和电子舌系统示意图（b）

表 5-5　不同微生物动力学拟合模型预测性能

传感器	模型	λ/h	μ_{max}/h^{-1}	R_p^2	RMSE$_p$
电子鼻	Gompertz	10	0.031	0.893	0.478
	Logistic	22.3	0.027	0.919	0.401
	Huang	2.4	0.03	0.92	0.414
	Baranyi	2.9	0.03	0.923	0.407
电子舌	Gompertz	23.24	0.02	0.873	0.31
	Logistic	83.59	0.053	0.885	0.295
	Huang	38.07	0.03	0.881	0.29
	Baranyi	69.82	0.065	0.884	0.296
融合	Gompertz	9.24	0.05	0.954	0.505
	Logistic	75.67	0.022	0.961	0.462
	Huang	0.96	0.045	0.963	0.45
	Baranyi	8.897	0.045	0.964	0.464

注：λ 表示细菌在鲜榨草莓汁中开始增长所需的时间；μ_{max} 表示细菌在鲜榨草莓汁中的最大增长速率。

2. 木瓜干燥过程品质参数的预测

木瓜是一种重要的水果作物，富含维生素 A 和维生素 C 以及钙、钾和镁等营养物质。从生物学角度来看，木瓜容易迅速衰老导致其高度易腐，因此采摘后会有大量损失。目前，干燥是木瓜最常用的保鲜方法之一，无论产量多高，都可保持木瓜的可食性和经济性。在干燥过程中，产品的密度、孔隙度、体积、形状和表面硬度是最重要的质量评价属性。

Udomkun 等使用计算机视觉和光散射分析技术结合线性回归分析来检测木瓜在干燥过程中的收缩情况。通过分析数字图像中的顶部区域和光散射图像的光强度（图 5-12），建立预测木瓜干燥过程收缩情况的模型。图 5-12 为木瓜样本顶部区域（A_{top}）图像（a）和光散射图像（b），在 80℃干燥环境下随着干燥时间的增加，样品收缩率（S）高达 36%，并且照射区域（A_I）和光强度（I_L）值的变化受干燥时间的影响较大，随着水分含量（X）的降低，A_I 减小，而 I_L 增加。

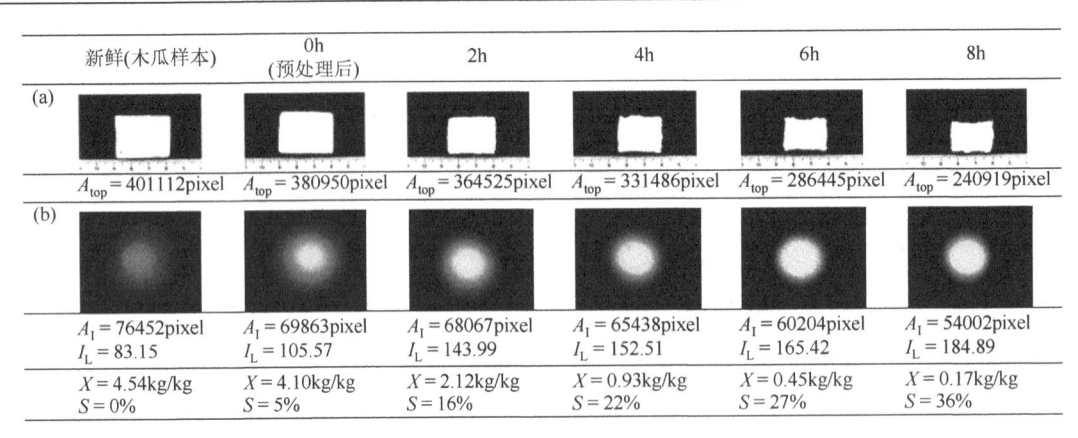

	新鲜(木瓜样本)	0h(预处理后)	2h	4h	6h	8h
(a)	A_{top} = 401112pixel	A_{top} = 380950pixel	A_{top} = 364525pixel	A_{top} = 331486pixel	A_{top} = 286445pixel	A_{top} = 240919pixel
(b)	A_I = 76452pixel I_L = 83.15 X = 4.54kg/kg S = 0%	A_I = 69863pixel I_L = 105.57 X = 4.10kg/kg S = 5%	A_I = 68067pixel I_L = 143.99 X = 2.12kg/kg S = 16%	A_I = 65438pixel I_L = 152.51 X = 0.93kg/kg S = 22%	A_I = 60204pixel I_L = 165.42 X = 0.45kg/kg S = 27%	A_I = 54002pixel I_L = 184.89 X = 0.17kg/kg S = 36%

图 5-12　不同传感器采集的图

（a）顶部区域图像；（b）光散射图像；pixel 为像素

式（5-4）为计算机视觉与光散射参数相结合的线性回归分析模型，即

$$S = a \times \ln I_L + b \times \left(\frac{A}{A_0}\right)^{\frac{2}{3}} + c \times A_I + d \tag{5-4}$$

式中，A 为图像区域的值；A_0 为初始图像区域的值；a、b、c、d 均为模型系数。从图 5-13 的结果中可以清楚地看出，相比计算机视觉模型［图 5-13（A）］和光散射模型［图 5-13（B）］，组合模型［图 5-13（C）］更准确地预测了实验数据，具有更高的决定系数和更低的平均绝对百分比误差（MAPE）。

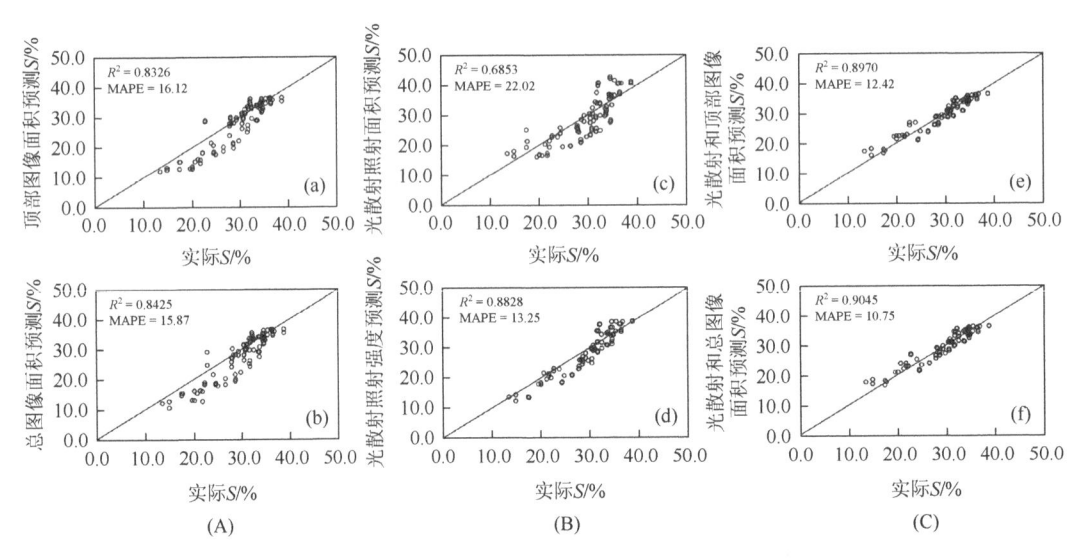

图 5-13　不同传感器的木瓜干燥收缩率模型预测结果

（A）计算机视觉模型；（B）光散射模型；（C）组合模型

5.4.3　乳制品加工过程多传感器信息融合监测

1. 牛奶加工过程脂肪浓度的预测

对于乳制品行业来说，产品范围扩大和周转时间缩短的趋势导致了对乳制品运行时间和灵活流程的需求。在牛奶厂的工艺启动、中间漂洗和产品转换过程中，大量的牛奶和漂洗水都被

浪费掉。这导致产品浪费和处理废液的成本等经济损失。虽然温度、流量、密度和压力的监测在乳制品加工行业中常见，但是对于乳制品中脂肪浓度标准的监测，目前方法还很少。生产的起点，即牛奶被认为质量合适的时间，在传统上是使用固定时间间隔或使用电导率和浊度测量来定义。然而，由单独的电导率或浊度测量提供的信息相当有限，并且不容易解释，但是多个传感器结合的多元分析不仅可以提高确定特性的精度，还可以进行误差控制。Henningsson 等融合三种不同类型的传感器：一个电导率计、一个密度计和一个用于测量背向散射光的光学仪器，以便同时测定牛奶和脂肪的浓度。通过在乳制品巴氏杀菌机启动期间监测牛奶-水混合物中的牛奶和脂肪浓度，研究了基于标准仪器和多变量校准传感器融合，用于在线监测牛奶-水混合物的成分，如图 5-14 所示。

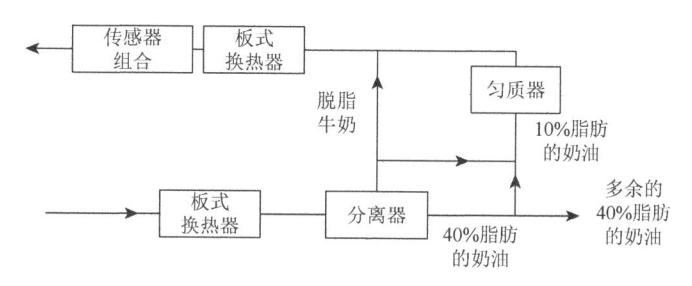

图 5-14　在乳制品厂的部分均质化实验中设置传感器的示意图

电导率和密度校准模型分别由式（5-7）和式（5-8）表示。牛奶-水混合物浊度，采用校准光学仪器对四种脂肪浓度、八种牛奶浓度和八种温度的所有组合进行三次重复测量。图 5-15 显示了不同脂肪含量（0.1%和 3.0%）以及不同温度（20℃和 70℃）下牛奶浓度变化情况。在较高温度下增加的浊度可能是由于在较高温度下酪蛋白胶束的体积增加。高于 60℃时，由于 β-乳球蛋白变性，这种增加是不可逆的并且具有很强的时间依赖性。最终，通过将三种传感器采集的数据进行融合，实现了牛奶-水混合物中牛奶和脂肪含量的预测 [式（5-9）]。

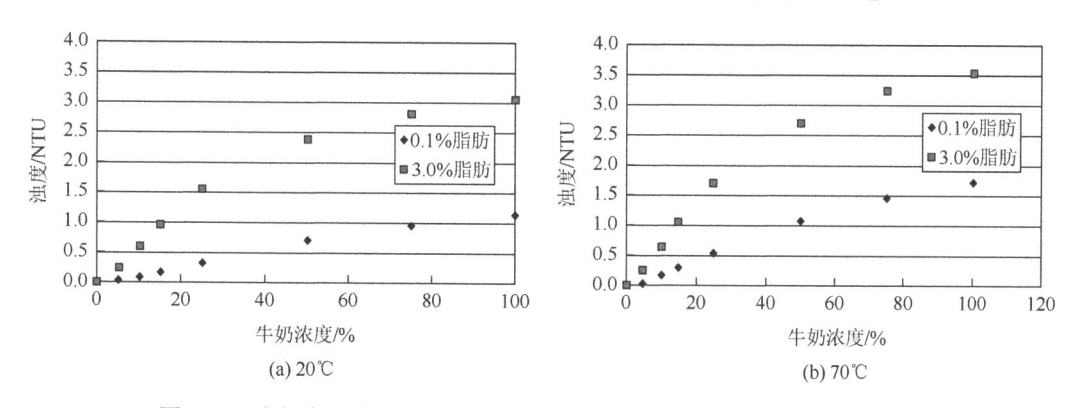

图 5-15　牛奶中两种不同脂肪含量的牛奶-水混合物校准光学仪器检测结果

式（5-7）描述了 2～70℃牛奶-水混合物的电导率，即

$$K = K_1 \cdot C \cdot 0.884 \cdot (1-F) \cdot 1.5 \tag{5-5}$$

$$K_1 = K_{1,25℃} \cdot 10 - 781\left(\frac{1}{T} - \frac{1}{298}\right) - 312033\left(\frac{1}{T} - \frac{1}{298}\right)^2 \tag{5-6}$$

$$K = K_1 \cdot \left(C + (1-C) \cdot \left(\frac{K_w}{K_1}\right)^{\frac{1}{0.884}}\right) 0.884 \cdot (1-F) \cdot 1.5 \tag{5-7}$$

式中，F 为牛奶-水混合物的脂肪分数；C 为牛奶分数；T 为热力学温度；$K_{1,25℃}$ 为未稀释的无脂牛奶在25℃时的电导率；K_w 为稀释工艺用水的电导率；K_1 为电导率。

式（5-8）描述了牛奶-水混合物的密度，密度由血清、乳脂和水的比例决定，即

$$\rho = x_{血清} \cdot \rho_{血清} + x_{乳脂} \cdot \rho_{乳脂} + x_{水} \cdot \rho_{水} \tag{5-8}$$

式中，$x_{血清}$、$x_{乳脂}$、$x_{水}$ 分别为血清、乳脂和水的比例；$\rho_{血清}$、$\rho_{乳脂}$、$\rho_{水}$ 分别为血清、乳脂和水的密度。$\rho_{血清} = 1036.6 - 0.09773 \cdot t - 0.003663 \cdot t^2$，$\rho_{乳脂} = 928.8 - 0.6652 \cdot t$，$\rho_{水} = 1000.3 - 0.02251 \cdot t - 0.004403 \cdot t^2$，$t$ 是以℃为单位的温度。

式（5-9）用于最小化牛奶-水混合物中的牛奶和脂肪含量的组合，以评估模型对传感器检测数据的拟合程度。

$$F(牛奶，脂肪) = \frac{(S_{turb} - M_{turb})^2}{V_{turb}} + \frac{(S_{cond} - M_{cond})^2}{V_{cond}} + \frac{(S_{dens} - M_{dens})^2}{V_{dens}} \tag{5-9}$$

式中，S_{turb} 为观察到的浊度传感器信号；M_{turb} 为使用该传感器校准得到的计算信号作为牛奶和脂肪含量的函数；V_{turb} 为测量的统计方差；下标 cond 和 dens 分别为电导率和密度的相应值。

传感器对测量变量的灵敏度可能随成分而变化，通过选择相互补充的传感器，为传感器融合提供了一个很好的工具，可以高精度地监控整个校准范围。通过使用每个传感器的加权因子，算法就会自动利用传感器的优势和劣势来评估样品的成分。

2. 酸奶发酵过程品质变化指标的预测

传感器信号融合可以显著改善生物过程监测，随着人工神经网络逐渐进入大众的视野，其被越来越多地与近红外光谱数据、电子鼻模式信号等结合用于在线监测。Cimander 等构建了一个多分析仪系统（图5-16），包括近红外光谱仪（400~1500nm）、电子鼻（配备了10个MOSFET-

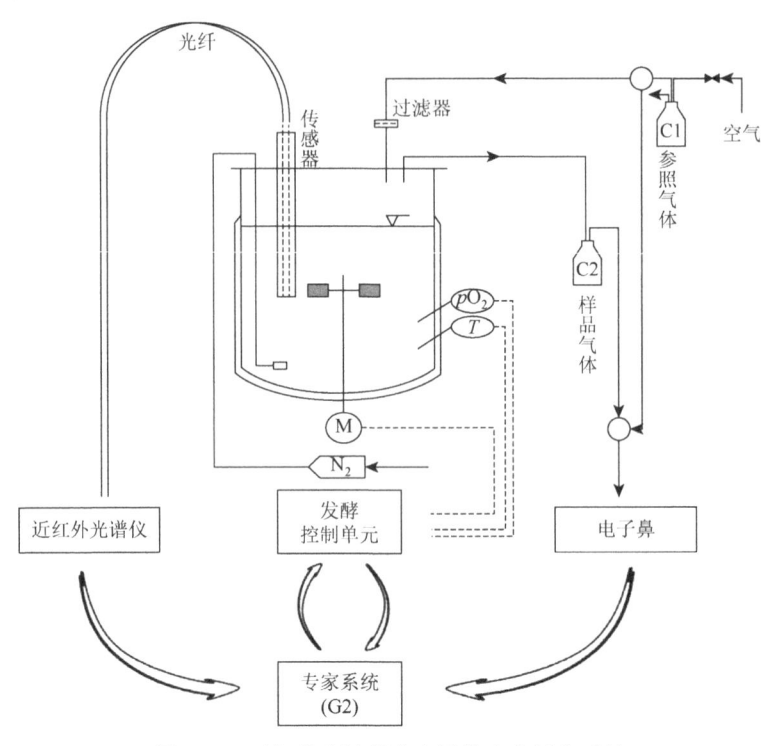

图 5-16 酸奶发酵过程中应用的多分析仪系统

C1 是补偿瓶1，以捕获冷凝蒸汽，并补偿微小的流量变化；C2 是补偿瓶2；pO_2 是氧分压，表示在混合气体中氧气所占的分压；T 是温度；N_2 是氮气；M 是旋转引擎

传感器）和标准在线探针。该系统采用主神经网络和二级神经网络共同处理传感器信号，其网络结构如图5-17所示：主神经网络融合来自电子鼻和近红外光谱仪的六个输入信号，定量预测品质变化过程变量，如乳糖（lactose）、半乳糖（galactose）、乳酸（lactic acid）和酸碱值（pH）；二级神经网络融合两个来自主神经网络的输出信号以及四个二阶导数的近红外光谱信号和反应器温度信号的一阶导数信号，定性预测过程状态变量，如发酵的开始或结束时间。虽然神经网络预测的准确性可以接受，但是通过修正错误数据（T^2统计和DmodX法），其稳定性和性能显著提高。图5-18是验证数据集中各工艺变量的预测结果，可以看到，除了对乳糖性能的预测外，对pH、乳酸、半乳糖和离散过程状态变量（P_{state}）的预测也很准确。此外，表5-6对半乳糖的过程变量预测误差从0.108g/100g（未校正信号数据）降低到0.066g/100g（对信号数据进行DmodX校正）。

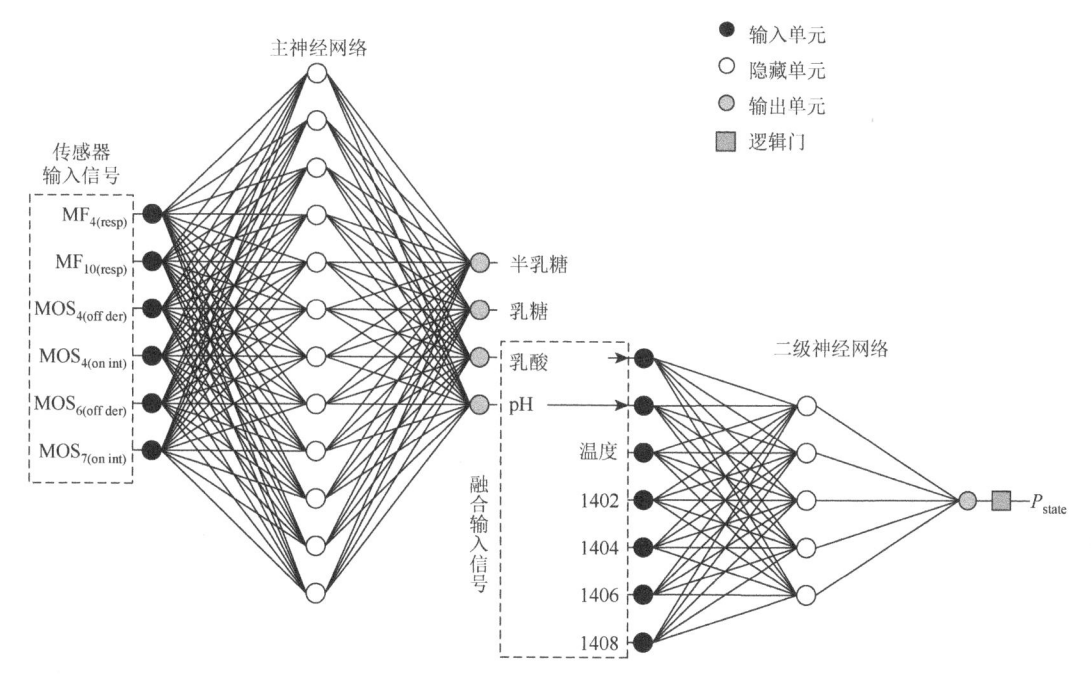

图5-17 用于传感器融合的神经网络拓扑

主神经网络从传感器接收六个输入信号，并与二级神经网络级联；二级神经网络接收七个输入信号；一个逻辑门对状态变量做出最终决策

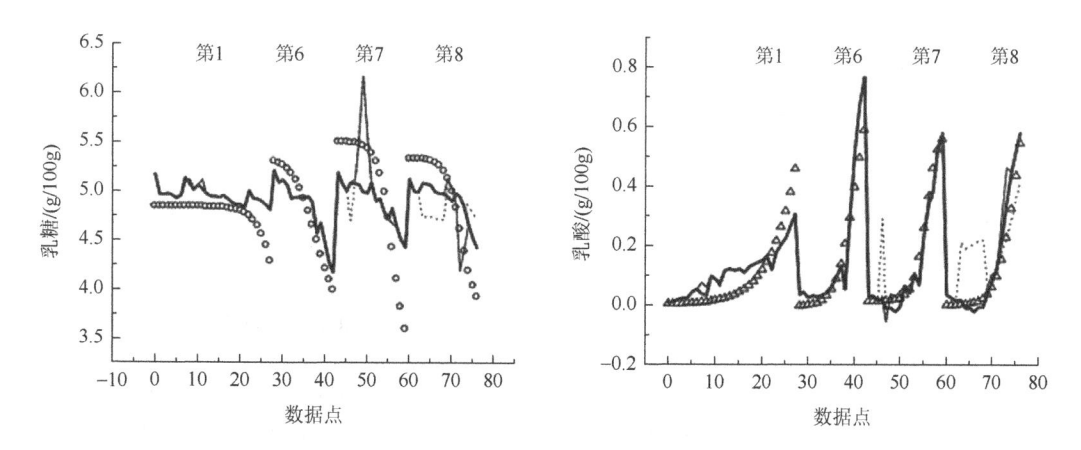

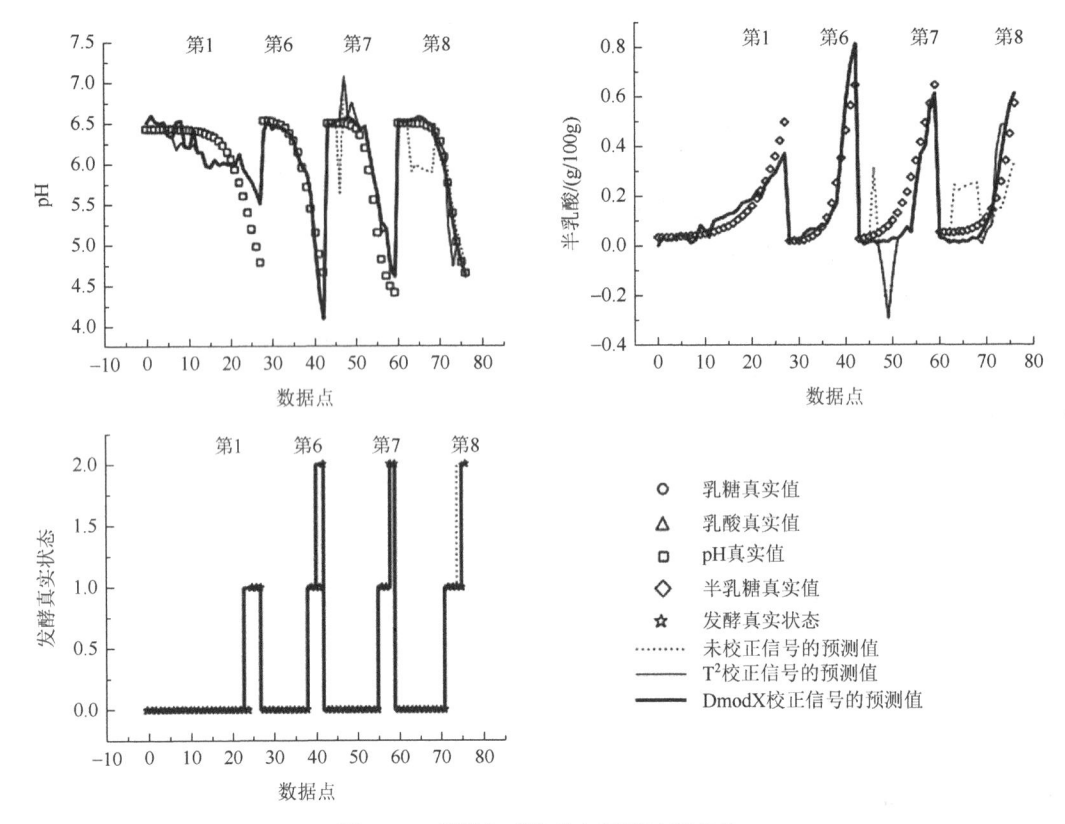

图 5-18　利用传感器融合预测过程变量

表 5-6　过程变量预测的误差

数据子集	pH^P	乳糖^P/(g/100g)	半乳糖^P/(g/100g)	乳酸^P/(g/100g)	$P^S_{统计分析}$			
					$F_总$	F_0	F_1	F_2
训练集	0.076	0.093	0.042	0.036	1.000	1.000	1.000	1.000
验证集$_n$	0.311	0.354	0.108	0.088	0.948	0.984	0.833	0.750
验证集$_{T^2}$	0.269	0.295	0.091	0.069	0.961	0.984	0.913	0.750
验证集$_{DmodX}$	0.243	0.301	0.066	0.062	0.961	0.984	0.913	0.750

注：P，主神经网络；S，二级神经网络；n，未校正验证；T^2 为统计校正验证；DmodX 为校正验证；$P^S_{统计分析}$ 为在总验证范围内正确分类的样品百分比；F_0 为初级处理阶段，F_1 为凝固阶段，F_2 为发酵完成阶段。

课外延伸阅读

[1] Paulus I, De Busscher R, Schrevens E. Use of image analysis to investigate human quality classification of apples. Journal of Agricultural Engineering Research, 1997, 68: 341-353.

[2] Martens H, Nielsen J P, Engelsen S B. Light scattering and light absorbance separated by extended multiplicative signal correction. Application to near-infrared transmission analysis of powder mixtures. Analytical Chemistry, 2003, 75 (3): 394-404.

[3] Nakano K. Application of neural networks to the color grading of apples. Computers and Electronics in Agriculture, 1997, 18: 105-116.

[4] 邹小波. 计算机视觉、电子鼻、近红外光谱三技术融合的苹果品质检测研究. 镇江：江苏大学，2005.

[5] Steinmetz V, Roger J M, Moltó E, et al. On-line fusion of colour camera and spectrophotometer for sugar content prediction of apples. Journal of Agricultural Engineering Research, 1999, 73: 207-216.

[6] Luzupiaga I A. Application of Computer Vision and Electronic Nose Technologies for Quality Assessment of Color and Odor of Shrimp and Salmon. Florida：University of Florida，1999.

[7] Zou X B，Wu S Y. Evaluating the quality of cigarettes by an electronic nose system. Journal of Testing and Evaluation，2002，30（12）：60-66.

[8] 胡文龙, 毛士艺. 基于数据融合的多传感器系统有源特征抑制. 电子学报, 1998, 26：37-41.

[9] Zou X B，Zhao J W，Wu S Y. The study of gas sensor array signal processing with new genetic algorithms. Sensors and Actuators B：Chemical，2002，87：437-441.

[10] 刘燕德, 应义斌. 苹果糖分含量的近红外漫反射检测研究. 农业工程学报, 2004,（1）：189-192.

[11] 王国庆, 邵学广. 离散小波变换-遗传算法-交互检验法用于近红外光谱数据的高倍压缩与变量筛选. 分析化学, 2005, 33（2）：191-194.

[12] 吴少岩, 许卓群. 遗传算法中遗传算子的启发式构造策略. 计算机学报, 1998,（11）：1003-1008.

[13] Penza M，Cassano G. Application of principal component analysis and artificial neural networks to recognize the individual VOCs of methanol/2-propanol in a binary mixture by SAW multi-sensor array. Sensors and Actuators B：Chemical，2003，89：269-284.

[14] 严衍禄, 张录达, 景茂, 等. 付里叶变换近红外漫反射光谱分析应用基础的研究. 北京农业大学学报, 1990,（S6）：5-17.

[15] Ouyang Q，Zhao J W，Chen Q S，et al. Classification of rice wine according to different marked ages using a novel artificial olfactory technique based on colorimetric sensor array. Food Chemistry，2013，138：1320-1324.

[16] Ouyang Q，Zhao J W，Chen Q S. Instrumental intelligent test of food sensory quality as mimic of human panel test combining multiple cross-perception sensors and data fusion. Analytica Chimica Acta，2014，841：68-76.

[17] Liu Z Y，Zhang R T，Yang C S，et al. Research on moisture content detection method during green tea processing based on machine vision and near-infrared spectroscopy technology. Spectrochimica Acta Part A，2022，271：120921.

[18] Zhou Q Y，Dai Z H，Song F H，et al. Monitoring black tea fermentation quality by intelligent sensors：Comparison of image，e-nose and data fusion. Food Bioscience，2023，52：102454.

[19] Zhang J W，Pan L Q，Tu K. Growth prediction of the total bacterial count in freshly squeezed strawberry juice during cold storage using electronic nose and electronic tongue. Sensors，2022，22（21）：8205.

[20] Udomkun P，Nagle M，Argyropoulos D，et al. Multi-sensor approach to improve optical monitoring of papaya shrinkage during drying. Journal of Food Engineering，2016，189：82-89.

[21] Henningsson M，Östergren K，Sundberg R，et al. Sensor fusion as a tool to monitor dynamic dairy processes. Journal of Food Engineering，2006，76（2）：154-162.

[22] Cimander C，Carlsson M，Mandenius C F. Sensor fusion for on-line monitoring of yoghurt fermentation. Journal of Biotechnology，2002，99（3）：237-248.

[23] Liu Z Y，Zhang R T，Yang C S，et al. Research on moisture content detection method during green tea processing based on machine vision and near-infrared spectroscopy technology. Spectrochimica Acta Part A：Molecular and Biomolecular Spectroscopy，2022，271：120921.

[24] Udomkun P，Nagle M，Argyropoulos D，et al. Computer vision coupled with laser backscattering for non-destructive colour evaluation of papaya during drying. Journal of Food Measurement and Characterization，2017，11：2142-2150.

[25] Cimander C，Carlsson M，Mandenius C F. Sensor fusion for on-linc monitoring of yoghurt fermentation. Journal of Biotechnology，2002，99（3）：237-248.

扩展与思考

[1] 请简要描述多传感器交互感应信息提取分析法, 并说明其在哪些领域中有应用。

[2] 实际应用中, 多传感器信息融合存在哪些限制和挑战。

第6章

食品加工过程参数智能监测技术

> **知识点**
> ➢ 食品加工过程参数智能监测与控制概述。
> ➢ 食品加工过程的仪表性能评价标准。
> ➢ 食品加工过程主要参数指标。
> ➢ 食品加工过程参数智能监测传感器。
> ➢ 食品加工过程参数智能监测与控制的应用。

在食品工业中，确保最终产品的一致性和高质量是一项极为重要又错综复杂的任务，而更好地把控食品加工过程中的参数监测与控制将使得这项复杂任务变得更为简单。例如，压力不仅在食品加工过程中影响着原料的物理性质，还直接关系到产品的质地和口感。产品的口味、多批次的一致性等则是通过流量的数值进行把控的。温度和湿度在食品加工中更是扮演着多重角色，温度控制不仅关系到食品的杀菌和保鲜，还直接影响到一些特定食品的质地和口感。而湿度的合理把控能够影响食品的水分含量，进而影响其保存期限和口感等。此外，食品加工过程中不同参数（如温湿度、气体、压力等）之间也存在耦合效应，了解这些参数的交互作用对于优化生产工艺、提升食品口感风味具有重要作用。通过有效监测和控制这些参数，生产者能够实现更加高效地生产，减少资源的浪费，确保产品具有稳定且优质的品质。在市场需求不断变化的情况下，这种对参数的细致掌控将赋予企业灵活性，使得企业能够迅速调整生产策略以适应市场的动态变化。这不仅对企业的可持续发展至关重要，同时也为整个食品行业的进步和创新提供了有力的支持。

6.1 食品加工过程参数智能监测技术与控制概述

6.1.1 食品加工过程参数

在现代食品工业生产过程中，对压力、流量、温度、湿度、pH和尾气等参数的控制，关系到产品的质量和安全。食物的品质、气味、滋味和外观等由其中的多个因素共同决定。因此，了解它们对食品的影响对于加工过程的控制起着指导性的作用。

压力影响着食品的物理性质和结构。其中，高压在食品加工中的应用为食品工业提供了一种高效、无化学残留的食品处理手段。通过在合适的条件下施加高压，可以实现微生物的灭活、食品结构的改变以及营养成分的保留，从而提高食品的安全性、口感和营养价值。例如，压力汽蒸能够促进水分的扩散，在这个过程中，米饭的硬度下降，而它的黏性上升，米饭的气味有了提升，其食用品质大大改善。还能缩短蒸煮时间，且不受器材容量的影响，具有一定的工业化前景。

流量控制在混合和搅拌过程中,对食品的均匀性和一致性产生影响。适当的流量管理能够确保添加剂、香料等均匀混合,提升产品的质量和口感风味,同时也为工艺控制和新产品开发提供了可能性。

温度是食品加工过程中一个至关重要的参数。温度控制可以影响食物的烹饪、冷冻、烘烤、发酵等过程。食物中的化学反应速率会随温度的改变而改变,继而食品的口感、颜色和营养价值等也会发生变化。例如,在黄酒的生产过程中,加热功率和出酒温度均对黄酒蒸馏酒的香气有着重大影响。此外,出酒率也随加热功率的提高而增加,随出酒温度的升高而减少。

在食品的储存和加工过程中,湿度的参数控制也起着重要的作用。过高或过低的湿度可能导致食品的变质、霉菌滋生或者产生结晶。在某些情况下,湿度的控制也与食品的纹理和保湿性有关。例如,对于不同水分含量轻腌大黄鱼,蜂房哈夫尼菌易造成鱼肉腐败变质,并且在水分含量为 60%时,其致腐能力越强,与一些胺类腐败代谢产物相关性越显著。故可以适当降低水分含量,以达到延长产品的货架期,保证产品风味的目的。

pH 是指食品中的酸碱度。pH 不仅影响食品的质地、口感和颜色,还对酶活性、食品保鲜和调味产生重要影响。借助对 pH 的调控,我们能够提升食品的稳定性,优化其口感,也能够延长食品的保质期。例如,在发酵香肠中,pH 需降至一定的限度才能有效抑制腐败菌的滋生;果酱产品中通过降低 pH,来降低杀菌温度,从而保证果酱风味和保质期。

在食品生产过程中,产生的尾气可能包含一些有害的物质,这些气体可以导致食品变质,影响食品的口感和色泽。此外,一些加工过程可能会产生一些对环境有害的气体,如二氧化碳、氨气、硫化氢等,这些气体不仅对环境有害,而且对操作员有潜在的健康风险。因此,对食品加工过程中的尾气进行有效的监控和处理非常重要。

6.1.2 食品加工过程多参数耦合

食品加工过程中的参数不仅单独对食品的加工过程有着极其重要的影响,而且它们之间的耦合效应也对食品品质风味有着不可忽视的作用。

1. 温度与湿度的耦合

在食品生产过程中,温湿度是较重要的参数因子,常常需要同时控制温度和湿度。例如,清香型乌龙茶精制的最后关键工序——恒温干燥,就是为保持色泽和香气,通常采用自动烘焙机控制温度 70℃,相对湿度 30%,焙至足干,茶叶含水率控制在 5%~6%,以利于保持清香型乌龙茶翠绿的色泽和高锐的清香。在这个过程中,一方面,湿度会影响空气的热传递。在相同的温度下,湿度越高,空气中的水分子就越多,热传递就会受到阻碍,影响茶叶烘焙过程中水分的散失;而温度对湿度的影响是通过空气中的水分子蒸发来实现的。随着温度的升高,水分子的蒸发速度也随之增加,空气中的湿度就会降低,这样热传递效果又会有所改善。另一方面,在烘焙机中,加热使温度升高,由于茶叶内部水分的释放,湿度随之升高,这时开启排湿装置以排出湿气,但同时又会吸入外部冷空气,反过来又降低茶叶温度。可见,温湿度自身的相互影响以及烘焙机的工作流程,都会使得烘焙过程中存在温度和湿度耦合问题,对于茶叶风味的影响又会变得更为复杂。

通常,我们将含有水蒸气的空气称为湿空气,将湿空气看作混合物,以干空气为溶剂,水蒸气为溶质,温湿度之间相互影响主要由湿空气中水蒸气的含量决定。湿空气的湿度通常用绝对湿度、相对湿度和比湿度来表示,借此建立温湿度的热力学方程,这样便可量化这种耦合效应。温度、湿度共同影响着茶叶烘焙过程中的水分、酶的活性、化学反应、形状和质地等,对二者进行实时的精确调控,将直接影响最终茶叶的香气、口感、形状和颜色。

2. 温度与pH的耦合

酸碱度，也称为pH，是用来描述酸性或碱性程度的指标。pH的范围为0～14，其中7表示中性。低于7的值表示酸性，如柠檬汁、醋等，而高于7的值表示碱性，如葡萄、草莓等。具体来说，pH是通过测量溶液中氢离子（H^+）的浓度来确定的。当溶液中H^+浓度较高时，pH较低，表明溶液为酸性；反之，当H^+浓度较低时，pH较高，表明溶液为碱性。

一方面，温度的升高通常会使离子的活动度随之提高。在溶液中，酸和碱通过释放或接收氢离子（H^+）和氢氧根离子（OH^-）而产生，因温度升高而增加的离子活动度可能导致溶液酸碱性的变化，进而改变食品的品质、风味和保质期等。另一方面，温度的升高通常会加快化学反应的速率。对于一些加工过程中涉及酸碱反应的食品，温度的变化通常也会影响到最终食品的风味。在水果的加工过程中，温度的变化可以影响果汁或果酱的酸度。水果中含有天然的有机酸，如柠檬酸和苹果酸。在果汁的提取和果酱的煮制过程中，温度的升高有助于这些有机酸的溶解和释放。另外，由于在加工过程中，常需要人为添加酸碱添加剂优化食品口感，所以温度的变化也会影响到这些酸碱反应的速率和程度，从而最终影响到食品的口感。

6.1.3 食品加工过程的仪表性能指标

仪器仪表是各个行业必备的基础设备，不仅能够对设备的运行数据进行检测，还能将不同物理量、物质成分以及物理参数等参数予以显示，进而方便生产管理与控制。而检测仪表品质的优劣是用一系列性能指标作为评定依据的，而其性能指标的确定又有如下要求：首先，这些指标必须是能够测量的；其次，必须能通过这一系列指标全面地控制仪表的性能；最后，性能指标必须具有确定的意义，能够代表仪表的某一种性能。

目前，性能指标可分为动态性能指标和静态性能指标两类，属于动态性能指标的有阶跃响应、频率响应和斜坡响应等，而静态性能指标则有精确度、灵敏度和输入输出特性等。以下将主要介绍和讨论静态性能指标。

1. 精确度

1) 测量误差

在各变量值的测量过程中，检测人员的主观性和周围环境带来的影响，使得测量的结果不可能绝对准确，当然，仪表本身的优劣之分等因素也影响着测量结果的准确性。仪表显示的测量值和被测变量的真实值之间会存在一定程度上的差异，这一差异表示为测量误差，用于评价某一次具体测量的好坏。测量误差通常分为绝对误差与相对误差。

绝对误差理论上是指仪表上指示值与被测变量真实值之间的差值，但是被测变量的真实值仅是客观存在的，无法真正得到。因此，一般规定某台检测仪表各点读数的绝对误差是指在其量程范围内，使用该检测仪表（精度较低）与标准表（精度较高）同时对相同被测变量进行测量，两个读数之差即为绝对误差，即式（6-1）所示：

$$\Delta = x - x_0 \tag{6-1}$$

式中，Δ为绝对误差；x为检测仪表的读数；x_0为标准表的读数。

同时，为了能够反映测量工作的精细程度，常用绝对误差除以被测变量的真实值来表示相对误差。如前文所述，真实值是不能够确定的，因此，根据所引用参考值的不同，相对误差有两种表示方法。当参考值为被测变量真实值x_i时，称为实际相对误差δ_A；当参考值为标准表读数值x_0时，称为标称相对误差δ_R。

$$\delta_{\mathrm{A}} = \frac{\varDelta}{x_i} \times 100\% \tag{6-2}$$

$$\delta_{\mathrm{R}} = \frac{\varDelta}{x_0} \times 100\% \tag{6-3}$$

2）引用误差

如前文所述，检测仪表的绝对误差可以用来表示某次测量结果的精确度，但若用来表示仪器的精确度则不太恰当。检测仪表精确度最重要的是需要考虑能够测量某一规定范围（测量范围），而不是只测量某一固定大小的被测变量。因此，为了能够衡量仪器的精确度，工业上通常将绝对误差折合成检测仪表测量范围内的百分数，即引用误差 δ_{Ref}（或相对百分误差），如式（6-4）所示：

$$\delta_{\mathrm{Ref}} = \frac{\varDelta_{\max}}{\text{量程}} \times 100\% \tag{6-4}$$

式中，$\varDelta_{\max}$ 为绝对误差中的最大值；量程为测量范围上限值与测量范围下限值之差。

根据检测仪表的使用要求，精确度用检测仪表的最大引用误差 $\delta_{\max}$（或最大允许误差）来表示，用于整体评估检测仪表在其测量范围内测量的好坏。仪表的 $\delta_{\max}$ 越大，表示它的精确度越低；反之，其精确度越高。式（6-5）为 $\delta_{\max}$ 的表达式：

$$\delta_{\max} = \pm \frac{\varDelta_{\max}}{\text{量程}} \times 100\% \tag{6-5}$$

事实上，国家规定，将仪表的最大引用误差去掉"±"号及"%"号，便可以用来确定仪表的精确度等级 a。所使用检测仪表的精确度等级 a 数值越小，就说明其精确度和精确度等级越高。实践中选择仪表精确度等级时，存在着根据仪表校验数据或根据工艺要求来确定这两种不同情况。前者应该满足仪表的精确度等级值不小于由校验结果所计算出的精确度值；而后者则需满足精确度等级值不大于工艺要求所计算出来的精确度值。目前，我国生产的仪表常用的精确度等级有 a 为 $\frac{0.005, 0.01, 0.02, 0.05}{\text{一级标准表}}$、$\frac{0.1, 0.2, 0.4, 0.5}{\text{二级标准表}}$、$\frac{1.0, 1.5, 2.5, 4.0}{\text{工业用表}}$ 等，并使用多种不同形式的符号标注在仪表上。

2. 灵敏度

灵敏度是指检测仪表在到达稳态后，输出增量与输入增量之比，即

$$S = \frac{\Delta Y}{\Delta X} \tag{6-6}$$

式中，S 为灵敏度；ΔY 为输出变量 Y 的增量；ΔX 为输出变量 X 的增量。对于带有指针和刻度盘的仪表，式（6-6）中的增量可以表示为 $\Delta Y = \Delta \alpha$，$\Delta X = \Delta x$，其中 $\Delta \alpha$ 为仪表指针的线位移或角位移，Δx 为引起 $\Delta \alpha$ 的被测参数变化量，灵敏度可直观地理解为单位输入变量所引起的指针偏转角度或位移量。当仪表具有线性特征时，其灵敏度为常数；反之，当仪表具有非线性特性时，其灵敏度将随着输入变量的变化而改变。

检测仪表的灵敏度可采用增大转换环节的放大倍数来提高，但是想通过不断提高灵敏度来达到更精准的测量是不合理的，这将会造成虚假的高精度现象。因此，通常规定仪表标尺刻度上的最小分格值不能小于仪表所允许的最大绝对误差值。

3. 线性度

在通常情况下，总是希望检测仪表的特性曲线呈直线趋势，即具有线性特征。但是，专业

人员对那些理论上具有线性特性的仪表进行校准时，由于各种因素的影响，时常发现其实际的特性曲线偏离了所规定的直线。因此，在检测技术中，采用线性度这一指标来描述仪表的输入-输出特性曲线与理论规定直线之间的吻合程度（图 6-1），输入-输出特性曲线与理论规定直线之间的最大偏差的绝对值称为线性度误差，其线性度可表示为

$$L = \frac{|Y_{01} - Y_{02}|}{Y_{max}} \quad (6-7)$$

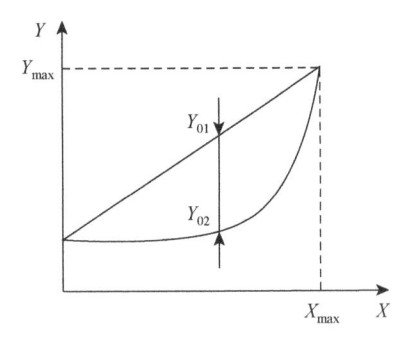

图 6-1 仪表线性度示意图

式中，L 为线性度；Y_{01} 为理论特性曲线和实际特性曲线之间偏差最大时对应的理论输出值；Y_{02} 为理论特性曲线和实际特性曲线之间偏差最大时对应的实际输出值；Y_{max} 为满量程输出；X_{max} 为满量程输入。

4. 分辨力

当输入变量从某个非零值开始缓慢地增加，直到可以观测到输出变量的变化时，输入变量的增量即为仪表的分辨力，它是反映被测变量所能检出的最小变化的指标。分辨力又称灵敏限，是灵敏度的一种反映。一般来说，仪表的灵敏度越高，分辨力越高。

对于数字式仪表，分辨力是其显示器的最末位数字。例如，数字电压表显示器末位一个数字所代表的输入电压值就是其分辨力，通常以最高分辨力作为数字电压表的分辨力指标。例如，某 5 位数字显示的电压仪表，其最低量程是 0~1.0000V，末位一个数字的等效电压为 10μV，便可说该表的分辨力为 10μV。当数字式仪表的灵敏度用它与测量范围的相对值表示时，便是分辨率。分辨力与仪表的有效数字位数有关，如一台仪表的有效数字位数为三位，其分辨率便为千分之一。

5. 滞环、死区和变差

仪表内部的某些元件由于长时间工作将会发生弹性变形、磁滞等现象，这类现象使得仪表测量所得的实际上升曲线和实际下降曲线出现不重合的情况，进而使得仪表的特性曲线呈现环形，这种现象称为滞环。如图 6-2（a）所示，滞环效应使得仪表的同一输入值常对应多个输出值，并出现误差。

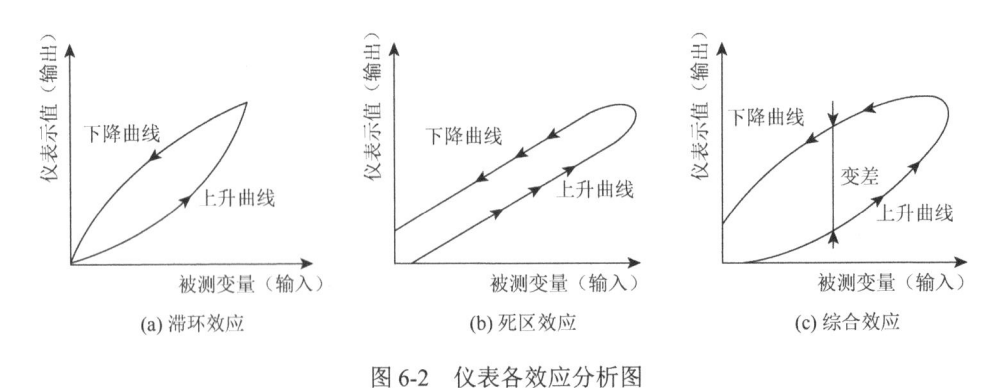

(a) 滞环效应　　(b) 死区效应　　(c) 综合效应

图 6-2 仪表各效应分析图

同样地，由于类似传动机构间摩擦和间隙这类状况的存在，仪表内部的某些元件也具有死

区效应。这种死区效应使得仪表输入在小到一定范围后不足以引起输出的任何变化，而这一范围则称为死区。死区效应也使得仪表所得的实际上升曲线和实际下降曲线出现不重合的现象，其特性曲线如图 6-2（b）所示。因此，存在死区的仪表要求输入值大于某一限度才能引起输出的变化，而死区也被称为不灵敏区。当然，也有可能某个仪表具有综合效应，即仪表同时被滞环效应和死区效应影响的情形，综合效应下的仪表特性曲线如图 6-2（c）所示。

在以上三种情况下，实际上升曲线与实际下降曲线之间都存在着变化的差值，其中最大的差值称为变差。

6. 重复性和再现性

重复性是指在相同的工作环境下，连续多次地同方向对同一被测变量进行测量，所得的多个输出值之间相互一致的程度。在实践中，某种仪表的重复性一般选用实际上升曲线或实际下降曲线中的最大离散程度进行表示。

再现性则表示为实际上升曲线和实际下降曲线之间的离散程度，它常常取两种曲线之间离散程度最大点的值来表示。图 6-3 中列出了在相同工作环境下测出的仪表的三条实际上升曲线和实际下降曲线，并直观地标注了此仪表的重复性与再现性如何分析。

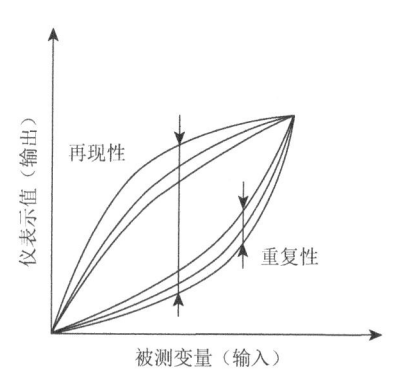

图 6-3　重复性和再现性分析

7. 反应时间

当用检测仪表对被测变量进行测量时，被测变量开始变化，但仪表上的指示值需要经过瞬息之后才能准确地将数值显示出来，衡量这种响应快慢的指标即为反应时间。

反应时间的量化值，可表示为当输入信号突然变化一个数值后，输出信号（仪表示值）由开始变化至达到新稳态值 63.2%所用的时间。当信号接近峰值时，系统的响应速度会减缓，而反应时间的 63.2%则提供了一个相对快速响应的度量。反应时间在仪表各项性能指标中是不容忽视的。例如，在化学分析、食品科学等领域中常见的液相色谱仪，实验人员使用其进行相关高效分析时，若反应时间过长即响应过慢，则会使色谱峰变形失真，记录的谱峰相比真实谱峰显著加宽，峰高也比真实峰高低，这将严重影响色谱分析的可靠性和准确性；而响应时间过短，则导致高频噪声影响严重。

8. 长期稳定性

长期稳定性是指仪表在较长的规定时间内保持不超过允许误差范围的能力。

6.2　环境因子监测指标

在食品加工过程中，为了正确地指导加工操作、保证加工安全、提高产品质量和实现生产过程自动化，一项必不可少的工作是及时且准确地测量各加工过程中环境因子的参数，如压力、流量、温度、湿度、pH、尾气等，进而根据检测结果对相关环境因子进行调节或控制。

6.2.1 压力

1. 概述

工程中,所谓压力是指垂直作用于物体表面的力。在食品加工过程中,与压力相关的因素涵盖了多个方面,包括加工设备、流体力学、杀菌及包装等。以下是一些与压力相关的重要方面。

(1)加工设备压力。如实验中常用的高压灭菌锅、蒸煮器、压榨机等,这类设备的设计和操作都必须考虑到所需的处理压力,以确保加工效果和食品的安全性。

(2)超高压加工。超高压加工技术是食品加工过程中常用的一项技术。一方面,这项技术可以起到杀菌作用;另一方面,使用这项技术将食品放在液体媒介中时,食品中的淀粉和蛋白质结构会遭到破坏并失去活性,从而达到延长食品保质期和改善质地的目的。现阶段,超高压加工技术不仅会用在保存液体食品与固体食品中,而且对于水果和果酱等食品的加工以及中药和血浆的保存等都有着非常重要的作用,其发展前景非常广阔。

(3)包装压力。包装主要作为食品安全和卫生的物理屏障而存在,通常需要控制在一定的压力条件下进行,以抵抗外部机械力并确保包装的密封性和保鲜性。而一些食品的包装过程需要在真空条件下或气调包装的环境中进行,这就需要对压力进行精确控制。

(4)液相压力。在液态处理过程中,液相色谱法中所使用的液相,则需要在一定的压力下流动。例如,对于液相色谱仪中的高性能液相色谱(HPLC)系统而言,通常需要使用高压泵来确保流动的稳定性和分离的准确性。

(5)流体力学和管道压力。在食品加工中,流体的流动、泵送以及管道系统通常需要对流体的压力进行精确控制。这可以确保食品在处理过程中以正确的速度和方式流动,从而保持一定的工艺条件。

压力的准确控制和监测对于确保食品加工的效果、质量和安全性都至关重要。对其合理管控则有助于避免事故,提高生产效率,保证食品的品质和卫生标准。

2. 压力的概念及单位

压力可用式(6-8)表示:

$$p = \frac{F}{S} \tag{6-8}$$

式中,p 为压力;F 为垂直作用力;S 为受力面积。

根据国际单位制(SI)规定,压力的单位为帕斯卡,简称帕(Pa),根据压力的概念可知 $1Pa = 1N/m^2$。由于 Pa 所表示的压力较小,在实践中常常使用兆帕($1MPa = 1 \times 10^6 Pa$)进行度量。

由于过去使用的压力单位比较多,诸如工程大气压(kgf/cm^2[①])、物理大气压(atm[②])、汞柱(mmHg[③])、水柱(mmH_2O[④])、磅/英寸(lbf/in^2[⑤])、巴(bar[⑥])等,因此国家经 1984 年 1 月 20 日国务院第二十一次常务会议讨论后,于同年 2 月 27 日颁布了《关于在我国统一实行法定计

[①] $1kgf/cm^2 = 9.80665 \times 10^4 Pa$。
[②] $1atm = 1.01325 \times 10^5 Pa$。
[③] $1mmHg = 1.33322 \times 10^2 Pa$。
[④] $1mmH_2O = 9.80665 Pa$。
[⑤] $1lbf/in^2 = 6.89476 \times 10^3 Pa$。
[⑥] $1bar = 10^5 Pa = 1dN/mm^2$。

量单位的命令》的规定，指出这些单位将不再使用，但国际单位（Pa 或 MPa）与过去单位的换算关系依然有迹可循。

3. 压力的表示方法

在压力测量中有表压、绝对压力、负压或真空度之分，它们之间的区分如图 6-4 所示。

表压是绝对压力与大气压力之差，即

$$P_{表压} = P_{绝对压力} - P_{大气压力} \quad (6\text{-}9)$$

当被测压力低于大气压力时，一般用负压或真空度来表示，它是大气压力与绝对压力之差，即

$$P_{负压或真空度} = P_{大气压力} - P_{绝对压力} \quad (6\text{-}10)$$

因为各种工艺设备和测量仪表通常是处于大气之中，本身就承受着大气压力。所以，经常用表压、负压或真空度来表示压力的大小。在没有特殊说明情况下，检测中所提到的压力均指表压、负压或真空度。

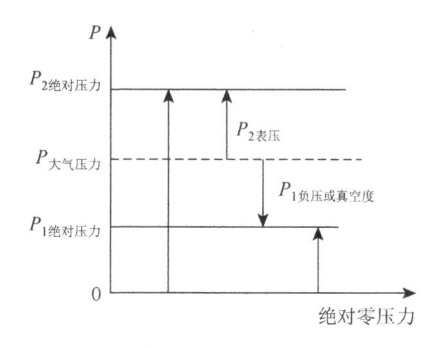

图 6-4 绝对压力、表压、负压或真空度的关系

6.2.2 流量

1. 概述

对各种介质的流量监测是指导生产操作、监控设备运行、确保安全和优质生产的需要，也是进行产量评定和经济核算的需要。食品加工工艺中，也经常涉及流量的控制与监测。

对于液体的流动和输送，通常需要考虑在管道、泵、阀门等设备中的流量；在食品发酵过程中，通过调整产生的气体和蒸汽的流量来给予符合要求的气氛条件，来确保发酵处理中环境的稳定；特别地，涉及散装物料或颗粒状物料的工艺中，也需要关注固体在其流动和输送中的流量，这可能需要考虑输送带、振动输送器、喂料系统等的设计和调整。

随着生产加工技术的日益更新和自动化水平的不断提高，在食品加工领域，对于生产过程控制的主要目的已经由运行稳定转变为现阶段实践中所要求的最佳化控制。为此，对流量的测量和控制提出了更新、更多和更高的要求，如大口径流量、微小流量的检测，高温介质、低温介质流量的检测，高黏度介质、强腐蚀介质流量的检测，粉料、黏污介质的检测，脉动流、多相流的检测等。为适应不同食品的加工要求，一些新的流量检测原理和技术、新型流量仪表相继诞生。

2. 流量的概念及单位

流量指单位时间内通过管道某一横截面的流体的数量大小。流量即瞬时流量，可用体积、质量等表示，因此体积流量与质量流量间的关系可用式（6-11）表示，即

$$M = \rho Q \text{ 或 } Q = \frac{M}{\rho} \quad (6\text{-}11)$$

式中，M 为质量流量；Q 为体积流量；ρ 为流体介质的密度。

若以 t 表示时间，则流量和总量之间的关系为

$$Q_{总} = \int_0^t Q dt, \quad M_{总} = \int_0^t M dt \quad (6\text{-}12)$$

在流量测量中，流体流量选用流量计，而流体总量则是选用计量表。常用的流量单位为 t/h、kg/h、kg/s、m³/h、L/h、L/min 等。

6.2.3 温度

温度是一个关键物理量，用于表征物体的冷热程度。这是各种工艺生产和科学实验中最为普遍和重要的操作参数之一。在现代食品加工领域，温度的测量与控制也扮演着不可或缺的角色。任何食品生产过程都伴随着原料的物理和化学性质的变化，这些变化往往与能量的交换和转化密切相关，而温度就是这些交换和转化的关键指标，温度的测量与控制对于确保产品质量、生产效率以及生产线安全运行至关重要。

以食品加工中的热处理为例，温度的精确测量和控制对于保持加工环境的稳定性和食品质量是十分重要的。例如，在烹饪、烘焙过程中，人们使用更多的是微波炉、电磁炉等具有实效性的现代化产物，但是在这些加热设备的使用过程中，温度控制一直是核心，一旦超过或低于适宜的温度，食品容易出现焦化或不熟的情况，而有效的温度控制必须依靠温度测量来提供准确的数据。对于蔬菜、肉类等食品的冷链储存和运输管理，利用温度测量可逐步确定食品保鲜最适宜的温度，维持食品味道，强化食品保鲜功能，提高其实际效益。在面点、酿酒等食品的发酵过程中，微生物也需要在特定的温度下活动，而这些微生物的活动往往决定了发酵过程的成功与否，以及最终产品的品质。某些大型食品厂的高温生产流程中，由于控温不准确或不及时，可能会发生严重事故。因此说，温度的测量与控制是保障食品加工过程中产品质量、生产安全性的重要环节。

6.2.4 湿度

湿度是空气中水分含量的量度，通常以相对湿度的百分比，即%RH（或 RH%）（RH 为相对湿度）来表示。相对湿度是空气中实际水蒸气含量与该温度下饱和水蒸气含量的比值。

在冷链系统中，对于药品的要求更加严格和具体，这是因为药品作为一种特殊产品，其在失效后，不易辨别而且危害更大；药品冷链湿度及湿度监测点的要求如下：各库房相对湿度应保持在 45%～75%，湿度±5%RH，库房每 300cm^2 设置一个湿度监测点（每个独立仓库），每辆冷藏车应配置不少于 2 个湿度监测点，每个冷藏容器均应配置 1 个湿度监测点。

在食品加工中，湿度的概念则涉及原材料的吸湿性、食品的保鲜性以及一些特定生产工艺的需求。

（1）原材料的吸湿性。食品加工通常涉及各种原材料，而这些原材料可能对湿度非常敏感，具有较高的吸湿性，容易吸收周围环境中的水分。例如，面粉、淀粉或粉状调味料在高湿度环境下可能吸收水分并结块，导致流动性变差，影响加工过程中的混合、输送和包装。

（2）食品的保鲜性。在适当的湿度条件下，有些食品可以更好地保持其质量和新鲜度。例如，某些新鲜蔬菜和水果需要在适度的湿度环境下储存，以防止失水和腐败。

（3）特定生产工艺的需求。在面点制作中，制作面包或酥皮等食品时，需要控制烤箱内的湿度，以确保在烘烤过程中获得理想的膨胀和酥软程度。此外，肉类或果干的制作也可能需要在特定湿度条件下进行，避免结块、变质等，以确保产品质量和口感。

6.2.5 pH

pH 为氢离子浓度指数，通常是用于表示溶液酸碱度的重要指标，于 1909 年被丹麦科学家 Sorensen 首次提出，其中"p"指德语中的 potenz，表示力量或者浓度，"H"则表示氢离子（hydrogen ion）。

pH 是没有量纲的，这是由于我们在计算 pH 时，仅仅是代入数值而并不代入单位。通常，在标准温度（25℃或 298K）和压力下，它的取值是一个介于 0～14 的常数。当 pH<7 时，溶液

呈酸性；当 pH＞7 时，溶液呈碱性；当 pH＝7 时，溶液呈中性；但在非水溶液或非标准温度和压力的条件下，pH＝7 可能并不代表溶液呈中性，这需要通过计算该溶剂在这种条件下的电离常数来决定 pH 为中性的值。pH 是水溶液最重要的理化参数之一，凡涉及水溶液的自然现象、化学变化以及生产过程都与 pH 有关，但它并不局限于水溶液。

食品加工过程中也有一些与 pH 测量相关的重要方面。

1. 酶的活性控制

食品中的一些酶对 pH 敏感，它们在特定的 pH 范围内才能发挥最佳的作用。通过调节 pH，可以控制酶的活性，影响食品的加工过程和最终的产品特性。

2. 防腐剂的效果

通过控制 pH，可以优化防腐剂的使用，发挥出最佳的防腐效果，确保其在食品中的有效性。

3. 酸奶和其他发酵食品制作

在酸奶和其他发酵食品的制作中，pH 的调整对于发酵过程和最终产品的口感至关重要。例如，乳酸菌、酪酸菌、乙酸菌等微生物在特定的 pH 范围内具有最佳生长条件，这直接影响到食品最终的风味和品质。

6.2.6 尾气

尾气通常是指机动车辆、工业设施或其他能源利用过程中产生的废气，主要包括各种气体、颗粒物和有机化合物。尾气中的成分取决于燃烧或生产过程的性质，以及所使用的燃料或原材料。主要的尾气成分包括：

1. 一氧化碳（CO）

CO 是一种无色、无味的气体，常常是含碳物质不完全燃烧的产物。高浓度的一氧化碳对人体将产生毒害，影响身体健康。

2. 氮氧化物（NO_x）

NO_x 包括一氧化氮（NO）和二氧化氮（NO_2），通常在高温燃烧过程中产生。NO_x 是空气污染的主要成分之一，其与 SO_2 是形成酸雨的主要原因。

3. 挥发性有机物（VOCs）

VOCs 是形成细颗粒物（$PM_{2.5}$）和臭氧（O_3）等污染物的重要前体物，主要包括各种在室温下易挥发的有机化合物，如苯、甲烷、乙烷等，对空气质量和健康会产生负面影响。

4. 颗粒物（PM）

PM 包括可吸入颗粒物（PM_{10}）和细颗粒物（$PM_{2.5}$），是由燃烧和其他过程中的颗粒物排放形成的。颗粒物对呼吸系统和大气可见度有着不可忽视的影响。

5. 二氧化硫（SO_2）

SO_2 由含硫燃料燃烧产生，是一种有刺激性气味的气体，也与酸雨的形成有关。

6. 温室气体

温室气体指对地球气候产生温室效应的气体，主要包括二氧化碳（CO_2）、甲烷（CH_4）、氧化亚氮（N_2O）等。

6.3 食品加工过程参数智能监测传感器

食品加工过程中要通过检测元件来获取加工过程中的生产参数，最常见的过程参数即 6.2 节中所提到的压力、流量、温度、湿度、pH、尾气等。检测元件又称为敏感元件或传感器，它直接影响过程参数，并将其转换成一个与之为对应关系且便于计算、显示和控制的输出信号（又称中间量），如电信号或气压信号等。检测元件也是一个检测系统中的重要组成部分，而一个完整的检测系统则主要由被测对象、传感器、变送器和显示装置等部分组成，如图 6-5 所示。

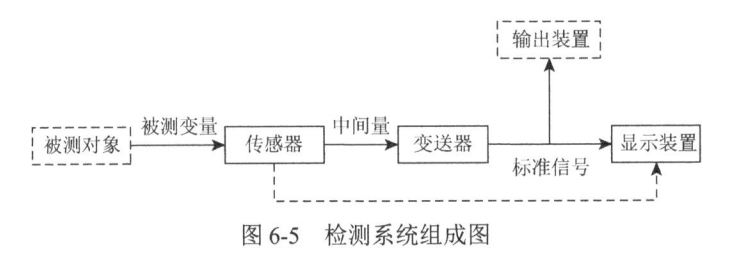

图 6-5 检测系统组成图

变送器通常指的是一种专门将传感器测得的物理量（如温度、压力、流量等）转换成电信号的设备，因此有时也将传感器、变送器及显示装置统称为检测仪表，或者将传感器称为一次仪表，将变送器和显示装置称为二次仪表。其在食品加工过程中具有如下特点。

（1）被测变量性质多样：有压力、流量、温度、湿度等热工量，也有 pH、尾气等生物量或化学量。

（2）被测对象形态多样：有气态、液态、固态介质或其混合体，也有具有诸如高温高压、深冷、强腐蚀、强辐射这类特殊性质的被测对象。

（3）检测方式多种多样：有离线检测、在线检测、单参数独立检测、多参数同时检测，甚至有每隔一段时间对不同参数的协同检测等。

（4）变量变化范围广泛：被测压力可以是 6.89MPa 以上的高压，也可以是 0Pa 以下的低压甚至超低压。

（5）检测环境比较恶劣：实际加工生产过程中，存在着水汽、烟雾、粉尘、辐射、振动、电源电压、温度、压力等影响因素，不利于检测元件或检测仪表对各种变量进行测量。

针对上述提到的检测特点，并考虑到检测仪表的检测、变送与显示可以是各自独立也可以是有机结合的，对不同的被测对象和测量要求应采用不同的测量原理和测量手段。因此，随着多类技术的更新迭代，各式各样的新型检测仪表或传感器也不断涌现。下面将介绍在本节中提到的各环境因子所对应的检测仪表或传感器。

6.3.1 压力计

1. 压力检测仪表分类

测量压力的仪表（压力计或测压表）有很多，根据敏感元件和转化原理不同，大致分为以下四类。

(1) 弹力式压力仪表。通过将被测压力转换成弹性元件形变进行测量。常用的弹性元件有弹簧管、波纹管和膜片等。

(2) 液柱式压力仪表。根据流体静力学原理，将被测压力转换成液柱高度进行测量。按照结构形式的不同，有 U 形管压力计、毛细管压力计和斜管压力计等。

(3) 电气式压力仪表。利用敏感元件将被测压力直接转换成各种电量（如电阻、电荷量、频率等）进行测量的仪表，即各种压力传感器和压力变送器。

(4) 活塞式压力仪表。它是根据液压机液体传送压力的原理，通过将被测压力转换成活塞上所加平衡砝码的质量来进行测量。它的测量精度很高，允许误差可小到 0.02%～0.05%。但结构较复杂，价格较贵。一般作为标准压力测量仪器，来检验其他类型压力计的可信度。

2. 弹性式压力计

弹性式压力计是利用各种弹性元件，在被测压力的作用下变形的原理而制成的测压仪表。这种仪表具有结构简单、使用可靠、读数清晰、牢固可靠、价格低廉、测量范围宽和精度较高等优点。若增加附加装置，如记录机构、电气变换装置、控制元件等，则可以实现压力的记录、远传、信号报警、自动控制等。弹性式压力计可以用来测量几百帕到数千兆帕范围内的压力，因此在工业上是应用最为广泛的一种测压仪表。

(1) 弹簧管弹性元件。弹簧管弹性元件的测压范围较宽，可测量高达 1000MPa 的压力，精确度也为全量程的 0.1%～5%。单圈弹簧管是弯成圆弧形的金属管子，它的截面做成扁圆形或椭圆形，如图 6-6（a）所示。当通入压力 P 后，它的自由末端就会产生位移。这种单圈弹簧管自由端位移较小，因此能测量较高的压力。为了增加自由端的位移，可以制成多圈弹簧管，如图 6-6（b）所示。

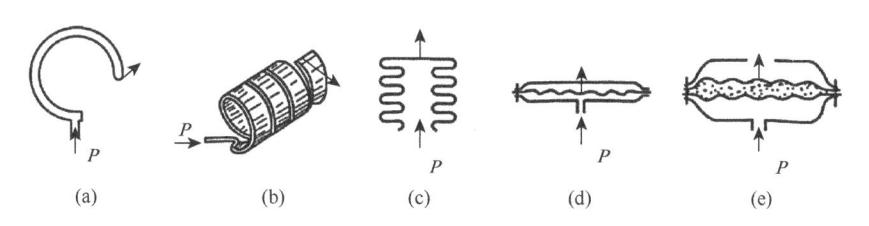

图 6-6 弹性元件示意图

(2) 波纹管弹性元件。如图 6-6（c）所示是典型的波纹管弹性元件的结构，它一般由金属薄片热处理后制成波纹状。这种弹性元件易于变形，而且位移很大，通常在其顶端安装传动机构，带动指针直接读数，以制成波纹管压力表。波纹管压力表一般用于低压的测量，也可用于测量绝对压力或者压差，其量程为 0～0.3MPa，精确度达全量程的 0.5%。另外，波纹管压力表由于有更大的受压面积，压力产生的作用力比较大，故波纹管压力表测压比弹簧管压力表要敏感。

(3) 薄膜式弹性元件。薄膜式弹性元件根据其结构不同，可以分为膜片与膜盒，它的测压范围比弹簧管弹性元件的小，量程范围一般从真空到 1.5MPa，精确度为全量程的 0.5%～1.25%。图 6-6（d）为膜片式弹性元件，它是由金属或非金属材料做成的一张具有弹性的膜片（有平膜片与波纹膜片两种形式），在压力作用下能产生变形。有时也可以由两张金属膜片沿周边对焊起来，成一薄壁盒子，内充液体（如硅油），称为膜盒，如图 6-7（e）所示。若将膜盒内部抽成真空，则当膜盒外压力变化时，膜盒中心就会产生位移。这种真空膜盒常用于测量大气的绝对压力。

膜片具有很好的线性读数，随着直径加大，其灵敏度也增加。在更多情况下，膜片与其他转化元件结合在一起使用。例如，在力平衡式压力变送器中，膜片受压后的位移，通过杠杆和电磁反馈机构的放大和信号转换等处理，输出标准电信号；在电容式压力变送器中，将膜片与固定极板构成平行板电容器，当膜片受压力产生位移时，这个平板电容的电容值就会发生变化，测出其变化量就间接测得了压力的大小；除此之外，还有石英晶体压力传感器、光纤式压力变送器、微机电系统（MEMS）压力传感器等。

3. 电气式压力计

电气式压力计是一种能将压力转换成电信号进行传输及显示的仪表。这种仪表的测量范围较广，分别可测 $7\times10^{-5}\sim5\times10^{2}$MPa 的压力，允许误差可至 0.2%。由于可以远距离传送信号，所以在工业及食品加工过程中可以实现压力自动控制和报警，并可与工业控制机联用。电气式压力计一般由压力传感器、测量电路和信号处理装置（如微控制器或处理器、指示仪、记录仪等）组成，其组成关系如图 6-7 所示。

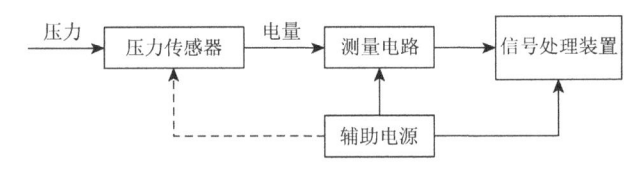

图 6-7 电气式压力计组成关系图

电气式压力计通常包括多种类型的传感器，其中包括霍尔片式压力传感器、应变片式压力传感器、压阻式压力传感器以及电容式压力变送器等。这些传感器使用不同的电气性质和工作原理来测量压力。以下将以由美国在 1970 年初最先投入市场，目前已成为最受欢迎的电容式压力变送器为例，进行简单介绍。

电容式压力变送器是一种开环检测仪表，具有结构简单、过载能力强、可靠性好、测量精度高、体积小、质量轻和使用方便等一系列优点。它是将压力的变化转换为电容量的变化进行测量的，输出信号是标准的 4~20mA 直流信号。当前中国市场上，比较典型的是以美国艾默生公司的罗斯蒙特为代表的金属电容式压力变送器，其代表型号为 1151 系列和 3051 系列。

图 6-8 为 1151 系列电容式压力变送器的结构示意图。检测部分主要由正、负压室压盖和差动电容膜盒连接而成，其核心为差动电容膜盒。图中，基座 2、3 内嵌一对柱形绝缘玻璃体 5，其球冠形表面镀金，形成电容的固定电极。中间夹一块金属测量膜片 7，作为电容的可动电极板。基座 2、3 外边分别焊接波纹隔离膜片 1、4 将基座密封，内充工作液（硅油）。该结构还可以有效地保护测量膜片，当压差过大并超过允许测量范围时，测量膜片将平滑地贴靠在玻璃体凹面上，因此不易损坏，过载后的恢复特性很好，这样大大地提高了过载承受能力。

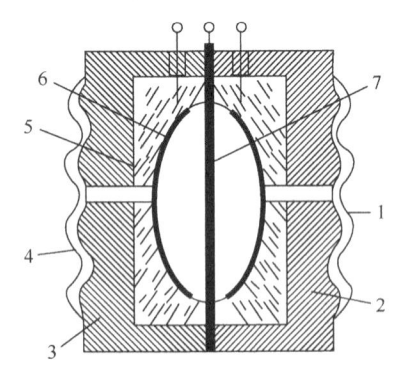

图 6-8 两室结构的电容式压力变送器
1、4 为波纹隔离膜片；2、3 为基座；5 为玻璃体；6 为弹性测量膜片；7 为金属测量膜片

电容式压力变送器广泛应用于食品智能加工以及化工自动化等环节的检测系统，对各种液体、气体和蒸汽等工艺介质的压力、液位、流量进行测量。其主要性能指标如下。

（1）测量范围：0～40MPa；允许过载：额定工作压力的1.5～2倍。

（2）准确度：0.2%～0.5%。

（3）输出信号：4～20mA直流电流，二线制电源，24V直流电压（允许12～45V直流电压）。

（4）指示表：指针式线性指示0%～100%刻度或LCD液晶式显示。

（5）工作温度：-30～85℃；工作压力：4MPa、10MPa、25MPa、32MPa；湿度：5%～95%。

4. 智能型压力变送器

随着集成电路的广泛应用，其性能不断提高，成本大幅度降低，使得微处理器在各个领域中的应用十分普遍。智能型压力或压差变送器就是在普通压力或压差传感器的基础上增加微处理器电路，从而形成的智能检测仪表。例如，将带有温度补偿的电容传感器与微处理器相结合，构成精度为0.1级的压力或压差变送器，它具有较大的量程比（20：1～100：1），时间常数在0～36s，且可调，通过手持通信器可对1500m之内的现场变送器进行工作参数的设定、量程调整以及向变送器加入信息数据。

1）主要功能和特点

智能型压力变送器的主要特点有以下9种。

（1）测量精度高：智能型压力变送器的测量精度高达标定量程的0.07%，这是常规变送器难以达到的。由于智能型压力变送器内部使用数字技术取代了传统模拟技术来处理传感元件（如差动电容、压敏电阻电桥和差动变压器）输出的模拟信号，线性化特征明显，能够更好地补偿温度静压变化的影响，因而进一步提高了变送器的精度。

（2）较宽温度范围的适应能力：智能型压力变送器可同时测量变送器的温度，通过微处理器对变送器进行温度补偿，并在很宽的温度范围内保证变送器的测量精度。

（3）更宽的量程比：由于智能型压力变送器中传感器的输入输出特性数据可以记录在其存储器中，故变送器的量程比可以做得非常大，最大量程比可达400：1，而且精度高、重复性好。由于智能型压力变送器具有较大的量程比，可减少订购变送器的规格品种。

（4）双向数字通信：智能型压力变送器支持可寻址远程传感器高速通道（HART）的通信协议，因此它可与外部手操器或现场总线系统交换信息或存储组态信息。双向数字通信是通过叠加在4～20mA输出电流信号线上的数字信号完成的，而且能够在不影响变送器正常工作的状态下实现变送器参数的读取和写入。

（5）远程通信组态：利用手操器或现场总线系统可远距离传输、读取、显示和输入变送器的全面工作信息和附加信息，这些信息包括测量数据、工作组态、自诊断等信息，这不仅满足了工业测量现场的复杂要求和恶劣的环境，而且变送器可精确地设置量程和零点，无须试验标定，利于管理、方便用户。

（6）完善的自诊断功能：智能型压力变送器内部的微处理器能对变送器本身的工作状态、输出信号进行连续监测，任何异常变化和故障均可以故障信息的形式通过手操器显示和报警，并帮助运行人员处理和解决问题，体现智能仪表的高可靠性。

（7）模拟用数字两种输出信息：智能型压力变送器既可提供模拟4～20mA信号，又可以提供具备通信能力的数字信号，在通信期间，不会出现模拟信号中断，以致给控制器的过程变量造成一个突发的干扰。除了正在执行量程调整的情况下，与智能型压力变送器进行数字通信时将不会破坏4～20mA信号的传送。这样不仅满足了今天的系统要求，更适应了未来全数字通信的发展要求，使它具有很强的生命力。

（8）输出可设定为恒流信号源：这一特点不仅可作为系统正确性检查的二次调校手段，

还可以进行控制系统的动态模拟、检查控制系统的动作过程,为自动控制系统的调试带来方便。

(9)具有 PID 控制功能:PID 控制功能纯属软件功能,在产品硬件上没有任何额外的开销,所以具有 PID 控制功能的变送器同样可以在大量变送器的场合发挥作用,其价格并不比同档变送器贵。值得特别说明的是,具有 PID 控制功能的变送器是现场总线仪表的雏形,一旦现场总线国际标准建立,智能型压力变送器都将升级为现场总线仪表,所以说智能型压力变送器是很有发展前途的仪表。

2)不同分类

(1)根据通信协议分类:目前比较流行的智能型压力变送器通信协议主要有两种,即 HART 协议和 DE 协议。于是,就出现了按通信协议的分类方法,把遵守 HART 协议的智能型压力变送器或仪表称为 HART 表;同理,把遵守 DE 协议的智能型压力变送器或仪表称为 DE 表。

(2)根据传输方式分类:总线型数字式智能型压力变送器通过数字信号在现场总线上与控制系统通信,能够提供更多的过程数据、远程诊断和控制功能。它符合特定的现场总线标准或协议,如 HART 协议、基金会现场总线(foundation fieldbus,FF)、过程现场总线(process field bus,PROFIBUS)等协议。混合式智能型压力变送器则结合了模拟信号和数字信号输出,同时兼容模拟信号和数字通信协议。它可以提供模拟信号输出(如 4~20mA 的电流信号或 0~10V 的电压信号),同时也可以通过数字通信协议进行数据传输,如支持 HART 协议的模拟信号输出。

(3)根据价格分类:高档智能型压力变送器一般从传感器到电子线路都是重新设计的,其通常用在关键的场合,如物料的计量。典型产品有罗斯蒙特的 3051C、霍尼韦尔的 ST3000/100 系列、福克斯波罗的 820 系列、哈特曼、布劳恩的 AS 系列以及莫尔的 XTC。此类变送器的精度为 ±0.075%~±0.1%。

中档智能型压力变送器的精度通常为大多数模拟变送器的两倍,一般为 ±0.1%。中档智能型压力变送器通常适用于非关键的流量测量以及压力测量,包括压差、表压和绝对压力。典型产品有:罗斯蒙特 1151SMART 增强型、霍尼韦尔 ST3000/600 系列、福克斯波罗 860 系列、贝利 BCN、ABB 肯特-泰勒的 KS 系列和 SMAR 的 LD301 等。

低档智能型压力变送器通常是原有常规模拟变送器的改型产品。低档智能型压力变送器的价格与常规模拟变送器相当,又具有智能型压力变送器的一般优点,如远程通信、温度补偿等。它具有较高的性价比,主要将其装在危险区域或人员较难接近的位置以及对变送器的精度要求不太高的应用场合。典型产品有:罗斯蒙特 1151SMART 改进型、霍尼韦尔 ST3000/900 系列以及富士的 FCX-12S 等。

6.3.2 流量计

1. 差压式流量计

差压式流量计是基于流体流动的节流原理,利用通过节流装置时因为流速变化在节流装置前后产生的压差来计算流量。不同节流装置的差压式流量计的测量原理相同。它是目前工业生产中测量流量最成熟、最常用的一种流量计,几乎占据 70%,其基本结构如图 6-9 所示。

图 6-9 差压式流量计基本结构

1）节流现象与节流装置

（1）节流现象：流体在装配有节流装置的管道中流动时，在节流装置前后的管壁处，流体的静压力所产生差异的现象称为节流现象。

（2）节流装置：管道中使得流体产生局部收缩的元件称为节流装置。根据不同的应用场景和精度要求，节流装置有着不同的样式。在实际运用中，使用最广泛的是孔板，依次是喷嘴、文丘里管等。

图 6-10 为这些节流装置的实物图。

(a) 孔板节流装置　　(b) 喷嘴节流装置　　(c) 文丘里管节流装置

图 6-10　常用节流装置的实物图

2）节流装置的安装

通常来说，当节流装置处发生沉淀、结焦、堵塞等现象时，将会引起差压式流量计的测量误差。但引起误差的最重要原因之一是节流装置的安装方式，因此在安装节流装置时必须按照相应的规范来正确安装。

2. 转子流量计

1）结构及工作原理

转子流量计主要由两个部分组成，一是从下向上逐渐扩张的锥形管，二是置于锥形管中，可沿着管中心线上下移动、密度比流体稍大的转子，其结构如图 6-11（a）所示。

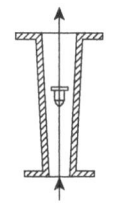

(a) 结构示意　　(b) 玻璃锥管、塑料锥管和金属锥管转子流量计

图 6-11　转子流量计的结构及实物图

转子流量计可分为玻璃锥管、塑料锥管和金属锥管这三类转子流量计，图 6-11（b）为它们的实物图。玻璃或塑料材质的锥形管上刻有流量刻度，透过锥形管可看到透明流体中转子的位置及所对应的刻度值；金属材质锥形管中转子位置通过磁性耦合等方式传递管外，在面板上显示量值。

当测量流体的流量时，流体从锥形管下端流入冲击转子，对它产生一个作用力，力的大小随流量大小而变化；当流量足够大时，所产生作用力将转子托起，使之升高；流体经转子与锥形管壁间的环形断面从上端流出。当流体对转子的作用力等于转子重力时，转子因受力平衡而停留在某一位置，这个位置与流量有相互对应的关系，据此位置，即可求得流量值。

2）优缺点及选型分析

转子流量计的优点主要有结构简单、直观、使用维护方便、成本低、压力损失小且恒定，尤其适用于小流量、低雷诺数的流体。

另外，其缺点为测量精度受到被测流体黏度、密度、纯净度、湿度以及压力的影响，也受安装垂直度和读数准确性的影响，精度一般在2%左右；不能测量高压流体；不能有机械振动；被测流体的流动必须为单相、无脉动的稳定流。需要特别指出的是，转子流量计是非标准仪表。出厂时，液体以水标定，气体以空气标定，如实际流体密度和黏度有较大变化，需用实际流体重新标定。

3. 电磁流量计

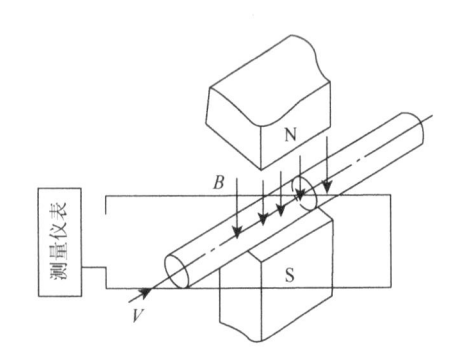

图 6-12 电磁流量计原理图

N 为北极（N 极）；S 为南极（S 极）；B 为磁感应强度；V 为垂直于磁感应线方向的液体流速

电磁流量计起源于 20 世纪 50 年代中期，并借助其便捷性、准确性等优点迅速成为最为实用的工业检测仪表之一，在其后的发展中也逐步加入了当时的一些热门高新技术，如微电子技术、计算机技术等。电磁流量计作为一种测量导电性液体的体积流量的仪表，它的工作原理基于法拉第电磁感应定律，图 6-12 所示为其原理图。

由图 6-12 可知，其主要由均匀磁场、不导磁和不导电管道、一对 NS 磁极和测量仪表组成；其中，磁场方向、电极和管道轴线在空间上互相垂直。当被测导电性液体在管道内流动时，也在做切割磁力线运动，因此在磁场和流动方向相垂直的方向上产生感应电动势，由管道截面上的电极引出。

电磁流量计的测量导管内无可动部件或凸出于管内的部件，因而压力损失很小。在采取防腐衬里的条件下，可以用于测量各种腐蚀性液体的流量，也可以用来测量含有颗粒、悬浮物等液体的流量。此外，其输出信号与流量之间的关系不受液体的物理性质（如温度、压力、黏度等）变化和流动状态的影响。其对流量变化反应速度快，故可用来测量脉动流量。不过，电磁流量计只能用来测量导电性液体的流量，而且要求液体的电导率不小于水的电导率，不能测量气体、蒸汽及石油制品的流量。

电磁流量计可以水平安装，也可以垂直安装，但要求被测流体必须充满管道；安装现场要远离一切外部磁源（如大功率电机、变压器等），以减少外部干扰且不能有振动。通常，电磁流量计的准确度等级为 1.0~2.5 级；其量程比一般为 10∶1，精度较高的可达 100∶1。

4. 漩涡流量计

漩涡流量计又称为涡街流量计，可以用于工业管道介质流体的流量测量，如液体、气体、蒸汽等单相流满管介质的测量。漩涡流量计有模拟量标准信号或数字量脉冲信号输出、智能流量显示仪，同时具有温压补偿、瞬时流量显示和累计流量计算功能。它是目前工业控制、能源计量及节能管理中常见的新型流量仪表，如图 6-13 所示。

漩涡流量计是由漩涡发生体、频率检测器和信号转换器等部分组成，输出 4~20mA 直流信号或脉冲电压信号。其测量原理是在流体垂直流动方向安放一根或多根非流体型阻流体，在一定的流量范围内，流体在阻流体

图 6-13 漩涡流量计

两侧交替地分离、释放出两串频率正比于管道内的平均流速、规则的、不对称有规律的交替漩涡列,如图 6-14 所示,且两侧漩涡旋转方向相反。因此,采用检测元件测出漩涡频率就可以推算出流体的流量。

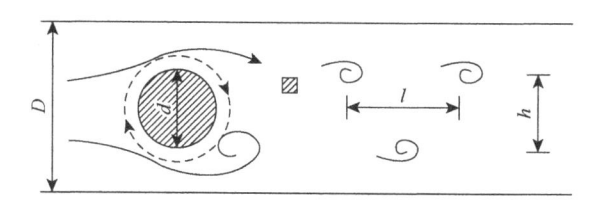

图 6-14 漩涡发生体及漩涡

D 为管壁内径;d 为阻流体直径;l 为同列的两漩涡之间的距离;h 为两列漩涡之间的距离

5. 涡轮流量计

在流体流动的管道内,安装一个可以自由转动的涡轮,当流体通过涡轮时,流体的动能使涡轮旋转。流体的流速越高,动能就越大,涡轮转速也就越高。在规定的流量范围和一定的流体黏度下,转速与流速成线性关系;测出叶轮的转速或转数,就可确定流过管道的流体流量或总量。故涡轮流量计属于速度型仪表,日常生活中使用的某些自来水表、油量计等,都是利用这种原理制成的。

涡轮流量计的结构如图 6-15 所示。其中,导流器 1 和 3 是用来稳定流体的流向,并支撑承接叶轮;涡轮 2 一般采用高磁导率的不锈钢材料制成,它装有螺旋桨叶片,在流体的流动作用下转动;磁电感应转换器 5 由线圈和磁铁组成,用以将叶轮的转速转换成相应的电信号,以供前置放大器 6 进行放大整形;外壳 4 是由非导磁的不锈钢制成,整个涡轮流量计安装在外壳上,两端与流体管道相连接。

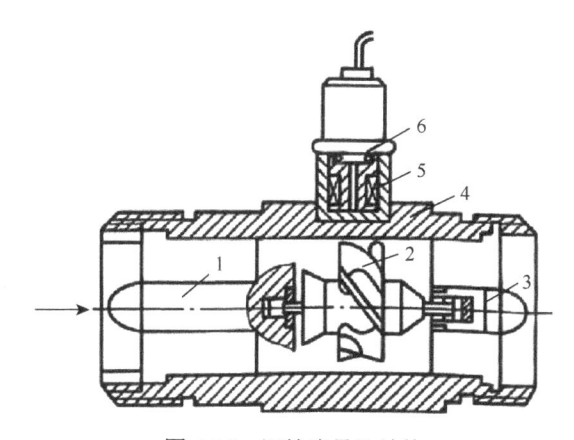

图 6-15 涡轮流量计结构

1. 前导流器;2. 涡轮;3. 后导流器;4. 外壳;5. 磁电感应转换器;6. 前置放大器

6. 容积式流量计

容积式流量计又称定排量流量计,这种流量计的工作原理为用流体把一定的容积充满,然后倒空,再充满,无数次地重复进行计量。容积式流量计的设计有两种,利用旋转和往复运动来进行流体充满和排空的过程。图 6-16 为不同形式的容积式流量计的结构,可以从流量计上安装的机械计数器得到读数,或者通过转换发出脉冲信号进行远距离输送。

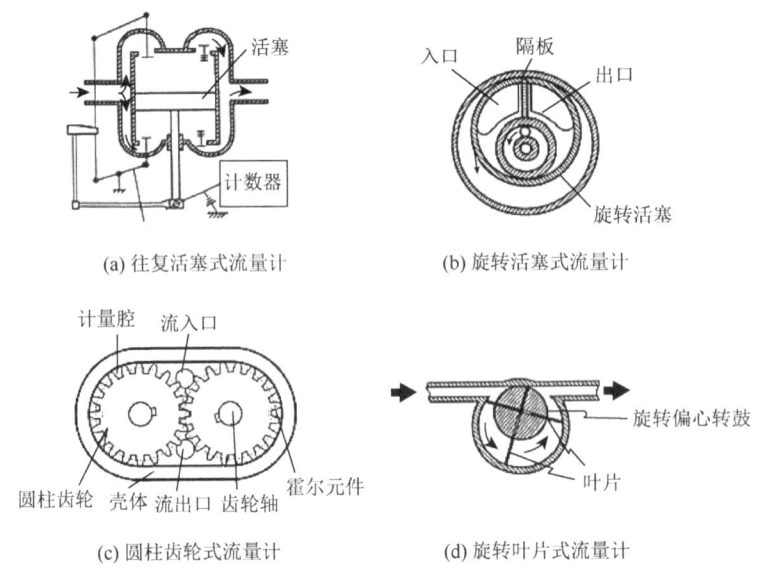

(a) 往复活塞式流量计
(b) 旋转活塞式流量计
(c) 圆柱齿轮式流量计
(d) 旋转叶片式流量计

图 6-16 不同形式的容积式流量计的结构

7. 超声波流量计

超声波在流体中的传播速度与流体的流动速度有关。当向管道内的被测流体以顺流和逆流发射超声波时，超声波在固定距离内的传播时间以及所接收到的信号相位频率等均与流体的流速有关。因此，只要测量出超声波顺流与逆流传播的时间差、相位差或频率差，即可求得被测流体的流速，进而得到流体的流量。

超声波测量流量的方法有很多种。根据对信号检测的方法，可分为传播速度差法（时间差法、相位差法或频率差法）、波束偏移法、多普勒法及噪声法等。

8. 质量流量计

前面介绍的各种流量计均为测量体积流量的仪表。在实际生产过程的参数检测与控制中，因为物料平衡、热平衡以及储存、经济核算等都需要知道介质的质量，故常常要将已测出的体积流量乘以介质的密度，换算成质量流量。质量流量计主要分为直接式和间接式两类，直接式质量流量计是由检测元件直接检测质量信号大小；而间接式质量流量计是一个检测系统，通过检测介质的体积流量及密度或温度、压力等信号，并自动对这些信号进行运算，得出质量流量数值。

6.3.3 温度传感器

1. 温度测量方法

温度不能直接进行测量，只能借助于冷热不同物体之间的热交换，以及物体的某些物理性质随着冷热程度不同而变化的特性来间接进行测量。温度测量范围甚广，有的处于接近热力学零度的低温，有的需要在几千摄氏度的高温下进行。按使用的测量范围分，常把测量 600℃ 以上的测温仪表称为高温计，把测量 600℃ 以下的测温仪表称为温度计；按用途分，可分为标准仪表、实用仪表；按测温的方式，则可以分为接触式测温和非接触式测温两大类。

1）接触式测温

感温元件直接与被测对象接触，并相互进行充分的热交换，以达到热平衡，此时感温元件温度与被测对象温度相等。以接触式方法进行测温的常用温度传感器（或温度计）有膨胀式温度计、压力式温度计、热电偶与热电阻温度传感器等。

其中，膨胀式温度计是基于物体受热时膨胀原理设计，其膨胀基体一般为玻璃液体和双金属。它的测量范围为-50~600℃，结构简单、价格低廉，但精度较低且测量范围有限，在加工中应用越来越少。压力式温度计主要是根据在封闭系统中液体、气体及某些低沸点液体的蒸气受热后体积或压力变化，从而引起弹性元件曲率的变化，并使弹性元件自由端产生位移，再由压力表中的齿轮放大机构将其转换为指示值。充液的压力式温度计在全量程范围内有良好的线性输出和相同的灵敏度，测温范围为-130~365℃，精确度为全量程的±1%；充气体的压力式温度计使用范围为-195~760℃，精确度为全量程的±0.75%；充蒸气的压力式温度计在全量程的高温端往往不呈线性，这种温度计的适用量程范围为-45~315℃，精确度为全量程的±0.7%。压力式温度计的缺点是测温比较迟钝，输送距离受毛细管长度的影响。

热电偶是工业上常用的一种测温元件，它由两种不同材料的导体焊接而成。在工业中，通常使用国际电工委员会（IEC）所推荐的8种标准热电偶，分别是：铂铑$_{10}$-铂热电偶（分度号S）、铂铑$_{30}$-铂铑$_{6}$热电偶（分度号B）、铂铑$_{13}$-铂热电偶（分度号R）、镍铬-镍硅热电偶（分度号K）、镍铬-康铜热电偶（分度号E）、镍铬硅-镍硅热电偶（分度号N）、铜-康铜热电偶（分度号T）和铁-康铜热电偶（分度号J）。除此之外，还有非标准化热电偶，不同热电偶具有不同的测温范围和特性。热电偶温度传感器是将温度量转换为电动势的热电式传感器。它具有结构简单、使用方便、精度高、热惯性小，可测局部温度和便于远距离传送集中检测、自动记录等优点。自19世纪发现热电效应以来，热电偶便被广泛用来测量100~1300℃范围内的温度，根据需要还可以用来测量更高或更低的温度。

利用物质的电阻率随温度变化的特性制成的电阻式测温系统，即为热电阻温度传感器，其根据不同热敏元件（如铂、铜、铁和镍等）制成热电阻的不同，测温范围也有所差别，总的来说可测范围为-200~600℃。热电阻温度传感器性能最稳定，测量范围广，精度也高，特别是在低温测量中得到广泛应用；其缺点是需要辅助电源且热容量大，限制了它在动态测量中的应用。

2）非接触式测温

感温元件不与被测对象直接接触，而是通过接收被测物体的热辐射能实现热交换，据此测出被测对象的温度。因此，非接触式测温具有不改变被测物体的温度分布、热惯性小、响应速度快（2~3s）、测温上限可设计得很高、便于测量运动物体的温度和快速变化的温度等优点。概括来说，测量范围可以从超低温到超高温，但在1000℃以下，测量误差变大，通常为1.0级、1.5级和2.0级，可测运动物体和热容小的物体温度。

以非接触式方法进行测温的常用温度传感器（或温度计）有光电温度传感器、辐射温度计、光学高温计及比色温度计等。

光电温度传感器是一种使用光电效应来测量温度的传感器。光电效应是指某些材料或器件在受到光照或电磁波辐射时产生电子的行为。这些产生的电子与温度有关，因此可以用来间接地测量温度。

辐射温度计的工作原理是基于被测物体的辐射能量。有的辐射温度计测的是辐射能的全光谱，有的是只测一部分的波长。测量可见光谱的温度计称为光学高温计，它的工作原理是把被测量物体的亮度和标准亮度进行比较，而这种比较可以用人的肉眼进行，也可用光学传感器进行。辐射温度计一般用于测量非常高的温度和温度检测元件不可能与被测物体直接接触的场合。它的精度受被测物体和检测元件中间的空间有没有灰尘、烟雾或者中间气体性质的影响。辐射温度计的量程范围为0~4000℃，其精确度为全量程范围的0.25%~2%。

比色温度计是一种非接触式的红外温度计，它主要依据被测主体发射的红外能量之比来实现温度测量，将红外能量通过滤波器送到探头，再由探头转换成电信号，最后由温度计刻度显示。比色温度计的测温范围为600~3000℃，常搭配观测管使用，可有效减少周围环境的干扰而获得较为精准的数据。

传感器属于信息技术的前沿尖端产品，而温度传感器的数量高居各种传感器之首。近百年来，温度传感器的发展大致经历了传统温度传感器、集成温度传感器和智能温度传感器这三个阶段。

2. 光纤温度传感器

光纤温度传感器采用光纤作为敏感元件或能量传输介质。它的特点是灵敏度高、电绝缘性能好，可适用于强烈电磁干扰、强辐射的恶劣环境，体积小、质量轻、可弯曲，配有不带电的全光型探头等。光纤温度传感器可以实现与样品的接触式测量，也可以通过测量样品的辐射能量实现非接触式测量，其在微波热疗、食品加工和微波消解等领域应用广泛。

光纤温度传感器由光发送器、光源、光纤（含敏感元件）、光接收器、信号处理系统和各种连接件等部分构成，如图6-17所示。由光发送器发出的光经过光纤引导到敏感元件。在这里，光的某一性质受到被测量的调制，已调光经由接收光纤耦合到光接收器，使光信号转变为电信号，最后经信号处理系统得到所期待的被测量。

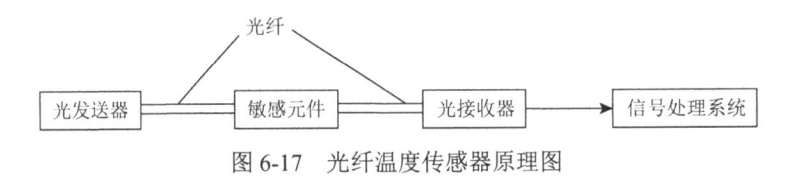

图6-17 光纤温度传感器原理图

光纤温度传感器可分为功能型和非功能型两种类型，功能型光纤温度传感器是利用光纤的各种特性，由光纤本身感受被测量的变化，光纤既是传输介质，又是敏感元件；非功能型光纤温度传感器又称传光型，是由其他敏感元件感受被测量的变化，光纤仅作为光信号的传输介质。非功能型光纤温度传感器在实际测温中得到较多的应用，并有多种类型，已实用化的温度计有半导体光纤温度传感器、荧光光纤温度传感器、液晶光纤温度传感器和光纤辐射温度计等。

（1）半导体光纤温度传感器是利用半导体的光吸收响应随温度而变化的特性，根据透过半导体的光强变化检测温度。温度变化时，半导体的透光率曲线也随之变化，当温度升高时，透光率曲线将向长波方向移动，在光源的光谱处于λ_g附近的特定入射波长的波段内，其透过光强将减弱，测出光强变化就可知对应的温度变化。半导体光纤温度传感器构成的温度计的测温范围为–30~300℃。

（2）荧光光纤温度传感器的工作原理是利用荧光材料的荧光强度随温度而变化，或荧光强度的衰变速度随温度而变化的特性，前者称荧光强度型，后者称荧光余辉型。其结构是在光纤头部黏接荧光材料，用紫外线进行激励，荧光材料将会发出荧光，检测荧光强度就可以检测温度。荧光强度型温度传感器的测温范围为–50~200℃；荧光余辉型温度传感器的测温范围为–50~250℃。

（3）液晶光纤温度传感器是利用液晶的热色效应而工作的，如在光纤端面上安装液晶片，在液晶片中按比例混入三种液晶，温度在10~45℃变化，液晶颜色由绿变成深红，光的反射率也随之变化，测量光强变化可知相应的温度，其精度约为0.1℃。不同类型的液晶光纤温度传感器的测温范围为–50~250℃。

（4）光纤辐射温度计的工作原理和分类与普通的辐射测温仪表类似，它可以接近或接触目标进行测温。目前，因受光纤传输能力的限制，其工作波长一般为短波，采用亮度法或比色法测量。光纤辐射温度计的光纤可以直接延伸为敏感探头，也可以经过耦合器，用刚性光导棒延伸。光纤敏感探头有多种类型，如直型、楔型、带透镜型和黑体型等。典型光纤辐射温度计的测温范围为 200~4000℃，分辨力可达 0.01℃，在高温时精确度可优于±0.2%读数值，其探头耐温一般可达 300℃，经冷却后可达 500℃。

3. 集成温度传感器

集成温度传感器是一种新型半导体温度传感器，测量范围为-55~150℃。它利用 PN 结的温度特性，与热敏电阻和热电偶等其他温度传感器相比，其具有灵敏度高、线性度好、响应速度快等特点。另外，它将驱动电路信号、处理电路以及必要的逻辑控制电路集成在单片集成电路（IC）上，有小尺寸、使用方便等特点。随着集成工艺的提高，集成温度传感器的功能和性能都有了较大改进，已广泛应用于各种家电控制器、汽车电子、粮仓等各种温度的测量、控制和补偿等领域。

集成温度传感器可分为模拟型集成温度传感器和数字型集成温度传感器。模拟型的输出信号形式有电压型和电流型；数字型又可以分为开关输出型、并行输出型和串行输出型等几种不同形式。

1）电压型集成温度传感器

电路输出电压 U_o 与热力学温度 T 或者摄氏温度 t 的函数关系为

$$U_o = C_V T = U_{o0} + C_V t \tag{6-13}$$

式中，U_{o0} 为 0℃时的输出电压，为 0mV 或 500mV；C_V 为电压温度系数，为 10mV/℃或 20mV/℃。

2）电流型集成温度传感器

电路输出电流 I_o 与热力学温度 T 或者摄氏温度 t 的函数关系为

$$I_o = C_I T = I_{o0} + C_I t \tag{6-14}$$

式中，I_{o0} 为 0℃时的输出电流，273.2μA；C_I 为电流温度系数，通常为 1μA/K 或 1μA/℃。

典型的电流型集成温度传感器有 AD590（图 6-18）、AD592、TMP17、LM135 等。

3）数字型集成温度传感器

数字型集成温度传感器输出脉冲宽度固定（10ms）、脉冲间隔随温度变化的方波信号，便于远距离传输，易于单片机连接，典型产品有 TMP03、TMP04 等。

DS18B20 是美国 Dallas 半导体公司生产的一种改进型数字智能温度传感器，其实物图如图 6-19 所示，因其体积小、测温精度高、价格便宜、采用单总线传输等优点，在工农业生产中的常温环境下的使用非常普遍。它把温度信号直接转换成串行数字信号供微处理器处理，测温范围是-55~125℃，精度为 0.5℃。由于每块 DS18B20 含有唯一的串行序列号，所以在一条总线上可以挂接 8 个 DS18B20 芯片，同时测量多点的温度。从 DS18B20 读出的信息或写入 DS18B20 的信息，仅仅需要一根单总线接口。读写及温度变换可从数据总线上获得能量，总线本身也可以向所挂接的 DS18B20 供电，而无需额外电源。

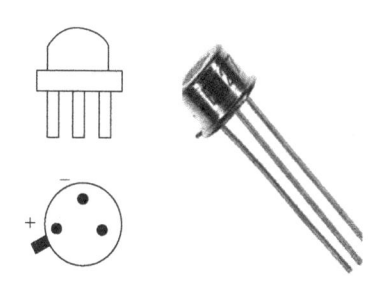

图 6-18 AD590 的封装及实物图　　　　图 6-19 DS18B20 实物图

DS18B20 提供 9 位温度读数，构成多点温度检测系统而不需要任何外围硬件。它的连接线可以很长，抗干扰能力强，便于远距离测量。

6.3.4 湿度传感器

1. 湿度测量方法

迄今为止，湿度测量的方法多种多样，目前检测精度较高的方法主要有以下几种。

（1）绝对测湿法。这种方法是实验室中测量湿度的标准方法。进行测量时，首先测量充满干燥空气的干燥管质量并进行记录，接着将一定量的待测空气充入干燥管中，并测出增加的质量，最后利用定义公式即可求出待测空气的绝对湿度。

（2）露点测定法。通过测定露点温度来间接测量环境湿度。进行测量时，将光洁度较高的镜面放置在待测环境里，持续降温直到镜面上刚出现露滴，此时的镜面平均温度就是露点温度，再经过计算可得出环境湿度。该方法从理论上讲可以达到极高的测湿精度，但其对镜面的光洁度、温控系统的准确性以及露滴光学探测系统的灵敏度都有极高的要求。

（3）尺寸变化测量法。根据湿敏材料在不同湿度时的伸缩不同进行湿度测量，材料选用毛发、尼龙丝等。

（4）电特性测量法。感湿元件的湿敏材料，其某些电量参数（电阻、电容等）会受到环境湿度的影响而发生变化，这种变化会呈现一定的关系，据此即可确定环境湿度。由于现阶段对电量参数的检测技术比较成熟，所以该类传感器的种类及数量最多。

（5）光特性测量法。光信号在测量精度和抗干扰等诸多方面有优势，因此，利用一些湿敏材料的光学参量会随着环境湿度变化而改变的原理对环境湿度进行测定。

2. 湿度传感器及类型

湿度对电子、食品或制药制造、食品加工储存等工业过程都有重要影响，所有这些过程都可能受到湿度的影响，需要持续监测环境湿度；此外，适当的湿度水平对产品质量至关重要，也有助于减少能耗。而湿度传感器则是一种利用湿敏材料将感知到的湿度信息按照一定规律转换成可用信号的器件或装置。目前，湿度传感器大体可以分为传统型、电解质型、陶瓷型及高分子型湿度传感器。

传统型湿度传感器主要是指毛发式、干湿计式等传统湿度计，适用于生活中对湿度测量要求不高的情况。

电解质型湿度传感器是通过检测电解质材料在湿度改变后其电阻值的变化来测量环境中湿度的改变量。它通常具有良好的灵敏度及线性度，响应时间也较短；但其湿滞性差，寿命短，体积大，测量性能受周围环境影响大，集成困难。

陶瓷型湿度传感器通过检测陶瓷烧结体在湿度改变后其电阻值的变化来测量环境中湿度的改变量。陶瓷型湿度传感器的湿敏材料通常为多孔铝、硅、锆、钛、镁、锡化合物等，而此类传感器的主要代表类型有 $MgCr_2O_4$-TiO_2 系、TiO_2-V_2O_5 系和 ZnO-Cr_2O_4 系。

图 6-20 展示了陶瓷型湿度传感器所用湿敏材料的化学吸附及物理吸附原理，化学吸附即是在湿敏材料表面利用化学键吸附一层由水分子分解而成的 H^+ 和 OH^-，而除化学吸附以外的称为物理吸附，即利用水分子相互吸附的原理在化学吸附层外面陆续堆叠，物理吸附的水分子在 100℃ 以下就可以脱附，但化学吸附的水分子需要加热至 400℃ 以上才开始脱附。

陶瓷型湿度传感器的测量范围十分宽广，可以覆盖 0%～100%RH，满足大部分生产生活需要；同时，还可以工作在高温环境中，传感器头部不易被污染，但其尺寸无法缩小，需要使用加热器，很大程度上提高了成本。另外，空气中的烟尘、油气以及化学物质也会和陶瓷表面产生不可逆的化学吸附现象，进而降低它对湿度测量的灵敏度。

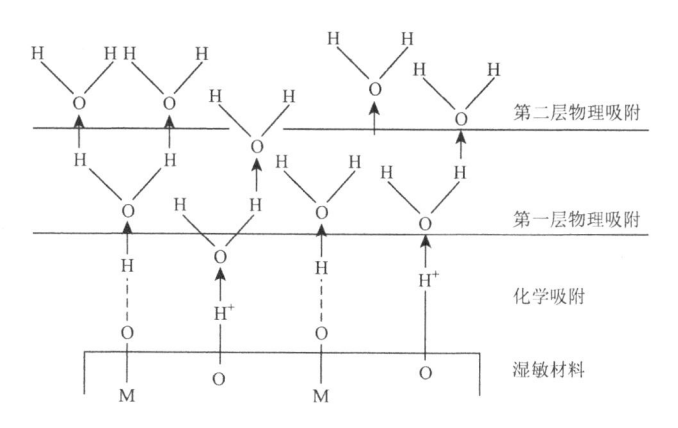

图 6-20　湿敏材料的物理吸附和化学吸附原理图

高分子型湿度传感器是目前市场上最常见且技术相对成熟的湿度传感器。当待测环境中湿度发生变化时，湿敏高分子材料本身的一些参数（如电阻、电容、质量、尺寸等）也会随之改变。按照参数不同分类，高分子型湿度传感器有以下几种类型。

（1）电阻型湿度传感器。电阻型湿度传感器的原理是湿敏材料吸湿或脱湿时引起电阻率的变化，即在感湿薄膜上方镀上一层齿状的电极；当湿度改变时，高分子膜吸收或释放水分子而使电极间的电阻发生改变。此类湿度传感器所使用的材料为亲水性高分子或具有电荷极性的导电性高分子，如含有—$NH_4^+Cl^-$、—SO_3H^+、—NH_2 等官能团，因为需要材料在吸附水分子后，能由电荷漂移或解离造成阻抗的降低，而阻抗降低与相对湿度增加的线性关系即为电阻型湿度传感器的原理。电阻型湿度传感器体积小、测定容易、电路设计简单，但其精密度较差，约在 2%以内。

（2）电容型湿度传感器。电容型湿度传感器是目前商业化最为成功的一类湿度传感器。电容型湿度传感器具有低功耗、大输出信号等优点，因此得到广泛普及，市面上约 75%的湿度传感器都是基于电容检测原理的。它是在高分子膜上蒸镀电极，上电极需具备多孔性用以吸收水分子，高分子膜通常都具有高电阻和低介电常数（3～7）的特性，而水分子的介电常数大约在 80，当水分子进入湿敏材料后，湿敏材料的混合物的介电常数会大幅增加，所以电容型湿度传感器的检测电容值随之增加。

（3）质量型湿度传感器。质量型湿度传感器的典型代表是采用压电 PVDF 高分子材料作为传感器探头，利用石英振子的共振频率漂移来测量湿度的湿度传感器。此种类型的湿度传感器具有响应时间快、实时数字频率输出、检测灵敏度高、检测范围可以覆盖 0%～100%RH 等优势，但同时其容易受到外界因素的影响，导致测量误差偏大。

（4）尺寸型湿度传感器。测试环境中的湿度发生变化时，传感器探头湿敏材料的尺寸也会随之发生变化，即其通过检测尺寸的变化来实现对环境湿度变化的测量。

通过对上述不同类型湿度传感器的简要介绍，可以发现这类传感器普遍存在着长期稳定性较差、测量精度低、响应速度慢、应用范围有限等问题。如今，随着材料科学日新月异的发展，新型湿敏材料也不断出现，同时传感器也逐渐朝着集成化、微型化发展；出现了诸如以氧化石墨烯作为湿敏材料以及基于微机电系统（MEMS）技术的湿度传感器等。基于各类研究，湿度传感器变得越来越多样化。

3. 光纤湿度传感器

目前常见的光纤湿度传感器可大致分为光纤传光式、光纤传感式、光纤光栅式这三种。

（1）光纤传光式湿度传感器。光纤传光式湿度传感器是一种广泛应用于实验室测量的传感器，具有很宽的检测范围，且结构简单、使用方便、技术相对成熟等。它是根据湿敏薄膜的光学参量会随着环境湿度的变化而变化的原理测量湿度的；并且根据湿敏薄膜检测机制的不同，光纤传光式温度传感器可分为基于光吸收和基于荧光效应两类。制作光纤传光式湿度传感器时，也主要考虑的是传感探头的设计和湿敏薄膜的选择，以消除或尽量减少除湿度外其他因素的影响。

（2）光纤传感式湿度传感器。其将光纤本身作为湿度传感器的主要功能部分，和其他材料或其他结构共同构成传感器探头。此类湿度传感器中最常见的类型是将单模光纤的中间部分拉制成一种光纤锥形结构，在束腰处外包层使用静电自组装（ESA）材料，再涂敷一层湿敏双层复合聚合物材料。此种类型的湿度传感器的测湿原理主要是：将光信号输入光纤，光信号在锥形结构处的损耗主要与温度、涂层厚度、湿度等因素有关，当排除其他影响因素时，通过检测输出光功率的变化就可获得相应的环境湿度信息。

光纤传感式湿度传感器尺寸小、结构紧密、易实现小型化和集成化，且具有较高的测量灵敏度。但是此类湿度传感器测量范围比较窄，当待测环境湿度较大时测量精度下降比较严重，目前还处于进一步研究阶段。

（3）光纤光栅式湿度传感器。与其他类型的光纤湿度传感器相比，光纤光栅式湿度传感器结构更加简单，传感信息检测方便，只需测量波长的变化即可，而且具有很高的测量精度和比较短的响应时间。另外，光纤光栅式湿度传感器也十分方便地实现温度、湿度同时测量，适用场合多，且具有良好的检测效果。

6.3.5 pH 计

pH 计（又称酸度计）是测量水溶液中 pH 大小的仪器。世界上第一台 pH 计是由美国化学家 Arnold Beckman 于 1934 年发明的，能真正用于工业生产控制的 pH 计则问世于 20 世纪 40 年代。它主要由测量电极和电计两部分组成。电极由参比电极和指示电极两部分组成。参比电极在工业上有甘汞电极、银/氯化银电极两种类型，其作用是测量电极电位指数；指示电极是一种玻璃材质的电极，即一种具有独特性质且大约 0.5mm 厚的玻璃薄膜，当它两边分别与不同氢离子浓度溶液接触时，即可产生电位差。

pH 计的工作原理是根据能斯特（Nernst）方程确定的，其公式见式（6-15）：

$$E = E_0 + \frac{\ln 10 \cdot RT}{nF} \lg a_x \tag{6-15}$$

式中，E 为 pH 计测得的电动势；E_0 为指示电极和参比电极的起始电位，由电极电位、液接电位、内外膜电位和不对称电位决定；R 为气体常数，通常为 8.3145J/(K·mol)；T 为热力学温度，等于摄氏温度加上 273.15；F 为法拉第常数，为 96485C/mol；n 为电极反应中得失的电子数；a_x 指离子活跃，与溶液的酸碱度有关。

当使用比较分析法测量 pH 时，通常需要参比电极、指示电极、pH 标准缓冲溶液以及被测溶液的参与。首先，参比电极插入已知 pH 的标准缓冲溶液中后，形成一个电化学系统（电池），产生电动势并作为基准。而参比电极的反应是在电极表面进行的，且通常设计成不会释放或吸收氢离子和氢氧根离子的电极。这意味着这些反应不会显著影响溶液中氢离子或氢氧根离子的浓度，因此不会对溶液的酸度产生重大影响。这使得参比电极能够提供一个稳定的电动势基准，用于精确测量溶液的 pH。随后，指示电极被插入到被测溶液中，形成一个新的电化学系统，其电动势也会被输入到电计中。电计则会与事先校准好的标准曲线或者 pH 表进行对比来确定被测溶液的 pH。输入电计，进行一点或多点检定。随后，将同一对电极插入到被测溶液中，可形成新电池，其电动势被输入到电计中，电计再将电动势换算为 pH。根据《实验室 pH（酸度）计检定规程》（JJG 119—2018）技术规范，pH 计的准确性是由 pH 计检定仪进行检定的，以保证酸度量值传递的准确性和可靠性。虽然 pH 测定的原理比较简单，但在实际使用中要想得到正确的 pH 是相当困难的。常因液体在指示电极测试端玻璃球上结垢、液体把参考电极弄脏、玻璃球被液体中的坚硬的固体颗粒磨坏、缓冲溶液和工艺介质起化学反应等而导致读数不准。

6.4　食品加工过程参数智能监测与控制的应用

食品加工过程中参数因子的控制，关系加工食品的品质、风味和保质期等重要特征，影响着产品的分级和经济效益。各种精密的、专业化的设备组成了一条条食品生产线，而在这些设备内部便安装着各种传感器（仪表）以监测和控制这些参数的具体数值，从而确保食品的品质、风味和保质期等重要特征。

6.4.1　苹果汁加工过程参数智能监测

苹果汁的加工经历了如图 6-21 中的多个流程。而在这个流程中，又有许多精密的加工设备参与其中。如图 6-22 所示，按照加工流程，依次为 1 洗果机、2 检果机、3 破碎机、4 榨汁机、5 过滤机、6 储罐、7 板式灭酶换热器、8 蒸发浓缩器、9 酶解脱胶罐、10 超滤装置、11 瞬时灭菌机和 12 无菌灌装机。

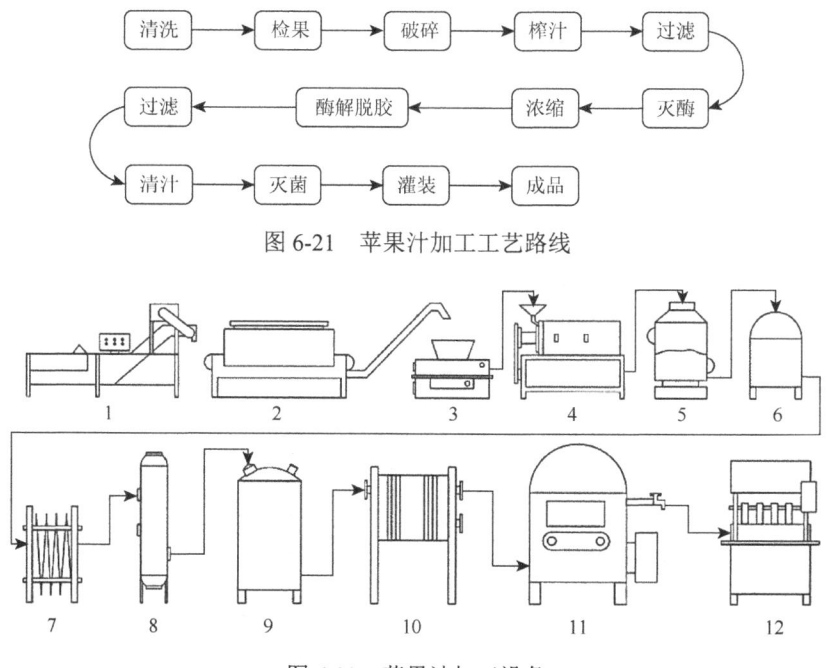

图 6-21　苹果汁加工工艺路线

图 6-22　苹果汁加工设备

首先，新鲜的苹果被引入生产线，这标志着加工的开始。在这个阶段，各种环境因子如压力、温度、湿度和流量开始发挥作用，通过精密的仪器监测和控制，确保原料在最佳状态下进入下一道工序。例如，在板式灭酶换热器中就有着监测果汁和冷却介质温度的温度传感器（热电偶、热电阻传感器等），确保浊汁在其内被加热至85～95℃，并在该温度下保持20～30s，使能够诱发酶促褐变过程和酚类化合物降解的多酚氧化酶和氧化物酶失活，最大限度地减少苹果汁的颜色损失和酶促褐变，然后被冷却至70～75℃，以待进入下一步加工流程。

之所以要保证在低温环境（低于100℃）下加工，正是由于苹果汁的热敏性，即苹果汁易在高温下失去原有风味。苹果汁的储藏也对温度有一定需求，必然也需要各种温度传感器参与监测。在香气方面，冷冻温度对苹果汁的香气成分种类和含量并没有显著影响，而解冻温度对香气成分有显著影响，具体表现为随着温度的升高，醛类物质和醇类物质含量呈现升高趋势。实验证明，4℃时解冻对苹果汁香气的保留最为有利。这种精确的温度控制伴随在苹果汁生产的全流程中，甚至是车间温度，也都在各类温度传感器的测量下，反馈显示至相应显示屏上，若出现异常，便会预警以保证产品质量。

6.4.2 西式（盐水）火腿加工过程参数智能监测

西式火腿类肉制品因其肉块大而明显、口感脆嫩、营养丰富等优点深受广大消费者喜爱。在火腿的加工过程中，精确的流程控制和适当的设备是确保最终产品质量的关键。西式火腿加工通常涉及多个关键步骤，从选材开始，经过去骨、腌制、嫩化等阶段，如图 6-23 所示。按照加工流程，对应的加工设备如图 6-24 所示，依次为 1 选料操作台、2 盐水注射机、3 嫩化机、4 滚揉机、5 充填机、6 熏蒸机、7 冷却机、8 冷藏机和 9 包装机。

图 6-23 西式火腿加工工艺路线

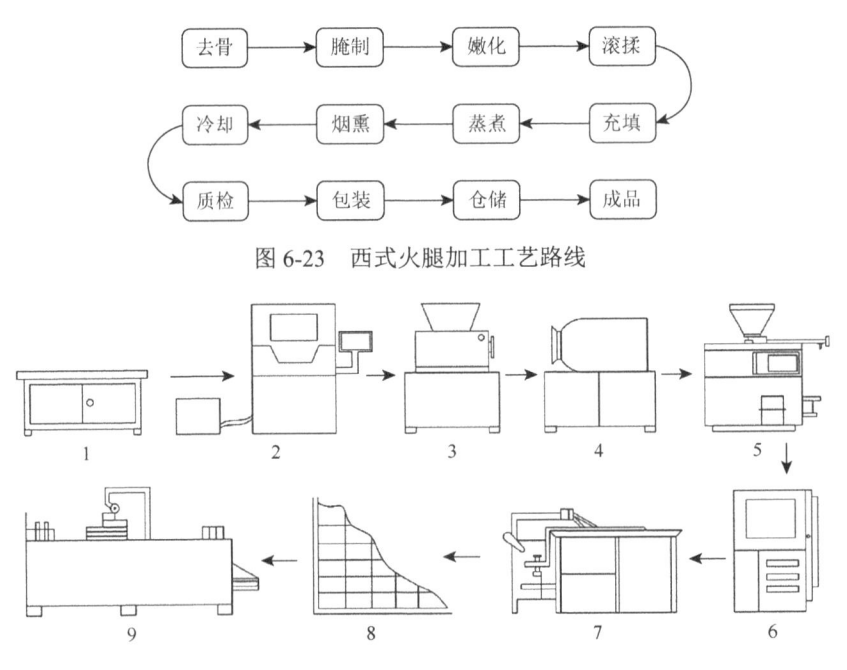

图 6-24 西式火腿加工设备

盐分是影响西式火腿口感、风味的重要因素，在西式火腿的加工流程中，盐水注射机起着重要的作用。它会将已经调配好的盐水（包括调味料）均匀地注入肉内，目前世界上采用的盐水注射机有三种传动方式，即机械传动、气压传动和液压传动。以液压传动最为理想，它能保证针头下插注射速度均匀。一般来说，工厂会控制压力不变，仅依靠控制针头速度来控制盐水的注射量。在这个过程中，压力传感器（金属电阻应变式压力传感器、压阻式压力计、电容式差压计等）扮演着重要的角色。通过监测压力，系统可以确保盐水注射的过程中维持稳定的压力水平，从而实现对盐水注射量的有效控制。

对压力因子的控制还体现在冷却的过程中。液体汽化的方式有两种：蒸发和沸腾。在标准大气压下，1g 水蒸发需要的热量是 2275J，但是当压力降低至 610Pa 时，需要的热量反而会提高至 2515J。如果在火腿冷却过程中降低空间的大气压力，就可以在较低的环境温度下实现火腿内水分的沸腾，此时火腿内部的水分会吸收大量热量，以达到快速冷却的目的。真空预冷因具有能耗更低、产品更卫生、降温速度更快和食品品质更理想的优点，而被应用到食品冷却中，加工空间中的压力便是由压力传感器做到精准控制的。

另外，盐水的注射量也会影响到真空预冷的效果，如 10%盐水注射量样品的降温速度显著高于 20%、30%和 40%盐水注射量样品，同样，不同盐水注射量也会影响到真空预冷后火腿中水的存在形式和空隙结构。故而压力传感器在加工过程中的作用更加重要，可以帮助做到合理设置各加工空间的压力水平，以让火腿保持最优的风味、颜色、口感等。

6.4.3 葡萄果醋加工过程参数智能监测

葡萄果醋的生产是一个精细而多阶段的工艺，涉及原料处理、破碎打浆、糖酸度调整、酒精发酵、醋酸发酵、澄清过滤等多个环节，如图 6-25 所示。在整个生产过程中，精确地控制和监测是确保最终产品质量和口感一致性的关键。其中，pH 的控制显得尤为重要，因为它直接影响酒精发酵、醋酸发酵、调配等关键步骤，继而影响到果醋的最终口感。图 6-26 是葡萄果醋的加工设备，依次为 1 洗果机、2 检果机、3 破碎机、4 榨汁机、5 过滤机、6 储罐、7 酒精发酵罐、8 醋酸发酵罐、9 超滤装置、10 调配装置和 11 无菌灌装机。下面将深入探讨葡萄果醋生产工艺中部分控制 pH 的措施，通过这些措施，生产者能够保证产品质量、口感和一致性，提供令消费者满意的葡萄果醋产品。

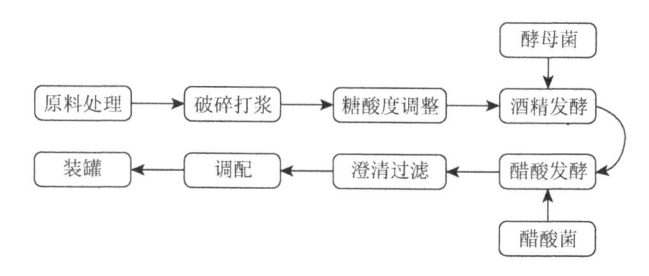

图 6-25 葡萄果醋加工工艺路线

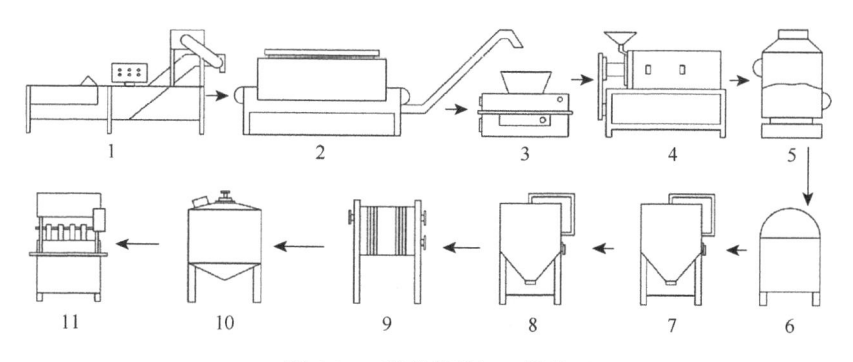

图 6-26 葡萄果醋加工设备

在破碎打浆阶段，设备中会安装pH计等酸碱度监测装置，测定葡萄汁的初始酸度，以确保后续的发酵过程在适宜的pH范围内进行。过高或过低的初始酸度可能影响酵母的活性和发酵速度。在糖酸度调整阶段，依据破碎打浆阶段测得的pH进行pH调整，以便在后续酒精发酵和醋酸发酵的环境保持合适的酸碱度。同样，在发酵过程中，也有pH计的参与，以监测整个发酵过程是否正常进行，保证微生物的生长和活动。到了调配阶段，pH计等酸碱度监测装置一样发挥着重要的作用，不同批次的果醋在酸碱度上的一致性对产品的一致性至关重要。通过在调配阶段控制酸碱度，可以确保最终产品在口感和质地上保持一致性。

总的来说，pH的控制在整个生产过程中是协调各个阶段的关键因素。它不仅影响了微生物的活性和产品的质地，还直接影响了消费者对葡萄果醋产品口感和品质的感知。因此，在生产中持续监测和调整酸碱度是确保葡萄果醋生产质量的重要一环。

6.4.4 啤酒加工过程参数智能监测

啤酒是一种古老而流行的饮料，通常由水、麦芽、啤酒花和酵母制成，在全球范围内有着悠久的历史，不仅是一种饮料，更是文化的一部分。人们对于啤酒的品味和制作有着丰富的研究和体验。图6-27为啤酒的加工工艺路线，而图6-28则展示了在加工中所使用的部分设备，依次为1研磨机、2水处理设备、3糖化锅、4过滤机、5麦汁浸煮锅、6冷却机、7发酵桶和8储罐。

麦汁是啤酒生产的重要中间原料，对其进行流量监测涉及前后工艺（车间）之间的交接结算，极其重要。尤其是前后工艺在不同车间进行时，计量结果关系到各自生产和经济指标的完成，更关系到啤酒的质量、安全、口感和风味，故在加工流程中对其进行流量监测是非常重要的。因生产工艺的不同，有些啤酒是通过对高浓度原汁酒进行勾兑而生产的，这样一来，对高浓度原汁酒和无菌碳酸水的配比比例的把控就变得尤为重要，以保证其混合后的啤酒度数，这就需要对其流量进行细致的监测和控制。

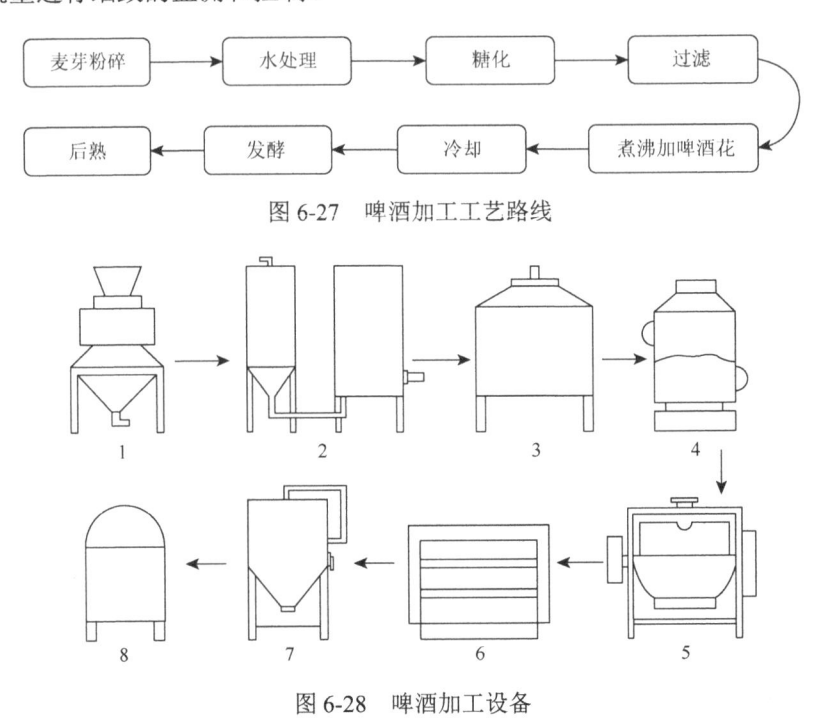

图6-27 啤酒加工工艺路线

图6-28 啤酒加工设备

啤酒行业对生产工艺中物料和产品的流量监测十分重视。特别是液体流量测量仪表，在啤酒生产中对其有特殊的要求，如须避免细菌滋生、易于经常清洗以及能耐受高温下的碱水和双氧水等消毒条件。在众多液体流量测量仪表产品中，电磁流量计能够满足这些需求。又因其价格逐渐下降，得到了广大啤酒行业生产者的认可，成为实际应用中被广泛采用的仪表之一。

以上介绍了几种特定食品生产流程中参数监测与控制的实例，但仅仅涉及了部分生产步骤中的单个因子对食品的影响。在实际的生产中，生产者则需要考虑更多的步骤和更多的影响因子，更需要考虑到这些影响因子之间复杂的耦合效应。全流程监测、统筹控制、综合考虑，才能够生产出更受消费者青睐的产品。

课外延伸阅读

[1] 林荣川，林河通，林清矫. 采用交叉补偿解耦的乌龙茶自动烘焙机温湿度模糊控制. 农业工程学报，2012，28（20）：80-87.
[2] 曹静怡，鲁玉杰，苗世远，等. 基于多场耦合理论的稻谷储藏品质变化规律及预测模型的研究. 中国粮油学报，2024，39（5）：7-14.
[3] 田媛，刘振蓉，胡新中，等. 燕麦挂面品质与干燥系统中耦合因子的关系研究. 中国食品学报，2023，23（11）：182-190.
[4] 高立婷，戴思慧，徐新明，等. 温室温湿度耦合控制方法研究. 农机化研究，2021，43（12）：24-30.
[5] 薛佳祺，王颖，周辉，等. 包装技术在肉制品保鲜中的研究进展. 食品工业科技，2021，42（16）：367-373.
[6] 谌海云，何道清，杨秋菊. 过程控制与自动化仪表. 北京：机械工业出版社，2022.
[7] 陈昊. 温度测量在食品加热与保鲜中的运用. 现代食品，2016，（14）：35-36.
[8] 赵杨，卢刚. 论准确的温湿度测量和控制在冷链系统中重要作用. 计量与测试技术，2020，47（6）：68-70.
[9] 卢嘉敏，张强，张达远，等. 差压式流量计综述. 计量技术，2018，（1）：9-12.
[10] 李丽敏. 转子流量计应用技术研究. 科技视界，2016，（1）：7-8.
[11] 蔡武昌，马中元，瞿国芳，等. 流量计应用指南：电磁流量计. 北京：中国石化出版社，2004.
[12] Knoerzer K, Regier M, Schubert H. Measuring temperature distributions during microwave processing//The Microwave Processing of Foods. Amsterdam: Elsevier, 2017: 327-349.
[13] 厉玉鸣. 化工仪表及自动化. 4 版. 北京：化学工业出版社，2010.
[14] 周琦. 集成温度传感器的设计. 西安：西安电子科技大学，2007.
[15] 房毅卓，陈亮. DS18B20 温度传感器在地下盐湖遥测系统中的应用与改进. 盐湖研究，2022，30（3）：107-111.
[16] 凌娇. 电容式微湿度传感器敏感结构研究. 成都：电子科技大学，2013.
[17] 吴钊. 光纤光栅湿度传感器研究. 北京：北京邮电大学，2015.
[18] 和娟. 智能化酸度计检定装置研究. 杭州：中国计量大学，2021.
[19] 路遥，张凯杰，李根，等. 低温低氧工艺对苹果汁品质与香气特征的影响. 食品研究与开发，2021，42（12）：183-188.
[20] 廖彩虎，李怡菲，罗丹娴，等. 不同盐水注射量下西式火腿真空预冷过程中水分存在形式及孔隙结构变化规律. 食品科学，2021，42（21）：87-96.
[21] 赵陈萍. 葡萄果醋生产工艺研究和生产线设计. 南京：南京农业大学，2014.
[22] 石海林. 电磁流量计在啤酒行业的应用和注意事项. 自动化仪表，2004，（1）：34-38.

扩展与思考

[1] 如何评估各参数对食品加工过程的影响？
[2] 食品加工过程品质指标和参数因子耦合效应。
[3] 食品加工过程如何选用合适的参数智能监测仪表及传感器。

第 7 章 食品加工过程集散控制系统

> **知识点**
> - 集散控制系统的特点。
> - 集散控制系统的构成部分。
> - 集散控制系统的操作模式及特点。
> - 分散过程控制装置类型。
> - 列举 3~5 种有关集散控制系统在食品工业中的作用。

在集散控制系统（DCS）产生之前，工业上主要采用计算机控制系统，一台计算机控制几十个、上百个控制回路，控制高度集中、危险性极高。随着电子技术发展和微处理器的出现，为了解决控制高度集中、危险性高的问题，产生了分布式控制系统（即 DCS）。DCS 在国内自控领域又称为集散控制系统，是计算机技术、控制技术和网络技术高度结合的产物，是目前较为先进且合理的过程控制系统，可以适应各种过程控制的要求。DCS 的过程控制点分散，操作和监控集中，系统具有可靠性高、操作方便的特点，可以实现集中操作和监控。因此，DCS 的主要特点归结为一句话就是"分散控制，集中管理"。

集散控制系统是 20 世纪 70 年代中期发展起来的新型控制系统。DCS 通常采用若干个控制器（过程站）对一个生产过程中的众多控制点进行控制，各控制器间通过网络连接进行数据交换。综上所述，集散控制系统具有灵活性好、组态方便、可靠性高、冗余设计灵活等优点，更重要的是具有很强的控制功能、窗口功能和管理功能，能够适应食品工业生产过程的各种需要。

7.1 食品加工过程 DCS 概述

集散控制系统的出现是工业控制的一个里程碑。自从美国霍尼韦尔（Honeywell）公司 1975 年成功地推出世界第一套产品 TDC2000 至今，DCS 产品几经更新换代，技术性能日趋完善。DCS 已经成为工业加工过程领域的首选主流系统，尤其对大中型企业更是如此。DCS 因其先进、可靠、灵活和操作简便以及合理的价格而得到广大工业用户的青睐，已被广泛应用于化工、石油、电力、冶金和造纸等工业领域。

7.1.1 集散控制系统的概念

随着现代化工业技术的飞速发展，工业生产过程的控制规模不断扩大，复杂程度不断增加，工艺过程不断强化，对过程控制和生产管理系统提出了更高的要求。信息技术的飞速发展，也促进了自动化领域的深刻变革，形成了全分布式网络集成化自控系统。以微处理器为基础的集散控制系统（DCS）正是在这种背景下产生的，它是继电动单元组合仪表和组件组装式仪表之后的新一代控制系统。今天的集散控制系统已经不是过去的那种模拟控制系统，而是采用了计算机技术的数字控制系统。

集散控制系统又称为计算机分布式控制系统、集散型控制系统，它是生产过程监视、控制技术发展和计算机与网络技术应用的产物。集散控制系统指的是一种多机系统，即多台计算机分别控制不同的对象或设备，各自构成子系统，各子系统间有通信或网络互连关系。从整个系统来说，它在功能、逻辑、物理以及地理位置上都是分散的。总之，以计算机网络为核心组成的控制系统都是集散控制系统，它是现代控制技术、现代计算机技术、现代通信技术和CRT技术的结晶。

集散控制系统由集中管理部分、分散控制监测部分和通信部分组成。其中，集中管理部分可分为操作员工作站、工程师工作站和管理计算机；分散控制监测部分按功能分为现场控制站、监控站；通信部分则完成控制指令及各种信息的传递和数据资源的共享。图7-1所示为一个集散控制系统的典型结构。

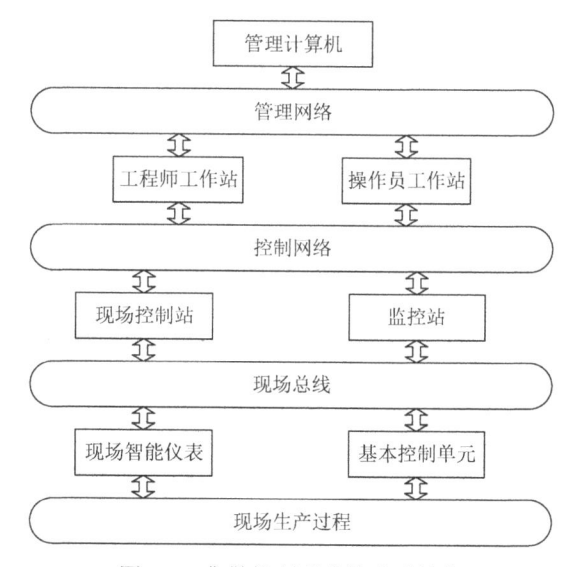

图7-1 集散控制系统的典型结构

集散控制系统最基本的特征就是实现了系统的分散控制和集中管理。由于开放式计算机模式的提出，以及集成技术、现场总线技术对DCS应用和发展的影响，目前的DCS向集成化、综合化、智能化的方向发展。

7.1.2 集散控制系统的发展

集散控制系统大体可分三个发展阶段。

1. 1975～1980年

1975年美国Honeywell公司推出了世界上第一套集散控制系统TDC2000，它是一个具有许多微处理器的分级控制系统。以分散的控制设备来适应分散的过程对象，并将它们通过数据高速公路与基于CRT的操作站相连接，互相协调，一起实施工业过程的实时控制和监测，实现了控制系统的功能分散和负荷分散，进而实现了危险性分散。

在此期间世界各国也相继推出了自己的第一代DCS，比较著名的有美国Honeywell公司的TDC2000、Foxboro公司的Spectrum、Bailey公司的NetWork-90、日本Yokogawa公司的Centum、

Toshiba 公司的 TOSDIC，德国 Siemens 公司的 Teleperm M、Hartmann & Braun 公司的 Contronic P 等。然而，这一时期的产品，在技术上有明显的局限性，即它们的微处理器多采用 8 位 CPU。

2. 1980～1985 年

第二代产品在原基础上提高了可靠性，新开发的多功能过程控制站、增强型操作站、光纤通信等进一步完善了 DCS。第二代产品的基本结构由六部分组成，即局域网络、多功能现场控制站、增强型操作站、主计算机、网络连接器和系统管理站。其特点是采用 16 位 CPU 的模块化、标准化设计，数据通信向标准化迁移，板级模块化，单元结构化，具有更强的适应性和可扩充性，控制功能更加完善，它能实现过程控制、数据采集、顺序控制和批量控制功能。代表产品有美国 Honeywell 公司的 TDC3000、Leads & Northrup 公司的 MAX-1、Taylor 公司的 MOD300、Westing House 公司的 WDPF，日本 Yokogawa 公司的 Centum A。

3. 1985 年至今

第三代产品采用 32 位 CPU 和专用集成电路，开发了高一层次的信息管理系统，实现了开放式系统。通信向上能与映射接口（MAP）和以太网（Ethernet）接口，或者通过网间连接器与其他网络联系，构成复合管理系统；向下支持现场总线，使得过程控制或车间的智能变送器、执行器和本地控制器之间实现可靠的实时数据通信。过程控制组态采用计算机辅助设计（CAD）方法，使其更直观、方便地实现自整定功能。其代表产品有美国 Honeywell 公司的 TDC3000/LCN、Foxboro 公司的 I/A Series、Bailey 公司的 INFI-90、Westing House 公司的 WDPF-Ⅲ，以及日本 Yokogawa 公司的 Centum-XL 等。

开放系统（open system）是第三代集散控制系统的主要特征。开放系统是以规范化与实际存在的接口标准为依据而建立的计算机系统、网络系统及相关的通信系统，这些标准可为各种应用系统的标准平台提供软件的可移植性、系统的互操作性、信息资源管理的灵活性和更大的可选择性。作为第三代集散控制系统的标志，开放系统已渐为人知。

开放系统的基本特征如下。

（1）可移植性（portability）。第三方的应用软件能很方便地在系统平台上运行，不同厂商的集散控制系统软件具备相互移植的可能。可移植性能保护用户的已有资源，减少应用开发、维护和人员培训的费用。但是，软件的可移植性也带来了安全性的问题，为此，应有相应的安全措施。

（2）可适宜性（scalability）。系统对计算机的运行要求更为灵活，在某些较高级别系统中能运行的应用软件也可兼容低级别系统。

（3）可用性（availability）。系统的用户可自由选择产品，而无须担心兼容问题。由于各制造厂的产品遵循统一的通信标准，因此，对用户来说，选择产品的灵活性得到增强。

（4）互操作性（interconvertibility）。开放系统的互操作性指不同的计算机系统与通信网络能互相连接起来。通过互连，能正确有效地进行数据的互通，并在数据互通的基础上协同工作、共享资源、完成应用。集散控制系统在现场总线标准化后，将使符合标准的各种检测、变送和执行机构的产品可以互换或替换，而不必考虑该产品是否是原制造厂的产品。

为了实现系统的开放，对通信系统提出了更高要求，即应符合统一的通信协议标准。国际标准化组织已制定开放系统互连（OSI）参考模型。在此基础上，各个组织发布了几个符合该标准模型的国际通信标准，如制造自动化协议（MAP）、IEEE802 通信协议等，上述协议在集散控制系统中已得到了应用。

7.1.3 食品加工过程 DCS 控制概述

DCS 是一种通过微处理的方式进行分散综合控制的系统,通过分散控制的方式实现集中操作,并对自动化设备进行分级管理和灵活配置。在食品加工的自动化生产中,由于技术日新月异,对控制要求也越来越高。DCS 能够在生产中提供更好的过程控制管理,无论食品处于加工前还是加工后的状态,都能够实现更加完善的控制。在 DCS 自动化操作系统中,操作界面大部分以图形为主,因此可直观地显示出食品原料在生产中的相关数据,进而可以使管理者随时掌握生产过程和产品质量。

在食品加工的生产过程中使用在线检测、快速检测等自动化技术,实时监控原料的添加过程、加工过程控制及消毒和包装等操作。例如,应用在线糖度、CO_2 检测技术可实时监控、调节饮料的糖度、CO_2 气容量,确保生产过程和产品的稳定性;应用容量控制技术可以按要求实时控制流量或充填容量;应用伺服控制技术可以对饮料瓶盖密封扭力等进行自动调节;应用快速检测技术对食品的生产过程及产品进行微生物快速检测,避免不合格的食品饮料流入下一工序。因此,自动化智能技术的应用可提升产品品质的合规性、准确性、稳定性,与人工生产相比,具有不可比拟的优势。在装箱、码垛、产品输送等环节,机器人或机械手的应用可适应多品类、多规格包装的生产模式,增强快速转换能力,进而提升制造的精益性和灵活性。而信息技术的应用可以实现生产线的实时监控,包括设备状态监测、运行效率统计、故障诊断及远程技术支持等。

7.2 DCS 控制结构与系统

7.2.1 集散控制系统的体系结构

DCS 从系统结构上来说,可以分为现场级、控制级、监控级及管理级,具体如图 7-2 所示。

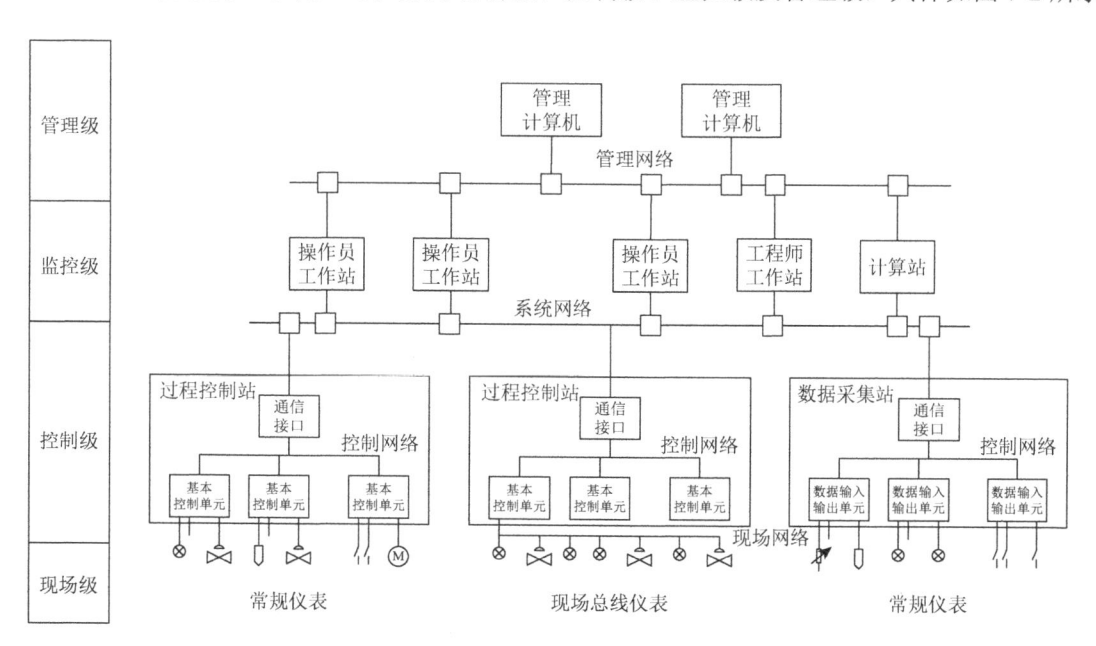

图 7-2 DCS 的典型结构

现场控制级主要功能：实时采集过程数据，将数据转换为现场总线数字信号；输出过程操纵命令，实现直接数字控制；完成与过程装置控制级的数据通信；对现场控制级设备进行监控和诊断。

过程装置控制级主要功能：实时采集过程数据，进行数据转换和处理；数据的监视和存储；实施连续、离散、批量、顺序和混合控制的运算，并输出控制信号；数据和设备的自诊断；数据通信。

车间操作管理级主要功能：数据显示和记录；过程操作；数据存储和压缩归档；系统组态、维护和优化运算数据通信；报表打印和操作画面硬拷贝。

全厂优化调度管理级主要功能：优化控制；协调和调度各车间生产计划和各有关部门的关系；主要数据显示、存储和打印；数据通信。

集散控制系统是一种操作显示集中、控制功能分散的计算机综合控制系统。DCS 的体系品种繁多，单系统的结构基本上相同，主要由工程师工作站、操作员工作站、现场控制站、服务器及其他功能站和系统网络五大部分组成。

工程师工作站。工程师工作站是 DCS 中的一个特殊功能站，其主要作用是对 DCS 进行应用组态。应用组态是 DCS 应用过程中必不可少的一个环节，因为 DCS 是一个通用的控制系统，在其之上可以实现各种各样的应用，关键是如何定义一个具体的系统完成怎样的控制，控制的输入量、输出量是什么，控制回路的算法如何，在控制计算中选取什么样的参数，在系统中设置哪些人机界面来实现人对系统的管理与监控，还有诸如报警、报表及历史数据记录等各个方面功能的定义等，都是应用组态所要完成的工作，只有完成了正确的组态，一个通用的 DCS 才能成为一个针对具体控制应用的可运行系统。

应用组态工作可离线进行，也可在线进行。一旦组态完成，系统就具备了运行能力。当系统在线运行时，工程师工作站可起到一个对 DCS 本身的运行状态进行监视的作用，以及及时发现系统出现的异常，并进行处置。

在一个标准配置的 DCS 中，一般都配有一台专用的工程师工作站，也有些小型系统不配置专门的工程师工作站，而将其功能合并到某台操作员工作站中。在这种情况下，系统只在离线状态具有工程师工作站的功能，而在在线状态下就没有工程师工作站的功能。当然也可以将这种具有操作员工作站和工程师工作站双重功能的站设置成可随时切换的方式，根据需要使用该站完成不同的功能。

操作员工作站。操作员工作站主要完成人机界面功能，一般采用桌面通用计算机系统，如图形工作站或个人计算机，但一般都要求配备高分辨率、大屏幕的彩色显示器（CRT 或液晶），有的系统还要求每台操作员工作站使用多屏幕，以拓宽操作员的观察范围，为了提高图形显示效果，一般都在操作员工作站配备较大的内存，同时为了保存历史数据以便日后分析，大多配备大容量的硬盘。

现场控制站。现场控制站是集散控制系统的核心部分，主要完成连续控制功能、顺序控制功能、算术运算功能、报警检查功能、过程 I/O 功能、数据处理功能和通信功能等。

现场控制站硬件一般都采用工业控制计算机，其中除了计算机系统所必需的 CPU、存储器等，还包括了现场测量单元、执行单元的输入/输出设备。

服务器及其他功能站。在现代的 DCS 结构中，系统已不再局限于直接控制，除了现场控制站和操作员工作站以外，还可以有许多执行特定功能的计算机，如专门记录历史数据的历史站、进行高级控制运算的高级计算站、进行生产管理的管理站等。这些站也都通过网络实现与其他各站的连接，形成一个功能完备的控制系统。由于越来越多高级功能的加入，当今大多数 DCS 都配有服务器。

系统网络。DCS 的另外一个重要组成部分是系统网络，它是连接系统各站的桥梁。由于 DCS

是由各种不同功能的站组成的,这些站之间必须实现有效的数据传输,以实现系统总体的功能,因此系统网络的实时性、可靠性和数据通信能力关系到整个系统的性能,特别是系统的通信规约,关系到网络通信的效率和系统功能的实现,因此系统网络通常是由各个 DCS 厂家精心设计的。随着网络技术的发展,很多标准的网络产品陆续推出,特别是以太网逐步成为实际上的工业标准,越来越多的 DCS 厂家直接采用以太网作为系统网络。

以太网的发展初期,是为满足事务处理的应用需求,其网络介质访问的特点比较适宜传输信息的请求随机发生,每次传输的数据量较大而传输的次数不频繁,因网络访问碰撞而出现的延时对系统影响不大。而在工业控制系统中,数据传输的特点是需要周期性地传输,每次传输的数据量不大而传输的次数比较频繁,而且要求在确定的时间内完成传输,这些应用需求的特点并不适宜使用以太网,特别是以太网传输的时间不确定性,更是其在工业控制系统中的最大障碍。

7.2.2 集散控制系统的特点

1. 开放性

DCS 一般情况下,具有模块化、标准化以及开放化特性。根据工作需求需要整改或更改系统时,可以利用新设备访问系统信息数据,将其从计算机设备中移除,而且整个过程不会相互影响,所以该系统具有很好的开放性。

2. 灵活性

DCS 是一种软硬件结合的控制系统,主要通过测量和控制信息数据来建立起多台计算机的联系,根据适用的算法来控制逻辑并应用到系统中去,显示的画面在数据库中由与之对应的图形组成,这样可以很便捷地组成控制系统,并形成强有力的控制。因为整个系统从安装、控制、整改等多个方面比较灵活,所以整个系统也就多变灵活,从而很好地满足客户和工作要求。

3. 易于维护

微型专用计算机具有维护简单、方便的特点。当某一局部或某个计算机出现故障时,可以在不影响整个系统运行的情况下在线更换,迅速排除故障问题。

4. 协调性

在每个独立工作站之间通过通信网络将数据传递到个体,然后整个系统实施信息共享,不仅可以合理优化资源,也可以利用其他系统协调完成相关工作。

5. 高容错性

集散控制系统的可靠性比以往任何一种控制系统都要高,因为 DCS 是具有分级管理和多种操作的特点;所有工作和操作都是通过计算机完成,整个系统采用容错设计,每一台计算机损坏或者崩溃时并不会影响整个系统正常运行,大大增加容错率。在此系统中每个计算机承担的任务比较单一,同时此系统具有独立的计算机配置,不仅可以提升利用率,还可以有效地提升运用质量。

6. 控制功能齐全

此系统的控制算法较丰富,是聚集了连续性系统控制、顺序性系统控制、完整性系统控制于一体的控制系统,可实现串级、前馈、解耦、适应、预控等功能,在后续运用中还可以对特殊数据进行分析。对于 DCS 热控系统：工作过程并非由一台计算机控制，而是由多个系统联合控制，可以有效地避免单个系统发生问题，而导致其他系统停止工作的情况。虽然 DCS 热控系统由多个系统进行联合控制，但是各个系统分工明确，利用计算机技术协同完成工作，还可以根据客户需求和工作需求对其进行调整，增加了系统控制的多变性及可靠性。

7.2.3 集散控制系统的硬件结构

DCS 的硬件系统主要由集中操作管理装置、分散过程控制装置和通信接口设备等组成，通过通信网络系统将这些硬件设备连接起来，共同实现数据采集、分散控制和集中监视、操作及管理等功能。常见的硬件配置包括下面几个方面的内容：工程师工作站的选择，包括机型、CRT 尺寸、内存、硬盘、打印机等；操作员工作站的选择涉及工作站的个数和配置，如 CRT 尺寸及是否双屏、主机型号、内存配置、磁盘容量的配置、打印机的台数和型号等；现场控制站的配置，包括现场控制站的个数、地域分布，每个现场控制站中所配置模板的种类及块数，电源的选择等。

硬件的配置对不同的系统差别甚大，而且一般是根据现场的具体要求而定，相对来说选择工作量不大。

1. 集散控制系统的过程装置控制级

分散过程控制装置是集散控制系统与工业生产过程之间的接口，它是集散控制系统的核心。分析分散过程控制装置的构成，有助于理解集散控制系统的特性。

1）分散过程控制装置的类型

不同类型的集散控制系统，分散过程控制装置也有不同的构成。同一集散控制系统，由于所连接的设备和控制要求的不同，也会有不同的构成。按组成分散过程控制装置的设备不同，可分为以下几类：①多回路控制器＋输入输出装置；②多回路控制器＋现场总线＋智能仪表；③多回路控制器＋可编程逻辑控制器；④多回路控制器＋单回路控制器；⑤多回路控制器＋数据采集装置；⑥单回路控制器＋数据采集装置；⑦单回路控制器＋可编程逻辑控制器。

上述的各种分散过程控制装置类型可以在同一集散控制系统中重复或组合出现。此外，根据冗余的要求，它们也可以组成冗余结构，不同的控制要求对冗余度的需求是不同的，可以从 1∶1 到 8∶1。

按控制功能来分，分散过程控制装置有常规控制器、顺序控制器（或逻辑控制器）及批量控制器三类。而从发展趋势来看，分散过程控制装置的功能越来越强，它已集常规、顺序和批量控制于一体，成为多功能控制器。随着现场总线的应用，控制功能将在智能仪表内完成，这时，一些高级的控制算法，如优化控制、基于模型的预测控制等算法和一些管理统计功能将在分散过程控制装置内实现。

2）分散过程控制装置的构成

（1）整体式系统的构成。整体式分散过程控制装置常用于中小型系统。它以单回路、双回路或四回路控制器为主，采用盘装仪表的方式，也可采用多回路控制器＋单回路控制器或可编程逻辑控制器的结构，这时，多回路控制器和单回路控制器或可编程逻辑控制器各自独立工作，互相并行，多回路控制器还具有自己的整体式安装的操作器。

整体式系统的特点是分散过程控制装置本身有操作器，可以自成系统，组成控制级。由于它无须外部接口等设备，因此，系统可靠性较高。

（2）分离式系统的构成。分离式分散过程控制装置的过程信息常要经过控制器、通信系统和 CRT 操作站显示在操作员面前，并经相反的路径把操作指令送到过程去。它的操作接口在系统上层，因此存在通信问题。为此，常采用冗余的方法。在大型系统中采用这种方法，虽然增加了冗余的通信装置，但由于操作接口部分的硬件费用下降，性能价格比还是很高的。

分离式系统采用通信系统，对分散过程控制装置进行了垂直的阶层分散，同时，它的下层又按负荷分散的原则组成水平型结构。在多回路控制器这一层，由于操作器可以与控制器分散，从而可以实现降级操作到操作器这一级，增加了可靠性。此外，通过 CRT 操作站便可对系统进行操作，操作的灵活性较大。

（3）冗余系统的构成。分散过程控制装置直接与生产过程联系，它的工作状态将影响过程控制的好坏。因此，系统的冗余结构是常采用的。

对于单回路控制器或双回路控制器常采用手动来降级操作。它们常用于简单工艺过程，因此，除有必要，一般不再采用冗余结构。对于多回路控制器＋单回路控制器或可编程逻辑控制器，或者带回路操作器的场合，可以采用双重或多重冗余的多回路控制器组成冗余系统。其备用控制器常用指挥仪进行切换，相应的数据库和程序也作同步的切换。当数据库由回路操作器保存时，数据库可以不用切换。

分离式分散过程控制装置常采用多重冗余结构。除在控制器采用 $1:1$ 的双重冗余结构或 $N:1$ 的多重冗余结构外，还可以采用高可靠性的同步热备用方式。例如，三中取二系统，它的三个控制器接收相同的信号，取出两个相同输出的控制器输出作为分散过程控制装置的输出，这种方法的可靠性高，且无切换等问题，但硬件费用较大。若采用 $1:1$ 或 $N:1$ 的冷备用方式需解决切换问题，常用的解决方法是：由上位机把控制器的数据库、程序下装到冷备用的控制器；故障控制器直接把故障前的数据库数据和程序送入备用控制器；备用控制器切入时，采用故障发生时重新启动控制器所设置的数据，程序则是预先已复制好的，然后在切入备用控制器时据此而运行。

分离式分散过程控制装置采用 CRT 手动备用冗余结构。其控制逻辑如下：正常工况下，控制器输出信号通过手动/自动开关的自动通路直接传输至过程执行机构；控制器故障工况下，系统自动切换至备用模式，操作人员通过 CRT 人机界面发出手动操作指令，该指令经手动/自动开关的手动通路送达过程执行机构。

2. 集散控制系统的操作员工作站和工程师工作站

工程师工作站主要用于系统的配置、编程、维护和高级功能管理，通常不直接参与日常过程操作。与工程师工作站不同，操作员工作站是操作员与过程控制系统之间的接口，通常被称为人机接口（human machine interface，HMI）。它的主要功能是提供过程监控、操作和报警管理。两者在功能上有明确区分，但都属于集散控制系统的重要组成部分。在采用集散控制系统以前，单元控制室里的过程信号是直接通过硬接线从现场变送器连接到单元控制室的［图 7-3（a）］。因此，在那时的操作员看来，过程信号有以下几个特点：

（1）没有延时。过程参数只要改变，就马上反映到仪表的指针上。

（2）在固定的位置显示，不受其他仪表的干扰，要观察某个信号，只要观察处于固定位置的那个指示仪表就可以。

（3）故障的原因比较简单。例如，指示仪表故障、检测仪表故障或线路故障，这些故障是比较容易判断与解决的。

（4）重要参数的报警非常明显。重要仪表的数量有限，重要的参数发生报警，操作员的注意力很容易集中到重要仪表之上。

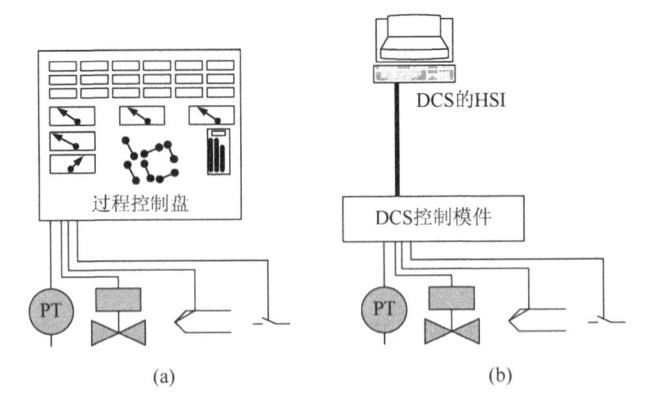

图 7-3　未采用 DCS 的控制系统（a）和采用 DCS 的控制系统（b）

PT 表示性能测试

然而，当控制系统由集散控制系统实现时［图 7-3（b）］，如果不认真设计人机接口的组态，上面这些特性就很可能被集散控制系统所掩盖，使操作员感到不易使用。集散控制系统可以为我们提供大量的数据，这些数据到达人机接口之后，要通过人机接口的设计将数据转换成信息，并且以操作员习惯的方式，按过程的重要性顺序反映出来。这才能体现出集散控制系统的优越性。因此，人机接口的设计在范围上要包括人机接口所能提供的全部功能。

7.2.4　集散控制系统的软件体系

一个基本的过程控制计算机系统软件可以分成两个部分：系统软件（又称计算机系统软件）和应用软件（又称过程控制软件）。集散控制系统的软件体系中包括了上述两种软件，但由于其分布式结构，又增加了诸如通信管理软件、组态软件及诊断软件等。

1. 集散控制系统的系统软件

系统软件一般指通用的、面向计算机的软件。系统软件是一组支持开发、生成、测试、运行和维护程序的工具软件，它与一般应用对象无关。集散控制系统的系统软件一般由以下几个主要部分组成：操作系统、面向过程的编程语言、工具软件。

操作系统是一组程序的集合，它用来控制计算机系统中的用户程序的执行顺序，为用户程序与系统硬件提供接口软件，并允许这些程序（包括系统程序和用户程序）之间交换信息。用户程序也称为应用程序，一般设计成能够完成某些应用功能。在实时工业计算机系统中，应用程序是我们在功能规范中所规定的功能，而操作系统则是控制计算机自身运行的系统软件。

2. 集散控制系统的组态软件

组态软件设计的过程是利用工作站来组合集散控制系统中所提供的控制算法或画面符号，而不是编制具体的计算机程序或软件，也不是用来描绘制造或安装用的图纸，习惯上把这种设计过程称作组态或组态设计。

集散控制系统的组态功能已成为工业界很熟悉的内容。集散控制系统的组态功能的支持情况（如应用的方便程度、用户界面友好程度、功能的齐全程度等）是影响集散控制系统是否受到用户欢迎的重要因素。几乎所有的集散控制系统都在不同程度上（或以不同的表现形式）支持组态功能，但是不同的集散控制系统的组态方法均不相同。

集散控制系统组态功能包括很广泛的范畴。从大的方面讲，可以分为两个主要方面：硬件组态（又叫配置）和软件组态。

集散控制系统的软件一般是较为成熟的模块化结构。系统的图形显示功能、数据库管理功能、控制运算功能、历史存储功能等全都有成熟的软件模块，但通常不同的应用对象对这些功能模块的要求有较大的区别。所以，一般的集散控制系统提供一个（或一组）功能很强的软件工具包（即组态软件），该组态软件提供一个友好的用户界面，使用户在不需要什么代码程序的情况下便可以生成自己需要的应用"软件"。

软件组态的内容比硬件组态还丰富，它一般包括基本配置的组态和应用软件的组态。基本配置的组态是给系统一个配置信息，如系统的各种站的个数、它们的索引标志、每个现场控制站的最大点数、最短执行周期、最大内存配置、每个操作员工作站的内存配置信息、磁盘容量信息等。而应用软件的组态则具有更丰富的内容，如数据库的生成、历史库（包括趋势图）的生成、图形生成、控制组态等。

随着集散控制系统的发展，人们越来越重视系统的软件组态和配置功能，即系统中配有一套功能十分齐全的组态软件。这套组态软件通用性很强，可以适应一大类应用对象，而且系统的执行程序代码部分一般是固定不变的，为适应不同的应用对象只需要改变数据实体（包括图形文件、报表文件和控制回路文件等）即可。这样，既大大提高了系统的成套速度，又保证了系统软件的成熟性和可靠性。

几年以前，在国外流行的集散控制系统中以及各工控软件厂商推出的组态软件都具有很丰富的组态功能，但有的系统并不支持汉字功能。

7.2.5 集散控制系统的操作与显示画面

根据工业生产过程的自动化水平不同，操作人员参与过程的程度和范围将有所不同。自动化水平越高，操作人员参与和介入的程度和范围越小。但无论何种生产过程，操作人员的参与和介入都是通过对生产过程数据信息的观察、监视和操纵来实现的。在集散控制系统中，这种参与通过两种途径进行：一种是仪表盘操作方式，主要用于单回路控制器、可编程逻辑控制器等模拟仪表盘的场合；另一种是 CRT 操作方式，它通过生产过程的集中监视和操作实现对生产过程的介入。与常规的仪表盘操作方式不同的是集散控制系统通过人机操作界面不仅可以实现一般的操作功能，而且还增加了其他功能，如控制组态、画面组态等工程实现的功能和自诊断、报警等维护修理等功能。此外，画面方便切换、参数改变简单等性能也使集散控制系统的操作得到改善。

1. 集散控制系统的操作

1）仪表盘操作方式

集散控制系统的仪表盘操作指过程控制站的部分操作在仪表盘进行，它通常包括盘装的单回路与多回路控制器、可编程逻辑控制器、模拟仪表后备和简易型操作终端的操作。

2）仪表盘操作方式的特点

仪表盘操作方式是将数字仪表安装在仪表盘，其外形与常规模拟仪表相似，但操作方式有下列特点。

（1）显示和读数的精度提高，读数方便，报警功能增强。

（2）监视和操作与模拟仪表相似，有利于从模拟到数字的操作过渡。

（3）需要进行组态工作时，可采用仪表所带的按键或者插入编程器完成该工作，也可由上位机完成并下装。

（4）数据的改变采用按压增减键，变化的快慢可以根据按压的时间、按压的分档或者按压的压力进行调整。

(5) 具有通信功能，可由上位操作站提供设定值指令并可向上位操作站提供数据以便显示。

(6) 报警功能增强，通常用闪烁方式提示。

(7) 仪表盘提供多级操作，包括最低级操作，可适应不同的操作需求和场景。

(8) 控制方式切换可以采用切换按键或扳键实现。

单回路和多回路控制器的面板显示数据可以用键切换，如第一测量值、设定值或输出值等，控制方式如手/自动、远程/就地设定等信息也有相应的字母显示。一般情况下，操作终端除了监视部分设备参数外，还可进行设定值调整等操作。

3) 单回路和多回路控制器的功能

在集散控制系统中的单回路和多回路控制器，除了具有单回路或多回路控制器本身具有的功能外，还因具有通信功能而扩展了它的功能。在集散控制系统中，它们的主要功能如下。

(1) 处理输入、输出信号。对输入信号的处理包括信号转换、隔离、滤波、线性化、开方、温度和（或）压力补偿、限幅、报警值检查、信号出错诊断等。对输出信号的处理包括信号的限幅、隔离、保护和屏蔽等。当采用模拟信号输入和输出时，需将模拟信号转换成数字信号，然后输入计算并产生输出，数模转换则把计算结果转换成模拟量。

(2) 运算。包括正/反向算术和逻辑运算、超前与滞后补偿、纯滞后补偿、预估补偿、PID运算及高级整定算法，有些单回路控制器还提供用户可编程的运算块，以便编制一些顺序控制和简单的批处理程序。

(3) 显示。包括用动圈式模拟表头、荧光柱或等离子柱的模拟显示、数字量显示、仪表位号及描述和工程单位的显示。此外，开关量的状态、故障报警以及控制方式的显示也属于显示功能。

(4) 组态。通过组态功能，用户可以编制控制方案，实施相应的控制。数字显示仪表和单回路或多回路控制器的主要区别之一就是后者具有组态功能，它可以具有智能功能。

(5) 通信。单回路和多回路控制器只有通过通信功能，才能成为真正的控制级。通信的数据包括各回路的输入和输出信号、状态信号以及来自上位机的设定值和状态切换信号等。因此，上位操作站对控制器主要起监控作用。

4) 单回路和多回路控制器的组态操作

单回路和多回路控制器的组态操作通常是通过编程器完成的。编程或组态操作主要是指控制算法的编制，包括顺序控制、反馈控制，也有包括批量控制的功能算法。组态工作主要指已有若干类模块，通过模块的适当连接和配置来完成所需的功能，常用于连续和批量控制，对于实际的控制器，有些算法的编制称为组态，有些则称编程。显然，采用编程的方法完成同样的功能要有较强的技能。通常，单回路和多回路控制器制造商为了方便用户使用，大多采用提供组态的方法完成大部分或绝大部分常用的控制功能，仅在顺序控制等场合，才需用户自行编程。

单回路和多回路控制器的编程工作比可编程逻辑控制器要简单，但十分相似，有专用键表示装载或存入等语句，顺序条件可根据比较语句的结果或触点、计时与计数器的状态来确定。

5) CRT 操作方式

集散控制系统中的 CRT 操作方式是指通过操作站的 CRT、触摸屏幕、鼠标和键盘等设备或者语音等输入设备对生产过程、系统、控制组态和维护进行操作。

6) CRT 操作方式的特点

集散控制系统的操作方式主要是 CRT 操作方式。这种操作方式具有下列特点。

(1) 信息量大。通常一个操作站可允许用户组态的过程画面有几十幅到几百幅，每幅画面允许动态更新的数据点多达几百个。

(2) 显示方式多样化，报警功能增强。一个过程变量既可以在过程画面显示，又可以在仪表面板画面或点画面上显示；可以用 CRT 屏幕显示，也可以用打印机打印；可以显示当前的瞬时值，也可显示历史趋势；可以用数字显示，也可以用棒图或者颜色变化等方式显示。报警功能得到增强，报警显示既可以在有关过程画面或仪表面板画面显示，也可以通过报警一览表查找。

（3）操作方便、透明度提高。CRT 的操作包括画面调用、目标选择、数据更改等过程操作、组态操作和维护操作。与某过程或设备有关的参数可同时显示，一些过程参数，如内回流量、热焓等，用常规方法需要较多的运算单元，采用集散控制系统后，可以经计算而直接显示。

（4）操作透明度提高。操作人员对生产过程的了解更透彻。

（5）备用方式简单。系统通常配备冗余设计，备用设备的切换和操作较为简便，能够有效保障系统的连续运行。

（6）接线简化。由于采用数据通信技术，信号传输通过数字化网络实现，减少了传统硬接线的复杂布线，降低了安装和维护成本。

7）CRT 操作方式对人机接口的要求

在 CRT 操作方式中的人机接口装置是操作站及其外部设备。对它们的要求主要有环境要求、输入特性和图形特性的要求。

（1）环境要求首先指人机接口设备对环境条件的要求。例如，环境要求的第一部分是对尘埃、腐蚀性、电磁场及温度和湿度的要求，与此有关的还有抗冲击和振动的特性。环境要求的第二部分是对供电的要求，它包括供电电压等级、类型和容量及允许的极限值等，也涉及供电方式、冗余配置等内容。环境要求的第三部分是对互联设备的通信距离的限制，它关系到人机接口设备和与它互联设备的配置位置、通信方式、信号输送方式等。

（2）输入特性是操作员针对数据输入的需要而提出的。输入特性的改善使操作员的操作内容和方式发生根本变化。操作员只需要监视、监督和决策。这表明人机接口装置为操作员提供了更大量的综合信息，同时为操作员提供系统可以允许的操作策略。与此相对应的输入设备和响应也发生了很大的变化，如触摸屏幕等，这些输入设备与系统的软件配合，使操作员的操作变得简单和方便。

（3）图形特性是人机接口的重要特性。它包括与人类工程学有关的图形的色彩、闪烁、显示的分辨率、显示的内存级的编制，以及就地的数据存储和处理的能力。采用图形用户界面（GUI）、图形处理器（GP）和图形缓冲器（GB），使人机接口的图形特性得到极大的提高。多任务操作系统、关系数据库、高速数据查询语言以及窗口技术的采用，使得操作人员可以很方便地监视和操作生产过程的运行，控制工程师可以方便地组态和编程，维护工程师也能及时发现故障并正确处理。

应该指出，窗口技术的应用，使原来采用命令方式的人机接口改变为采用图形方式。与设备无关的具有网络透明性的基于网络的窗口系统已应用于集散控制系统的软件系统中。

8）组态操作

集散控制系统的组态操作包括分散过程控制装置和操作站的组态，可引申到现场智能变送器、一体化安装的带控制器的执行机构的组态和上位管理站的组态。

组态操作包括系统组态、控制组态、画面组态和操作组态等。组态操作是一项相互关联的操作，以数据目标为寻址对象的软件系统为组态操作提供方便的操作手段。它以系统内唯一的数据目标定义被测、被控变量或计算值。在系统的组态操作中，以该目标作为寻址的依据，从而保证了软件的可移植性。

（1）系统组态。集散控制系统的系统组态包括硬件和软件操作。硬件的组态工作是对各设备规定唯一的标志号，它可以通过跨接片、开关的位置分配来完成。各设备之间的硬接线以及插件板的安装都是硬件的组态工作，它们通常由制造厂商完成。软件的组态工作包括将有关设备送入相应的操作系统和软件、用软件的方式描述各设备之间的连接关系和安装位置等。

（2）控制组态。集散控制系统的控制组态采用内部仪表（功能模块）的软连接来实现。可以用图形或文字的方式表示它们的连接关系，各模块的内部参数可以直接输入或填表输入。由操作站控制的参数及由连接引入的参数应分别列出。由于大多数集散控制系统的功能模块在较多参数的数值上提供了系统的默认值，为系统的控制组态提供了方便。

组态工作是一项细致的工作，组态工程师不仅需要了解该系统各个模块的功能、参数含义、连接方法，还需要了解工艺过程，提出合理的控制方案，并要考虑以后需更改的可能方案和留有相应端子。控制组态的好坏直接与控制级的控制性能好坏有关，有些技巧应该掌握。例如，对不同对象采用不同的采样周期；选择合适的死区，以减少后续的操作时间；选择好滤波器的时间常数，减小测量波动的影响；采用不同的设定值变化速率，减小超调量；采用不同的输出值变化速率，抑制输出的大起大落等。此外，在控制组态时要能够灵活应用模块提供的输出作为报警、顺序控制条件与其他模块的触发或进行判别、比较的条件，使组态的程序有较快的执行时间和占用较少的内存，同时能有一定的修改余地。

（3）画面组态。集散控制系统的画面组态主要是操作员工作站、管理站、工程师工作站以及简易型操作终端的画面组态。其中，简易型操作终端的画面组态通常采用文字形式而不采用图形形式。集散控制系统提供多种画面，如仪表面板画面、调整参数（点）画面、趋势画面及概貌画面等。画面组态主要解决用户的过程画面。

过程画面组态主要由静态画面、动态画面及画面合成等内容组成。静态画面通常是带控制点的工艺流程图。它可分为几幅到几十幅画面，根据工艺操作要求和相互的关联来分割。动态画面是确定动态显示点的位置、显示格式、尺寸大小、颜色变化等。画面的合成是静态画面数据库与动态画面数据库的合成。静态画面调出后，它的数据库内容即不发生变化，而动态画面调出后，会随时更改动态点数据，因此，它的数据库内容不断刷新。合成的目的是在静态画面数据库（即图形内存）中不断刷新动态点数据。画面合成还包括动态键的定义等。

调用画面有全部调用和部分调用两种，上面所述的属于全部调用，即新的画面覆盖原画面。部分调用画面用于采用窗口技术的集散控制系统。部分调用画面一般是所选动态点的仪表面板画面、趋势画面或者调整画面。它们一般在固定的窗口位置显示。

报警点画面调用是指某一变量达到报警限值时，画面自动切入报警点所在的画面。变量可以是测量值、设定值或输出值，其数值可以是绝对值、偏差（测量与设定之差）或者变化率。当多个变量报警时，系统应切入最先发生报警的变量所对应的画面。

（4）操作组态。操作组态用于确定各个外部设备的分工。操作组态包括多台操作台的分工、打印机的分工及有关参数确定等。为了使操作台能冗余，通常用多台 CRT 并行显示和操作。各台 CRT 及相应键盘分管某一局部的工艺过程，或者某一台 CRT 及键盘用于报警和事件显示，其他 CRT 及键盘用于分管过程操作，一旦某一台故障时能及时切换，互为后备。为了正确对这些 CRT 和键盘进行分工，必须进行操作组态。

为了了解系统的运行情况，还需要有一些操作组态的工作，它包括对各插卡的状态检查、外部设备的状态检查、各通道的特性检查、通信设备的状态检查等。在有些系统中，维护操作是在维护操作环境下完成的，进入该操作环境可以方便地了解系统中软件、硬件的运行情况。

2. 集散控制系统的显示画面

集散控制系统的显示画面主要指操作站、工程师工作站的显示画面。管理站或上位机的显示画面还可包括一些统计画面以及电子表格。

1）显示画面的分层结构

为了有效地进行管理和操作，操作站的显示画面是分层次的。集散控制系统的显示画面大致可分为四层。

（1）区域显示。区域显示是最上层的显示，在每幅区域显示画面中包含的过程变量信息量最多。在操作显示级，它以概貌显示画面出现；在趋势显示级，以区域趋势显示画面出现；其他级的情况可类推。

画面的一览表、报警一览表等显示画面用于显示全局的画面名称、描述以及报警点的类型、报警的性质、报警时的数值等报警属性，它们也具有较大的信息量，因此也属于区域显示的层次。

（2）单元显示。单元显示常被用于过程操作。对于操作显示来说，它以过程画面出现。过程画面以工艺流程图为蓝本，对其进行合理分割而成。管道颜色应尽可能与实际管道所涂颜色或者管道内流体特征颜色相一致。例如，通常用绿色表示水流体，用蓝色表示空气，用红色表示蒸汽等。过程中的设备应按一定比例的位置设置，可以全部或部分填充颜色。单元显示的信息量相对区域显示来说要小一些，通过单元显示画面，在操作显示级，操作员可以了解过程检测点和控制回路的组成，监视过程运行情况并实施过程操作。

（3）组显示。在操作显示级，组显示通常以仪表面板图的形式出现。仪表面板图可以用一行或两行排列，通常每行可放置4~5台仪表面板，多的可达8~10台仪表面板。仪表面板图以模拟仪表为参照，但通常不画出有关按键和开关，仅直接显示棒图与仪表数字。在仪表面板图上，一般有仪表位号、仪表描述、棒图及各棒图的刻度单位、棒图显示相对应的数据（用不同颜色的棒图并以与棒图同样颜色显示相对应的数据）、报警状态、扫描时间等。

组趋势显示与组显示的仪表面板画面相对应，用于显示被测、被控变量，设定值和输出值等模拟量的变化趋势。与单元显示比较，组趋势显示的信息量少，这主要指一幅画面中，虽然可有8~10个组趋势显示画面，但每个组趋势显示画面最多只有3~4个变量，如被控变量、本地和远程设定及输出值。

（4）细目显示。在操作显示级，细目显示通常以点的形式出现。点可以是输入点，也可以是输出点，还可以是功能模块，如PID功能模块、累加器模块等。点的含义相当于一台仪表或一个功能模块。因此，在操作显示级，细目显示包括该仪表的仪表面板、趋势画面，还包括该仪表的调整参数和非调整参数，以及用于调整的各种状态、标志的显示。总之，它包含了有关该仪表的所有信息。

在细目显示中的趋势图画面可以与组趋势显示画面中该点的趋势画面相同，但也可以不同，视组态时的设置情况而定。细目中的仪表面板图通常与组显示的仪表面板图中相应点的仪表面板画面相同。

2）概貌显示画面

概貌显示画面仅用于显示过程中各被测和被控变量的数值，这些数值可以用绝对值，与设定值的偏差或者变化率来表示。

概貌显示画面的显示方式有多种，不同的集散控制系统提供的显示方式也不相同。最简单的显示方式是基于动态点画面构建的。根据字符大小、CRT的分辨率、显示信息的大小和多少，可以确定一幅概貌显示画面能提供的信息量或操作点的数量。通常，由集散控制系统制造商提供的标准显示画面格式有下列几种。

（1）工位号一览表方式。这种显示方式按仪表的工位号列出，整幅显示画面分为若干组，每组由若干工位号组成。正常值的工位号通常用绿色显示。当在正常值范围外时，工位号发生颜色的变化，如变成黄色或红色，并显示其超限的报警点类型，如低限、负偏差等。

有些集散控制系统采用类似工位号一览表的形式来实现概貌显示。其方法是，首先，把过程分为若干单元，并在概貌显示画面上显示各个单元的名称。然后，采用类似于动态键的组态方法对各个单元框组态。这样，整个过程就可以通过调用相关单元框的单元过程画面来获得。

（2）棒图显示方式。棒图显示方式有两种：一种方式是对模拟量采用棒图显示其数值，棒图中数量的大小由棒的长度来反映，以满量程为100%，棒的颜色在正常数值时显示绿色，当超过报警限值（低于低报警限或高于高报警限）时，棒的颜色改变，常为红色。为了使概貌显示画面包含较多的信息，棒图显示方式仅提供仪表的工位号及棒的相对长度。对于开关量一般用充满方块框表示开启泵、电机或者闭合电路等逻辑量为 1 的信号，用空方块框表示停止泵、电机或者电路断开等逻辑量为 0 的信号。对开关量除了提供方块框外，也显示相应仪表的工位号。另一种方式是用一个时间轴，模拟量在该时间段内有若干个采样值，如果其值超过设定值则向上，如不足则向下，其偏差的大小是向上或向下的棒的长度。设定值即为时间轴。报警也采用颜色变化来显示。概貌显示也可采用仪表工位号及数值显示的方法，其他显示方式有雷达图、直方图等。

3）过程显示画面

过程显示画面是由用户过程决定的显示画面，它的显示方式有两种：一种是固定式，另一种是可移动式。固定式的画面固定，通常，一个工艺过程被分解为若干个固定式画面，各画面之间可以有重叠部分。对于工艺过程大而复杂的，采用分解成若干画面的过程单元，有利于操作。可移动式的画面是一个大画面，在屏幕上仅显示其中一部分，通常为四分之一。通过光标的移动，画面可以上下左右移动，有利于对工艺全过程的了解，在工艺过程不太复杂且设备较少时可方便操作。大画面受画幅内存的限制，不可能无限扩大，因此，采用可移动式的显示方式在流程长、设备数量较多时也还需进行适当的分割。

过程显示画面应根据工艺流程经工艺人员和自控人员讨论后决定画面的分割和衔接。过程显示画面中动态点的位置、扫描周期应有利于工艺操作并与过程变化要求相适应。过程显示画面应根据制造厂商提供的过程显示图形符号绘制，管线颜色、设备颜色、颜色是否充满设备框、屏幕背景色等应与工艺人员共同讨论确定。明亮的暖色宜少选用，它容易引起操作员疲劳并造成事故发生。据报道，冷色调具有镇静作用，有利于思想集中，因此，在绘制过程显示画面的时候，一定要正确选择。颜色应在整个系统中统一，如白色为数据显示等。根据研究，最宜人的画面的扫描频率是 66 次/s。过程动态点的扫描周期应根据过程点的特性确定。

过程显示画面与半模拟盘相似，它既有设备图又有被测和被控变量的数据。通过下拉菜单、窗口技术、固定和动态键可以方便地更换显示画面或者开设窗口显示等。工艺过程的操作可以在该类画面完成。

4）仪表面板显示画面

仪表面板显示画面以仪表面板组的形式显示其运行状况。仪表面板格式通常由集散控制系统制造商提供，有些系统允许用户自定义格式。对不同类型的仪表（或功能模块）有不同的显示格式。仪表面板显示画面的显示格式通常采用棒图加数字显示相结合的方式，既具有直观的显示效果，又有读数精度高的优点，因此深受操作人员的喜欢。每幅画面可设置 8~10 个仪表面板显示，有一行或两行显示两种设置。每个仪表面板显示画面都包括仪表位号、仪表类型、量程范围、工程单位、所用的系统描述以及各种开关、作用方式的状态等。所包含的显示棒的数量与该仪表类型有关，棒的颜色与被测或被显示的量有关，在同一系统中是统一的。数据的显示颜色也与相应的显示棒颜色一致。通常包含一些标志，如就地或远程、手动或自动、串级或主控、报警或事件等。

集散控制系统的操作人员喜欢用仪表面板显示画面进行操作，而不喜欢采用具有全局监视功能的过程显示画面。究其原因，主要是仪表面板显示画面与以前的模拟仪表面板的操作方式比较接近，其布局相较于过程显示画面更为整齐。

5) 趋势显示画面

趋势显示画面有两类：一类趋势显示画面对采样数据不进行处理；另一类则进行数据归档处理，如取最大或最小等。将每一个采样时刻采集的数据都显示在趋势显示画面中，常称为实时趋势显示。若在趋势显示画面上的一个显示点与一段时间内若干个采样数据有关，如其是这段时间内所采样数据的最大值、最小值或者平均值等，则称为历史归档趋势显示。

6) 报警显示画面

报警显示是十分重要的显示。在集散控制系统中，报警显示采用多种方法、多种层次实现。报警信号器显示是从模拟仪表的闪光报警器转化而来。它的显示画面和闪光报警器类似，采用多个方框表示报警点，当某一变量的绝对值、偏差值或变化率达到报警限值时，与该变量相对应的方框就发生报警信号，报警信号包括闪烁、颜色变化及声响。当按下确认键后，闪烁变为常亮，颜色变为红色或黄色（事件发生时），声响停止。报警显示画面中的每个方框内都标注了变量名、位号、报警类型等信息。报警一览表，是集散控制系统常采用的报警显示画面，它的最上面一行报警信息是最新发生的报警信息，随着行数（或显示页数）的增加，报警信息的时间顺序越早。显示方式和内容大致应包括报警变量的工位号、描述以及报警类型、报警时的数值、报警限的数值、报警发生的时间、报警是否被确认等。为了区别第一故障的报警源，对于报警发生的时间显示通常要求较高，多数集散控制系统能够提供毫秒级的分辨率。报警的信息包括来自过程本身的信号、经计算后的信号以及经自诊断发现的信号，一旦这些信号达到组态或者系统规定的限值，它就会被显示出来。组态限值信号可以通过组态进行调整，如被测变量的上、下限报警值。系统规定的限值是不允许改变的，如信号在量程范围外，低于-3.69%或高于103.69%时，即视为信号出错。

报警的处理操作包括确认和消声操作，大多数集散控制系统采用不同的按键来完成这些操作，而小型系统则可能将这两个功能合并为一个按键。当报警信号较多时，逐行确认报警将浪费时间，因此，有些集散控制系统还设置了整个页面的报警确认键。消声操作用于消除报警声响，无论是一个还是多个变量报警，选中报警变量后按下消声键即可消除声响。

确认操作是先用光标选中正在报警的变量（闪烁显示），按下确认键，闪烁显示即变为平光显示。应该指出，闪烁的部分通常是表示报警类型的符号或星号等，而报警变量的工位号、描述等部分在报警时显示颜色发生变化，通常是红色。确认操作并未消除报警发生的条件，它仅表示操作人员已经知道了该报警。只有当报警发生条件不满足时，变量的显示颜色才会改变成正常颜色，如绿色、白色等。而在报警一览表内，相关信息则会恢复正常，包括工位号和报警消除时间等，同时显示颜色也会恢复正常，通过报警发生和报警消除的时间比较，可以了解报警的持续时间。

7) 系统显示画面

系统显示画面包括系统连接显示画面和系统维护显示画面。系统连接显示画面指所使用的集散控制系统是怎样组成的。一种方法是采用连接图的形式，它展示了系统中各硬件设备之间的连接关系。另一种方法采用树状结构的形式，它显示了某设备有哪些外围设备与它相连接。例如，分散过程控制装置有几块模拟输入卡件、几块模拟输出卡件等。系统维护显示画面常与系统连接显示画面合并，如采用树状结构的系统连接显示画面，常在相应设备旁显示该设备的运行状态。

在一些集散控制系统中,系统连接显示画面还提供了所含软件的有关特性和硬件的有关特性。有些硬件的特性可以通过软件来组态改变,如连接的接口数、接口地址等。但大多数系统则由硬件实施,如通过开关、跨接片等来完成地址分配。

8)显示画面的动态效果

通常在显示画面上,仅有动态数据点是动态变化的。为了达到较好的动态效果,集散控制系统也对图形显示采用一些动态处理,得到动态的实感,常见的动态处理方法有下列几种。

(1)升降式动态处理方法。这种处理方法常用于物位的升降,通过在物体上充灌颜色,并观察颜色块上边缘线的移动来实现对物体升降的动态化显示。棒图显示也采用这种方法。

(2)推进式动态处理方法。这种处理方法常用于流体输送,采用2~3步,使用一系列的符号来表示流体的位置,通过这些符号的正向逐步推进,形象地展示流体流动的动态过程。

(3)改变色彩的动态处理方法。这种处理方法常用于温度的显示,高温时显示红色,随着温度的下降,颜色变成橙色、黄色,正常时为绿色,温度过低则为蓝色。

(4)充色的动态处理方法。对于两位式的机械或电气设备,常采用设备框内充色表示设备的一种状态,不充色为另一种状态。在一个系统中应注意应有统一的状态颜色的规定,如开启为充满等。对于两位式的旋转设备,也可采用推进式动态处理方法来动态显示旋转的桨叶或叶轮等。

7.3 食品加工过程 DCS 智能控制应用

7.3.1 基于 DCS 在 CTN2000 发酵控制系统中的应用

CTN2000 发酵过程计算机控制系统(以下简称发酵过程控制系统)由操作站、控制站和现场仪表三大部分组成,是面向抗生素、氨基酸、维生素和其他微生物发酵领域的中小规模计算机自动控制系统(图 7-4~图 7-7)。

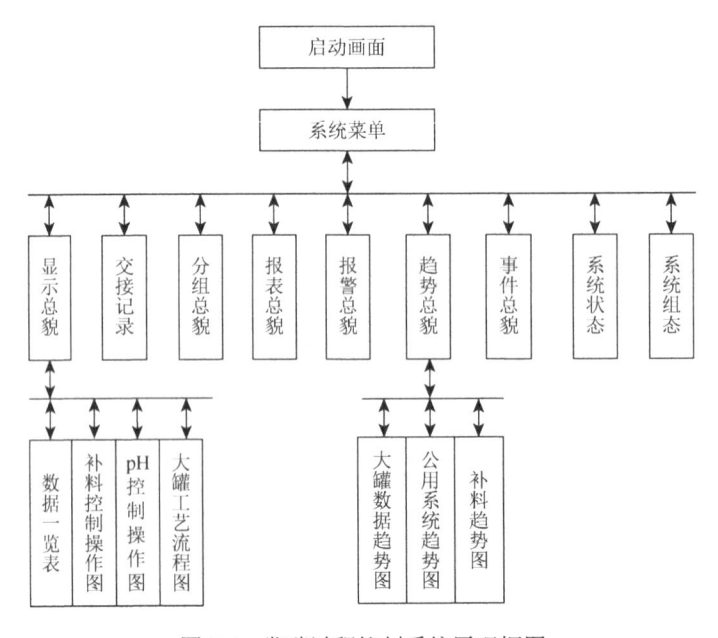

图 7-4 发酵过程控制系统原理框图

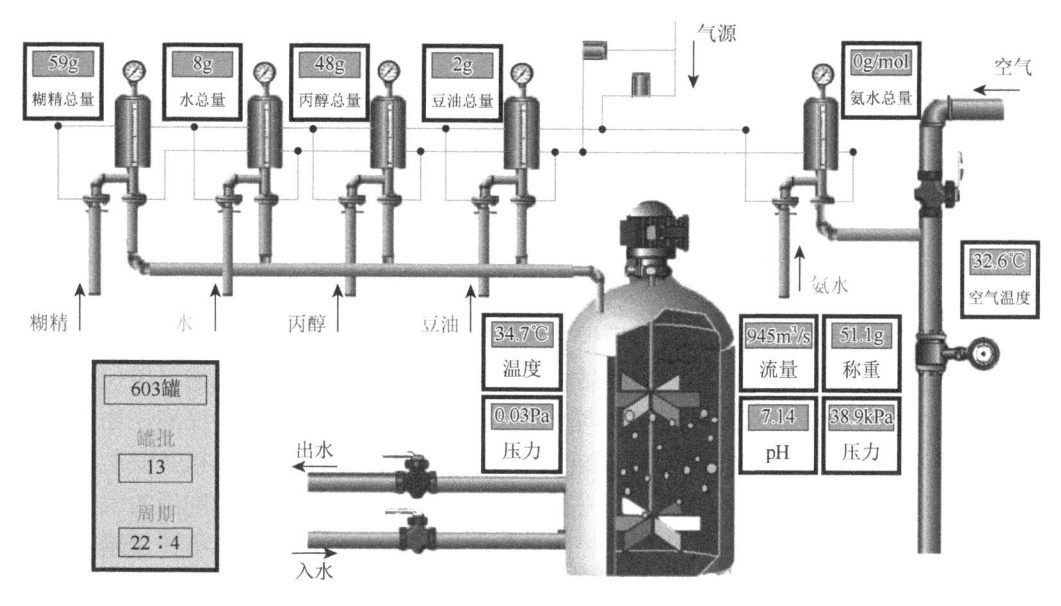

图 7-5 大罐工艺流程图

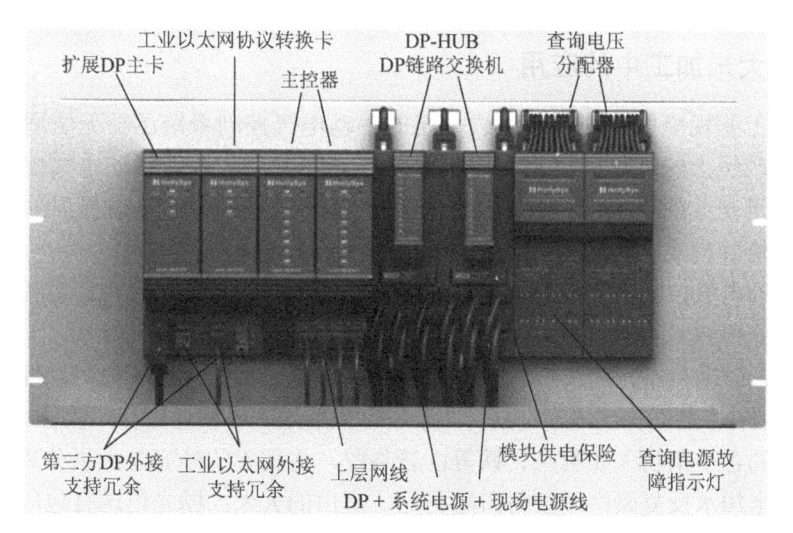

图 7-6 控制器硬件图

DP-HUB 为一种简单易用的多显示器连接解决方案

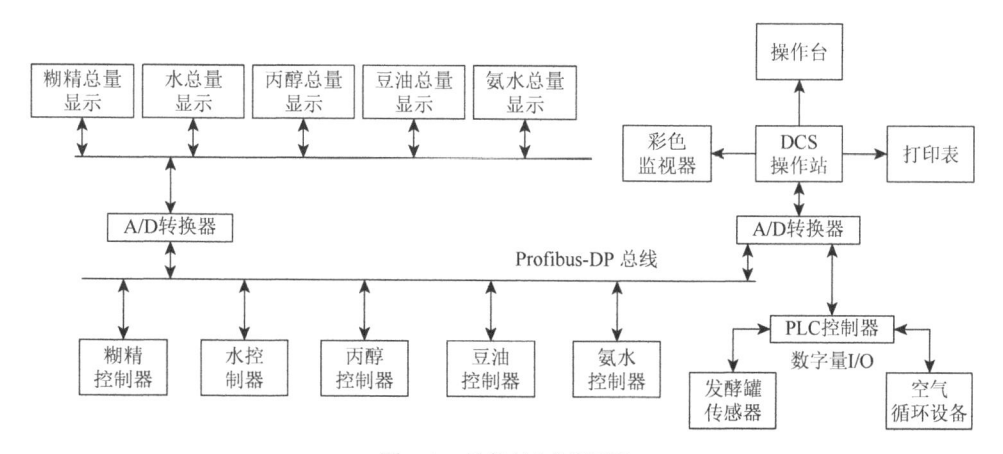

图 7-7 最终控制流程图

操作站和控制站位于控制室内,是系统最重要的组成部分,控制站和操作站之间通过通信电缆相连,完成全系统的数据传输。

操作站由微型计算机、彩色监视器和报表打印机等组成,是全系统数据存储、显示和处理的地方,也是进行自动控制操作命令发送的地方。通过操作站,操作人员可以一览整个系统管辖范围以内的全部数据,监视各个自控回路的运行情况,并根据工艺要求发送各种命令。操作员主要操作的设备是鼠标器和键盘,大量的数据以多幅图形画面在彩色监视器上动态显示,而日常报表可以通过打印机打印存档。

控制站由现场控制器、配套仪表、模板和机柜等组成。来自现场的各种检测信号通过电缆进入控制站内被采集、处理和运算,控制站将控制信号通过电缆发送到现场自控仪表。其中,现场自控仪表主要分为传感器和执行机构两个部分。传感器用来进行信号探测,如安装于发酵罐侧壁的温度传感器、pH 测量传感器和安装于尾气管上的罐顶压力传感器以及安装于无菌空气立管上的空气流量传感器等。执行机构用来实现自动控制,如大罐温度控制用的气动调节阀,通过调节阀门改变冷却水流量,达到温度控制的目的;大罐补料用的补料小计量罐和入料、出料气动开关阀组成补料执行机构,完成对料液的添加和计量;小罐温控用的气动开关阀、pH 自控用的气动开关阀等。

7.3.2 DCS 在大米加工中的应用

随着大米加工业规模化的发展,过去传统的手动电气控制系统已经无法适应现代精米加工企业的需求。生产线上的计算机自动化控制系统逐渐取代了传统的手动电气控制系统,但如今也越来越不能满足企业的要求,在此基础上的生产管理系统是企业目前提出的更高要求,而这些需求综合起来恰好构成了集散控制系统的基本模型。

把大米加工的电气控制系统分为 4 大部分:现场检修开关部分、模拟屏监控部分、计算机监控与生产管理部分和 PLC 生产流程控制部分,如图 7-8 所示。按照工艺流程,一般可以分为预清理、清理、砻谷、碾米和抛光色选打包 5 个工段。通俗地解释这几个工段的功能分别为:预清理工段,初步筛出稻谷中的石头、绳索、稻秆等杂物,然后送入原粮仓储存,以备加工;清理段,进一步清除稻谷中的各小杂物,如石头、铁等;砻谷段,将稻谷的外壳与大米分离;碾米段,将已经去掉谷壳的糙米加水反复碾磨以获得口感更好、更白的大米;抛光色选打包段,顾名思义是为了获得光泽度更好的大米而继续加水抛光,然后用色选机将颜色不好的大米去除,最后进行包装。

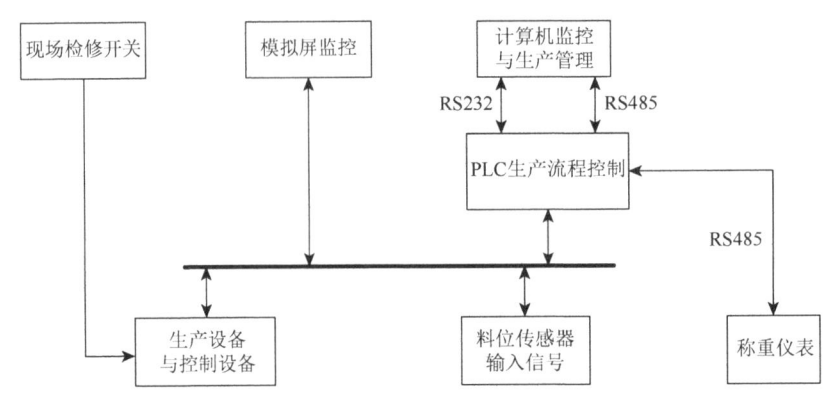

图 7-8 系统结构图

按照大米加工工艺要求以及生产数据管理需求,程序设计包括两个部分,第一部分为顺序逻辑控制部分,它包括每个工段设备顺序启停和故障处理程序,每个工段的编程结构基本相同。

对于设备顺序启停程序，主要要求启动时首先启动风网，同时根据物料走向选择相应的三通闸门；再按照来料的反方向依次启动主机设备，在启动过程中，当碰到某些缓冲仓出现高料位或者低料位时需要等待料位到达希望的位置才能启动相关设备（图 7-9）。而关机程序基本和开机程序相反，是首先关闭来料闸门；然后按照来料方向依次关闭主机设备，这里注意关闭设备之间需要有一定的时间间隔，以便物料走空，最后关闭风网。故障处理程序总的原则主要是避免堵料，这是自动化控制程序的核心部分。故障源包括三类，若为低料位应停止相应设备，当物料走得不顺畅会出现高料位和主机设备堵料跳闸，此时应该关闭该物料的来源闸门，以避免堵料，然后停止相关设备的运行。所有这些故障出现后，都应该报警提示。

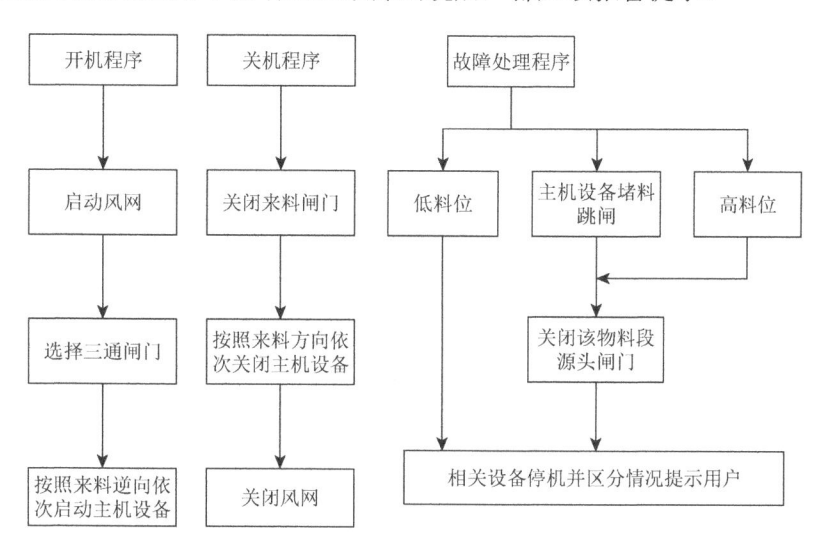

图 7-9　控制程序框图

7.3.3　DCS 在小麦麸皮加工中的应用

过去，小麦麸皮主要用作饲料，经济价值不高。其实，小麦麸皮可进行多层次的开发利用，深加工的潜力大、门路多。据测定，小麦麸皮含有蛋白质 15.8%、脂肪 21.4%、糖类 41.5%、纤维素 18%，维生素和矿物质的含量比面粉高出几十倍。因此，可用小麦麸皮作原料，生产出多种产品。

通过对现场情况和生产流程分析，决定采用中型集散控制系统，系统由三级网络构成：管理协调网络 LAN 为此 DCS 的最高一级网络，PLC 为中间级，现场总线及各操作站为第三级。LAN 网是连接主站、现场 PLC 和各操作站的干网。而现场总线采用了 Profibus 总线（图 7-10）。

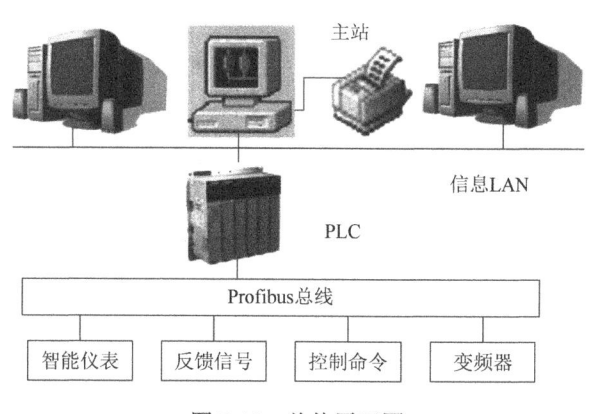

图 7-10　总体原理图

内部的各模板之间的数据联系采用了网络通信技术。这种集散控制系统引入了控制网络的概念，能更好地管理整个生产过程，使麸皮生产得以顺利进行。

系统结构组成 PLC 的模块程序包括报警处理程序、电机控制程序、限定开关输入程序、开关量输出程序、启动程序、结束程序、温湿度控制程序。报警处理程序中包括仓料报警、温度上限报警、温度下限报警、皮带跑偏报警、速度超速报警、混料报警等。电机控制程序包括振动出仓器电机控制、绞龙电机控制、干热风机电机控制、斗提电机控制、水泵控制等。温湿度控制流程见图 7-11。

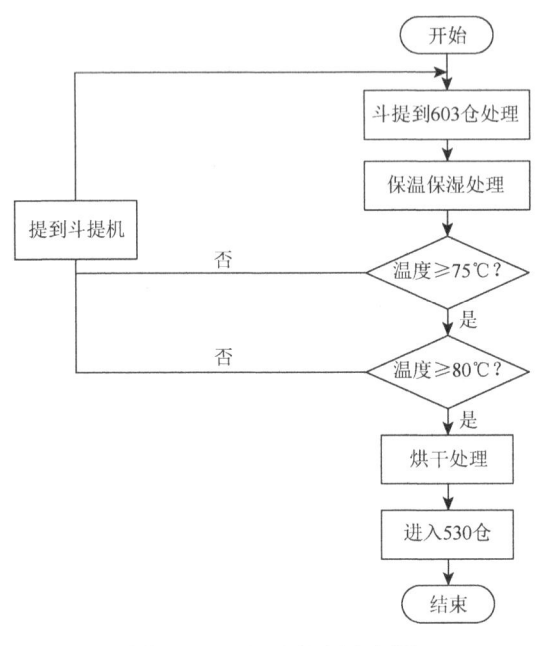

图 7-11 温湿度控制流程图

7.3.4 DCS 在火腿肠加工杀菌过程中的应用

在火腿肠生产中，杀菌工序段是火腿肠加工的最后一段工序。使用杀菌锅是该工序流程中的一个关键步骤（其连接图如图 7-12 所示）。杀菌锅可以根据不同食品对灭菌条件的要求，设定不同的升温和冷却程序，将食品承受的热量和压力限制到最小范围内，以尽可能完美地保存其肉制品的风味、口感和色泽，使每一种肉制品均可在最佳状态下进行调理灭菌。

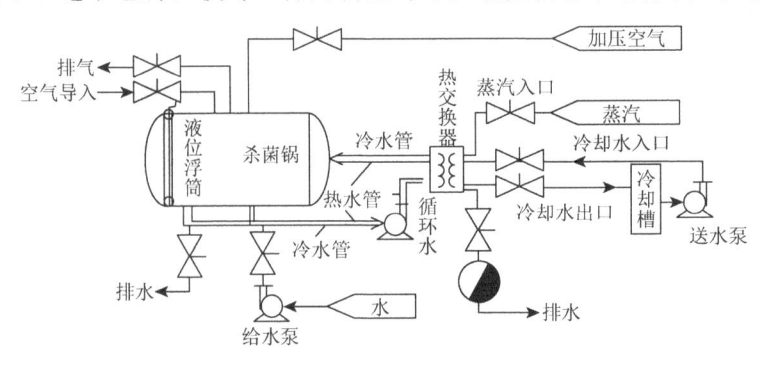

图 7-12 杀菌锅连接图

随着肉制品行业的生产规模越来越大，对杀菌锅的控制要求也越来越高。在杀菌过程中不但要对每台杀菌锅的温度、压力和杀菌时间进行精确控制，还要对所有杀菌锅的公共供水、供气系统进行控制。系统采用先进的 PLC 和组态监控软件组成 DCS 对锅内的压力、温度和水位等主要参数进行控制，上位机随时监控下位机的温控和压力曲线，跟踪其运行状态并监控全自动杀菌过程中各阀门的工作状态。使用该系统可以方便灵活地输入、修改和储存各种杀菌工艺过程数据，实现可靠、高效的产品杀菌。

由于加工过程中使用杀菌锅数量多且分散，既不能集中控制管理，也不能每个都单独配套控制系统（因为这样成本过于昂贵），于是本系统采用集中管理、分散控制的 DCS 架构。两台计算机作为上位机，监控 24 台（每 12 台为一组）过程控制 PLC，从而构成车间级的监控及生产管理体系。24 台杀菌锅的供水和供气等公用工程集中由一台 PLC 进行协调控制。每台杀菌锅的过程控制系统独立构成现场控制级，即每台杀菌锅都由一台 PLC 控制，并配置一台 TP7 触摸屏。当 PLC 接收到现场触摸屏的操作信号或计算机信号时，它可以根据不同生产工艺制作成的不同控制规律的程序，自动地对产品进行加热、保温、冷却、保压、排气直到排水等控制。PLC 与上位机之间的通信采用 PPI 通信协议，参数既可以从计算机输入，也可以从 PLC 的 TP7 面板输入（需获得授权）。

基于 DCS 开发的火腿肠杀菌系统成功地实现了杀菌装置的集中管理和分散控制。过程控制级 PLC 按照数学模型对温度和压力进行控制，通过监控软件实现了集中管理，有效防止局部事故导致停产损失过大的风险。

课外延伸阅读

[1] 王常力，罗安. 集散型控制系统选型与应用. 北京：清华大学出版社，1999.
[2] 刘美，李桢，朱学峰. 基于微机监控网络的 DCS 系统. 控制工程，2003，10（5）：416-418.
[3] 冯巧玲. 自动控制原理. 北京：北京航空航天大学出版社，2003.
[4] 苏昆哲. 深入浅出 西门子 WinCC V6. 北京：北京航空航天大学出版社，2004.
[5] Mahajan N P, Deshpande S B, Kadwane S G. Design and implementation of an advanced controller in plant distributed control system for improving control of non-linear belt weigh feeder. Journal of Process Control, 2018, 62: 55-65.
[6] Damsker D J. Towards advanced concurrency, distribution, integration, and openness of a power plant distributed control system (DCS). IEEE Transactions on Energy Conversion, 1991, 6 (2): 297-302.
[7] 杨帆. 基于汽爆预处理与温度调控强化食醋固态发酵的研究. 天津：天津科技大学，2022.
[8] 张洪才. 壳聚糖纳米粒子的制备和功效评价及其在生物活性物质载体中的应用. 上海：上海交通大学，2015.
[9] 季坤. 智能生产系统数据采集、传输、控制技术在大米加工业中的研究与应用. 粮食与饲料工业，2020，（5）：6-8.
[10] 蒋同彪. 试论在火腿肠制品加工中温度的控制. 肉类工业，1993，（11）：33-35.
[11] 赵旨瑞. 天然气蒸汽锅炉 DCS 控制系统设计及应用研究. 太原：中北大学，2022.
[12] 唐作晴. DCS 控制应用于工业电气设备监控系统的研究. 今日自动化，2023（5）：19-21.
[13] 龚成龙，鱼瑞文. 多系统交叉流程饲料配料生产线 STD 集散控制系统设计. 工业控制计算机，2001，14（8）：37-39.
[14] 王丽霞. 中粮食品营销有限公司人力资源管理系统的设计与实现. 济南：山东大学，2009.
[15] 周立峰，曹普，王增强，等. 分布式控制系统的机械工业节能优化设计. 科技通报，2021，37（1）：60-64.
[16] 张锐，潘泽友. 冗余技术在分布式控制系统中的应用研究. 微计算机信息，2007，（31）：35-37.
[17] 毛吉成，王彩杰，张亚明. 一种用于工厂动力控制的分布式微机监控系统. 计算机应用，1993，（4）：45-48.

扩展与思考

[1] DCS 在食品加工控制过程中的优势和不足。
[2] 适用于 DCS 的控制方法。

第 8 章

食品加工过程 PLC 控制系统

> **知识点**
> - PLC 控制系统的技术特点。
> - 可编程控制器的功能。
> - 可编程控制器的分类。
> - PLC 控制系统常用的编程语言。
> - PLC 控制系统的组成和工作原理，PLC 的软件系统包括哪些？
> - 列举 3~5 种 PLC 控制系统在食品工业上的应用。

可编程逻辑控制器（programmable logic controller，PLC）是一种数字运算操作的电子系统，可以简称可编程控制器。早期的可编程控制器主要用来实现逻辑控制功能。但随着技术的发展，PLC 不仅有逻辑控制功能，还有算术运算、模拟信号处理和通信联网等功能。PLC 这一名称已不能准确反映其功能。因此，1980 年美国电气制造商协会（National Electrical Manufacturers Association，NEMA）将它命名为可编程控制器（programmable controller，PC）。但是，由于个人计算机（personal computer）也简称为 PC，为避免混淆，后来仍习惯称其为 PLC。

为使 PLC 生产和发展标准化，1987 年国际电工委员会发布了可编程控制器标准草案第三稿，对可编程控制器定义如下："可编程控制器是一种数字运算操作的电子系统，专为在工业环境下应用而设计。它采用可编程序的存储器，以在其内部存储执行逻辑运算、顺序控制、定时、计数和算术运算等操作的指令，并通过数字式和模拟式的输入和输出，控制各种类型的机械或生产过程。可编程控制器及其有关外围设备，都应按易于与工业系统连成一个整体、易于扩充其功能的原则设计。"该定义强调了 PLC 应用于工业环境，且必须具有很强的抗干扰能力、广泛的适应能力和广阔的应用范围，这是 PLC 区别于一般微机控制系统的重要特征。

综上所述，可编程控制器是专为工业环境应用而设计制造的计算机。PLC 具有丰富的输入/输出接口，并具有较强的驱动能力。但可编程控制器产品并不针对某一具体工业应用，在实际应用时，其硬件需要根据实际需求进行选用配置，其软件需要根据控制需求进行设计编制。

8.1 食品加工过程 PLC 控制系统概述

8.1.1 PLC 的产生与发展

PLC 是专为在工业环境下应用而设计的工业计算机，它具有很强的抗干扰能力，广泛的适应能力和广阔的应用范围，这也是其区别于其他类型的计算机控制系统的重要特征。这种工业计算机采用"面向用户的指令",使得编程更加方便。PLC能完成逻辑运算、顺序控制、定时、计数和算术运算等操作,具有数字式和模拟式输入/输出能力,并且非常容易与工业控制系统连成一个整体,便于功能"扩充"。由于PLC引入了微处理器及半导体存储器等新一代电子器件,并用规定的指令进行编程,PLC是通过软件方式来实现"可编程"的,程序修改灵活、方便。

1. PLC技术的产生

20世纪20年代,继电器控制系统开始盛行。继电器控制系统就是将继电器、定时器、接触器等元器件按照一定的逻辑关系连接起来而组成的控制系统。继电器控制系统结构简单、操作方便、价格低廉,在工业控制领域一直占据着主导地位。但是,继电器控制系统具有明显的缺点:体积大、噪声大、能耗大、动作响应慢、可靠性差、维护性差、功能单一、采用硬连线逻辑控制、设计安装调试周期长、通用性和灵活性差等。

1968年,美国通用汽车公司(GM)为了提高竞争力、更新汽车生产线,以便将生产方式从少品种大批量转变为多品种小批量,公开招标一种新型工业控制器。为尽可能减少更换继电器控制系统的硬件及连线,缩短重新设计、安装、调试周期,降低成本,GM提出了以下10条技术指标。

(1) 编程方便,可现场编辑及修改程序。
(2) 维护方便,最好是插件式结构。
(3) 可靠性高于继电器控制系统。
(4) 数据可直接输入管理计算机。
(5) 输入电压可为115V(国内PLC产品电压多为220V)。
(6) 电流大于2A,可直接驱动接触器、电磁阀等。
(7) 用户程序存储器容量大于4KB。
(8) 体积小于继电器控制系统。
(9) 扩展时系统变更最少。
(10) 成本与继电器控制系统相比,有一定的竞争力。

1969年,美国数字设备公司根据上述要求,研制出了世界上第一台可编程控制器(PLC):型号为PDP-14的一种新型工业控制器。它把计算机的完备功能、灵活及通用等优点和继电器控制系统的简单易懂、操作方便、价格便宜等优点结合起来,制成了一种适合于工业环境的通用控制装置,并把计算机的编程方法和程序输入方式加以简化,用"面向控制过程,面向对象"的"自然语言"进行编程,使不熟悉计算机的人也能方便地使用。它在GM的汽车生产线上试用成功,取得了显著的经济效益,开创了工业控制的新局面。

2. PLC的发展历史

PLC问世时间虽然不长,但是随着微处理器的出现,大规模、超大规模集成电路技术的迅速发展和数据通信技术、自动控制技术、网络技术的不断进步,PLC也在迅速发展。其发展过程大致可分为以下5个阶段。

(1) 1969年～20世纪70年代初期。CPU由中、小规模数字集成电路组成,存储器为磁芯式存储器,控制功能比较简单,主要用于定时、计数及逻辑控制。这一阶段PLC产品没有形成系列,应用范围不是很广泛,与继电器控制系统相比,可靠性有一定的提高,但仅仅是其替代产品。

(2) 20世纪70年代初期～70年代末期。这一阶段PLC采用CPU微处理器、半导体存储器,使整机的体积减小，而且数据处理能力获得很大提高，增加了数据运算、传送、比较、模拟量运算等功能。这一阶段 PLC 产品已初步实现了系列化，并具备软件自诊断功能。

（3）20 世纪 70 年代末期～80 年代中期。由于大规模集成电路的发展，PLC 开始采用 8 位和 16 位微处理器，数据处理能力和速度大大提高；PLC 开始具有了一定的通信能力，为实现 PLC "分散控制，集中管理"奠定了重要基础；软件上开发出了面向过程的梯形图语言及助记符语言，为 PLC 的普及提供了必要条件。在这一阶段，发达的工业化国家已经在多种工业控制领域开始应用 PLC 控制。

（4）20 世纪 80 年代中期～90 年代中期。超大规模集成电路促使 PLC 完全计算机化，CPU 已经开始采用 32 位微处理器；PLC 数学运算、数据处理能力大大提高，增加了运动控制、模拟量 PID 控制等功能，联网通信能力进一步加强；PLC 在功能不断增加的同时，体积也在不断减小，可靠性更高。在此阶段，国际电工委员会颁布了 PLC 标准，使 PLC 向标准化、系列化发展。

（5）20 世纪 90 年代中期至今。这一阶段 PLC 产品实现了特殊算术运算的指令化，通信能力进一步加强。

8.1.2 PLC 的技术特点

PLC 是由继电器控制系统和计算机控制系统相结合发展而来的。与传统的继电器控制系统相比，PLC 具有诸多优点，详见表 8-1。

表 8-1　PLC 与传统继电器控制系统比较

类型比较项目	PLC	传统继电器控制系统
结构	紧凑	复杂
体积	小巧	大
扩展性	灵活，逻辑控制由内存中的程序实现	困难，硬件连线实现逻辑控制功能
触点数量	无限对（理论上）	4～8 对继电器
可靠性	强，程序控制无磨损现象，寿命长	弱，硬件器件控制易磨损，寿命短
自检功能	有，由动态监控系统运行实现	无
定时控制	精度高，范围宽，从 0.001s 到若干天	精度低，定时范围窄，易受湿度、温度影响

PLC 是专为工业环境下应用而设计的，以用户需求为主，采用了先进的微型计算机技术。与工业 PC、DCS 等其他工业控制器相比，PLC 市场份额占比较大，超过 55%。主要原因是 PLC 具有继电器控制、计算机控制及其他控制不具备的显著特点。

1. 运行稳定、可靠性高、抗干扰能力强

PLC 选用了大规模集成电路和微处理器，使系统器件数大大减少，而且在硬件和软件的设计制造过程中采取了一系列隔离和抗干扰措施，使它能适应恶劣的工作环境，可靠性很高。其平均无故障工作时间可达到 2 万 h，高可靠性是 PLC 成为通用自动控制设备首选的条件之一。PLC 的使用寿命一般在 4 万～5 万 h，西门子、ABB 等品牌的微小型 PLC 寿命可达 10 万 h 以上。在机械结构设计与制造工艺上，为使 PLC 更安全、可靠地工作，采取了很多措施以确保 PLC 耐振动、耐冲击、耐高温（有些产品的工作环境温度最高达 80～90℃）。另外，PLC 的软件与硬件采取了一系列提高可靠性和抗干扰能力的措施，如采用光电隔离、掉电保护、对干扰的屏蔽和滤波、在运行过程中运行模块热插拔、设置故障检测与自诊断程序及其他措施。

1）硬件措施

PLC 的主要模块均采用大规模或超大规模集成电路，大量开关动作由无触点的电子存储器完成，I/O 系统设计有完善的通道保护和信号调理电路。

（1）对电源变压器、CPU、编程器等主要部件，采用导电、导磁良好的材料进行屏蔽，以防外界干扰。

（2）对供电系统及输入线路采用多种形式的滤波，如 LC 或 π 型滤波网络，以消除或抑制高频干扰，削弱了各种模块之间的相互影响。

（3）对微处理器这个核心部件所需的 5V 电源，采用多级滤波，并用集成电压调节器进行调整，以适应交流电网的波动并削弱过电压、欠电压的影响。

（4）在微处理器与 I/O 电路之间，采用光电隔离措施，有效地隔离 I/O 接口与 CPU 之间的联系，减少故障和误动作，各 I/O 口之间也彼此隔离。

（5）采用模块式结构有助于在故障情况下短时修复，一旦查出某一模块出现故障，能迅速替换，使系统恢复正常工作；同时也有助于更迅速地查找故障原因。

2）软件措施

PLC 编程软件具有极强的自检和保护功能。

（1）采用故障检测技术，软件定期检测外界环境，如掉电、欠电压、锂电池电压过低及强干扰信号等，以便及时进行处理。

（2）采用信息保护与恢复技术，当偶发性故障条件出现时，不破坏 PLC 内部的信息。一旦故障条件消失，就可以恢复正常，继续原来的程序工作。所以，PLC 在检测到故障条件时，立即把现状态存入存储器，软件配合对存储器进行封闭，禁止对存储器的任何操作，以防止存储信息被冲掉。

（3）设置警戒时钟看门狗定时器（WDT），如果程序循环执行时间超过了 WDT 的规定时间，预示程序进入死循环，立即报警。

（4）加强对程序的检查和校验，一旦程序有错，立即报警，并停止执行。

（5）对程序及动态数据进行电池后备，停电后，利用后备电池供电，有关状态和信息就不会丢失。

2. 设计、使用和维护方便

用 PLC 实现对系统的各种控制是非常方便的。首先，PLC 控制逻辑的建立是通过程序来实现的，而不是通过硬件连线来实现的，更改程序比更改接线方便得多；其次，PLC 的硬件高度集成化，已集成为各种小型化、系列化、规格化、配套的模块。各种控制系统所需的模块，均可在市场上选购到各 PLC 生产厂家提供的丰富产品。因此，硬件系统配置与建造同样方便。

用户可以根据工程控制的实际需要，选择 PLC 主机单元和各种扩展单元进行灵活配置，提高系统的性价比。若生产过程对控制功能的要求提高，则 PLC 可以方便地对系统进行扩充，如通过 I/O 扩展单元来增加输入/输出点数，通过多台 PLC 之间或 PLC 与上位机的通信来扩展系统的功能；利用 CRT 屏幕显示进行编程和监视，便于修改和调试程序，易于故障诊断，缩短维护周期。设计开发在计算机上完成，采用梯形图（LAD）、语句表（STL）和功能块图（FBD）等编程语言，还可以利用编程软件在各语言之间相互转换，满足不同层次工程技术人员的需求。

PLC 采用了软件来取代继电器控制系统中大量的中间继电器、时间继电器、计数器等器件，控制柜的设计安装接线工作量大为减少。同时，PLC 的用户程序可以在实验室模拟调试，减少了现场的调试工作量。并且，PLC 的低故障率、很强的监视功能以及模块化等特点，使维修极为方便。

3. 体积小、质量轻、能耗低

PLC 是将微电子技术应用于工业设备的产品，其结构紧凑、坚固、体积小、质量轻、能耗低。PLC 具有强抗干扰能力，易于安装在各类机械设备的内部。例如，三菱公司的 FX2N-48MR 型 PLC，外形尺寸仅为 182mm×90mm×87mm，质量为 0.89kg，能耗为 25W；具有很好的抗振、适应环境温度和湿度变化的能力；在系统的配置上既固定又灵活，输入/输出可达 24～128 点；另外，该 PLC 还具有故障检测和显示功能，使故障处理时间缩短为 10min，对维护人员的技术水平要求也不太高。

4. 通用性强、控制程序可变、使用方便

现代 PLC 不仅有逻辑运算、计时、计数、顺序控制等功能，还具有数字式和模拟式的输入输出、功率驱动、通信、人机对话、自检、记录显示等功能，既可控制一台生产机械、一条生产线，又可控制一个生产过程。

PLC 的功能很全面，可以满足大部分工程生产自动化控制的要求。这主要与 PLC 具有丰富的处理信息的指令系统及存储信息的内部器件有关。PLC 的指令多达几十条至几百条，不仅可以进行各式各样的逻辑问题处理，还可以进行各种类型数据的运算。PLC 内存中的数据存储器种类繁多，容量宏大。I/O 继电器可以存储 I/O 信息，存储容量少则几十、几百条，多达几千、几万条，甚至十几万条。PLC 内部集成了继电器、计数器、计时器等功能，并可以设置成失电保持或失电不保持，以满足不同系统的使用要求。PLC 还提供了丰富的外部设备，可建立友好的人机界面，进行信息交换。PLC 可输入程序、数据，也可读出程序、数据。

PLC 不仅精度高，而且可以选配多种扩展模块、专用模块，功能已经涵盖了工业控制领域的绝大部分。随着计算机网络技术的迅速发展，通信和联网功能在 PLC 的应用中越来越重要，将网络上层的大型计算机的强大数据处理能力和管理功能与现场网络中 PLC 的高可靠性结合起来，可以形成一种新型的分布式计算机控制系统。利用这种新型的分布式计算机控制系统，可以实现远程控制和集散系统控制。

8.1.3 PLC 的功能特征

PLC 是一种专门为当代工业生产自动化而设计开发的数字运算操作系统，可以把它简单理解成专为工业生产领域而设计的计算机。目前，PLC 已经广泛地应用于钢铁、石化、机械制造、汽车、电力等各个行业，并取得了可观的经济效益。特别是在发达的工业国家，PLC 已广泛应用于各个工业领域。随着性价比的不断提高，PLC 的应用领域还将不断扩大。因此，PLC 不仅拥有现代计算机所拥有的全部功能，还具有一些为适应工业生产而特有的功能。本节简单介绍 PLC 的如下主要功能。

1. 开关量逻辑控制功能

开关量逻辑控制是 PLC 的最基本功能，PLC 的输入/输出信号都是通/断的开关信号，而且输入/输出的点数可以不受限制。在开关量逻辑控制中，PLC 已经完全取代了传统的继电器控制系统，实现了逻辑控制和顺序控制功能。目前，用 PLC 进行开关量逻辑控制涉及许多行业，如机场电气控制、电梯运行控制、汽车装配、啤酒灌装生产线等。

2. 运动控制功能

PLC 可用于直线运动或圆周运动的控制。目前，制造商已经提供了拖动步进电动机或伺服电动机的单轴或多轴位置控制模块，即把描述目标位置的数据传送给模块，模块移动单轴或多轴到

目标位置。当每个轴运动时，位置控制模块保持适当的速度和加速度，确保运动平稳。PLC还提供了变频器控制的专用模块，能够实现对变频电机的转差率控制、矢量控制、直接转矩控制等。

3. 过程控制功能

PLC通过模块实现A/D、D/A转换，进而对模拟量进行控制，包括对温度、压力、流量、液位等连续变化模拟量的PID控制，已广泛应用于锅炉、冷冻、核反应堆、水处理、酿酒等领域。

4. 数据处理功能

现代的PLC具有数学运算（包括函数运算、逻辑运算、矩阵运算）、数据处理、排序和查表、位操作等功能，可以完成数据的采集、分析和处理，也可以和存储器中的参考数据相比较，并将这些数据传递给其他智能装备。有些PLC还具有支持顺序控制功能，可以与数字控制设备紧密结合。数据处理一般用于大、中型控制系统中。

5. 联网通信功能

PLC的通信包括PLC与PLC之间、PLC与上位计算机及其他智能设备之间的通信。PLC与上位计算机之间具有串行通信接口，利用双绞线、同轴电缆将它们连成网络，实现信息交换。PLC还可以构成"集中管理，分散控制"的分布式控制系统。联网可以增加系统的控制规模，甚至可以实现整个工厂生产的自动化控制。

8.1.4　食品加工生产中的PLC控制系统

随着社会的不断发展，PLC在食品加工生产过程中的应用越来越广泛。在食品生产过程中，工人只需操作按钮将水、面粉、调料等食品原材料放入生产线入口，后续所有环节，包括选料、配料、洗料、加工和食品成型等，都是由PLC控制系统自动完成的。PLC控制系统通过控制变频器对电机速度进行精确控制，从而调节流水线上各个环节。操作人员只需要根据配方工艺在触摸屏上输入相应参数，就可以生产出各种食品，如面包、面条等各类小食品。食品生产的整个过程高度自动化，既确保了生产过程的精确和高效，又保障了食品加工的质量、速度和大规模生产能力。

1. 面粉加工流水线PLC控制系统

在面粉加工流水线（图8-1）上，PLC控制系统应用于整个环节，其基本加工流程如下：加水→配适量的面粉→搅拌→压面→重叠面→捏面→填充→成型。装配线中的每个过程都使用旋

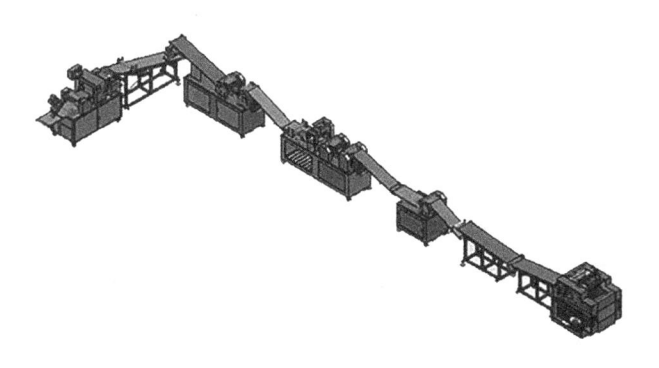

图8-1　面粉加工流水线

转带进行输送连接。每个过程都使用传感器来检测输入和输出物料。每个过程中的一个或多个电机由变频器无级调节。触摸屏与 PLC 通信交互。PLC 通过以太网实时读取每台变频器的运行状态，确保加工过程的安全性和可靠性。

2. 薯饼生产线 PLC 控制系统

薯饼生产线 PLC 控制系统总体设计比较复杂，控制采取分层控制策略，由两台上位机完成工厂级的监控及数据管理功能，触摸屏和 PLC 完成现场级的控制，采用 Profibus 现场总线的方式进行通信。上位机留有接口，可连接局域网和广域网，以利于进一步开发。

以某款薯饼生产线为例，其系统硬件组成与结构见图 8-2。其中，PLC server 用于主系统，PLC client 用于辅助系统。辅助系统的组成与主系统相似，因此图中省略了其构成。PLC 选用 S7-300 系列的 CPU 315-2DP 和 S7-200 系列的 CPU226，PID 模块为 FM355C，通信模块为 CP342-5，扩展模块为 IM153，I/O 模块则使用：数字输入模块选 SM321、数字输出为 SM322、模拟量输入为 SM331。上位机选用西门子的工控机，它内置了 PCI 接口的 CP5611 卡用于与 PLC 通信。

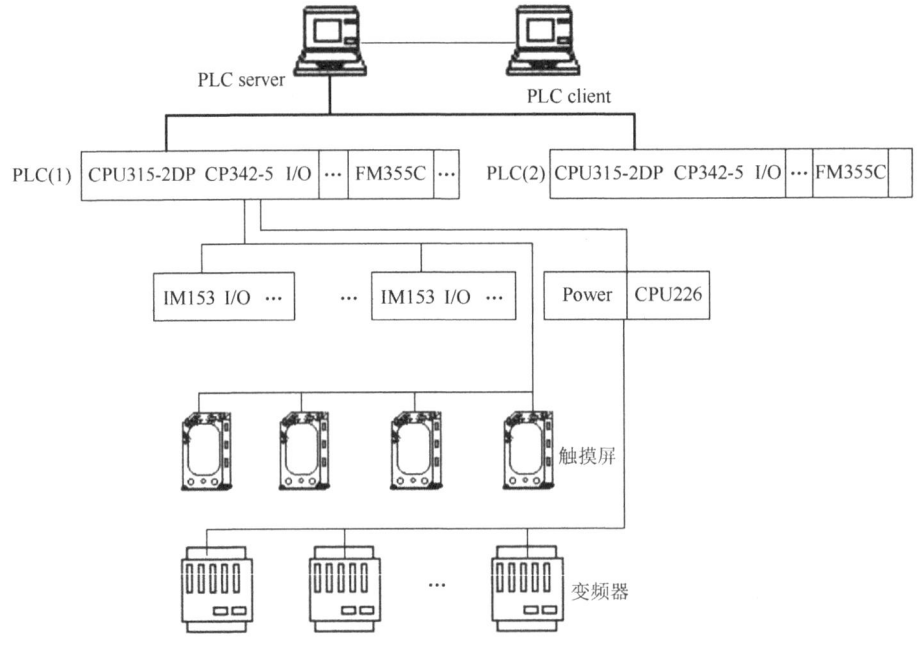

图 8-2 系统硬件组成与结构

所有的 I/O 模块均放在同一组控制柜里，因此选用了通信距离在 5m 范围内的 IM153-1。当 IM 模块与中央控制器的距离较远时可以选择通信范围为 100m 的型号的 IM 模块。

在食品加工环境下对于机器设备不友好的情况下，通过使用稳定、抗环境干扰能力强的 PLC 以及触摸屏并结合软件开发高效快捷这些的优点，实现 PLC 控制系统在薯饼生产线上的完美应用。

3. 食用油加工生产线 PLC 控制系统

食用油生产一般采用压榨法或浸出法生产工艺。以大豆为例，进入车间的原料大豆经过清理和比重去石先除去杂质、并肩石，然后利用大豆分级筛对清理后的大豆进行分级，将不饱满、破损或霉变的大豆分离出去，分离后的高质量大豆作为加工大豆油的原料。

由于食用油生产的连续性强、工序多、工艺复杂，现场设备、I/O 点多，分布广，通信数据量大，所以在最底层的设备层中采用了现场总线的技术方案。这样就可以充分发挥现场总线技术的优势和特点，减少大量隔离器、端子柜、I/O 模块、电缆和电缆桥架，提高信号的测量、传送和控制精度，增强控制系统运行的可靠性、稳定性和安全性。

图 8-3 是某食用油加工工艺流程，其工艺流程启动分工段进行，各工段可单独按工艺流程自动联锁启动，也可按工段由后向前自动联锁启动。各工段内工艺流程自动联锁启动，先启动相应的空压机，通风除尘系统，然后按物流逆向延时逐台启动各工艺设备。停止流程也分为三种模式：正常停止，首先关闭所有放料气动门，然后按工艺顺物流方向逐台延时自动联锁停车，最后停止除尘设备。故障停止，当前端控制单元检测到设备故障时，如过载、失速，该段的放料气动门立即关闭，防止堵塞，如果在 3min 内不能使故障恢复，则自动停止该工段的其他设备。紧急停止，系统出现紧急情况时，可通过操作界面的紧急按钮，立即停止所有运行中的设备，以保证系统和人员的安全。

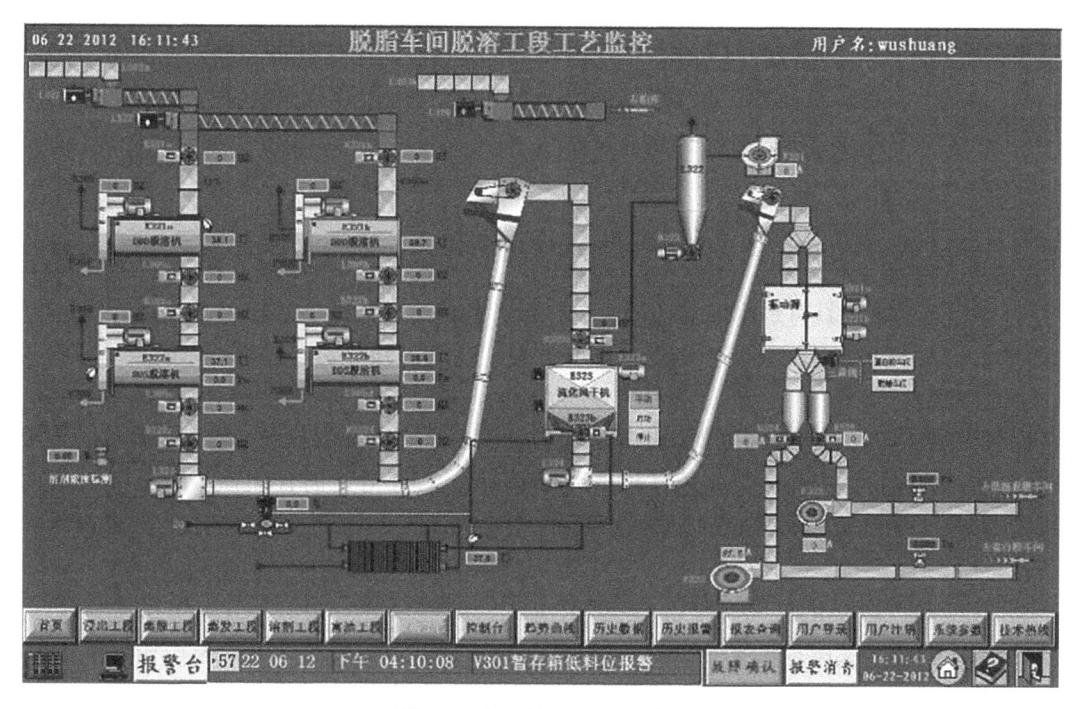

图 8-3　食用油加工工艺流程

由于在食用油加工生产线采用了以 PLC 为中央的控制系统，相对于集中控制方式，本系统主要有以下优点：现场信号电缆、接线端子排大量减少，减轻了接线、查线的负担，方便了线路的维护；由于所有的测控信息通过总线通信来实现，全数字通信取代了模拟信号的传输，提高了系统的控制精度；现场层的部分设备具有自动控制功能，PLC 只需要协调从站设备之间的工作，减轻了主控制器 PLC 的运行负担；增强了系统的开放性和可维护性。

8.2　PLC 控制系统组成与工作原理

8.2.1　可编程控制器的分类

目前，PLC 的品种很多，性能和型号规格也不统一，结构形式、功能范围各不相同，一般按外部特性进行如下分类。

1. 按照PLC的控制规模分类

1）小型PLC

小型PLC的I/O点数一般在128点以下，其中I/O点数小于64点的为超小型或微型PLC。其特点是体积小、结构紧凑，整个硬件融为一体，除了开关量I/O以外，还可以连接模拟量I/O以及其他各种特殊功能模块。它能执行包括逻辑运算、计时、计数、算术运算、数据处理和传送、通信联网等各种应用指令。它的结构形式多为整体式。小型PLC产品应用的比例最高。

2）中型PLC

中型PLC的I/O点数一般在256~2048点，采用模块化结构，程序存储容量小于13KB，可完成较为复杂的系统控制。I/O的处理方式除了采用PLC通用的扫描处理方式外，还能采用直接处理方式，通信联网功能更强，指令系统更丰富，内存容量更大，扫描速度更快。

3）大型PLC

大型PLC的I/O点数一般在2048点以上，采用模块化结构，程序存储容量大于13KB。大型PLC的软件、硬件功能极强，具有极强的自诊断功能，通信联网功能强，可与计算机构成集散型控制以及更大规模的过程控制，形成整个工厂的自动化网络，实现工厂生产管理自动化。

2. 按照PLC的控制性能分类

1）低档PLC

以逻辑运算为主，具有逻辑运算、定时、计数、移位、自诊断、监控等基本功能，还可有少量的模拟量输入/输出、算术运算、数据传送和比较、通信等功能。一般用于单机或小规模过程。

2）中档PLC

除了具有低档PLC的功能以外，还加强了对开关量、模拟量的控制，提高了数字运算能力，如算术运算、数据传送和比较、数值转换、远程I/O、子程序等，而且加强了通信功能。可用于小型连续生产过程的复杂逻辑控制和闭环调节控制。

3）高档PLC

除了具有中档PLC的功能以外，还增加了带符号算术运算、矩阵运算、位逻辑运算、平方根运算及其他特殊功能函数运算、制表及表格传送等功能。高档PLC进一步加强了通信功能，适用于大规模的过程控制。

3. 按照PLC的结构分类

根据结构形式的不同，PLC可分为整体式和模块式两种。

1）整体式PLC

将I/O接口电路、CPU、存储器、稳压电源封装在一个机壳内，通常称为主机。主机两侧分装有输入、输出接线端子和电源接线端子，并有相应的发光二极管指示输入/输出的状态。通常小型或微型PLC常采用这种结构，适用于简单控制的场合，如西门子的S7-200系列、松下的FP1系列、三菱的FX系列产品。

2）模块式PLC

模块式PLC为总线结构，在总线板上有若干个总线插槽，每个插槽上可安装一个PLC模块，不同的模块实现不同的功能，根据控制系统的要求来配置相应的模块，如CPU模块（包括存储器）、电源模块、输入模块、输出模块及其他高级模块、特殊模块等。大型PLC通常采用这种结构，一般用于比较复杂的控制场合，如西门子的S7-300/400系列、三菱的Q系列产品。

8.2.2 可编程控制器的编程语言和发展趋势

由于 PLC 是专门为工业控制而开发的装置，其主要使用者是广大电气技术人员，为了满足他们的传统习惯，PLC 的主要编程语言采用比计算机语言相对简单、易懂、形象的专用语言。PLC 的编程语言多种多样，不同的 PLC 厂家提供的编程语言也不相同。常用的编程语言包括如下 4 种。

1. 梯形图

梯形图（LAD）编程语言是从继电器控制系统原理图的基础上演变而来的。梯形图是目前 PLC 应用最广、最受电气技术人员欢迎的一种编程语言。梯形图与继电器控制系统原理图相似，具有形象、直观、实用的特点。PLC 的梯形图与继电器控制系统梯形图的基本思想是一致的，只是在使用符号和表达方式上有一定的区别。梯形图具有直观易懂的优点，很容易被工厂熟悉继电器控制的人员掌握，特别适合于数字量逻辑控制。图 8-4 是用梯形图语言编写的 PLC 程序。

2. 语句表

语句表（STL）编程语言类似于计算机中的助记符语言，它是 PLC 最基础的编程语言。语句表编程是用一个或者几个容易记忆的字符来代表 PLC 的某种操作功能。它类似于微型计算机的汇编语言中的文本语言，多条语句组成一个程序段。语句表比较适合经验丰富的程序员使用，可以实现某些不能用梯形图或功能块图（FBD）表示的功能。图 8-5 所示的是与图 8-4 梯形图所对应的语句表。

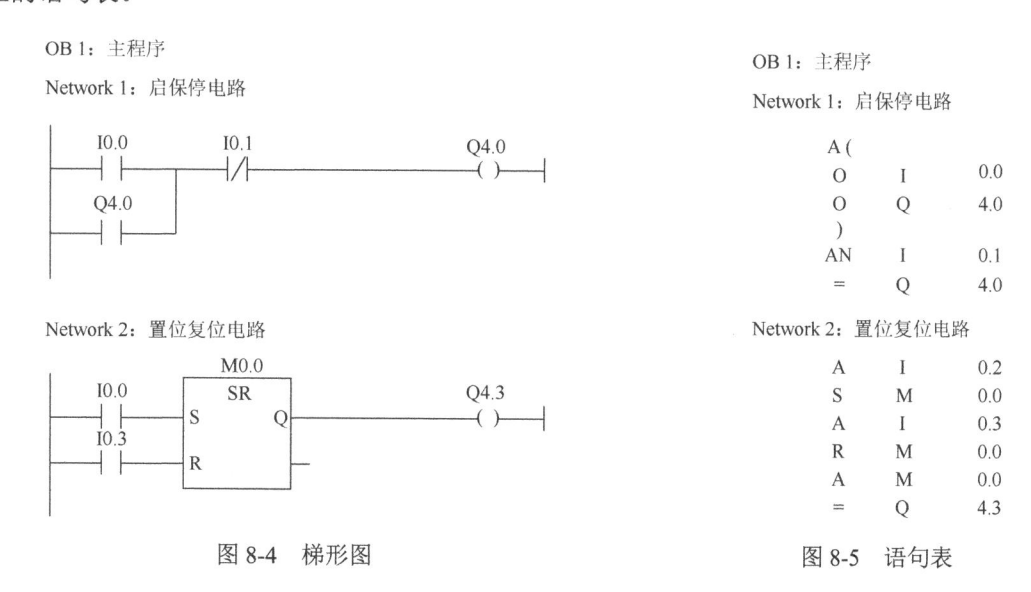

OB 1：主程序
Network 1：启保停电路

```
 I0.0      I0.1            Q4.0
──┤├──┬──┤/├──────────────( )──
 Q4.0  │
──┤├──┘
```

Network 2：置位复位电路

```
         M0.0
         ┌────┐
 I0.0    │ SR │            Q4.3
──┤├─────┤S  Q├────────────( )──
 I0.3    │    │
──┤├─────┤R   │
         └────┘
```

图 8-4 梯形图

OB 1：主程序
Network 1：启保停电路

```
A (
 O     I     0.0
 O     Q     4.0
 )
 AN    I     0.1
 =     Q     4.0
```

Network 2：置位复位电路

```
 A     I     0.2
 S     M     0.0
 A     I     0.3
 R     M     0.0
 A     M     0.0
 =     Q     4.3
```

图 8-5 语句表

3. 功能块图

功能块图（FBD）使用类似于布尔代数的图形逻辑符号来表示控制逻辑。一些复杂的功能（如数学运算功能等）用指令框来表示，有数字电路基础的人很容易掌握。功能块图用类似于与门或门的方框来表示逻辑运算关系，方框的左侧为逻辑运算的输入变量，右侧为输出变量，输入、输出端的小圆圈表示"非"运算，方框被"导线"连接在一起，信号自左向右流动。

利用 FBD 可以查看像普通逻辑门图形的逻辑盒指令。它没有梯形图编程器中的触点和线圈，但有与之等价的指令，这些指令是作为逻辑盒指令出现的，程序逻辑由这些逻辑盒指令之间的连接决定。也就是说，一条指令（如 AND 盒）的输出可以用来允许另一条指令（如定时器）执行，这样可以建立所需要的控制逻辑。这样的连接思想可以解决范围广泛的逻辑问题。FBD 编程语言有利于程序流的跟踪，但在目前使用较少。与图 8-4 梯形图相对应的功能块图如图 8-6 所示。

4. 逻辑符号图

如图 8-7 所示，逻辑符号图包括与（AND）、或（OR）、非（NOT）、定时器、计数器、触发器等。

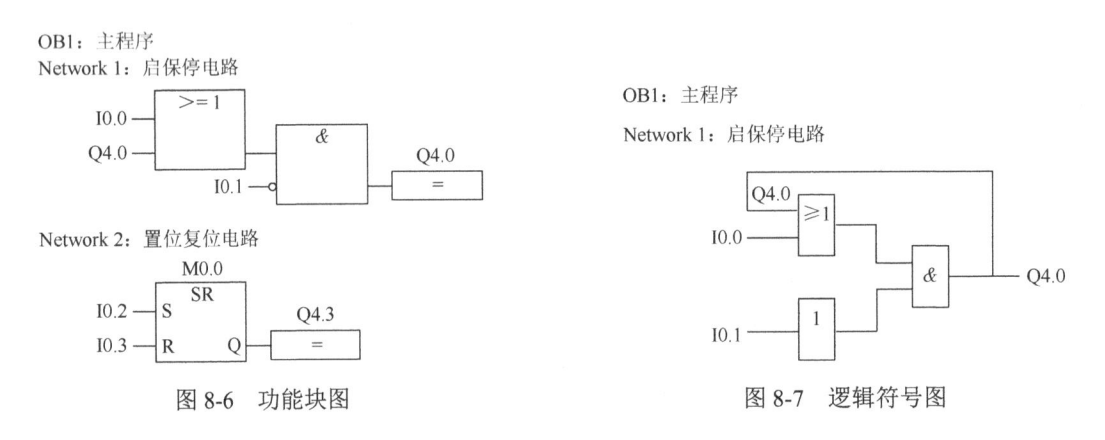

图 8-6　功能块图　　　　图 8-7　逻辑符号图

8.2.3　可编程控制器的组成及工作原理

PLC 的工作原理是建立在计算机基础上的，故其 CPU 是以分时操作的方式来处理各项任务的，即串行工作方式，而继电器-接触器控制系统是实时控制的，即并行工作方式。那么如何让串行工作方式的计算机系统完成并行工作方式的控制任务呢？通过可编程控制器的工作方式和工作过程的说明，可以理解 PLC 的工作原理。

1. PLC 的组成

PLC 是微型计算机技术和控制技术相结合的产物，是一种以微处理器为核心的用于控制的特殊计算机，因此，PLC 的基本组成与一般的微型计算机系统相似。PLC 的种类繁多，但是其结构和工作原理基本相同。PLC 虽然专为工业现场环境而设计，但是其依然采用了典型的计算机结构，主要是由 CPU、存储器［随机存储器（RAM）、只读存储器（ROM）］、输入/输出单元、扩展 I/O 接口、电源几大部分组成的。小型的 PLC 多为整体式结构，中、大型 PLC 则多为模块式结构。如图 8-8 所示，对于整体式 PLC，所有部件都装在同一机壳内。而模块式 PLC 的各部件相互独立封装成模块，各模块通过总线连接，安装在机架或导轨上（图 8-9）。无论哪种结构类型的 PLC，都可根据用户需要进行配置和组合。

1) 中央处理器（CPU）

同一般的微型计算机一样，CPU 也是 PLC 的核心。PLC 中所配置的 CPU 可分为 3 类：通用微处理器（如 Z80、8086、80286 等）、单片微处理器（如 8031、8096 等）和高速位片式微处理器（如 AMD29W 等）。小型 PLC 大多采用 8 位通用微处理器和单片微处理器；中型 PLC 大多采用 16 位通用微处理器或单片微处理器；大型 PLC 大多采用高速位片式微处理器。

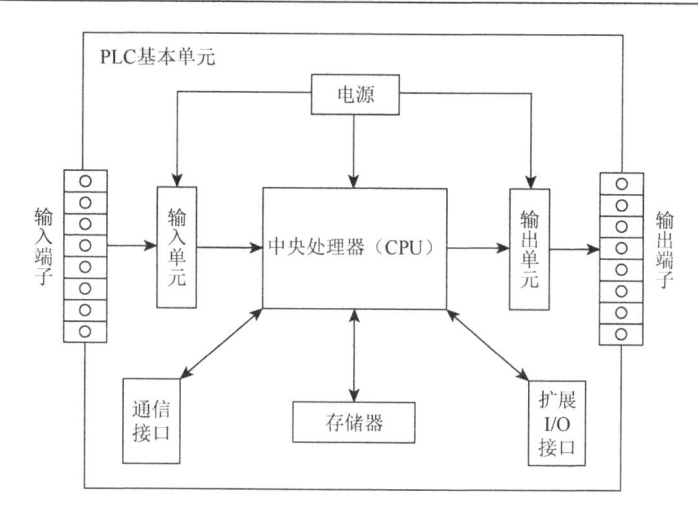

图 8-8　整体式 PLC 硬件结构框图

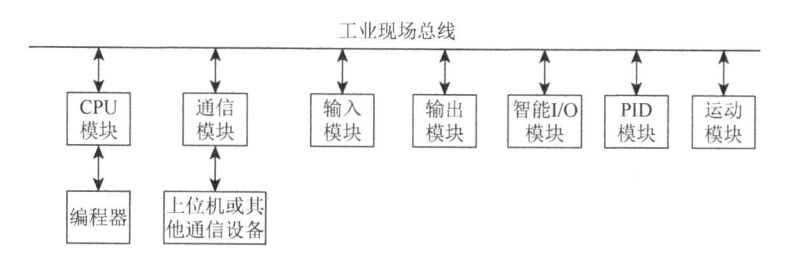

图 8-9　模块式 PLC 硬件结构框图

目前，小型 PLC 为单 CPU 系统，而中、大型 PLC 则大多为双 CPU 系统，甚至有些 PLC 中配置了多达 8 个 CPU。对于双 CPU 系统，一般一个为字处理器，另外一个为位处理器。字处理器为主处理器，用于执行编程器接口功能，监视内部定时器、扫描时间，处理字节指令以及对系统总线和位处理器进行控制等。位处理器为从属处理器，主要用来执行位操作指令和实现 PLC 编程语言向机器语言的转换。位处理器的采用，提高了 PLC 的速度，使 PLC 更好地满足实时控制要求。

CPU 的主要任务包括：控制用户程序和数据的接收与存储；用扫描的方式通过 I/O 部件接收现场的状态或数据，并存入输入映像寄存器中；诊断 PLC 内部电路的工作故障和编程中的语法错误等；PLC 进入运行状态后，从存储器中逐条读取用户指令，经过命令解释后按指令规定的任务进行数据传递、逻辑或算术运算等；根据运算结果，更新有关标志位的状态和输出映像寄存器的内容，再经输出部件实现输出控制、制表打印或数据通信等功能。

不同型号的 PLC，其 CPU 芯片是不同的，有些采用通用 CPU 芯片，有些采用厂家自行设计的专用 CPU 芯片。CPU 芯片的性能关系到 PLC 处理控制信号的能力和速度，CPU 位数越高，系统处理的信息量越大，运算速度越快。PLC 的功能随着 CPU 芯片技术的发展而提高和增强。

2）存储器

存储器主要有两种：可读/写操作的随机存储器（RAM），只读存储器（ROM）、可编程只读存储器（PROM）、可擦除可编程只读存储器（EPROM）、电可擦除可编程只读存储器（EEPROM）。PLC 的存储器由系统程序存储器、用户程序存储器和数据存储器 3 部分组成。

系统程序存储器用来存放由PLC生产厂家编写的系统程序，并固化在ROM内，用户不能直接更改。它使PLC具有基本的功能，能够完成PLC设计时规定的各项工作。系统程序质量在很大程度上决定了PLC的运行。

（1）系统管理程序。它主要控制PLC的运行，使整个PLC按部就班地工作。

（2）用户指令解释程序。通过用户指令解释程序，将PLC的编程语言变为机器语言指令，再由CPU执行这些指令。

（3）标准程序模块与系统调用，包括许多不同功能的子程序及其调用管理程序，如完成输入/输出及特殊运算等的子程序，PLC的具体工作都是由这部分程序来完成的，这部分程序的多少决定了PLC性能的高低。

用户程序存储器（程序区）和用户功能存储器（数据区）总称为用户存储器。用户程序存储器用来存放用户根据控制任务而编写的程序。用户程序存储器根据所选用的存储器单元类型的不同，可以使用RAM、EPROM或EEPROM存储器，其内容可以由用户任意修改。用户功能存储器用来存放用户程序中使用器件的状态（ON/OFF）/数值数据等。在数据区中，各类数据存放的位置都有严格的划分，每个存储单元有不同的地址编号。用户存储器容量的大小，关系到用户程序容量的大小，是反映PLC性能的重要指标之一。

用户程序是根据PLC控制对象的需要编制的，是由用户根据对象生产工艺和控制要求而编制的应用程序。为了便于读出、检查和修改，用户程序一般存于CMOS静态RAM中，用电池作为后备电源，以保证掉电时不会丢失信息。为了防止干扰对RAM中程序的破坏，可将程序固化在只读存储器EPROM中。现在许多PLC直接采用EEPROM作为用户存储器。

工作数据是PLC运行过程中经常变化、存取的一些数据。工作数据存放在RAM中，以适应随机存取的要求。在PLC的工作数据存储器中，设有存放输入/输出继电器、辅助继电器、定时器、计数器等逻辑器件的存储区，这些器件的状态都是由用户程序的初始化设置和运行情况确定的。根据需要，部分数据在掉电后，用后备电池维持其现有的状态，这部分在掉电时可保存数据的存储区域称为保持数据区。

3）输入/输出单元

输入/输出单元通常也称为I/O单元，是PLC与工业生产现场之间的连接部件。PLC通过输入接口可以检测被控对象的各种数据，以这些数据作为PLC对被控对象进行控制的依据；同时，PLC又通过输出接口将处理后的结果送给被控制对象，以实现控制的目的。

由于外部输入设备和输出设备所需的信号电平是多种多样的，而PLC内部CPU处理的信息只能是标准电平，因此I/O接口要实现这种转换。I/O接口一般具有光电隔离和滤波功能，以提高PLC的抗干扰能力。另外，I/O接口上通常还有状态指示，工作状况直观，便于维护。

输入/输出单元包含两部分：接口电路和输入/输出映像寄存器。接口电路用于接收来自用户设备的各种控制信号，如限位开关、操作按钮、选择开关以及其他传感器的信号。通过接口电路将这些信号转换成CPU能够识别和处理的信号，并存入输入映像寄存器。运行时，CPU从输入映像寄存器读取输入信息并进行处理，将处理结果放到输出映像寄存器中。输入/输出映像寄存器由输出点相对的触发器组成，输出接口电路将触发输出的弱电控制信号转换成现场需要的强电信号输出，以驱动电磁阀、接触器、指示灯等被控设备的正常工作。

PLC提供了具有多种操作电平和驱动能力的I/O接口，有各种各样功能的I/O接口供用户选用。由于在工业生产现场工作，PLC的输入/输出接口必须满足两个基本要求：抗干扰能力强、适应性强。输入/输出接口必须能够不受环境的温度、湿度、电磁、振动等因素的影响；同时又能够与现场各种工业信号相匹配。目前，PLC 能够提供的输入/输出接口单元包括数字量（开关量）输入接口、数字量（开关量）输出接口、模拟量输入接口、模拟量输出接口等。

（1）开关量输入接口。开关量输入接口把现场的开关量信号转换成 PLC 内部处理的标准信号。为防止各种干扰信号和高电压信号进入 PLC，影响其可靠性或造成设备损坏，现场输入接口电路一般有滤波电路和耦合隔离电路。滤波电路有抗干扰的作用，耦合隔离电路有抗干扰及产生标准信号的作用。耦合隔离电路的管径器件是光电耦合器，一般由发光二极管和光敏晶体管组成。

常用的开关量输入接口按使用电源的类型不同可分为开关量直流输入接口（图 8-10）、开关量交流/直流输入接口（图 8-11）和开关量交流输入接口（图 8-12）。输入接口电路的电源可由外部提供，也可由 PLC 内部提供。

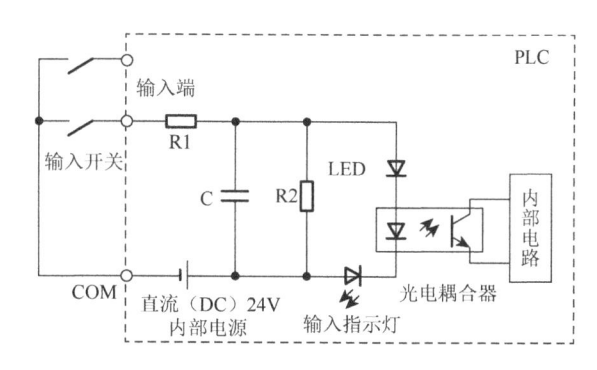

图 8-10　开关量直流输入接口电路

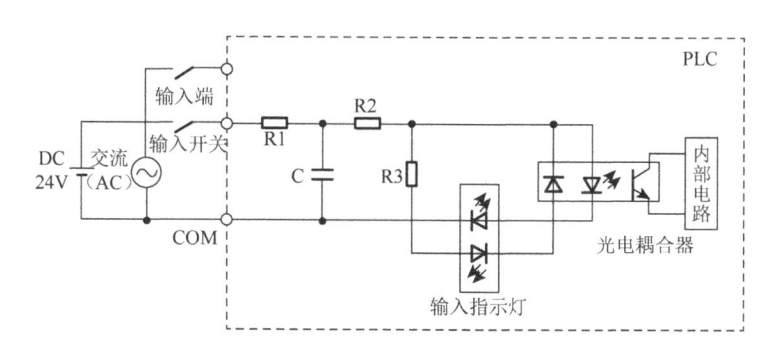

图 8-11　开关量交流/直流输入接口电路

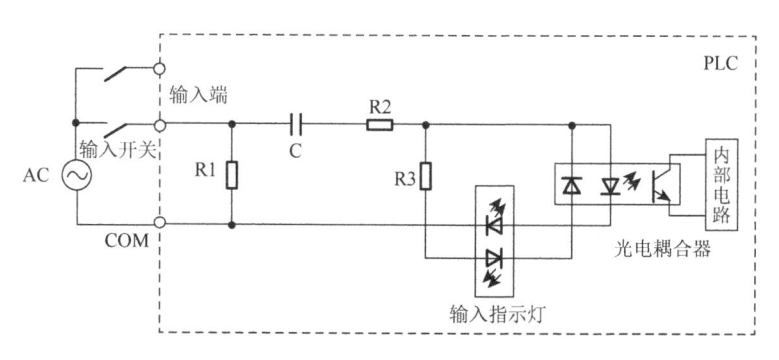

图 8-12　开关量交流输入接口电路

（2）开关量输出电路。开关量输出接口把 PLC 内部的标准信号转换成执行机构所需的开关量信号。开关量输出接口按 PLC 内部使用器件的不同可分为继电器输出型（图 8-13）、晶体管输出型（图8-14）和晶闸管输出型（图8-15）。每种输出电路都采用电气隔离技术，输出接口本身不带电源，电源由外部提供，而且在考虑外接电源时，还需考虑输出器件的类型。

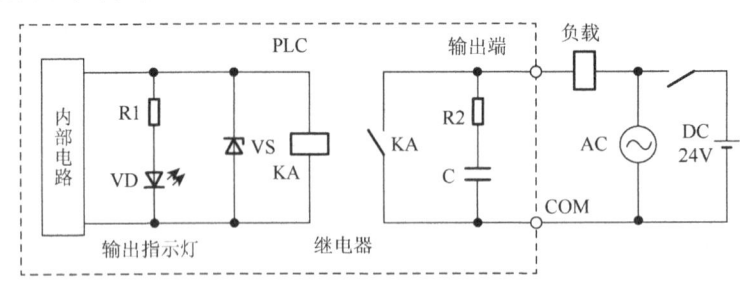

图 8-13　开关量继电器输出型接口电路

VS：稳定二极管；KA：中间继电器；VD：发光二极管

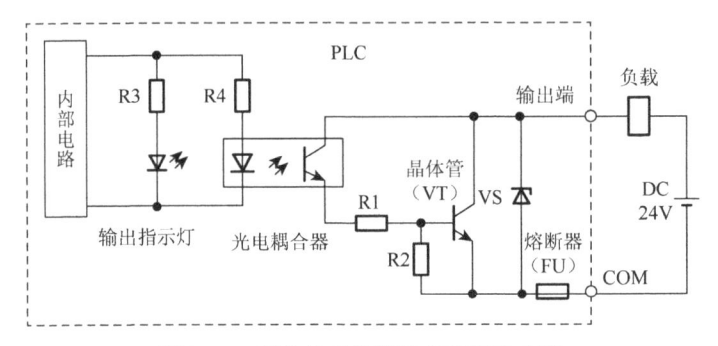

图 8-14　开关量晶体管输出型接口电路

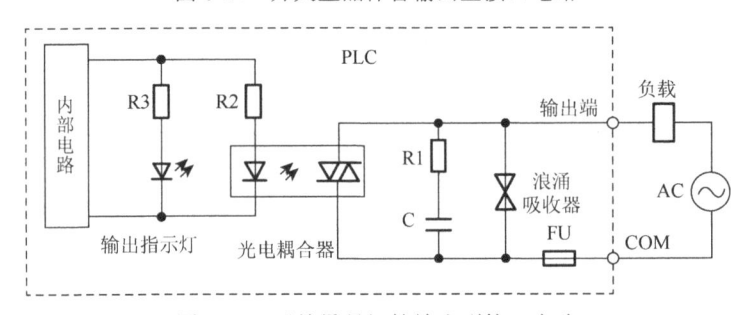

图 8-15　开关量晶闸管输出型接口电路

各类输出接口中也有隔离耦合电路。继电器输出型接口可用于直流及交流两种电源，但通断频率低；晶体管输出型接口有较高的通断频率，但是只适用于直流驱动的场合，晶闸管输出型接口仅适用于交流驱动场合。

为了避免PLC因瞬间大电流冲击而损坏，输出端外部接线必须采取保护措施：在输入/输出公共端设置熔断器保护；采用保护电路对交流感性负载一般用阻容吸收回路，对直流感性负载使用续流二极管。由于PLC的输入/输出端是靠光电耦合的，在电气上完全隔离，输出端的信号不会反馈到输入端，也不会产生地线干扰或其他串扰，因此PLC的输入/输出端具有很高的可靠性和极强的抗干扰能力。

（3）模拟量输入接口。模拟量输入接口把现场连续变化的模拟量标准信号转换成适合PLC内部处理的数字信号。模拟量输入接口能够处理标准模拟量电压和电流信号。由于工业现场中模拟量标准信号的变化范围并不标准，所以在送入模拟量输入接口前，一般需要经转换器处理。如图8-16所示，模拟量标准信号输入后一般经多路转换后，再进行A/D转换，存入锁存器，再经光电隔离电路转换为PLC的数字信号。

图 8-16　模拟量输入接口的内部结构框图

（4）模拟量输出接口。如图 8-17 所示，模拟量输出接口将 PLC 运算处理后的数字信号转换成相应的模拟量标准信号输出，以满足工业生产过程中现场连续控制信号的需求。模拟量输出接口一般包括光电隔离、D/A 转换、多路转换开关、输出保持等环节。

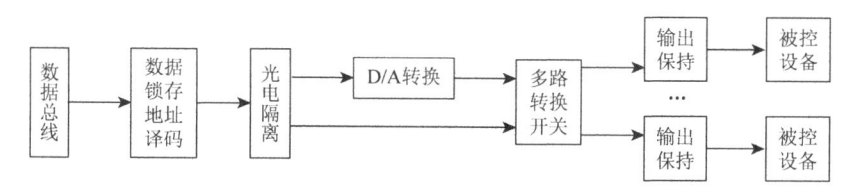

图 8-17　模拟量输出接口的内部结构框图

4）扩展 I/O 接口模块

智能接口模块是一个独立的计算机系统模块，它有自己的 CPU、系统程序、存储器、与 PLC 系统总线相连的接口等。智能接口模块是为了适应较复杂的控制工作而设计的，作为 PLC 系统的一个模块，通过总线与 PLC 相连，进行数据交换，如高速计数器工作单元、闭环控制模块、运动控制模块、中断控制模块、温度控制单元等。

5）通信接口模块

PLC 配有多种通信接口模块，这些模块大多配有通信处理器。PLC 通过这些通信接口模块可与监视器、打印机、其他 PLC、计算机等设备实现通信。PLC 与打印机连接，可将过程信息、系统参数等输出打印；与监视器连接，可将控制过程图像显示出来；与其他 PLC 设备连接，可组成多机系统或连成网络，实现更大规模控制；与计算机连接，可组成多级分布式控制系统，实现控制与管理相结合。

6）电源部件

电源部件的功能是将交流电转换成 PLC 正常运行的直流电。PLC 配有开关电源，小型整体式 PLC 内部有一个开关式稳压电源。电源一方面可为 CPU 板、I/O 板及控制单元提供工作电源（DC 5V），另一方面可为外部输入元件提供 DC 24V（200mA）电源。与普通电源相比，PLC 电源的稳定性好、抗干扰能力强。PLC 对电网提供的电源稳定度要求不高，一般运行电源电压在其额定值±15%的范围内波动。PLC 电源一般使用的是 220V 的交流电源，也可以选配 380V 的交流电源。由于工业环境存在大量的干扰源，这就要求电源部件必须采取较多的滤波环节，还需要集成电压调整器以适应交流电网的电压波动，对过电压和欠电压都有一定的保护作用。另外，电源部件还需要采取较多的屏蔽措施来防止工业环境中的空间电磁干扰。常用的电源电路有串联稳压电源、开关式稳压电路和含有变压器的逆变式电路。

7）编程装置

编程装置的作用是编制、编译、调试和监视用户程序，也可在线监控 PLC 内部状态和参数，与 PLC 进行人机对话。它是开发、应用、维护 PLC 不可或缺的工具。编程装置可以是专用编程器，也可以是配有专用编程软件包的通用计算机系统。专用编程器是由厂家生产的，专供该厂家生产的PLC产品使用，它主要由键盘、显示器和外存储器接插口等部件组成。专用编程器分两种：简易编程器和智能编程器。

简易编程器只能进行联机编程，且往往需要将梯形图转化成机器语言助记符（指令表）后才能输入。它一般由简易键盘和发光二极管或其他显示器件组成。简易编程器体积小、价格低，可以直接插在PLC的编程插座上，或通过专用电缆与PLC连接，以方便编程和调试。有些简易编程器带有存储盒，可用来存储用户程序，如三菱的FX-20P-E简易编程器。

智能编程器又称图形编程器，不仅可以联机编程，还可以脱机编程，具有LCD或CRT显示功能，也可以直接输入梯形图并通过屏幕进行交换。本质上它就是一台专用便携计算机，如三菱的GP-80FX-E智能编程器。智能编程器使用更加直观、方便，但价格较高，操作也比较复杂。大多数智能编程器带有磁盘驱动器，提供录音机接口和打印机接口。

专用编程器只能对特定厂家的几种PLC进行编程，使用范围有限，价格较高。同时，由于PLC产品的不断更新换代，所以专用编程器的生命周期也很有限。因此，现在的趋势是使用以个人计算机为支撑的编程装置，用户只需购买PLC厂家提供的编程软件和应用的硬件接口装置。这样，用户只用较少的投资即可得到高性能的PLC程序开发系统。

如表8-2所示，PLC编程可采用的3种方式各具优缺点。

表8-2　3种PLC编程方式的比较

类型比较项目	简易编程器	智能编程器	计算机组态软件
编程语言	语句表	梯形图	梯形图、语句表等
效率	低	较高	高
体积	小	较大	大（需要与计算机连接）
价格	低	中	适中
适用范围	容量小、用量少产品的组态编程及现场调试	各型产品的组态编程及现场调试	各型产品的组态编程，不易于现场调试

8）其他部件

PLC还可以选配的外部设备包括编程器、EPROM写入器、外部存储器卡（盒）、打印机、高分辨率大屏幕彩色图形监控系统和工业计算机等。

EPROM写入器是用来将用户程序固化到EPROM存储器中的一种PLC外部设备。为了使调试好的用户程序不易丢失，经常用EPROM写入器将用户程序从PLC内的RAM保存到EPROM中。

PLC可用外部的磁带、磁盘、存储盒等来存储PLC的用户程序，这种存储器件称为外存储器。外存储器一般通过编程器或其他智能模块提供的接口，使其与内部存储器之间相互传递用户程序。

综上所述，PLC主机在构成实际硬件系统时，至少需要建立两种双向信息交换通道。最基本的构造包括CPU模块、电源模块、输入/输出模块。此时，PLC通过不断地扩展模块来实现各种通信、计数、运算等功能，通过灵活地变更控制规律来实现对生产过程或某些工业参数的自动控制。

2. PLC的软件系统

软件是PLC的"灵魂"。当PLC硬件设备搭建完成后，通过软件来实现控制规律，高效地完成系统调试。PLC 的软件系统包括系统程序和用户程序。系统程序是 PLC 设备运行的基本程序；用户程序使 PLC 能够实现特定的控制规律和预期的自动化功能。

1）系统程序

系统程序是由 PLC 制造厂商设计编写的，并存入 PLC 的系统程序存储器中，用户不能直接读写与更改。系统程序一般包括系统诊断程序、输入处理程序、编译程序、信息传递程序、监控程序等。PLC 的系统程序有以下 3 种类型。

（1）系统管理程序。系统管理程序控制着系统的工作节拍，包括 PLC 运行管理（各种操作的时间分配）、存储器空间管理（生成用户数据区）和系统自诊断管理（如电源、系统出错、程序语法、句法检验等）。

（2）编译和解释程序。编译程序将用户程序变成内码形式，以便于对程序进行修改、调试。解释程序能将编程语言转变为机器语言，以便 CPU 操作运行。

（3）标准子程序与调用管理程序。为提高运行速度，在程序执行中某些信息处理（如 I/O 处理）或特殊运算等是通过调用标准子程序来完成的。

2）用户程序

PLC 的用户程序是用户利用 PLC 的编程语言，根据控制要求编制的程序。在 PLC 的应用中，最重要的是用 PLC 的编程语言来编写用户程序，以实现控制目的。根据系统配置和控制要求而编制的用户程序，是 PLC 应用于工程控制的一个最重要的环节。

在 PLC 控制系统控制一个任务或过程，是通过在运行（RUN）模式下，使主机循环扫描并连续执行用户程序来实现的，用户程序决定了一个控制系统的功能。程序的编制可以使用编程软件在计算机或其他专用编程设备中进行（如图形输入设备、编程器等）。

3）广义上的程序由 3 部分组成：用户程序、数据块和参数块

（1）用户程序。用户程序在存储器空间中又称为组织块（OB），它处于最高层次，可以管理其他块，可采用各种语言（如 STL、LAD、FBD 等）来编制。不同机型的 CPU，其程序空间容量也不同。用户程序的结构比较简单，一个完整的用户程序应当包含一个主程序（OB1）、若干子程序和若干中断程序 3 部分。不同的编程设备，对各程序块的安排方法也不同。PLC 程序结构示意图如图 8-18 所示。

用编程软件在计算机上编程时，利用编程软件的程序结构窗口双击主程序、子程序和中断程序的图标，即可进入各程序块的编程窗口。编译时，编程软件自动对各程序段进行连接。

（2）数据块（DB）。数据块为可选部分，它主要存放控制程序运行所需的数据，在数据块中允许存放以下数据类型：布尔型，表示编程元件的状态；二进制、十进制或十六进制；字母型、数字型和字符型。

（3）参数块。参数块也是可选部分，它主要存放的是 CPU 的组态数据，如果在编程软件或其他编程工具上未进行 CPU 的组态，则系统以默认值进行自动配置。

图 8-18 PLC 程序结构示意图

3. PLC 的工作原理

1）PLC 的扫描工作方式

PLC 的工作原理是建立在计算机工作原理基础之上的，即通过执行反映控制要求的用户程序来实现。PLC 控制器程序的执行是按照程序设定的顺序依次完成相关设备的操作，PLC 采用

的是一个不断循环的顺序扫描工作方式。每一次扫描所用的时间称为扫描周期或工作周期。CPU从第一条指令执行开始，按顺序逐条地执行用户程序直到用户程序结束，然后返回第一条指令，开始新一轮的扫描，PLC就是这样周而复始地重复上述循环扫描过程的。

PLC的工作方式是用串行输出的计算机工作方式实现并行输出的继电器-接触器工作方式。其核心手段就是循环扫描。但每个工作循环的周期必须足够小以至于我们认为是并行输出。PLC运行时，是通过执行反映控制要求的用户程序来完成控制任务的，需要执行众多的操作，但CPU不可能同时去执行多个操作，它只能按分时操作（串行工作）方式，每次执行一个操作，按顺序逐个执行。CPU的运算处理速度很快，因此从宏观上来看，PLC外部出现的结果似乎是同时（并行）完成的。这种循环工作方式称为PLC的循环扫描工作方式。

用循环扫描工作方式执行用户程序时，扫描是从第一条指令开始的，在无中断或跳转控制的情况下，按程序存储顺序的先后，逐条执行用户程序，直到程序结束。然后再从头开始扫描执行，周而复始重复运行。

如图8-19所示，从第一条程序开始，在无中断或跳转控制的情况下，按照程序存储的地址序号递增的顺序逐条执行程序，直到程序结束；之后，再从头开始扫描，并周而复始地重复进行。

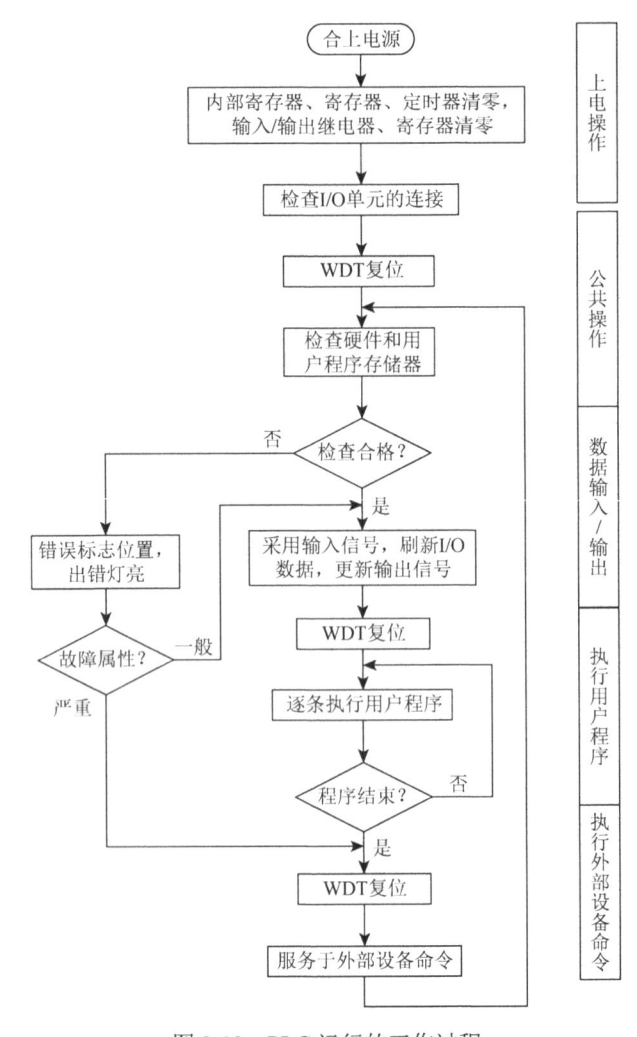

图8-19 PLC运行的工作过程

PLC 运行的工作过程包括以下 3 部分。

第一部分是上电处理。可编程控制器上电后对 PLC 系统进行一次初始化工作，包括硬件初始化、I/O 模块配置运行方式检查、停电保持范围设定及其他初始化处理。

第二部分是扫描过程。可编程控制器上电处理完成后，进入扫描工作过程：先完成输入处理，再完成与其他外部设备的通信处理，进行时钟、特殊寄存器更新。因此，扫描过程又被分为 3 个阶段：输入采样阶段、程序执行阶段和输出刷新阶段。当 CPU 处于 STOP 模式时，转入执行自诊断检查；当 CPU 处于 RUN 模式时，完成用户程序的执行和输出处理后，也会执行自诊断检查，如果发现异常，则停机并显示报警信息。

第三部分是出错处理。PLC 每扫描一次，执行一次自诊断检查，确定 PLC 自身的动作正常，如 CPU、电池电压、程序存储器、I/O、通信等是否异常或出错，如检查出异常，则 CPU 面板上的 LED 灯及异常继电器会接通，在特殊寄存器中会存入出错代码。当出现致命错误时，CPU 被强制为 STOP 模式，停止所有的扫描。

PLC 运行正常时，扫描周期的长短与 CPU 的运算速度、I/O 点的情况、用户应用程序的长短及编程情况等均有关。通常用 PLC 执行 1KB 指令所需时间来说明其扫描速度（一般为 1～10ms/KB）。值得注意的是，不同的指令其执行所需时间是不同的，从零点几微秒到上百微秒不等，故选用不同指令所用的扫描时间也将会不同。若高速系统要缩短扫描周期，可从软件、硬件两个方面考虑。

2）PLC 的工作原理

完成输入采样阶段、程序执行阶段和输出刷新阶段即称为一个扫描周期，如图 8-20 所示。

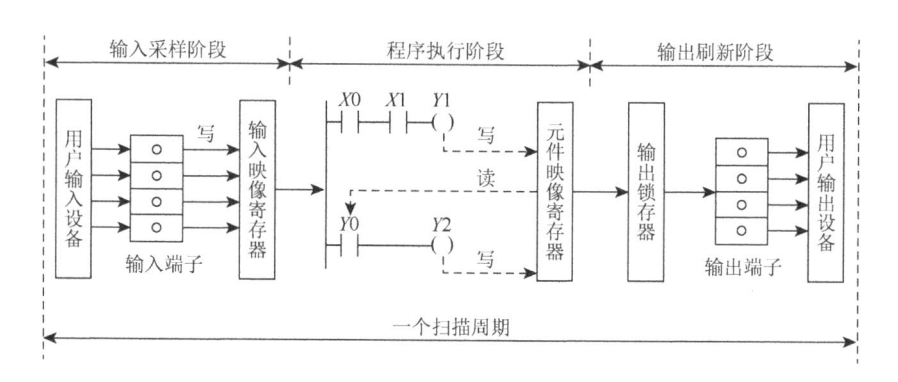

图 8-20 PLC 的扫描过程

（1）输入采样阶段。PLC 在输入采样阶段，首先扫描所有输入端子，并将各输入状态存入对应的输入映像寄存器中，此时，输入映像寄存器被刷新，接着进入程序执行阶段。在程序执行阶段或输出刷新阶段，输入元件映像寄存器与外界隔绝，无论输入信号如何变化，其内容均保持不变，直到下一个扫描周期的输入采样阶段才将输入端的新内容重新写入。

（2）程序执行阶段。PLC 根据梯形图程序扫描原则，按先左后右、先上后下的顺序逐行扫描，执行一次程序，并将结果存入元件映像寄存器中。如果遇到程序跳转指令，则根据跳转条件是否满足来决定程序的跳转地址。当指令中涉及输入/输出状态时，PLC 首先从输入映像寄存器"读入"上一阶段采集输入的对应输入端子状态，从元件映像寄存器"读入"对应元件的当前状态；然后进行相应的运算，运算结果存入元件映像寄存器中。对于元件映像寄存器，每个元件（除输入映像寄存器外）的状态会随着程序的执行而发生变化。

(3)输出刷新阶段。在所有指令执行完毕后,输出映像寄存器中所有输出继电器的状态("1"或"0")在输出刷新阶段被转存到输出锁存器中,再通过一定的方式输出,驱动外部负载。

4. PLC 的输入/输出原则

根据 PLC 的工作原理和工作特点,可以归纳出 PLC 的输入/输出原则,如下所示。

(1)输入映像寄存器的数据取决于输入端子板上各输入点在上一刷新周期的接通和断开状态。

(2)程序执行结果取决于用户所编程序和输入/输出映像寄存器的内容及其他各元件映像寄存器的内容。

(3)输出映像寄存器的数据取决于输出指令的执行结果。

(4)输出锁存器中的数据,由上一次输出刷新后输出映像寄存器中的数据决定。

(5)输出端子的接通和断开状态,由输出锁存器决定。

5. PLC 的中断处理

综上所述,外部信号的输入总是通过 PLC 扫描由"输入传送"来完成,这就不可避免地带来了"逻辑滞后"。PLC 可以像计算机那样采用中断输入的方法,即当有中断申请信号输入后,系统会中断正在执行的程序而转去执行相关的中断子程序;系统有多个中断源时,按重要性有一个先后顺序的排队;系统能由程序设定允许中断或禁止中断。

8.3 食品加工过程 PLC 控制系统智能控制应用

8.3.1 PLC 控制系统在啤酒发酵系统中的应用

啤酒发酵是非常复杂的生化变化过程,在啤酒酵母所含酶的作用下,其主要代谢产物是酒精和二氧化碳。另外,还有一系列的副产物,如醇类、醛类、酯类、酮类、硫化物等。这些发酵物决定了啤酒的风味、泡沫、色泽、稳定性等各项理化性能,使啤酒具有其独特的风味。

温度、浓度和时间是发酵过程中最主要的参数,三者之间相互制约又相辅相成。发酵温度低,浓度下降慢,发酵副产物少,发酵周期长。反之,发酵温度高,浓度下降快,发酵副产物增多,发酵周期短。因而必须根据产品的种类、酵母菌种、麦汁成分,控制发酵在最短时间内达到发酵度和代谢产物的要求。

啤酒发酵对象的时变性、时滞性及其不确定性,决定了发酵罐控制必须采用特殊的控制算法。由于每个发酵罐都存在个体的差异,而且在不同的工艺条件、不同的发酵菌种下,对象特性也不尽相同。因此很难找到或建立某一确切的数学模型来进行模拟和预测控制。

为了节省能源,降低生产成本,并且能够满足控制的要求,发酵罐的温度控制选择了检测发酵罐的上、中、下 3 段的温度,通过上、中、下 3 段液氨进口的二位式电磁阀来实现发酵罐温度的控制,其原理图如图 8-21 所示。

根据啤酒生产工艺流程的介绍,可以总结出基本的啤酒发酵控制过程的程序流程图(图 8-22)。

1. 计算出啤酒发酵时间

程序需要获取每个发酵罐的起始发酵时间,然后由当前时间计算出罐内啤酒的发酵时间。这个过程中需要考虑到的问题是,每个月的天数以及该年是否可能为闰年等。

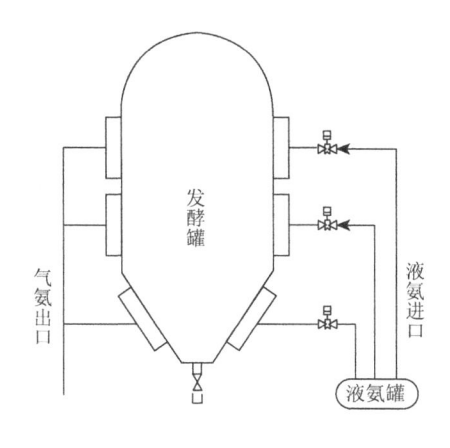

图 8-21　啤酒发酵控制过程原理图 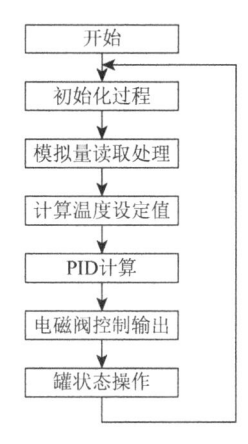　　　　图 8-22　啤酒发酵控制过程的程序流程图

2. 计算当前时刻的设定温度

每一个发酵罐根据工艺设定曲线和发酵时间计算当前时刻的设定温度。

3. 计算当前时刻的电磁阀开度

计算出当前时刻的设定温度之后，可以计算出温度的偏差值，使用简单的 PID 控制回路就可以计算出电磁阀的开度。由于电磁阀是二位式的，所以阀的开关动作为占空比连续变化的脉冲宽度调制（PWM）输出。电磁阀 PWM 输出波形图如图 8-23 所示。

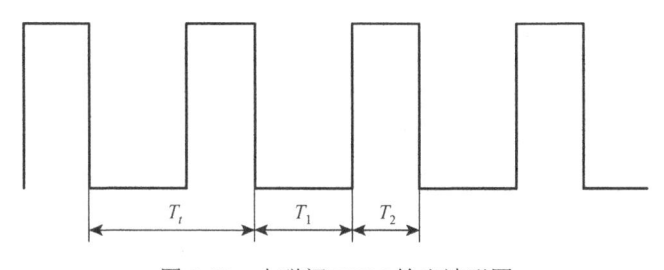

图 8-23　电磁阀 PWM 输出波形图

T_t 为电磁阀动作周期，T_1 为电磁阀关闭时间，T_2 为电磁阀打开时间。T_t、T_1、T_2 之间的关系为 $T_t = T_1 + T_2$。电磁阀的阈值 $= T_2/T_1 \times 100\%$

8.3.2　PLC 控制系统在咸鸭蛋腌制中的应用

咸鸭蛋因风味独特深受广大消费者的喜爱，是我国传统的食品之一。但是传统的腌制方式腌制周期长，夏季需要腌制 21～30d，春秋季需要腌制 40～50d，国内外研究学者发现，通过控制腌制温度，在腌制液中加入食品添加剂、运用脉动压技术或超声波技术等方式均可极大程度地缩短咸鸭蛋的腌制周期。

某咸鸭蛋腌制流水线采用的 PLC 主机为西门子 S7-300，CPU314C-2PN/OP，该 PLC 集成了 24 位数字量输入，16 位数字量输出，5 路模拟量输入，2 路模拟量输出。控制系统通过调用组织块 OB100，对 PID 控制器的固定参数（比例系数 K_p，积分系数 K_i，微分系数 K_d）进行初始化，分别设定 $K_p = 2$，$K_i = 0.04$，$K_d = 30$，并设定温度的给定值 SP = 35℃；分别编写数据转化函数 FC1 和 FC2，软滤波功能块 FB3（算术平均滤波法与一阶滞后滤波法结合）、PID 计算功能块 FB2（周期设定为 200ms）、模糊控制功能块 FB1；在循环中断组织块 OB35 中进行程序设计，

首先设定 OB35 的循环周期为 200ms，然后编写数据采集程序，将温度传感器采集到的腌制液温度值传送给 PLC，并转化为实数。然后进行数据的软滤波，通过软滤波得到的数据会相对稳定；根据设定值 SP 可以分别求出温度的误差 $E(n)$ 和误差变化率 $EC(n)$，在 OB35 中调用模糊控制功能块 FB1，通过模糊控制功能块输出 ΔK_n、ΔK_j 和 ΔK_d。利用相关公式计算出实际输出到 PID 控制器中的参数 ΔK_n、ΔK_j 和 ΔK_d；在 OB35 中调用 PID 计算功能块和数据转化功能块 FC2，可以计算出输入到调压模块的操作值 $MV(n)$；通过调压模块控制电加热锅炉中加热管的实际工作电压，从而实现温度的自动控制。图 8-24 为利用 PLC 进行编程时模糊 PID 算法的控制流程图。

为了更好地对腌制箱中腌制液的温度进行实时监控，控制系统中采用 WinCC 作为上位机，WinCC 具有变量管理、过程值记录、消息记录和制作报表等功能，利用 WinCC 创建试验的过程画面，对试验数据进行记录和监控。图 8-25 所示是用 WinCC 设计的咸鸭蛋快速腌制温度控制系统的监控画面，主要包括锅炉中水的温度、腌制箱中腌制液的温度、腌制液温度设定值，以及经过控制运算得到的操作值；比例、积分和微分分别表示 PID 控制器固定参数的设定值；为了更好地观察腌制液温度的变化过程，利用 WinCC 消息记录功能，将采集到的腌制液温度进行归档，并存储在电脑的硬盘里，用于后期的数据分析。

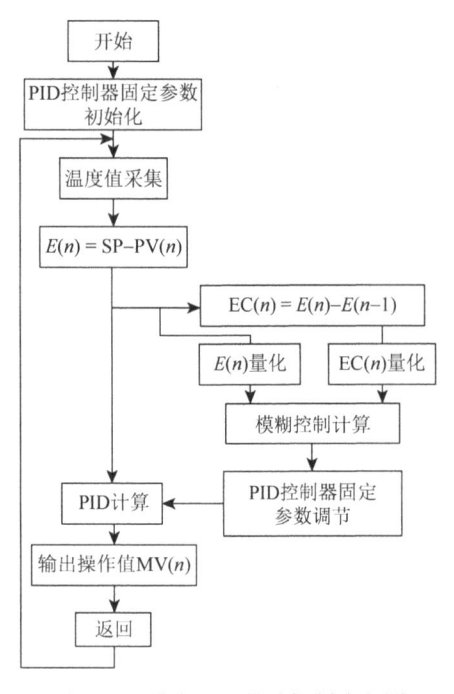

图 8-24 模糊 PID 算法控制流程图
$PV(n)$ 为采集的温度值

图 8-25 WinCC 触摸屏界面

8.3.3 PLC 控制系统在黄花菜烘干流水线中的应用

随着人民群众生活水平的普遍提高，市场对黄花菜等农副产品的加工提出了更高的质量要求。日晒是干制黄花菜最传统的加工工艺，可是日晒的效率低下、生产周期过长、成品质量参差不齐，这些问题成为限制干制黄花菜产量的重要原因。因此，通过对黄花菜的烘干工艺的选择、流水线烘干设备的选型以及对其进行创新优化等方面的研究，可以有效地提高干制黄花菜的质量与产量。

本系统主要由流水线体、热泵、风机、S7-200 系列 PLC、监视与控制通用系统（MCGS）组态软件组成。流水线一共分为 4 段，分别为杀青段、高温烘烤段、中温烘烤段和低温烘烤段。杀青段所需温度高，时间短，由于杀青段面积较小，综合经济性和可行性配备了 3 台热泵，剩下的三段每一段都配备了 5 台热泵机组。整个流水线通过 S7-200 系列 PLC 进行控制，利用 MCGS 进行人机交互，总体结构如图 8-26 所示。

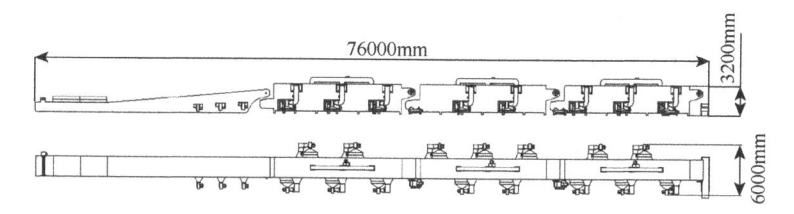

图 8-26 系统总体结构图

控制系统选用 PLC 为主控制器，主控制器与 MCGS、EM235、变频器和按钮直接连接，可以实现对整个流水线设备的控制。数据采集设备采集流水线中各个烘烤段的温度数值，经过 PLC 进行反馈控制，使温度保持在规定的范围，保证黄花菜的烘烤质量。通过 PLC 实现风机启停，传送带由变频器进行调速控制。MCGS 可以监控设备运行状态、温度、转速，并设置了控制按钮，能够方便地实现人机交互，结合流水线系统硬件结构和实际过程中的工艺流程，使用 STEP7-Micro/WIN 4.3.1 来进行编程开发。程序设计分配的数字量输入输出地址如表 8-3 所示。

表 8-3 I/O 地址分配

输入地址	注释	输出地址	注释
I0.0	低位置传感器	Q0.0	物料阀门 1
I0.1	中位置传感器	Q0.1	物料阀门 2
I0.2	高位置传感器	Q0.2	均匀电机
I0.3	开始按钮	Q0.3	出料阀门
I0.4	停止按钮	Q0.4	运行指令
—	—	Q0.5	停止指令
I1.2	正转按钮	Q1.4	电动机正转
I1.3	反转按钮	Q1.5	电动机反转
I1.4	停止按钮	Q1.6	切除电阻
I1.5	热继电器	—	—
I1.6	速度继电器	—	—
I1.7	入口检测红外传感器	Q1.7	传送带
I2.0	颜色特征值分析，是否烘烤不足	Q2.0	挡板 1
I2.1	颜色特征值分析，是否烘烤过度	Q2.1	挡板 2
I2.2	紧急停止按钮	—	—
I3.6	手动控制	Q2.4	产品传送带控制
I3.7	自动控制	Q2.5	包装箱传送带控制
I4.0	自动启动	Q2.6	产品传送带运行指令
I4.1	自动停止	Q2.7	包装箱传送带运行指令
I4.2	手动启动产品传送带	Q3.0	自动控制指示
I4.3	手动启动包装箱传送带	Q3.1	手动控制指示
I4.4	手动停止按钮	Q3.2	装箱指示
I4.5	报警消音按钮	Q3.3	故障报警
I4.6	空箱到位信号	—	—
I4.7	产品传送带过载	—	—
I5.0	包装箱传送带过载	—	—
I5.1	产品传送带过电流	—	—
I5.2	包装箱传送带过电流	—	—

8.3.4　PLC 控制系统在肉类加工过程中的应用

我国目前多数屠宰场采用的设备为发达国家 20 世纪 70 年代的水平，设备陈旧、简陋、技术落后。而且我国的畜禽大部分还处于手工作坊屠宰的原始状态，在切割加工的过程中由于深加工工艺落后、设备自动化程度低、卫生条件差，存在长期依赖进口的难题。为解决这一系列的问题，需要建立一个合适的现场数据采集和数据处理网络。根据单位现有的设备条件和实际现场情况，以高可靠性、高性价比、实用性、先进性为设计原则，进行控制系统的方案设计。

该控制系统设计的核心是 PLC 控制系统，有两种方式可以满足现场控制的需要。一种是现场各种需要的监控信号经过传感器、继电器等器件以后转换成符合 PLC 要求的电信号，通过 PLC 进行管理和监控；现场的所有控制信号也均由 PLC 输出。控制系统的总体框图见图 8-27。

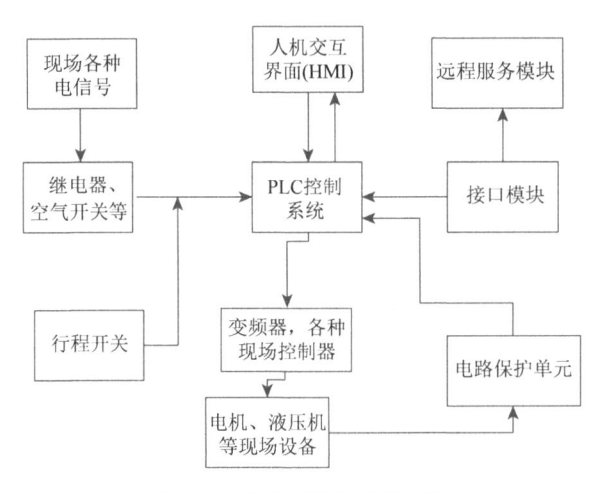

图 8-27　控制系统的总体框图

根据生产线的控制需求以及生产工艺流程的需求分析，可以得到 PLC 控制系统的基本输入点数为 120 个，基本输出点数为 66 个，该系统的 PLC 控制系统配置见表 8-4。PLC 作为控制核心满足了可靠性高、控制精度高的要求，适应肉品加工的复杂环境。

表 8-4　PLC 控制系统配置

配置名称	配置型号	备注
CPU 单元	Q01CPU	1024 点
CPU 底板	Q38B	8 槽
扩展基板	Q68B	8 槽
扩展电缆	QC06B	0.6m
电源单元	Q62P	—
DC16 点输入单元	QX80	DC16 点输入
继电器输出单元	QY10	继电器 16 点输入
CC-Link 模块	QJ61BT11	CC-Link 接口模块
储存卡	Q2MEN-2MFB	内存，2MB

8.3.5　PLC 控制系统在红枣干制过程中的应用

红枣作为我国特有的品种，其肉厚皮薄、脆郁香甜，营养价值和药用价值都很高，享有"木本粮食"之称。红枣含有维生素、蛋白质、糖类、皂苷、生物碱、矿物质和黄酮类物质等，是重要的药用食品和滋补食品。红枣成熟之后，红枣果实内的水分仍然很高，并且含糖量也较高，很容易感染细菌和真菌；红枣果实的呼吸强度较高，不断释放出因呼吸产生的热量，因此在常温下很容易腐烂发霉，一般通过干燥的方法进行储藏。

在干燥过程中，需要控制好红枣果实中的水分蒸发速度，保证其与干制室内的空气压达到平衡，红枣的温度也要与烘房室内空气的温度和干燥介质的温度保持一致。于是设计烘房以生物质如锯末、农作物秸秆为燃料，节能环保，成本较低。烘房采用热风干燥工艺，内置温、湿传感器和PLC智能控制系统，实现内部热风的均匀分布和温湿度的精确控制，极大降低了烘烤成本，有效提升了烘房品质。

该红枣干制温度控制系统的原理框图见图8-28。该系统主要是由干湿球温度传感器、A/D转换器、集成运算放大器、光电耦合器和S7-200系列PLC组成。干湿球温度传感器是用来采集烘房内干、湿球温度信号，通过二者之间的差值来得到湿度信号，将采集到的信号经A/D转换器转换成8路并行数字信号，信号通过光电耦合器传入PLC，PLC将经转换后的信号与设定温、湿度值进行比较。转换后的温度信号若高于设定温度上限，则变频器通过电源控制风机的反转；若低于设定温度下限，则变频器通过电源来驱动鼓风机，使热风炉产生更多的热量。转换后的湿度信号若高于设定湿度上限，则打开排湿口和风门，排出湿热空气和补充空气，使湿度降低；若低于设定湿度下限，则关闭排湿口并控制风机增大风量。图8-29为控制系统连接示意图。

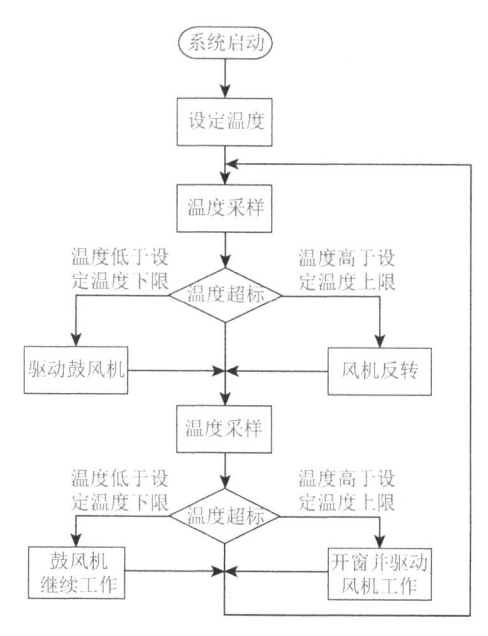

图8-28 红枣干制温度控制系统的原理框图

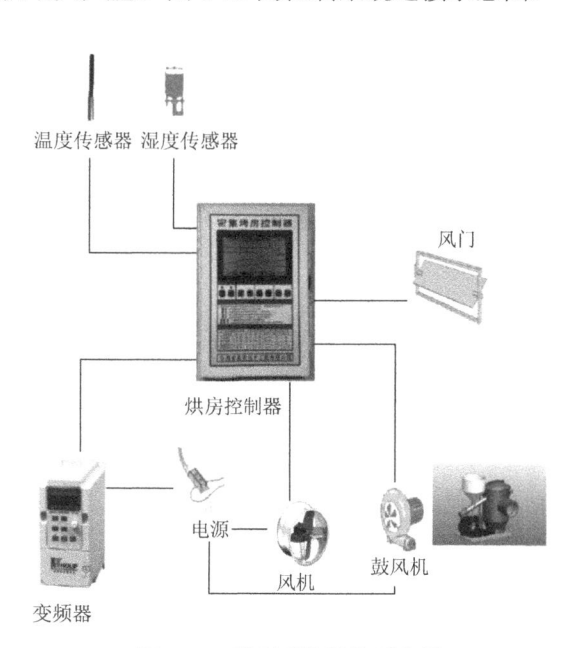

图8-29 控制系统连接示意图

课外延伸阅读

[1] 郑阿奇，徐斌. 施耐德PLC应用技术. 北京：电子工业出版社，2011.
[2] 王艳芬，侯益坤. PLC应用与组态监控技术. 北京：北京理工大学出版社，2012.
[3] 韩晓新. 从基础到实践：PLC与组态王. 北京：机械工业出版社，2011.
[4] 席飞. 基于PLC技术的自动化生产线控制系统设计.现代制造技术与装备，2022，58（12）：208-210.
[5] 李骞. PLC在食品机械自动化改造中的应用探讨.现代食品，2022，28（18）：83-85.

[6] 施敏芳. 啤酒生产线的 PLC 控制系统设计. 机械与电子，1996，（2）：30-32.
[7] 赵麒. 啤酒发酵 PLC 控制系统设计. 时代农机，2020，47（1）：93-95.
[8] 李赛飞，王树才，王玉泉，等. 咸鸭蛋快速腌制温度控制系统设计与试验. 河北农业大学学报，2019，42（5）：118-123，129.
[9] 庹梦. 黄花菜烘干自动化流水线设计与应用. 湘潭：湖南科技大学，2018.
[10] 孙靖宇. 面向肉类加工的全数字化排酸车间管控系统的研发. 上海：东华大学，2023.
[11] 张凌皓. 基于太阳能与电能联动的红枣热风保湿制干装置的设计与试验. 阿拉尔：塔里木大学，2016.
[12] 夏磊. 基于 PLC 的智能温室远程监控系统的研究. 扬州：扬州大学，2018.
[13] 李梦波. 基于 PLC 的秋刀鱼打包装置研究与设计. 上海：上海海洋大学，2022.
[14] Singh R，Verma H K. Development of PLC-based controller for pneumatic pressing machine in engine-bearing manufacturing plant. Procedia Computer Science，2018，125：449-458.
[15] Zhong J Z，Li W Y，Yang Y. Design of control system of annealing tin machine based on PLC. Applied Mechanics and Materials，2013，418：70-73.
[16] Sun X J. Simulating design of central air conditioning control system in office buildings based on PLC. Applied Mechanics and Materials，2014，525：621-624.
[17] Zhang X. Research and design of temperature monitoring system in industry applications based on PLC. Applied Mechanics and Materials，2013，345：364-367.

扩展与思考

[1] PLC 控制系统在食品加工控制过程中的优势和不足。
[2] 适用于 PLC 控制系统的控制方法。

第 9 章

食品加工过程智能控制方法

> 📚 **知识点**
> - PID 控制系统及特征。
> - 模糊控制系统及特征。
> - 人工神经网络及深度学习控制。
> - 专家系统。
> - 智能控制方法在食品领域的相关应用。

每位控制系统的用户或设计人员，都经常会被问到同一个问题：哪种控制方法最好？随着控制技术应用的出现，对控制方法的有效实施日益受到关注。在过去的几十年中，比例-积分-微分（PID）控制器一直是主流的（或广泛应用的）"黄金"解决方案。虽然 PID 控制本身没有什么问题，但实际存在的限制使其他控制方法在许多应用中更受欢迎。现在比几十年前有了更多的选择，除了经典的 PID 控制外，模糊控制、人工神经网络（或基于神经网络的控制）、深度学习控制以及智能专家系统也逐步应用于实际控制中。在食品的加工过程中，采用合适的控制策略，对既定的食品生产流程控制系统进行集成管理和控制，也可有效提高控制效率。针对食品的控制策略，包括智能单元排产及调度、生产过程智能管控及实时监控、智能数据采集等关键技术，形成具有自感知、自组织、自决策的智能控制系统。特定领域的知识与经验程序系统，可执行一系列不同复杂程度的感知、解释、推理、学习、沟通和决策等，以便为给定问题找到解决方案。

9.1 食品加工过程智能控制方法概述

9.1.1 人工经验控制

1. 人工经验控制概述

在 PID 控制出现之前，人们通常依赖人工经验进行控制。人工经验控制是一种基于操作员或工程师的经验和直觉进行调整的方法，以维持系统的稳定性和性能。在这种方式下，操作员需要通过试错来不断调整系统参数，以达到满意的控制效果。

人工经验控制有着一定的可取之处：

（1）灵活性。在实际生产中，操作员可以根据情况快速做出相应调整。

（2）适应性。在一些特殊情况下，人的直觉和经验可能更容易适应系统环境的变化。

（3）简易性。对于一些简单的系统，人工经验控制可能更加直观和简单。

当然，人工经验控制也有着它的缺点：

（1）主观性。人工经验控制依赖于个体的主观经验，不同操作员可能采取不同的调整策略，导致控制结果不一致，进而使得食品产出不一致。

（2）耗时耗力。调整参数可能需要大量时间和资源，且在处理复杂系统时可能不够精确。

（3）依赖性。系统的稳定性和性能在很大程度上依赖于操作员的经验水平。

2. 人工经验控制在食品领域的应用

在食品行业，人工经验控制是常见的控制方式，特别是在手工生产的情况下。例如，在烘烤、炸制、煮沸等食品加工过程中，烹饪者需要手动调整烤箱、电磁炉或其他设备的温度，或调节火的大小。这样的控制方式依赖于烹饪者的经验来确保食品在适当的温度下进行加工，同时，烹饪者还需要凭借经验兼顾控制烹饪的时间以及调味料的配比等，以达到理想的口感和风味。

然而，随着自动化技术的发展，食品行业逐渐引入自动控制系统，如使用 PID 控制器来精确控制温度、湿度和时间等，从而提高生产效率、确保一致性和降低人为误差。这种自动化手段更适合大规模生产和要求高度一致性的食品加工过程。

9.1.2 智能控制技术发展历程

1922 年俄裔美国工程师米诺斯基（Minorsky）通过理论分析将 PID 控制器应用于战舰的自动转向系统，之后 PID 控制器也广泛应用于工业过程控制；1927 年美国电气工程师布莱克（Black）发明了负反馈放大器，这一发明被认为是 20 世纪最重要的突破之一，从此彻底改变了应用电子学领域。这些是经典控制理论的初步形成阶段。1948 年，维纳（Wiener）出版了《控制论》一书，为控制论在当时的研究提供了非常科学的定义，也成为控制论诞生的标志。1948 年，埃文斯（Evans）提出的根轨迹方法，在控制系统分析设计以及系统校正中得到广泛应用。我国科学家钱学森院士在 1954 年出版了《工程控制论》，首次把控制论推广到工程控制领域，随后，经过控制科学的长期发展，1960 年，钱学森在第一届国际自动控制联合会议，提出了很多经典控制理论。随着复杂系统发展，特别是航空航天技术的不断进步，传统的经典控制理论难以解决其中问题，于是现代控制理论迎来了高速发展的成熟时期。

20 世纪 60 年代之后，随着计算机技术的发展，迎来了智能控制的新时期。智能控制有三大主流方向，包括模糊控制、专家系统以及神经网络控制。1965 年美国数学家扎德（Zadeh）提出了模糊逻辑并推动了模糊控制理论发展，我国吴宏鑫院士在 2005 年提出组合自适应模糊控制方法，解决了不确定系统模型控制问题，推动了模糊控制理论的工程化。第一个专家系统诞生于 1965 年，当时主要是用于化学分子结构的快速推断。之后出现了一系列工业控制的专家系统，以及天气预报的专家系统、儿科疾病诊断的专家系统等。神经网络是目前非常热门的研究话题，从卷积神经网络到生成对抗网络，包括残差神经网络等一系列神经网络的发展，正不断与控制系统相结合，为控制系统赋予更强大的能力。

20 世纪 90 年代末，随着网络技术兴起，工业互联网与控制技术相结合，形成了数字化、网络化控制。互联网和制造业深度融合实现智能控制，在网络支持下，人、流程、数据、业务，这些过去相互孤立的节点实现了互联互通。这时已不再局限在工厂内部的信息化与数字化，实际上向上延伸到了供应商，向下延伸到了客户。产品全生命周期的用户、企业等主体都实现了连接交互，并且可以进一步地支持产品的设计研发等环节的协同共享，打通了供应链、价值链、数据流和信息流的集成与互联互通。目前，随着智能化技术不断应用，形成了数字化、网络化、智能化制造，不断地将人工智能与先进制造技术相融合，实现了自动化向智能化的转变。

9.1.3 人工智能与控制

20世纪60年代,人工智能技术进入发展初期,它是一门主要研究模拟延伸和扩展人类智能的理论方法技术及应用系统的新兴技术科学。常见的人工智能应用方法以及领域包括机器学习、机器视觉、模式识别、专家系统、自然语言处理等。由于受限于计算机内存和处理速度,以及数据集的严重缺失和一些理论问题,人工智能技术的发展停滞过一段时间。但是20世纪80年代专家系统的兴起以及相关的工业应用,又使大家进一步对人工智能产生了兴趣。然而当时的计算平台主要是台式机,这些专家系统无法发挥出最大的性能。21世纪初因为算力被大幅提升,出现深度学习等技术。例如,一些典型的案例,国际商业机器(IBM)公司的电脑"深蓝"战胜国际象棋世界冠军卡斯帕罗夫,阿尔法GO战胜人类围棋高手。这得益于计算机、网络、通信等技术的进步,大家再次认识到人工智能的优越性和强大能力。与此同时,人工智能快速发展也使得智能控制不断向前发展。无论是信息处理、信息反馈还是控制决策的方式,都引入了智能化元素。在智能控制的应用上,出现了同时兼具自主能力和主动作业能力的机器人系统。在航空航天领域,智能控制应用包括摄动技术应用、迭代制导、高可靠冗余技术等,这些技术被应用在长征系列运载火箭和飞行器中。

现在很多专家学者都在把强化学习引入控制领域,从底层原理上理解,强化学习也是控制中非常重要的思想。控制系统的稳定性、可靠性主要是通过负反馈实现的。强化学习实际上是控制中正反馈非常强的应用,它以试错的方式进行,并不断地以奖赏强化优势行为,这正是控制中的正反馈思路。所以,控制的思想是无处不在的,并且给我们提供了巨大能力。现在的智能体强化学习、边缘强化学习、深度强化学习、部分可观测强化学习都离不开控制科学。如何将控制与人工智能相结合,产生原创性的技术创新以及理论的创新,怎样把智能技术、自动化技术、控制技术运用在自主智能无人系统中是未来亟待攻克的难题。

9.1.4 智能控制方法在食品加工中的应用

随着智能控制技术的广泛运用,人类进入了一个全新的时代,在满足各种需要的同时,也为人类提供了更方便的服务。食品机械中智能控制技术的应用能有效解决传统食品加工设备的操作不规范、不合理等问题,满足不同的生产需求,保证产品质量符合标准;能够极大地优化食品机械的生产过程与效率,减少不必要的工序,节省人力,从而达到提高生产效率、降低成本、推动食品工业长远发展的目的;针对复杂且困难的生产要求,可通过自组织控制、自适应控制等手段提高食品机械的生产效率。当前,我国食品机械工业还处在发展阶段。随着计算机技术的不断发展和食品机械技术的不断进步,食品工业不断地向智能化控制方向发展;同时,随着我国制造业的不断发展和投资的持续增加,食品生产控制系统得到了进一步改善,生产能力得到了极大提高,食品智能加工的技术水平也得到了稳步发展。

智能控制技术能使食品机械的数据更准确、完整,从而使食品加工装备的生产能力得到极大的提升。尤其是在智能控制技术如模糊数学、神经网络的作用下,利用传感器对加工过程进行实时采集,并建立动态的环境模型,对加工数据进行分析与处理。通过对生产数据的分析,能对食品企业的生产情况有一个全面的认识,及时发现异常情况,并采取相应的预防措施,防止问题的出现。同时,在长期应用中,食品加工过程可以累积大量的运行数据,并对其进行分析,使加工工艺达到最优控制状态与最佳工作状态,从而达到最大的生产效率,延长食品装备的使用寿命。即使是在食品机械设备长期使用后,出现了诸如磨损等问题,由传感器生成的预见性维修系统也可以在发生故障之前进行预警,在故障发生后迅速进行故障诊断,缩短停机时间。在工业4.0时代,传感器被开发出来，实现大规模遥控，使食品机械的智能控制范围和效率得到进一步改善，从而更加适用于大型的食品加工。此外，食品机械的智能化控制技术也在不断发展，包括食品生产、加工、包装和运输等方面的智能化控制。通过智能化控制技术的应用，可以形成更加完整的绿色食品产业链。

目前，食品机械领域的智能控制技术主要有机器人、运动控制、常规控制等。在食品加工过程中，需要选用功能各异的机械臂进行控制。今后，随着食品生产技术的不断提高、产品结构的不断优化与完善，工艺条件要求不断变化，目前的标准已无法适应市场的发展。将智能控制技术与食品机械的工作原理相结合，能有效控制食品机械的多个运行过程，实现对食品加工多环节的管理与控制，提高其适应性与生产效率。因此，在食品加工过程中，智能控制技术应逐渐向着运动控制的自动化方向发展，它的功能负荷也会逐渐增加，应用范围也会越来越广。

9.2 PID 控制

在工业过程控制中，根据被控对象的实时数据采集得到的信息与给定值比较产生的误差的比例、积分和微分进行控制的系统，简称 PID 控制系统。PID 控制具有原理简单、鲁棒性强和实用面广等优点，是一种技术成熟、应用最为广泛的控制系统。在实际应用中依据实际工作经验在线整定 PID 控制的参数，往往可以取得较为满意的控制效果。数字 PID 控制则以此为基础，结合计算机的计算与逻辑功能，不但继承了 PID 控制器的这些特点，而且由于软件系统的灵活性，PID 算法可以得到更加完善的修正，变得更加灵活多样，更能满足生产过程中提出的多种控制要求。在实际应用中，可以根据被控对象的特性和控制要求灵活地改变其结构，取其中一部分环节构成控制系统，如比例控制、比例积分控制、比例微分控制等。

PID 控制从 20 世纪 30 年代末出现以来，已成为模拟控制系统中技术最成熟、应用最广泛的一种控制方式，技术人员和操作人员对其也最为熟悉。在工业过程控制中，由于难以建立被控对象精确的数学模型，系统的参数经常发生变化，所以运用控制理论进行分析和综合的代价比较大。PID 控制技术结构简单，参数调整方便，其实质是根据输入的偏差值，按比例、积分、微分的函数关系进行运算，运算结果用以输出进行控制。它是在长期的工程实践中总结出来的一套控制方法，实际运行经验和理论分析都表明，对许多工业过程进行控制时，这种方式都能得到比较满意的效果。

在计算机用于工业控制之前，气动、液动和电动的 PID 模拟控制器在过程控制中占有垄断地位。在计算机用于过程控制之后，虽然出现了许多只能用计算机才能实现的先进控制策略，但资料表明，采用 PID 的计算机控制回路仍占 85%以上。用计算机实现 PID 控制，形成了数字 PID 控制技术。它并非只能简单地重现模拟 PID 控制器的功能，而是在把模拟 PID 控制规律数字化的同时，结合计算机控制的特点及计算机逻辑判断功能，增加了许多功能模块，使传统的 PID 控制更加灵活多样，更能满足生产过程提出的要求。数字 PID 控制器的设计是一种连续化设计技术，这种连续化设计技术在采样周期比较短的情况下，才能达到满意的控制效果。

9.2.1 PID 控制的基本原理

尽管各种新型控制器不断扩大，但是起主导地位的仍是 PID 控制器，其获得了人们的高度认可。其优点在于控制器的结构单一而且容易实现。PID 控制算法表达式如下：

$$u(t) = K_p \left[e(t) + \frac{1}{T_i} \int_0^t e(t) \mathrm{d}t + \frac{T_d \mathrm{d}e(t)}{\mathrm{d}t} \right] \tag{9-1}$$

式中，$u(t)$为 PID 控制器的输出信号；K_p为比例增益；$e(t)$为系统设定值与实际输出值的误差；T_i为积分时间常数；T_d为微分时间常数；t为时间。

1. 比例（P）

当系统的实际输出和设定值之间产生偏差时，比例环节能够及时对偏差做出调整，使得输出更接近设定值，从而消除误差。比例环节的主要作用为消除系统的误差、提高响应速度、缩短调整时间。

2. 积分（I）

只要系统的实际输出和设定值不相同，积分环节就会迅速起作用，它的存在能够消除稳态误差。同时，积分作用太大会导致系统不稳定，作用太小必然导致系统出现余差。

3. 微分（D）

微分环节只和误差改变有关，体现误差的改变趋势。微分作用能够预测并应对被控参数的变化，当系统误差改变时，微分环节能够及时发挥作用，具有超前功能。微分环节在温度控制中发挥着重要作用。

PID 控制器主要适用于基本线性和动态特性不随时间变化的系统。PID 控制器是一个在工业控制应用中常见的反馈回路部件。这个控制器把收集到的数据和一个参考值进行比较，然后把这个差别用于计算新的输入值，这个新的输入值可以使系统的输出达到或者保持在参考值。和其他简单的控制运算不同，PID 控制器可以根据历史数据和误差的变化率来调整输入值，这样可以使系统更加准确、稳定。可以通过数学的方法证明，在其他控制方法导致系统有稳定误差或过程反复的情况下，一个 PID 反馈回路却可以保持系统的稳定。

一个反馈回路包括三个部分：首先，系统的传感器获取测量结果；其次，控制器根据这些结果作出决策；最后，通过输出设备进行反应。控制器通过将需求结果与测量结果进行比较，从而得到误差。用误差来计算出一个对系统的纠正值来作为新的输入值，这样系统就可以从它的输出结果中消除误差。在一个 PID 反馈回路中，这个纠正值有三种算法，即消除误差、平均过去的误差和通过误差的变化来预测未来的误差。例如，某食品加工需要将温度控制在一定的数值，可用传感器来检查食品加工过程的液面高度，从而得出测量结果。控制器会有一个固定的用户输入值来表示加工过程需要的液面高度，假设这个值是保持 65%，控制器的输出设备会连在一个马达控制的水阀门上，打开阀门就会给水箱注水，关上阀门就会让水箱里的水量下降。这个阀门的控制信号就是我们控制的变量，它也是这个系统的输入来保持这个水箱水量的固定变量。PID 控制器可以用来控制任何可以被测量的并且可以被控制的变量。例如，它可以用来控制温度、压强、流量、食品成分、速度等。

9.2.2　PID 控制规律

PID 是以其三种基本控制算法（比例、积分、微分）而命名的。这三种算法都是用加法运算调整被控制的数值。而实际上这些加法运算大部分变成了减法运算，因为被加数总是负值。

（1）比例：控制当前，误差值和一个负常数 P（表示比例）相乘，然后和预定的值相加。P 只在控制器的输出和系统的误差成比例的时候成立。这种控制器输出的变化与输入控制器的偏差成比例关系。比如，一个电热器的控制器的比例尺范围是 10℃，它的预定值是 20℃。那么它在 10℃ 的时候会输出 100%，在 15℃ 的时候会输出 50%，在 19℃ 的时候输出 10%，注意在误差是 0 的时候，控制器的输出也是 0。

（2）积分：控制过去，负责处理过去的误差，它将一段时间内的误差累加后乘以一个常数 I，然后与设定值相加。通过考虑过去的平均误差，积分控制能够帮助系统找到输出结果与设定值之间的差距。单独使用比例控制时，系统可能会出现振荡，导致输出在设定值附近反复波动，因为系统无法有效消除持续存在的误差。引入积分项后，平均误差会逐渐减小，从而使 PID 反馈回路系统最终趋向于设定值，稳定运行。

（3）微分：控制将来，计算误差的一阶导，并和一个负常数 D 相乘，最后和预定值相加。这个导数的控制会对系统的改变作出反应。导数的结果越大，那么控制系统就对输出结果作出更快速的反应。这个 D 参数也是 PID 被称为可预测的控制器的原因。D 参数对减少控制器短期的改变很有帮助。一些实际中的速度缓慢的系统可以不需要 D 参数。用更专业的话来讲，PID 控制器可以视作一个频域系统的滤波器。这一点在计算它是否会最终达到稳定结果时很有用。如果数值挑选不当，控制系统的输入值会反复振荡，这导致系统可能永远无法达到预设值。

尽管不同类型的控制器，其结构、原理各不相同，但基本控制规律只有三个：比例（P）控制、积分（I）控制和微分（D）控制。这几种控制规律可以单独使用，但是更多场合是组合使用的。例如，比例（P）控制、比例-积分（PI）控制、比例-积分-微分（PID）控制等。

1. 比例（P）控制

单独的比例控制也称"有差控制"，输出的变化与输入控制器的偏差成比例，偏差越大输出的变化越大。实际应用中，比例度的大小应视具体情况而定，比例度太大，控制作用太弱，不利于系统克服扰动，余差太大，导致控制质量差，效果不佳；比例度太小，控制作用太强，容易导致系统的稳定性变差，引发振荡。对于反应灵敏、放大能力强的被控对象，为提高系统的稳定性，应当使比例度适度增加；而对于反应迟钝、放大能力又较弱的被控对象，应适度减小比例度，以提高整个系统的灵敏度，也可以相应减小余差。单纯的比例控制适用于扰动不大、滞后较小、负荷变化小、要求不高、允许有一定余差存在的场合。工业生产中比例控制规律使用较为普遍。

2. 比例积分（PI）控制

比例控制规律是基本控制规律中最基本的、应用最普遍的一种，其最大优点就是控制及时、迅速。只要有偏差产生，控制器就会立即产生控制作用。但是，不能最终消除余差的缺点限制了它的单独使用。克服余差的办法是在比例控制的基础上加上积分控制。积分控制器的输出与输入偏差对时间的积分成正比。这里的积分指的是积累的意思。积分控制器的输出不仅与输入偏差的大小有关，而且还与偏差存在的时间有关。只要偏差存在，输出就会不断累积（输出值越来越大或越来越小），一直到偏差为零，累积才会停止。所以，积分控制可以消除余差。积分控制规律又称无差控制规律。积分时间的大小表征了积分控制作用的强弱。积分时间越小，控制作用越强；反之，控制作用越弱。积分控制虽然能消除余差，但它存在着控制不及时的缺点。因为积分输出的累积是渐进的，其控制作用总是滞后于偏差的变化，不能及时有效地克服干扰的影响，难以使控制系统稳定下来。所以，实际情况中一般不单独使用积分控制，而是和比例控制结合起来，构成比例积分控制。这样取二者之长，互相弥补，既有比例控制的迅速、及时，又有积分控制消除余差的能力。因此，比例积分控制可以实现较为理想的过程控制。比例积分控制器是应用最为广泛的一种控制器，多用于工业生产中液位、压力、流量等控制系统。引入积分控制能消除余差，弥补了纯比例控制的缺陷，获得较好的控制质量。但是积分控制的引入，会使系统稳定性变差，对于有较大惯性滞后的控制系统，要尽量避免使用。

3. 比例微分（PD）控制

比例积分控制对于时间滞后的被控对象使用不够理想。所谓时间滞后指的是：当被控对象受到扰动作用后，被控变量没有立即发生变化，而是有一个时间上的延迟，如容量滞后，此时比例积分控制显得迟钝、不及时。为此，人们设想：能否根据偏差的变化趋势来做出相应的控制动作呢？犹如有经验的操作人员，既可根据偏差的大小来改变阀门的开度（比例控制），又可根据偏差变化的速度大小来预计将要出现的情况，提前进行过量控制，"防患于未然"。这就是具有"超前"控制作用的微分控制规律。微分控制器输出的大小完全取决于输入偏差变化的速度。微分输出只与偏差的变化速度有关，而与偏差的大小以及偏差是否存在无关。如果偏差为一固定值，不管多大，只要不变化，则输出的变化一定为零，控制器没有任何控制作用。微分时间越长，微分输出维持的时间就越长，因此微分控制作用越强；反之则越弱。当微分时间为 0 时，就没有微分控制作用了。同理，微分时间的选取，也是需要根据实际情况来确定的。微分控制的特点是：动作迅速、具有超前调节功能、可有效改善被控对象有较大时间滞后的控制品质；但是它不能消除余差，尤其是当恒定偏差输入时，根本就没有控制作用。因此，不能单独使用微分控制。比例和微分控制结合，比单纯的比例控制作用更快。尤其是对容量滞后大的对象，可以减小动偏差的幅度，节省控制时间，显著改善控制质量。

4. PID 控制

最为理想的控制当属比例-积分-微分控制规律。它集三者之长：既有比例控制的及时、迅速，又有积分控制消除余差能力，还有微分控制的超前控制功能。当偏差阶跃出现时，微分控制立即大幅度动作，抑制偏差的这种跃变；比例控制也同时起消除偏差的作用，使偏差幅度减小，比例控制作用是持久且起主要作用的控制规律，因此可使系统比较稳定；而积分控制慢慢把余差克服掉。只要三个作用的控制参数选择得当，便可充分发挥三种控制规律的优点，得到较为理想的控制效果。

9.2.3 参数整定

应用 PID 控制器的核心是参数整定。近年来，整定方法在理论和实践中逐渐发展完善。整定方法其中一种为经验试凑法，运用该方法整定时需消耗较长时间。还有一种方法为衰减曲线法，此方法很难确定 4∶1 衰减度，所以参数整定过程非常困难，整定后的参数准确度也不高，对于一些控制精度要求比较高的系统，此方法很难满足要求。应用最广的整定方法为临界振荡法，又称为 Z-N 整定法，PID 参数整定选用此方法。使用 Z-N 整定法无须了解系统的动态特性，所以此方法能够很好地适用于一阶带纯滞后系统控制器参数的整定，整定步骤如下：

（1）设 $K_i = K_d = 0$，比例度 $\delta(\delta = 1/K_p)$ 设置大些。
（2）系统在阶跃输入下，减小 δ 直至系统产生等幅振荡。
（3）得到系统的振荡周期 T_r，临界比例度 δ_r，如表 9-1 所示。

表 9-1 Z-N 整定法 PID 参数整定公式

控制器类型	δ	T_I	T_D
P	$2\delta_r$	无	无
PI	$2.2\delta_r$	$0.85T_r$	无
PID	$1.7\delta_r$	$0.5T_r$	$0.125T_r$

注：δ 为比例度，T_I 为积分时间，T_D 为微分时间。

近年来，各个领域对自动控制系统的控制精度、响应速度、系统稳定性与适应能力提出了越来越高的要求，人们逐步把智能化引入 PID 控制，主要包括：基于专家系统的智能 PID 控制器、基于模糊系统的 PID 控制器和基于遗传算法的 PID 控制器。实现智能化的根本原理，都是基于理论知识或实践积累的知识库，通过一定的逻辑规则进行计算实现对 PID 关键参数的最优控制。

9.3 模糊控制

模糊控制是一种基于模糊逻辑的控制方法，所谓的"模糊"是指所涉及的逻辑不能表达为"真"或"假"，而是"部分真"。它是以模糊集合论、模糊语言变量及模糊逻辑推理为基础的计算机智能控制技术。该控制机制的输入是通过模糊化将原本为 0 或 1 的数字逻辑信息变成 0~1 的任意数值，相对于原本数字逻辑的非零即一的二分法更接近人类的逻辑思维。在推论的过程中资料是模糊的，但透过解模糊化的步骤，可使得输出为精确值。

总体来说，模糊控制在概念上是非常简单、比较容易理解的，但它的实现过程却相对比较难。简而言之，模糊控制是将传统的数字化控制系统转变为模拟化的控制系统。在食品加工过程中，许多工艺环节的调整和控制通常依赖于人工经验或经验公式，而模糊控制可以将这些经验公式转化为特定的计算模型。模糊控制系统通过调整输入的经验值，能够相应地修改经验公式，从而动态调整控制结果，最终实现更加灵活的控制效果。目前它常被用于智能运算、建构专家系统和类神经网络等应用，在整个智能化控制领域有着举足轻重的意义。

9.3.1 模糊控制理论

模糊控制是基于模糊逻辑以及模糊集合，通过模拟人的思维方式，对于那些不能获取数学模型的系统加以控制的一种算法。模糊控制理论之所以得到人们的重视和广泛应用，是因为其具备以下特点：

（1）模糊控制理论擅长处理一些具有非线性、时变性、模型不确定性的系统。

（2）模糊控制对于那些难以获取精确数学模型的系统非常适用。

（3）模糊控制通过语言变量对系统进行描述，操作人员可以通过自然语言进行人机交流，具备智能水平。

（4）模糊控制器比较容易控制，控制算法容易掌握，它属于非线性控制器，具有良好的鲁棒性和较强的容错性。

模糊控制的基本原理如图 9-1 所示。

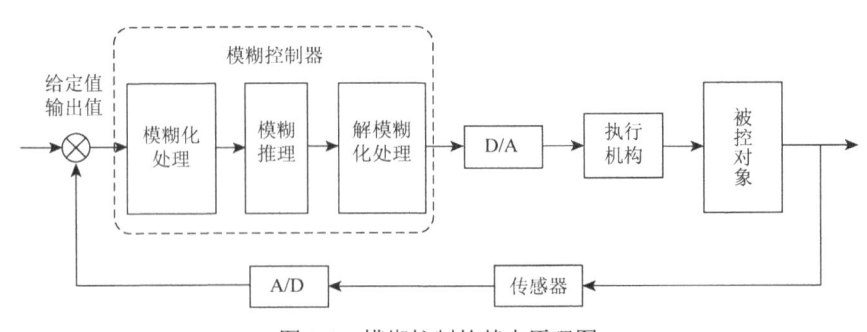

图 9-1 模糊控制的基本原理图

模糊控制器是控制系统的核心，如图 9-1 的虚线框中部分所示。模糊控制器的控制规则由计算机的程序实现，通过采样获取被控量的精确值，然后将此值与给定值相比较得到偏差量 e，将偏差量进行模糊化得到模糊变量 E，并用相应的模糊语言表示，得到一个偏差的模糊子集 E'，再由 E 和模糊控制规则 R（模糊关系）推理合成得到模糊控制量 $U=ER$。为了对被控对象施加精确的控制，还要通过解模糊化处理将模糊量转换为精确量，然后，经数模转换，将数字控制信号转换为模拟控制信号，送到执行机构对被控对象进行控制。

9.3.2 模糊控制实现的过程与方法

模糊控制实现需要完成确定输入变量和输出变量、建立模糊控制规则、进行模糊推理三个步骤。

1. 确定输入变量和输出变量

根据实际控制系统和控制要求，确定模糊控制器的输入变量和输出变量。输入变量通常是系统状态，输出变量是控制指令。

定义输入变量和输出变量的语言词及隶属函数。为每个输入变量和输出变量定义适当的语言词，如"误差"的语言词可以定为"负大""负小""零""正小""正大"。并为每个语言词确定隶属函数，如三角函数或梯形函数等。

2. 建立模糊控制规则

根据对系统的控制经验，建立输入变量和输出变量之间的如果-则形式的模糊控制规则。例如，"如果误差是增大，则输出是增大"。

3. 进行模糊推理

对于当前的输入变量值，根据模糊控制规则进行模糊推理，得到语言形式的输出值，常用 Mamdani 推理方法。该方法以"形象化"的方式展现输出值，并通过离散质心法（也称为解模糊化或反模糊化）等清晰化方法，将模糊输出转化为确切的数值输出。

转换控制输出，将清晰化后的控制输出传递给执行机构，完成对过程的控制。闭环控制构建闭环控制系统，以实现对过程的持续稳定控制。

1）精确量的模糊化

将精确量转换为模糊量的过程称为模糊化，或称为模糊量化。在模糊控制应用中，检测到的数据一般是精确的，而在模糊控制器中处理的是模糊量，因而模糊化是必要的步骤。它是由观测的输入空间到相应的输入论域上的模糊子集的转换，这种转换通常带有主观性。模糊化应解决以下问题，一是量程转换，二是选择模糊化方法。量程转换就是把输入信号的物理范围转化为相应的论域，如将精确量 x 的实际变化范围 $[a, b]$ 转换到区间 $[-n, n]$，这种转换过程我们称为精确量的量化。量化过程采用如下公式：$y = 2n[x-(a+b)/2]/(b-a)$。

模糊化一般采用如下两种方法：第一种方法是把论域中某一精确点模糊化为在论域上占据一定宽度的模糊子集。第二种方法比较简单，它是将在某区间的精确量 x 模糊化成一个模糊子集，该方法中，函数在点 x 处隶属度为 1，在其余各点的隶属度均为 0。用这种方法所得到的模糊子集叫单点模糊集，显然这种模糊方法相对粗略一点。

2）模糊控制规则的设计

模糊控制规则的设计是设计模糊控制的关键，一般包括三部分设计内容：选择描述输入变量和输出变量的词集、定义各模糊变量的模糊子集和建立模糊控制器的控制规则。

（1）选择描述输入变量和输出变量的词集。模糊控制规则表现为一组模糊条件语句。在条件语句中描述输入变量和输出变量状态的一些词汇（如"正大""负小"等）的集合，称为这些变量的词集。一般选用"大、中、小"三个词汇来描述模糊控制器的输入、输出变量的状态。由于人的行为在正、负两个方向的判断基本上是对称的，将大、中、小再加上正、负两个方向并考虑变量为零的状态，共有7个词汇，即

[负大，负中，负小，零，正小，正中，正大]

用英文字母首个字母缩写为

{NB，NM，NS，Z，PS，PM，PB}

其中，N = negative，P = positive，B = big，M = medium，S = small，Z = zero。

选择较多的词汇描述输入、输出变量，可以使制定的模糊控制规则更加具体，但是模糊控制规则相应变得复杂；选择词汇过少，使得描述变量变得粗糙，导致控制器的性能变差。一般情况下，选择上述7个词汇，也可以根据系统需要选择3个或5个语言变量。

描述输入、输出变量的词汇都具有模糊特性，可用模糊集合来表示。因此，模糊概念的确定性问题就直接转化为求取模糊集合隶属函数的问题。

（2）定义各模糊变量的模糊子集。定义一个模糊子集，实际上就是要确定模糊子集的隶属函数。将确定的隶属函数曲线离散化，就得到了有限各点上的隶属度，便构成了一个相应的模糊变量的模糊子集。常用的隶属函数可分为三类：偏小型、偏大型、中间对称型。

（3）建立模糊控制器的控制规则。模糊控制器控制规则的设计原则是：当误差较大时，控制量的变化应尽量使误差迅速减小。当误差较小时，除了要消除误差外，还要考虑系统的稳定性，防止系统产生不必要的超调，甚至振荡（如表 9-2～表 9-4 所示，分别为 ΔK_p、ΔK_i、ΔK_d 的模糊化规则表）。

表 9-2 ΔK_p 模糊化规则表

e	ec						
	NB	NM	NS	Z	PS	PM	PB
NB	PB	PB	PM	PM	PS	ZO	ZO
NM	PB	PB	PM	PS	PS	ZO	NS
NS	PM	PM	PM	PS	ZO	NS	NS
ZO	PM	PM	PS	ZO	NS	NM	NM
PS	PS	PS	ZO	NS	NS	NM	NM
PM	PS	ZO	NS	NM	NM	NM	NB
PB	ZO	ZO	NM	NM	NM	NB	NB

表 9-3 ΔK_i 模糊化规则表

e	ec						
	NB	NM	NS	Z	PS	PM	PB
NB	NB	NB	NM	NM	NS	ZO	ZO
NM	NB	NB	NM	NS	NS	ZO	ZO
NS	NB	NM	NS	NS	ZO	PS	PS
ZO	NM	NM	NS	ZO	PS	PM	PM
PS	NM	NS	ZO	PS	PS	PM	PB
PM	ZO	ZO	PS	PS	PM	PB	PB
PB	ZO	ZO	PS	PM	PM	PB	PB

表 9-4　ΔK_d 模糊化规则表

e	ec						
	NB	NM	NS	Z	PS	PM	PB
NB	PS	NS	NB	NB	NB	NM	PS
NM	PS	NS	NB	NM	NM	NS	ZO
NS	ZO	NS	NM	NM	NS	NS	ZO
ZO	ZO	NS	NS	NS	NS	NS	ZO
PS	ZO	ZO	ZO	ZO	ZO	ZO	ZO
PM	PB	NS	PS	PS	PS	PS	PB
PB	PB	PM	PM	PM	PS	PS	PB

模糊控制器的控制规则是基于操作者的手动控制经验的。操作者通过对被控对象某些变量的观测，根据自己已有的经验和技术知识，进行综合分析并作出控制决策，调整加到被控对象的控制作用，从而使系统输出达到预期的目标。利用语言归纳手动控制策略的过程，就是建立模糊控制器控制规则的过程。手动控制策略一般都用条件语句加以描述，将这些条件语句用模糊关系和模糊逻辑来表达就可以生成模糊控制规则。

3) 模糊控制量的解模糊化

模糊控制器的输出是一个模糊集，但被控对象只能接受精确的控制量，这就要进行解模糊化处理，把模糊量转换成精确量的过程就称为解模糊化。

9.3.3　模糊 PID 控制

模糊 PID 控制就是将模糊控制理论方法融入 PID 控制当中去，可以让控制系统实现动态调节参数，从而实现系统的智能化控制（图 9-2）。这种做法在一定程度上可以使原本的 PID 控制适应范围更广，抗噪能力更强，当然设计复杂度也相对更高。

模糊 PID 控制过程如下。

（1）确定系统输入变量和输出变量：

输入变量：误差 e 和误差变化率 ec；

输出变量：PID 三个参数 K_p、K_i、K_d 的调整量。

（2）定义语言变量及隶属函数：对输入变量和输出变量定义适当的语言词，如误差的"负大""负小"等，并确定隶属函数形状。

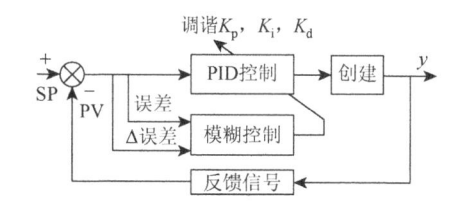

图 9-2　模糊 PID 控制器的结构框图

（3）建立模糊控制规则库：根据 PID 参数调节经验，建立输入变量和输出变量之间的如果-则形式模糊控制规则。选择模糊推理方法，通常选择 Mamdani 推理方法，进行规则模糊推理。

（4）输出值的清晰化：采用质心法等方法，得到 PID 参数的数值输出。

（5）PID 控制器：将调整后的 K_p、K_i、K_d 参数输入传统 PID 控制器，实时控制过程。

（6）闭环控制系统：构建闭环控制系统，持续获取反馈，实现过程变量的稳定控制。

（7）优化和维护：根据控制效果，优化和维护规则库、隶属函数等，改进控制性能。

9.3.4 模糊控制器的特点

相较于传统的控制方法，模糊控制具有非常多的优势。

（1）不需要建立精确数学模型：模糊控制基于对专家知识的模拟，不需要建立被控对象的精确数学模型。

（2）可以处理非线性系统：传统控制方法对非线性系统效果不佳，而模糊控制可以很好地应用于非线性系统。

（3）控制效果好：一个成熟的模糊控制系统其控制质量通常优于传统 PID 控制。

（4）可以利用专家经验：控制规则来源于专家的控制经验，能反映人的控制思维。

（5）适应性强：基于反馈调整控制规则，系统可在线进行自适应、自学习、自组织，实现自身的优化。

当然每种控制理论都有优缺点，模糊控制也是一样，它有多少优点相反它就会有多少缺点。相较于传统控制，模糊控制更难进行理论化、系统化的表达与分析，需要更多的数据经验支撑。所以这也容易导致其系统可能不如传统控制稳定，更依赖于设计者的经验或提供的数据丰富程度。可以类比现在流行的各种人工智能（artificial intelligence，AI）产品，简单来说它们可以看作是一种概率分析，所以性能完美的 AI 都要有一个庞大的数据模型供它自主学习。

随着工业自动化领域的不断扩大，对被控系统控制要求也逐渐提高，目前，在工业生产过程中往往会出现一些滞后的问题，影响滞后的因素有很多，如能量传递环节、大型设备生产、物质转化等。这些滞后问题对控制结果产生巨大影响。例如，我国发酵罐高 7~15m，直径 3~4m，为了保证产品的卫生，发酵罐内无搅拌装置，因此只能通过热量传递和对流的方式达到温度平衡，从而实现温度控制，这将导致控制量变化很长时间后被控变量才能发生改变，产生很大的滞后，如果不能精确地控制该过程必然会导致产品不合格。模糊 PID 控制器中的三个参数虽然能根据误差和误差变化率及时地进行调整，但是对于那些大型复杂带滞后的工业过程很难保证控制质量。所以在模糊 PID 控制的基础上还要研究更有效的控制策略来克服滞后对系统的影响。

9.4 神经网络控制

9.4.1 人工神经网络控制方法

在智能工业生产控制系统的研究和实践中，神经网络被广泛应用，并取得了显著的成果。例如，在多变量过程控制领域，神经网络被应用于 PID 控制器、模型预测控制器等控制器的设计和优化中，克服了单变量控制策略的不足和局限性。在食品加工领域，神经网络解耦控制系统可用于食品加工所涉及的相变过程（如蒸发、升华、干燥、萃取和结晶）、加工过程中营养和安全的控制。因此，神经网络解耦控制系统的引入有利于促进食品工业控制技术水平的发展。

在很多系统中，往往将控制系统看作单输入单输出系统。这些系统，通常假定被控过程只含一个被控变量，在影响被控变量的因素中，选取一个最主要的因素作为控制量，其他看成扰动变量，这样就构成了单输入单输出系统。

在实际复杂的工业生产中，需要控制的参数比较多，影响这些参数的因素也很多。所以，大部分工业生产过程都是多输入多输出系统，任意一个输入值改变都会导致多个输出量改变，同时，任一输出量也受多个输入量干扰。将这种输入与输出、通道和通道之间存在的复杂关系称为耦合。

在多输入多输出系统中，当各输入输出耦合性较大时，不能把多输入多输出系统简化成多个单回路系统，这时需要采取措施对系统进行解耦，最后对解耦完成的系统加以控制。为了完成系统解耦，依据理论设计解耦控制系统，进而完成各回路的单独控制。图 9-3 所示为两变量耦合系统解耦方框图，图中 G_{ci} 代表控制器，G_{fij} 代表解耦控制器，G_{ij} 代表被控过程。图 9-4 所示为系统已完成解耦。

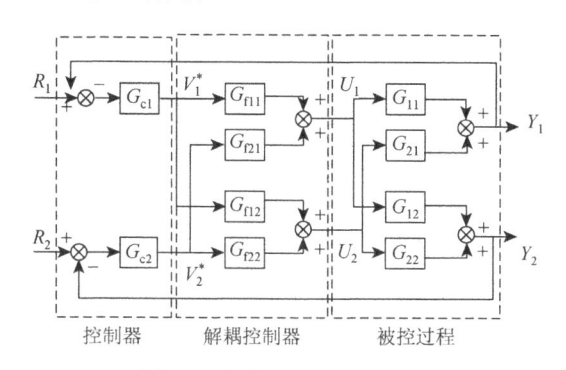

图 9-3 解耦控制系统方框图

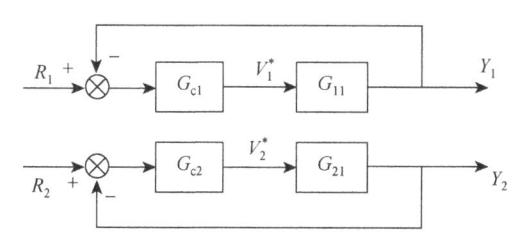

图 9-4 系统解耦后控制方框图

工业生产中，传统解耦思想并不实用，因为这种解耦控制器的设计必须知道对象精确的模型，当模型改变时，此解耦控制器无法继续使用。另外，如果被控过程不是以传递函数形式表达的，该解耦方法也不能使用。此外，系统控制器和解耦器的设计是分开的，各实现其功能，不能把解耦与控制功能结合在一起，这将导致系统变得更复杂。

随着智能控制理论的不断发展，人们将智能理论运用到解耦控制中。PID 神经网络解耦控制能够克服传统解耦方法所面临的困难，获得良好的控制效果，该方法需进一步研究和学习。

9.4.2 人工神经网络控制基本理论

人工神经网络是智能控制的一个分支，是通过模拟人脑神经网络的结构实现的智能行为。目前，人工神经网络理论在自动控制界运用得非常广泛。

1. 神经元模型

神经元模型一般指人工神经元，是通过数学方法来模拟生物的神经结构与特征，其结构如图 9-5 所示。

图 9-5 中，μ_i 表示神经元的内部状态，θ_i 表示阈值，x_i 表示输入信号，ω_{ij} 表示第 i 个神经元和第 j 个神经元间的连接权值，s_i 表示外部输入信号，可表示为

$$\text{Net}_i = \sum_{j=1}^{n} \omega_{ij} x_n + s_i - \theta_i \quad (9\text{-}2)$$

$$\mu_i = f(\text{Net}_i) \quad (9\text{-}3)$$

$$y_i = g\mu_i = h(\text{Net}_i) \quad (9\text{-}4)$$

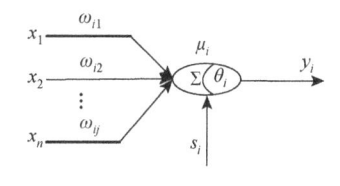

图 9-5 神经元的结构

通常情况，设 $g\mu_i = \mu_i$，即 $y_i = f(\text{Net}_i)$。

目前，常用的神经元模型大概有以下有三种。

（1）阈值型，即

$$f(\text{Net}_i) = \begin{cases} 1, & \text{Net}_i > 0 \\ 0, & \text{Net}_i \leq 0 \end{cases} \tag{9-5}$$

（2）分段线性型，即

$$f(\text{Net}_i) = \begin{cases} 0, & \text{Net}_i > 0 \\ k\text{Net}_i, & \text{Net}_{i0} < \text{Net}_i < \text{Net}_{i1} \\ f_{\max}, & \text{Net}_i \geq \text{Net}_{i1} \end{cases} \tag{9-6}$$

（3）Sigmoid 函数型，即

$$f(\text{Net}_i) = \frac{1}{1+e^{-\frac{\text{Net}_i}{T}}} \tag{9-7}$$

2. 神经网络模型分类

神经网络模型有很多，目前已建立的有40多种。神经网络具有强大的学习功能，这也是其深受学者喜爱的原因，依据连接方式的差异，可概括为四种形式。

（1）前向神经网络。该网络各神经元接受前层输入并传至下一层，是一个顺序结构，包含输入层、隐含层和输出层。第一层的输出作为第二层的输入，以此类推，如图9-6所示。

（2）反馈神经网络。该网络输出层到输入层有反馈，其他环节无反馈。霍普菲尔德（Hopfield）神经网络属于反馈神经网络，如图9-7所示。

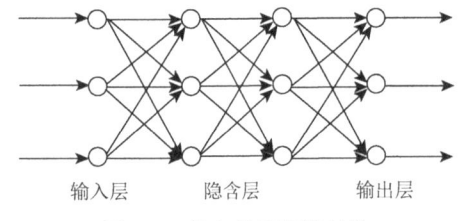

图 9-6　前向神经网络结构　　　　　图 9-7　反馈神经网络结构

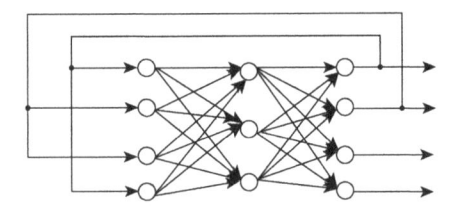

（3）相互结合型神经网络。该网络结构呈网状，网络信号是动态传递的，它以某个状态为起点，经过网络不断地学习，最后达到一种平衡状态，作为终点，如图9-8所示。

（4）混合型神经网络。这种网络要比以上三种更为复杂，它不仅能实现同层连接，还能实现不同层的连接，从而实现这一层内部神经元的兴奋或者抑制，如图9-9所示。

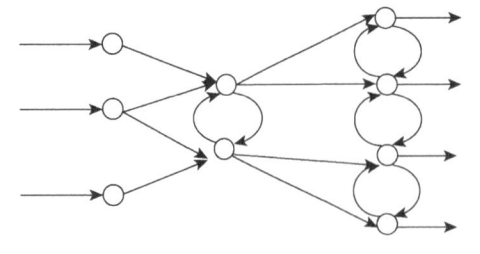

图 9-8　相互结合型神经网络结构　　　　　图 9-9　混合型神经网络结构

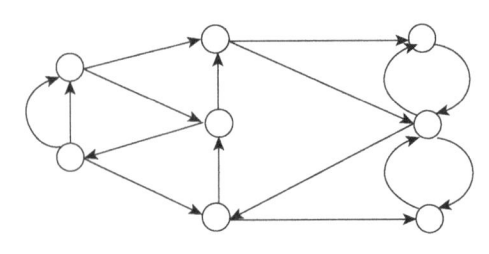

3. 神经网络学习算法

神经网络具有较强的自学习、自训练能力，它能依据某种学习算法训练自身，训练过程的目的是想要得到期望的输出，当神经网络输出为期望输出值时，可以理解为此时的神经网络已经具备了做控制器的资格。神经网络训练算法主要包括有、无导师学习两种方法，有导师学习指的是将神经网络实际的输出与期望的输出比较,通过两者的偏差调节神经网络的连接权值,从而保证神经网络的输出逼近期望输出。还有一种是无导师学习,无导师学习与有导师学习的区别是无导师学习没有特定的期望输出,所以不存在偏差的概念,只需构造一个评价函数,构造的这个评价函数要清楚准确地对网络训练趋向做出评价。

1) Delta(δ)学习规则

设最小误差函数为

$$E = \frac{1}{2}\sum_{p=1}^{P}(d_p - y_p)^2 = \sum_{p=1}^{p}E_p \tag{9-8}$$

式中,d_p 为期望输出;y_p 为实际输出;$y_p = f(W^T X_p)$,W 为神经网络权值向量,记作 $W = (\omega_0, \omega_1, \cdots, \omega_n)^T$,$X_p$ 为输入向量,记作 $X_p = (x_{p0}, x_{p1}, \cdots, x_{pn})^T$,其中,$p = 1, 2, \cdots, P$,表示训练样本的数量。

神经网络学习是通过修改权值向量 W,使得误差指标函数趋于极小值。权值的调整可以通过梯度下降法实现,也就是顺着 E 的负方向反复修改 W 值,使误差函数值趋于极小值,定义为

$$\Delta W = n\left(-\frac{\partial E}{\partial W_i}\right) \tag{9-9}$$

其中,

$$\frac{\partial E}{\partial W_i} = \sum_{p=1}^{p}\frac{\partial E_p}{\partial W_i} \tag{9-10}$$

式中,E_p 的表达式为

$$E_p = \frac{1}{2}(d_p - y_p)^2 \tag{9-11}$$

设网络输出 $\theta_p = W^T X_p$,因此 $y_p = f(\theta_p)$。

$$\frac{\partial E_p}{\partial W_i} = \frac{\partial E_p}{\partial \theta_p}\cdot\frac{\partial \theta_p}{\partial W_i} = \frac{\partial E_p}{\partial y_p}\cdot\frac{\partial y_p}{\partial W_i}X_{ip} = -(d_p - y_p)f'(\theta_p)X_{ip} \tag{9-12}$$

权值向量 W 的修正规则为

$$\Delta W = n\sum_{p=1}^{p}(d_p - y_p)f'(\theta_p)X_{ip} \tag{9-13}$$

2) Hebb 学习规则

在两个神经元共同受到外界刺激时,两个神经元之间的连接权值关系会增强,此过程被称为 Hebb 学习规则,公式表示为

$$\omega_{ij}(k+1) = \omega_{ij}(k) + ny_i(k)y_j(k) \tag{9-14}$$

式中,$\omega_{ij}(k+1)$ 为 i 神经元到 j 神经元在 $k+1$ 时刻的连接权值;$\omega_{ij}(k)$ 为 i 神经元到 j 神经元在 k 时刻的连接权值;$y_i(k)$ 为 i 神经元在 k 时刻的输出;$y_j(k)$ 为 j 神经元在 k 时刻的输出;$n > 0$,为学习速率。

9.4.3 PID 神经网络解耦原理

传统 PID 与神经网络结合是神经网络通过自身学习来修正 PID 控制器中三个参数的过程,即神经网络的输出层输出控制器各个参数的调整量,使控制器的控制性能更佳,这种结合方式并不能完成真正意义上的组合,只是将神经网络与传统算法结合在了一起。PID 神经网络(PID-NN)算法可以实现神经网络与 PID 控制更有意义的结合,PID-NN 属于多层网络,其隐含

层神经元分别是：比例元、积分元、微分元，隐含层的函数分别是比例、积分、微分函数，分别具有比例、积分以及微分特性，这也是 PID-NN 控制算法的主要特点。神经网络控制在多变量控制系统中应用广泛，也取得了非常满意的效果，因此联想到将 PID-NN 算法运用到解耦控制系统中。PID-NN 能够融控制和解耦于一体，在运行过程中并不清楚自身实现的是解耦功能还是控制功能，只是依据目标函数进行工作，如果训练样本里有解耦控制，那么 PID-NN 将按照学习算法来逐步调节各连接权值，最终使得系统解耦控制满足要求。

如果被控过程为 n 输入 n 输出，那么 PID-NN 结构是 $2n \times 3n \times n$。以两输入两输出的控制系统为例，PID-NN 的结构为 $4 \times 6 \times 2$，其控制结构如图 9-10 所示。整个神经网络包括两个子网络，子网络结构完全相同，既互相独立又互相联系。各子网络输入层到隐含层互不影响，输入层含两个神经元，以被控变量的设定值和实际值作为其输入；隐含层到输出层交叉互连，隐含层含三个神经元，分别是比例元、积分元、微分元，各对应 PID 参数中比例作用、积分作用和微分作用；输出层有一个神经元，实现网络控制规律的融合，完成多变量系统的解耦控制。

PID-NN 控制算法分为两部分：第一部分是前向算法，主要用来计算神经网络的输出；第二部分是后向算法，主要用来修改连接权值。PID-NN 网络对系统进行控制时，不需要知道被控过程的内部数学描述，也不需要辨识被控对象的数学模型。PID-NN 能够很好地实现解耦功能，是因为神经网络具有很强的非线性映射能力。

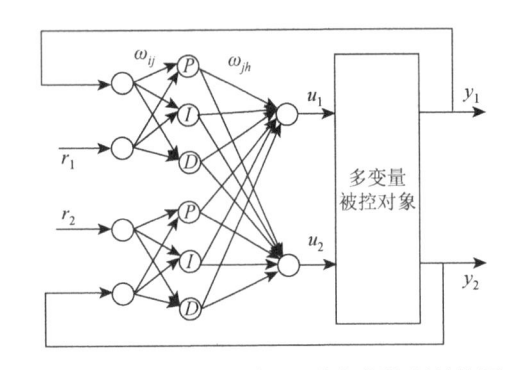

图 9-10 两变量 PID 神经网络解耦控制结构图

r_1、r_2 为设定值，y_1、y_2 为系统实际输出，u_1、u_2 为神经网络输出的控制规律，ω_{ij} 和 ω_{jh} 是神经网络各层之间的连接权值

9.5 深度学习控制

深度学习（deep learning, DL）是一种基于神经网络的机器学习方法，其基本原理是通过多层非线性变换来提取特征和模式。与传统的神经网络算法相比，深度学习具有更高的准确性和鲁棒性。如图 9-11 所示，是一个常见的深度学习模型。在食品加工数控设备精度控制中，深度学习可以被用于预测误差和故障事件。首先，深度学习可以用于对食品加工数控设备进行建模。

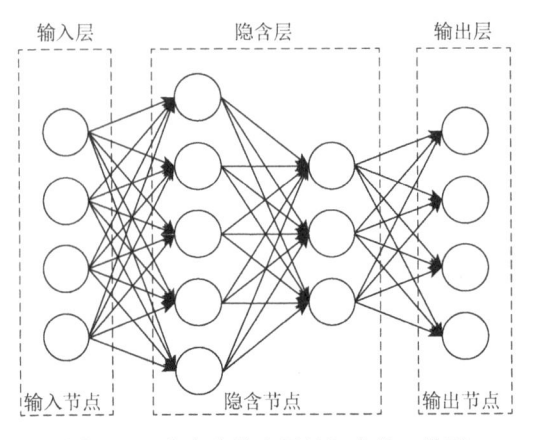

图 9-11 含多个隐含层的深度学习模型

通过训练一个深度学习模型，我们可以将数据输入到模型中，并得到输出结果。这个输出结果就是我们所需要的预测值，如预测误差或故障事件的概率。其次，深度学习还可以用来优化食品加工数控设备的性能。通过调整模型参数或者使用不同的模型结构，我们可以提高模型的准确度和鲁棒性，从而改善食品加工数控设备的质量和效率。

9.5.1 深度学习原理

深度学习是机器学习（machine learning，ML）领域中一个新的研究方向，它被引入机器学习使其更接近于最初的目标——人工智能（artificial intelligence，AI）。深度学习是学习样本数据的内在规律和表示层次，这些学习过程中获得的信息对诸如文字、图像和声音等数据的解释有很大的帮助。研究深度学习的动机在于建立模拟人脑进行分析学习的神经网络，它模仿人脑的机制来解释数据，如图像、声音和文本等。

从一个输入产生一个输出所涉及的计算可以通过一个流向图（flow graph）来表示：流向图是一种能够表示计算的图，在这种图中每一个节点表示一个基本的计算以及一个计算的值，计算的结果被应用到这个节点的子节点的值。考虑这样一个计算集合，它可以在每一个节点和可能的图结构中应用，并定义了一个函数族。输入节点没有父节点，输出节点没有子节点。这种流向图的一个特别属性是深度（depth）：从一个输入到一个输出的最长路径的长度。传统的前向神经网络能够被看作拥有等于层数的深度（如对于输出层为隐含层数加 1）。人工智能研究的方向之一，是以所谓"专家系统"为代表的用大量"如果-就"（If-Then）规则定义的自上而下的思路。人工神经网络，标志着另外一种自下而上的思路。神经网络没有一个严格的正式定义。它的基本特点，是试图模仿大脑的神经元之间传递、处理信息的模式。

9.5.2 深度学习基本理论

深度学习是一类模式分析方法的统称，就具体研究内容而言，主要涉及三类方法：
（1）基于卷积运算的神经网络系统，即卷积神经网络（CNN）。
（2）基于多层神经元的自编码神经网络，包括自编码（auto encodering）以及近年来受到广泛关注的稀疏编码（sparse coding）两类。
（3）以多层自编码神经网络的方式进行预训练，进而结合鉴别信息进一步优化神经网络权值的深度置信网络（DBN）。

通过多层处理，逐渐将初始的"低层"特征表示转化为"高层"特征表示后，用"简单模型"即可完成复杂的分类等学习任务。由此可将深度学习理解为进行"特征学习"（feature learning）或"表示学习"（representation learning）。以往在将机器学习用于现实任务时，描述样本的特征通常需由人类专家来设计，这成为"特征工程"（feature engineering）的局限性。众所周知，特征的好坏对泛化性能有至关重要的影响，人类专家设计出好特征也并非易事；特征学习（表示学习）则通过机器学习技术自身来产生好特征，这使机器学习向"全自动数据分析"又前进了一步。

近年来，研究人员也逐渐将这几类方法结合起来，如将原本以有监督学习为基础的卷积神经网络结合自编码神经网络进行无监督的预训练，进而利用鉴别信息微调网络参数形成的卷积深度置信网络。与传统的学习方法相比，深度学习方法预设了更多的模型参数，因此模型训练难度更大，根据统计学习的一般规律知道，模型参数越多，需要参与训练的数据量也越大。

20 世纪八九十年代由于计算机计算能力有限和相关技术的限制,可用于分析的数据量太小,深度学习在模式分析中并没有表现出优异的识别性能。自从 2006 年，Hinton 等提出快速计算受限玻尔兹曼机（RBM）网络权值及偏差的 CD-K 算法以后，RBM 就成了增加神经网络深度的有力工具，导致后面使用广泛的 DBN（由 Hinton 等开发并已被微软等公司用于语音识别中）等深度网络的出现。与此同时，稀疏编码等由于能自动从数据中提取特征也被应用于深度学习中。基于局部数据区域的卷积神经网络方法近年来也被大量研究。

9.5.3 深度学习模型种类

与传统的机器学习模型相比，深度学习模型具备表达能力更强、能够挖掘更多数据中潜藏的模式、结构非常灵活（能够根据业务场景和数据特点灵活调整模型结构使模型与应用场景完美契合）的优势。典型的深度学习模型有单隐层神经网络推荐模型（AutoRec）、深度交叉（deep crossing）模型、神经网络协同过滤（NeuralCF）模型等。

1. 单隐层神经网络推荐模型

单隐层神经网络推荐模型（AutoRec）是一种将自编码器（autoencoder）的思想和协同过滤结合的一种单隐层神经网络推荐模型，其基本原理是利用协同过滤的共现矩阵，完成物品向量或者用户向量的自编码，再利用自编码的结果得到用户对物品的预估评分，进行推荐排序。AutoRec 的结构如图 9-12 所示。

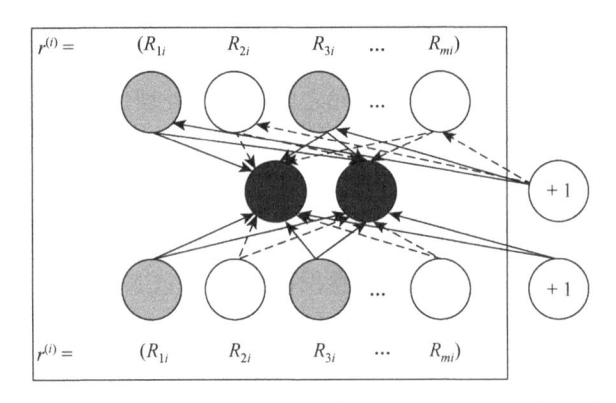

图 9-12 单隐层神经网络推荐模型（AutoRec）的结构图

AutoRec 从神经网络的角度出发，使用一个单隐层的 autoencoder 泛化用户或物品评分，使模型具有一定的泛化和表达能力。由于 AutoRec 的结构比较简单，其存在一定的表达能力不足的问题。

2. 深度交叉模型——经典的深度学习架构

基本原理：深度交叉（deep crossing）模型是一个真正把深度学习架构应用于推荐系统中的模型，2016 年由微软提出，完整地解决了特征工程、稀疏向量稠密化、多层神经网络进行优化目标拟合等一系列深度学习在推荐系统的应用问题。这个模型涉及的技术比较基础，在传统神经网络的基础上加入了嵌入、残差连接等思想，且结构比较简单，对初学者复现和学习都比较友好。

深度交叉模型主要由 4 层组成：嵌入（embedding）层、堆叠（stacking）层、多层残差单元（multiple residual units）层和评分（scoring）层（图 9-13）。

(1) 嵌入层：将稀疏的类别型特征转换成稠密的嵌入向量，嵌入层结构以全连接层结构为主。其中，特征#2 代表数值型特征，其不需要经过嵌入层，直接进入堆叠层。

(2) 堆叠层：把不同的嵌入特征和数值型特征拼接在一起，形成新的包含全部特征的特征向量。

(3) 多层残差单元层：主要结构是多层感知机。

(4) 评分层：输出层，拟合优化目标，对于点击率（CTR）预估这种二分类问题，结构往往使用逻辑回归（LR）结构；对于类似图像分类等多分类问题，结构往往采用 softmax 结构。采用多层残差网络作为多层感知器（MLP）的具体实现，多层残差网络对特征向量各个维度进行充分的交叉组合，使模型能够抓取到更多的非线性特征和组合特征的信息。

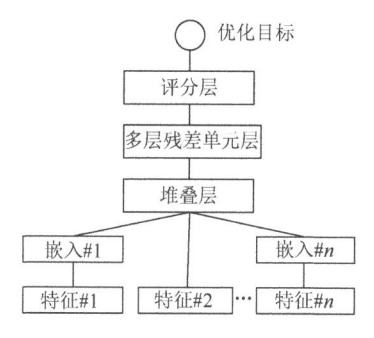

图 9-13 深度交叉（deep crossing）模型的网络结构图

深度交叉模型是对特征交叉方法的革命，其中没有任何人工特征工程的参与，原始特征经嵌入后输入神经网络层，将全部特征交叉的任务交给模型，相比于因子分解机/领域感知因子分解机（FM/FFM）只具备二阶特征交叉的能力，深度交叉模型可以通过调整神经网络的深度进行特征之间的深度交叉。其特点是基于 embedding + MLP 架构设计，且特征交叉层复杂度较高。

3. 神经网络协同过滤模型——CF 与深度学习的结合

协同过滤（CF）发展出了矩阵分解技术，就是把共现矩阵分解为用户向量矩阵和物品向量矩阵，如图 9-14 所示。在预测时，计算用户隐向量和物品隐向量的内积，作为用户对物品的评分预测。

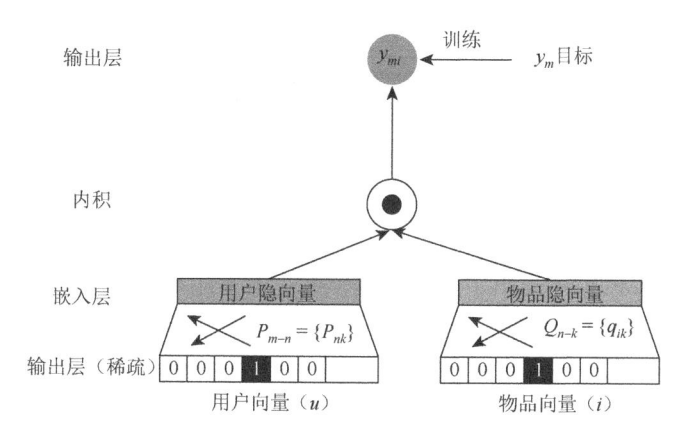

图 9-14 神经网络协同过滤（NeuralCF）模型的结构图

从深度学习的视角重新审视矩阵分解模型，在实际使用矩阵分解来训练和评估模型的过程中，往往会发现模型容易处于欠拟合状态，其原因是矩阵分解的模型结构相对比较简单，特别是输出层（也被称为评分层），无法对优化目标进行有效的拟合。

NeuralCF 模型的结构如图 9-15 所示，图 9-15 的左图是矩阵分解技术的网络化表示，右图是 NeuralCF 结构，很显然的区别就是用神经网络代替了矩阵分解中的内积操作（内积操作用于计算用户对所有物品的评分列表，然后排序生成推荐列表）。替换掉内积的好处，是让用户向量和物品向量做更充分的交叉，得到更多的有用价值的特征组合信息，引入更多的非线性特征，让模型的表达能力更强。用户向量和物品向量的互操作可以被替换成任意的互操作，这就是广义矩阵分解模型。进一步分析，还可以把多种互操作得到的特征向量拼接起来，再送到输出层进行目标拟合。如图 9-16 所示，用户向量和物品向量分别经过广义矩阵分解（GMF）层和多层感知机（MLP）层的互操作之后拼接起来，再送入输出层 NeuralCF 结构进行目标拟合。这样让模型具有了更强的特征组合和非线性能力。

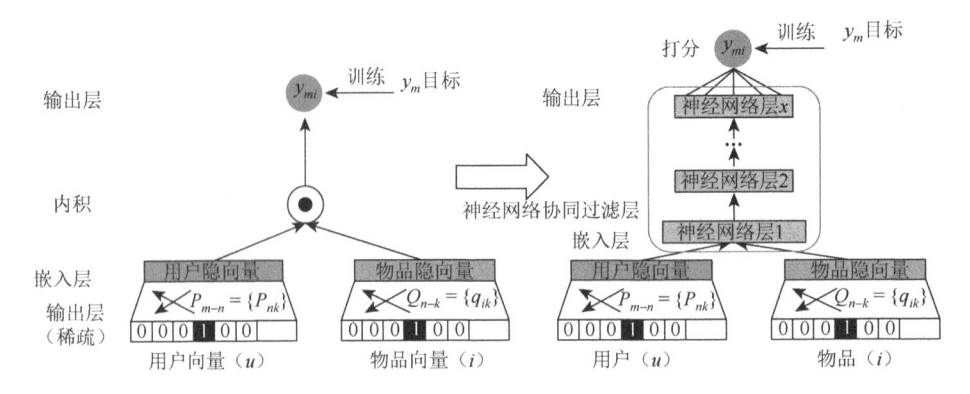

图 9-15 NeuralCF 模型的结构图

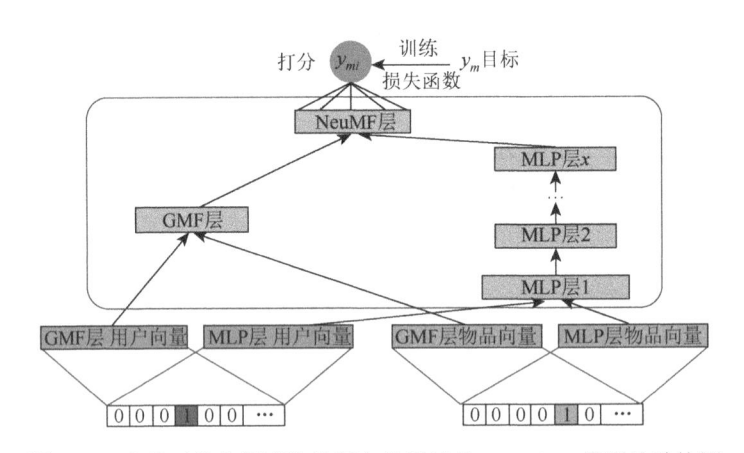

图 9-16 多种互操作得到的特征向量拼接的 NeuralCF 模型的结构图

其特点：①NeuralCF 实际提出了一种模型框架，基于用户向量和物品向量这个嵌入层，利用不同的互操作进行特征的交叉组合。②实践中并不是模型结构越复杂，特征越多越好。因为过于复杂之后容易出现过拟合和难收敛的问题。③局限性：NeuralCF 基于 CF 的思想，因此没有引入更多其他类型的特征，如用户和物品的属性信息等。

NeuralCF 模型结构之中，蕴含了一个非常有价值的思想，就是我们可以把模型分成用户侧模型和物品侧模型两部分，然后用互操作层把这两部分联合起来，产生最后的预测得分。这里的用户侧模型结构和物品侧模型结构，可以是简单的嵌入层，也可以是复杂的神经网络结构，最后的互操作层可以是简单的点积操作，也可以是比较复杂的 MLP 结构。但只要是这种用户侧模型＋物品侧模型＋互操作层的模型结构，我们均把它统称为"双塔模型"结构。其优势可让用户向量和物品向量做更充分的交叉，得到更多有价值的特征组合信息，并引入更多的非线性特征，让模型的表达能力更强；其局限性是由于其是基于协同过滤的思想进行构造的模型，所以 NerualCF 没有引入更多其他类型的特征，这在实际应用中无疑浪费了其他有价值的信息，NeuralCF 模型的局限性就是只能使用用户向量和物品向量，如果加入更多组特征向量就能解决 NeuralCF 模型的缺陷。

9.6 专 家 系 统

1976 年，专家系统 MYCIN 由美国斯坦福大学的 E. H. Shortliffe 开发成功，其主要设计目的是为细菌感染疾病提供抗菌剂治疗建议。MYCIN 还首次使用了目前专家系统中常用的知识库的概念，并在不确定性的表示和处理中采用了可信度的方法。1976 年，美国斯坦福大学国际研究所人工智能研究中心的 R. O. Duda 等研制成功一个探矿专家系统 ROSPECTOR，该系统把矿床模型按计算机能解释的形式编码，随后利用这些模型进行推理，达到勘探评价、区域资源估值、钻井井位选择的目的。进入 20 世纪 80 年代以后，专家系统的研发开始趋于商品化。

9.6.1 专家系统定义

到目前为止，有关专家系统还没有一个严格公认的形式化定义。但人们普遍认为，专家系统是一种具有大量专门知识与经验的智能程序系统，它能运用某个领域一个或多个专家多年积累的经验和专门知识，模拟领域专家求解问题时的思维过程，以解决该领域中的各种复杂问题。也就是说，专家系统具有三个方面的含义：

（1）它是一种具有智能的程序系统，是能运用专家知识和经验进行推理的启发式程序系统；

（2）它必须包含有大量专家水平的领域知识，并能在运行过程中不断地对这些知识进行更新；

（3）它能应用人工智能技术模拟人类专家求解问题的推理过程，解决那些本来应该由领域专家才能解决的复杂问题。

9.6.2 专家系统的类型划分

对专家系统的类型划分可以有多种不同的方法。不同的分类方法所得到的分类结果也不同。按专家系统特性和处理问题的类型分类，海叶斯-罗斯（F. Heyes-Roth）等按照专家系统的特性及处理问题的类型，将专家系统分为以下 10 种类型。

（1）解释型：通过对已知信息和数据进行分析和推理，从而确定它们的含义，给出相应解释的一类专家系统。

（2）诊断型：根据输入系统的有关被诊断对象的信息，来推断出相应对象存在的故障和产生故障的原因，并进一步给出排除故障方法的一类专家系统。

（3）设计型：根据用户输入的设计要求数据，求解出满足设计要求的目标配置方案的一种专家系统。

（4）预测型：通过对过去知识以及当前的事实与数据进行分析，推断未来情况的一类专家系统。

（5）规划型：根据给定的规划目标数据，制定出某个能够达到目的的动作规划或行动步骤的一类专家系统。

（6）监视型：这是一类用于对被监控对象进行实时、不断的观察，并能针对观察到的情况及时做出适当反应的专家系统。

（7）控制型：用来对一个受控对象或客体的行为进行适当的调节与管理，以使其满足预期要求的一类专家系统。

（8）调试型：对失灵的对象制定出排除故障的规划并实施排除的一类专家系统。

（9）教学型：是一类可根据学生学习的特点，制定适当的教学计划和教学方法，以对学生进行教学和辅导的专家系统。

（10）修理型：对发生故障的系统或设备进行处理，使其恢复正常工作的一类专家系统。

除了以上这10种类型的专家系统外，决策型和管理型的专家系统也是近年来颇受人们重视的两类专家系统。

专家系统按系统的体系结构分类有以下几种类型。

（1）集中式专家系统。这是一类对知识及推理进行集中管理的专家系统。对于这类专家系统，又可根据系统知识库与推理机构的组织方式，细分为层次式结构、深-浅双层结构、多层聚焦结构及黑板结构等专家系统。层次式结构专家系统是指其推理机构为多层机制，推理方式采用逐层推理的专家系统。深-浅双层结构专家系统是指系统的知识库由两个子知识库构成，其中一个称为深层知识库，用于存放问题领域内的原理性知识，另一个称为浅层知识库，用于存放领域专家的经验知识。多层聚焦结构专家系统是指知识库中的知识按动态分层组织的形式进行管理。黑板结构专家系统一般用于求解比较复杂的问题，通常具有多个知识库和多个推理机。

（2）分布式专家系统。分布式专家系统是指将知识库或/和推理机分布在一个计算机网络上的一类专家系统。主要特点是，系统中的知识库及推理机在逻辑上和物理上都采用一种分布结构，其各机构间通过计算机网络实现互联，并在求解问题的过程中，相互通信、相互协作。

（3）神经网络专家系统。采用人工神经网络技术进行建造，以神经网络为体系结构实现知识表示和求解推理。这种类型的专家系统目前尚处于研究阶段。

（4）符号系统与神经网络相结合的专家系统。将神经网络与符号处理系统有机结合起来，用于专家系统的知识表示与推理求解。

9.6.3 专家系统的基本结构

专家系统的基本结构可分为如下几种。

（1）数据库及其管理系统：数据库又称综合数据库，用来存储有关领域问题的初始事实、问题描述以及系统推理过程中得到的种种中间状态或结果等，系统的目标结果也存于其中。

（2）知识库及其管理系统：知识库是专家系统的知识存储器，用来存放被求解问题及其相关领域内的原理性知识、一些相关的事实或专家的经验性知识。原理性或事实性知识是一种广泛公认的知识，即书本知识和常识，而专家的经验性知识则是长期实践的结晶。

（3）知识获取机构：知识获取机构是专家系统中的一个重要部分，它负责系统的知识获取，由一组程序组成。其基本任务是从知识工程师那里获得知识或从训练数据中自动获取知识，并把得到的知识送入知识库中，并确保知识的一致性及完整性。

（4）推理机：推理机是专家系统在解决问题时的思维推理核心，它是一组程序，用以模拟领域专家思维过程，以使整个专家系统能够以逻辑方式进行问题求解。

（5）解释器：解释器是人机接口相连的部件，它负责对专家系统的行为进行解释，并通过人机接口界面提供给用户。

（6）人机接口：人机接口是专家系统的另一个关键组成部分，它是专家系统与外界进行通信与交互的桥梁，由一组程序与相应的硬件组成。

9.6.4 知识获取

1. 知识获取的任务

利用某种手段从知识源中获取专家系统实现问题求解所需的专门知识，并以某种形式在计算机中存储，满足领域问题求解的需求。一般包括知识抽取、知识的表示、知识的输入和知识的检测等几项工作。

（1）知识抽取：知识抽取是指把蕴含于多个知识源中的知识经过分析、识别、理解、遴选、归纳等处理后抽取出来，以便用于知识库的建立。知识源是指专家系统知识的来源，包括领域专家、技术报告、课本教材、相关论文、实例研究、经验数据及系统本身的运行实践等。

（2）知识的表示：将知识源中以自然语言、图形、表格等形式表示的知识转换为计算机能够识别或运用的形式。这种转换通常先由知识工程师对知识源中的知识进行分析和抽样，并用适当的知识表示形式表示出来，然后再把这种知识表示形式通过某种编译程序翻译成计算机可直接识别或应用的内部编码。

（3）知识的输入：就是要把从知识源获取的、以某种表示形式表示的知识经过计算机编辑、编译后送入知识库的过程。

（4）知识的检测：其主要任务是保证知识库的一致性和完整性。

2. 知识获取主要途径

按照知识获取所使用的手段，可分为人工获取、半自动化获取和自动化获取三种。

（1）人工知识获取：是一种通过知识工程师对知识源中的数据进行分析处理，以获取知识的一种途径。知识工程师首先从领域专家那里了解他们解决问题的方法，阅读有关文献，初步获取专家系统所需要的原始知识。然后，再对所获得的原始知识进行分析、归纳、整理、总结，将每一条知识用自然语言的形式表达出来，并交由领域专家审查。经反复交流，最后把所总结的每条知识确定下来，再将每条知识用适当的知识表示方法表示出来，应用知识编辑器输入计算机。

（2）半自动化知识获取：是指在人工知识获取的基础上增加了部分机器学习功能，使专家系统本身能够从大量的实例中归纳出某些知识。由于它不是纯粹的人工知识获取，又不是完全的机器自动知识获取，因而称作半自动化知识获取。

（3）自动化知识获取：是指通过专家系统本身来获取知识。为此，系统应具备语音、文字、图像的识别功能，或具有理解、分析、归纳的能力，或具有从自身运行过程中学习的能力。

9.6.5 开发专家系统的基本要求

哪些领域适合开发专家系统，哪些领域不适于开发专家系统，是开发专家系统首先要考虑的一个问题。下面是选择专家系统应用领域时应遵循的一些原则。

（1）该应用领域是否有使用专家系统的需求。例如，某食品加工过程，由于加工过程受多个因素影响，也有多指标关联的复杂性，将多种因素综合在一起，开发一个融合多信息的专家系统就很有必要。

（2）所涉及的领域问题是否适合专家系统来解决。计算机专家系统适合解决那些迄今为止人类还没有彻底掌握的不存在成熟算法且主要靠专家经验来解决的带有一定模糊性的领域问题。

（3）领域专家的经验是否易于获得。问题领域的选择通常还与专家掌握该问题领域知识的程度有关，即与求解问题的准确性和知识好坏程度有关。如果任务非常新、难度又十分大，以至于为求解该问题需要做一些基础性研究工作的话，则该任务不宜用专家系统来解决。

近年来，智能决策支持系统（intelligent decision-making support system，IDSS）是决策支持系统（decision-making support system，DSS）与专家系统的结合，其将定量计算功能进行有效分析，进而向决策人员提供有效帮助，以及决策服务相关智能化决策方案的制定。当前在各种新型检测和加工技术、智能制造技术和数据分析技术等的支持下，食品产业正逐渐向智能化转型。随着物联网、大数据、云计算、工业机器人等技术在食品工业中的应用，构建高效节能、绿色环保、柔性精准的智慧工厂将是未来食品智能制造的终极目标。

9.7 食品加工过程新型控制应用

9.7.1 果蔬食品膨化温度控制

食品膨化是一种新型的食品深加工方法，通过压力和热处理来改变内部组织结构并加工成型的膨化水果和蔬菜可以尽可能地保持食品的营养价值且口感酥脆，因此受到许多消费者的青睐。低温压差膨化是指使用一种加热设备来对果蔬材料进行加热，以使该设备中的温度能够满足被加工产品的需要，同时保证该容器处于某一气压下，从而使果蔬迅速地释放出所需的压力。尤其是在压力较大的情况下，膨胀过程中的压力差和相应的膨胀温度是非常重要的。针对常规 PID 控制器的设计问题，提出了一种基于模糊神经网络的 PID 控制器。在常规 PID 控制系统中加入了一种新的模糊控制方法，通过将该方法应用于食品加工过程中，可以对食品加工过程中的各种因素进行调整，改善了果蔬制品的挤压品质。在对蔬菜进行消毒、清洗、切片等一系列外在作业之后，对其进行烘干，然后将其放置在鼓泡槽内，通过加热设备对鼓泡罐内的果蔬进行加热；膨胀槽内的温度会越来越高，而温度越高，膨胀槽内的气压就越高，里面的水分蒸发就越多。当膨胀槽内的温度、气压等指标均满足技术指标要求并维持一段时间后，将膨胀槽与真空管之间的减压阀开启。容器内的气压急剧降低，同时，水果中的水分也随之蒸发，在罐内气压的影响下，水果的内部结构不断膨胀，这时，通过对蔬菜和水果进行降温处理，就可以获得高质量的水果和蔬菜制品。图 9-17 是果蔬膨化罐系统硬件结构图。

由于膨胀系统温度模型设计不准确，控制模型参数不确定。温度控制系统是一个复杂的时变滞后系统，传统的 PID 控制器参数是固定的，不能根据系统变化在线调整。PID 模糊控制方法利用模糊控制理论实现 PID 参数的自动调整。可变系统可以满足不同的控制参数要求。模糊 PID 控制器使用温度偏差 e 和膨胀箱 ec 的温度偏差率作为输入变量进行模糊处理。模糊 PID 控制器的结构如图 9-18 所示。

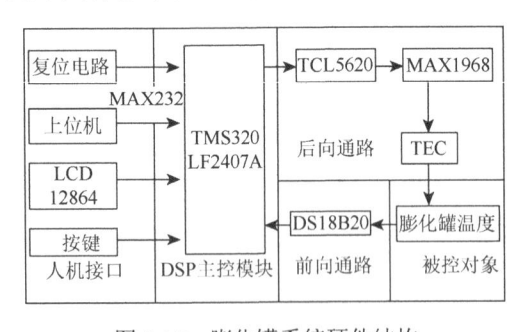

图 9-17　膨化罐系统硬件结构

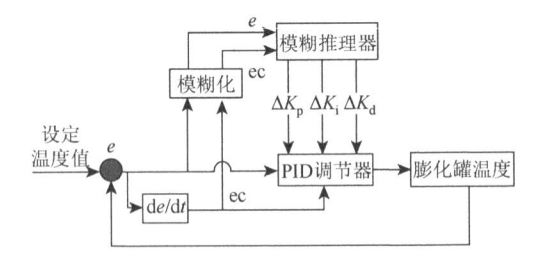

图 9-18　模糊 PID 控制器结构

9.7.2 果汁饮品杀菌温度控制

果汁是一种以苹果、葡萄、梨等水果为主要原料，以糖及食品添加剂等作为辅料，经过去皮、捣碎、杀菌、灌装等工艺加工而成的饮品。在果汁生产过程中，主要工艺包括原料挑选、捣碎、打浆、杀菌、灌装、贴标签等。其中，果汁杀菌工艺主要通过高温进行杀菌，温度越高对于食品的杀菌效果越好，保质期也会越久，但如果温度过高会对果汁中的营养元素造成破坏，从而使得果汁品质较差，因此要保证生产出优质的果汁，需要对杀菌温度进行精确控制。PID 温度控制系统具备结构简单、响应快速、抗干扰能力强等优点，但果汁在采用套管杀菌时，系统具有较强的非线性、时变性等特点，单纯 PID 控制器中参数固定不变，不能根据具体情况进行自适应控制。因此，在传统的 PID 控制系统中引入模糊控制理论并设计了基于 PLC 的套管杀菌控制系统，利用 PLC 模拟量采集模块对杀菌温度进行采集并传送到 PLC 控制器中，利用模糊 PID 控制算法对温度进行自适应闭环控制（图 9-19）。

果汁杀菌装置采用套管热交换式装置对果汁进行高温换热，从而达到杀菌目的。套管杀菌主要包括杀菌、保温以及冷却三大流程，在杀菌阶段需要保证套管换热器温度快速达到杀菌所需要的目标温度，并始终保持在此值，从而杀死各种微生物及霉菌；保温杀菌后，则需要对果汁进行冷却降温处理，冷却降温处理后开始对果汁进行密封灌装。在杀菌工艺过程中，最为关键的是需要对杀菌温度进行高精度、高速度控制。若杀菌温度达不到设定目标温度，会导致果汁中存在较多的微生物，从而使果汁保质期大幅度降低且存在变质风险；若杀菌温度大大超过设定温度，会严重破坏果汁中的营养价值，且会使其色泽变化，从而导致产品质量下降。图 9-20 为果汁套管杀菌工艺流程图。

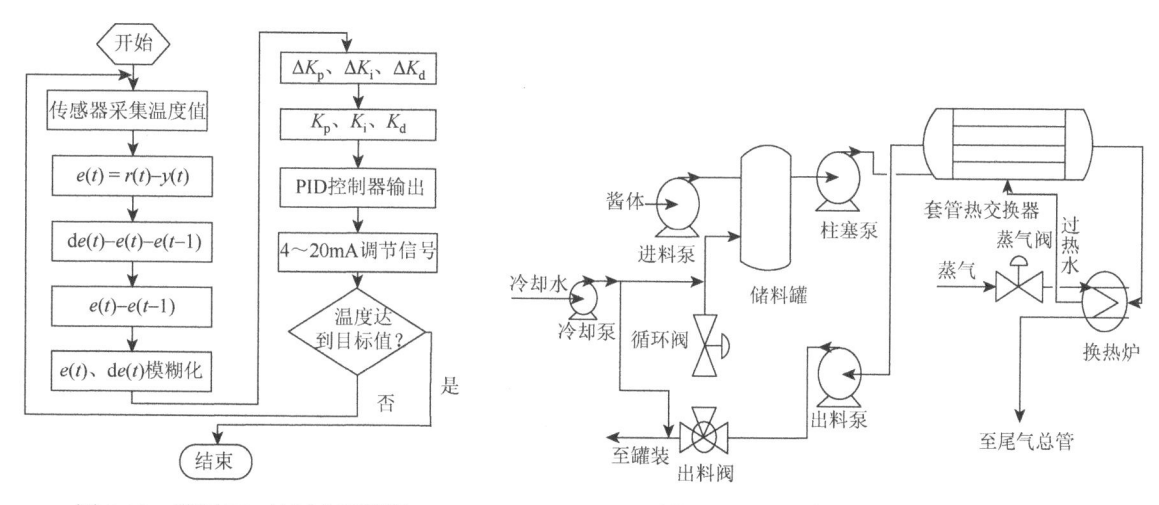

图 9-19　模糊 PID 控制实现流程

图 9-20　果汁套管杀菌工艺流程

9.7.3　咸鸭蛋快速腌制温度控制

咸鸭蛋因风味独特深受广大消费者的喜爱，是我国传统的蛋制品之一。传统的腌制方式腌制周期长，使用食品添加剂、运用脉动压技术或超声波技术等方式均可极大程度地缩短咸鸭蛋的腌制周期。咸鸭蛋成熟过程中 NaCl 由腌制液中向鸭蛋内部渗透，鸭蛋内部化学成分的含量与物理结构发生变化，腌制温度是影响 NaCl 传质速率的关键因素，温度可以直接影响咸鸭蛋的腌制周期与腌制质量。咸鸭蛋腌制条件的优化多在实验室条件下进行，利用恒温箱等进行腌制。在实际的工业化生产中，仍然较多采用传统的腌制方式，在常温条件下利用普通的腌制缸进行腌制。由于腌制温度随天气条件变化幅度较大，最终会影响咸鸭蛋的腌制质量（图 9-21）。为了解决快速腌制装置温度波动大的问题，满足工厂的生产需要，将控制算法应用到咸鸭蛋快速腌制温度控制系统中，并在实际工业生产中进行咸鸭蛋腌制试验。传统

图 9-21　咸鸭蛋快速腌制装置

PID 控制器具有结构简单、稳定性好等优点，但因传统 PID 控制器的控制参数（比例 P、积分 I、微分 D）固定不变，而对咸鸭蛋加工过程温度干扰因素较多，传统的 PID 控制系统需要克服这些干扰。因此，在咸鸭蛋加工温度控制的 PID 控制系统中引入模糊控制算法，这些算法可以模拟人脑的思维方式，不需要建立被控对象精确的数学模型，其鲁棒性强，适用于非线性、存在时滞性等问题的系统。

模糊 PID 控制器中的模糊控制部分采用常用的二维模糊控制器（图 9-22），模糊控制器为 2 输入，3 输出。以误差 e 和误差变化率 ec 作为模糊控制器的输入变量，K_e 和 K_{ec} 分别为 e 和 ec 的量化因子。模糊控制器的输出变量（ΔK_p、ΔK_i 和 ΔK_d）为 PID 控制器参数（K_p、K_i、K_d）随腌制箱中腌制液温度的变化量，K_1、K_2、K_3 为模糊控制器 3 个输出变量对应的比例系数。根据腌制箱中腌制液温度变化规律，通过模糊控制器环节对 PID 控制器原本固定的参数进行实时调节。咸鸭蛋快速腌制温度控制系统中，腌制液的温度设定值为 35℃，腌制液温度的允许变化范围是 30~40℃，所以误差 e 的变化范围是-5~5℃，设定 e 的基本论域为（-5，5），e 的模糊子集取{NB，NM，NS，Z，PS，PM，PB}，子集中的元素分别代表负大、负中、负小、零、正小、正中、正大，通过计算可知当量化因子 $K_e = 1$ 时，可将误差 e 映射到基本论域（-5，5）中。同理实验中测得误差变化率 ec 的变化范围是-1~1，ec 的论域取（-1，1），ec 的模糊子集取{NB，NM，NS，Z，PS，PM，PB}，同时可计算出量化因子 $K_{ec} = 1$。模糊控制系统中常用的隶属函数有三角形函数、梯形函数、钟形函数、Z 函数以及 S 函数等，由上述信息可以设定误差 e 和误差变化率 ec 对应的隶属函数。

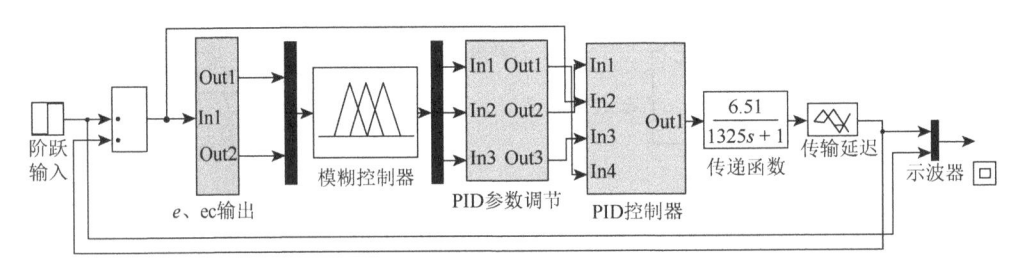

图 9-22 模糊 PID 仿真模型

9.7.4 方便面油炸锅温度控制

油炸方便面因其色香味美、食用方便快捷而广受消费者欢迎，其工艺流程如图 9-23 所示。方便面生产工艺中油炸温度和时间的控制对方便面的口感及成色起到了至关重要的作用。油炸温度过低、长时间油炸会使膨松后的面条收缩，膨松性下降；油炸温度过高、面条升温太快促使蛋白质和淀粉等胶体性能变化过快又会使糖类和氨基酸发生焦化反应，易使面块带棕色，同时高温常使油质容易老化，影响面条在保存期内的稳定性。因此，方便面油炸质量完全取决于油炸锅中棕榈油的温度与油炸时间。经实验表明，油炸温度为 145℃、油炸时间为 70s 左右最为适宜；油炸时间一般由传送带的传送速度来控制，传送电机的转速易于控制，因而油炸时间比较好控制，如何控制油炸锅温度就成了关键。传统的油炸锅温度采用常规的 PID 控制算法进行控制，但由于油炸锅是一个滞后比较大的对象，加上加热蒸汽流量的干扰又比较频繁，因此，在传统的 PID 上引入模糊控制算法来控制油炸锅的温度。结果表明引入模糊控制算法后的 PID 控制系统能够实现油炸锅温度实时控制。

油炸锅控制系统结构如图 9-24 所示，由油炸锅温度和油位控制 2 个模块组成。温度控制系统主要由对象油炸锅、温度传感器、温度调节器和执行器组成。由于整个方便面生产线还有较多逻辑控制单元,故温度调节器功能由可编程控制器 PLC 来实现。采用铠装铂电阻检测油炸锅中油的温度,检测到的信号经变送器后转换为 1~5V 的电压信号,经过 A/D 后送入 PLC 中进行运算处理,输出的控制信号经 D/A 后变为 4~20mA 的信号,再经电气转换器变换为标准的气压信号送给气动薄膜调节阀,调节加热蒸汽的流量从而保持油温的恒定。

9.7.5　橄榄酱糊化过程智能控制

全球有 12000 多家生产初榨橄榄油的橄榄磨坊,生产过程在各地大致相同:农民把橄榄果实扔进桶里;橄榄果实被运送到粉碎机,碾碎成橄榄酱;将橄榄糊在搅拌机内进行揉制,即揉制过程;随后,橄榄油膏被泵出到卧式离心机器,在那里根据密度差别橄榄油从橄榄皮和橄榄核中分离出来;最后,油被过滤并储存在大的酒窖中。橄榄油糊化是初榨橄榄油生产过程中最重要的工序之一。师傅不断地观察搅拌器内的橄榄酱,以评估橄榄酱的制备状态,并手动操作过程变量。黏度、粒度和橄榄油在膏体上的存在是衡量橄榄膏状态的主要指标。此外,温度、时间、辅佐剂的添加量和铲的转速是热混合器的过程变量。研究提出了用不同的图像处理参数来自动评估上述指标,并将其作为所设计的模糊控制器的输入。

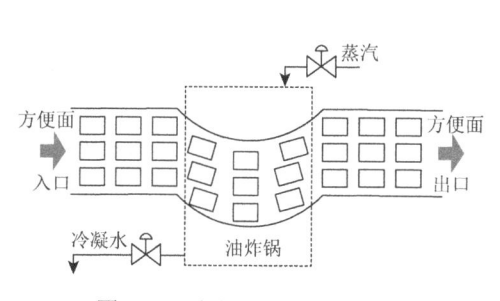

图 9-23　方便面油炸工艺流程

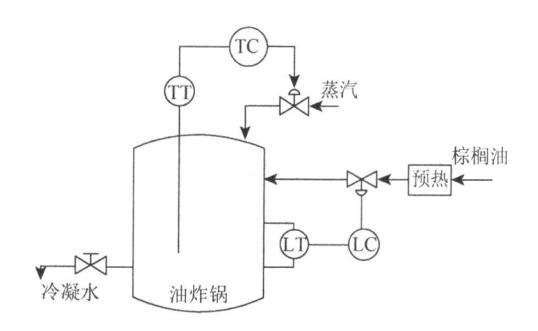

图 9-24　油炸锅控制系统结构图

LT:液位变送器(level transmitter),用于测量油炸锅中油的液位;LC:液位控制器(level controller),用于控制油的液位,以保持在设定范围内;TT:温度变送器(temperature transmitter),用于测量油炸锅内的温度;TC:温度控制器(temperature controller),用于控制油炸锅内的温度,以确保油炸过程的稳定性

图 9-25(a)由视觉摄像机、两个卤素灯和传送带组成;图 9-25(b)显示了红外(左)和彩色(右)通道的采集图像。为了测定橄榄膏的状态,研制了一种状态传感器。它由视觉摄像设备和不同的处理算法组成,从采集的图像中提取特征。这些特征是浮油、黏度和粒度。红色通道对浮油和黏度的测定具有较高的灵敏度;彩色通道的结构参数均匀性与橄榄酱粒度的演变具有最好的相关性。根据这些参数和控制专家的经验,实现了模糊逻辑控制器。采用不同的工艺变量作为控制器输出,如软化时间、软化温度、辅助剂的添加量和铲的转速。此外,该系统还能够监测一些难以识别的糊状物,并根据其特征调整乳化过程。它有效避免了因橄榄糊未制备充分而导致的渣油泄漏,并显著改善了工厂的能耗。图 9-26 为提出的解决方案流程图。第一个模块是状态传感器,它将采集到的图像作为输入,并将三个状态变量作为输出(浮油、粒度和黏度)。根据状态参考值,第二模块模糊逻辑控制器决定叶片的转速、混合器的温度、辅佐剂与膏体混合的量和停留时间。此外,还加入了模糊控制专家系统,它由大师专家知识库、模糊单元、推理系统和去模糊单元四个模块组成。米勒知识是基于之前对不同工厂操作人员的访谈,并对他们的知识建模,建立推理系统规则。推理系统使用 MATLAB 的模糊逻辑工具箱手动调整输入和输出成员函数。最终,可实现橄榄酱糊化过程机器视觉监测和控制。

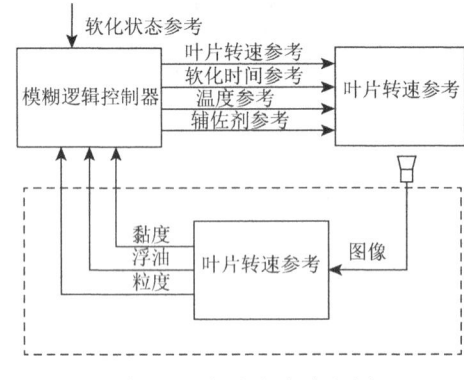

图 9-25　图像在线采集装置　　　　　　　图 9-26　解决方案流程图

9.7.6　饮料装瓶生产线智能控制

整体设备效能（overall equipment effectiveness，OEE）可用于评估制造业运行的效能，即可用性、性能和质量效率，现发展为衡量制造业生产力的黄金标准。目前，OEE 已成为半导体制造中的必需定量工具。鉴于其优势，其他行业也纷纷采用 OEE 来提高资产利用率，并定制适合其特定行业特征和要求的程序。

Zennaro 等针对一家行业领先饮料企业的饮料装瓶生产线进行了研究，从公司的需求出发，确定生产线的关键控制点并评估其对 OEE 的影响。通过成本绩效指数（cost performance indicator，CPI）进行饮料行业详细微观停机时间数据收集和统计分析，所提出的微观停机时间数据收集和统计分析将用于构建一个新的模拟模型，以支持改进活动。根据生产数据得出：57%的生产线效率低下（以生产损失的分钟数计算）是由微观停机造成的。此外，计算了每个因素对 OEE 百分比的影响，并从每个因素中获得可恢复的点数。如果没有微观停机，OEE 可能达到 87.76%，改进幅度为 16.2%，这表明微观停机时间是 OEE 改进幅度最大的最关键因素。对于最重要和最相关的原因，已经构建了鱼骨图，如图 9-27 所示。再次有生产和维护人员参与。主要原因分为材料、工作人员、方法等。对这一特殊问题进行更深入的研究发现，主要问题与入口的输送有关，特别是与由一系列滚筒组成的曲线带有关。在确定了微观停机时间方面效率低下的最关键原因之后，生产、维护和工程人员通过集中的团队工作会议

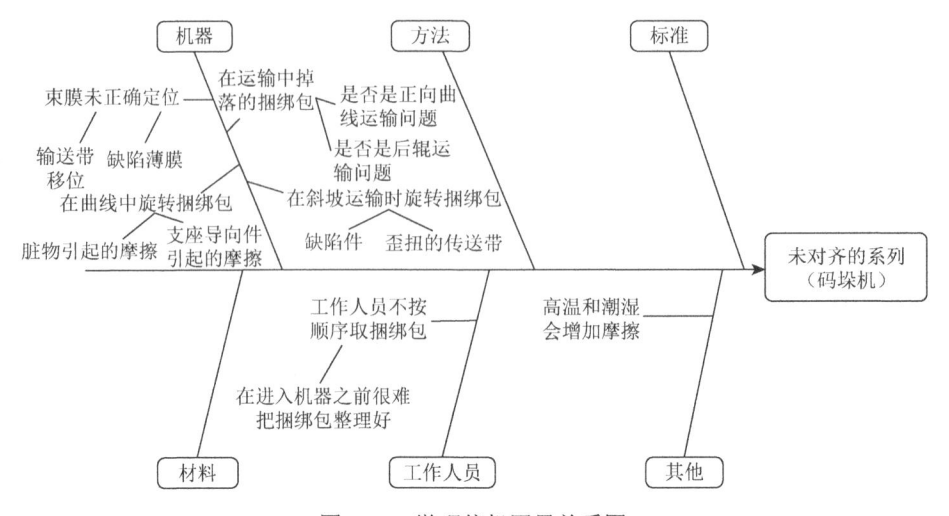

图 9-27　微观停机因果关系图

对这些原因进行了分析。分析的重点是"未对齐的系列"（微观停机主要影响因素），因为这是最关键的问题，也是唯一一个有具体可能解决方案的问题。技术部门提出的最终解决方案是用"螺旋输送系统"取代曲线输送带。为了突出投资的收益，根据成本和可收回的 OEE 构建 CPI。

该研究揭示了自动化生产系统中减少停机时间对提高 OEE 的重要性，其所开发的统计分析方法还可用于进一步研究特定机器的可靠性与整个生产线的可靠性之间的关系，为构建一种新的基于临时微观停机概率分布的仿真模型奠定了基础。该模型将应用于自动化流水线制造系统，为自动化生产线的停机时间分析提供了一种方法，并为今后的分析提供了指导。研究结果可以推广到其他类似案例，以及其他生产线类似的微观停机无效率问题。所开发的统计分析也可能用于进一步调查特定机器的可靠性与整条生产线可靠性之间的关系。

9.7.7 机器学习系统在食品加工中的应用

然而，近年来，越来越多的研究和饮食指南已经确认食品加工在饮食中发挥重要作用以及其对健康的独立影响。观察性研究、荟萃分析和受控代谢研究表明，依靠未加工食品的饮食模式比重加工的西方饮食对降低疾病风险具有更大的保护作用。在此，Albert-László Barabási 团队介绍了 FoodProX，这是一个机器学习分类器，将营养指标作为输入，并经过训练，以可重复、可移植和可扩展的方式预测任何食品的加工程度。我们选择营养素作为输入，原因有三：①食物中的营养素清单在全球范围内受到一致的监管和报告；②它们在未加工的食物中的数量受到由生物化学确定的生理范围的限制；③食物加工通过机器学习检测的组合变化系统地和可重复地改变了营养素的浓度。FoodProX 使我们能够定义一个连续的指数（FPro），以捕捉任何食品的加工程度，并帮助我们量化个人的整体饮食质量，最终揭示出表征食品的加工程度与多种疾病表型之间的统计相关性。

FoodProX 和 FPro 概述如图 9-28 所示。为了构建 FoodProX，首先选择具有 NOVA 类和每 100 克输入营养信息的标记训练数据集。FoodProX 随后被创建为一个集合投票系统，其中包括

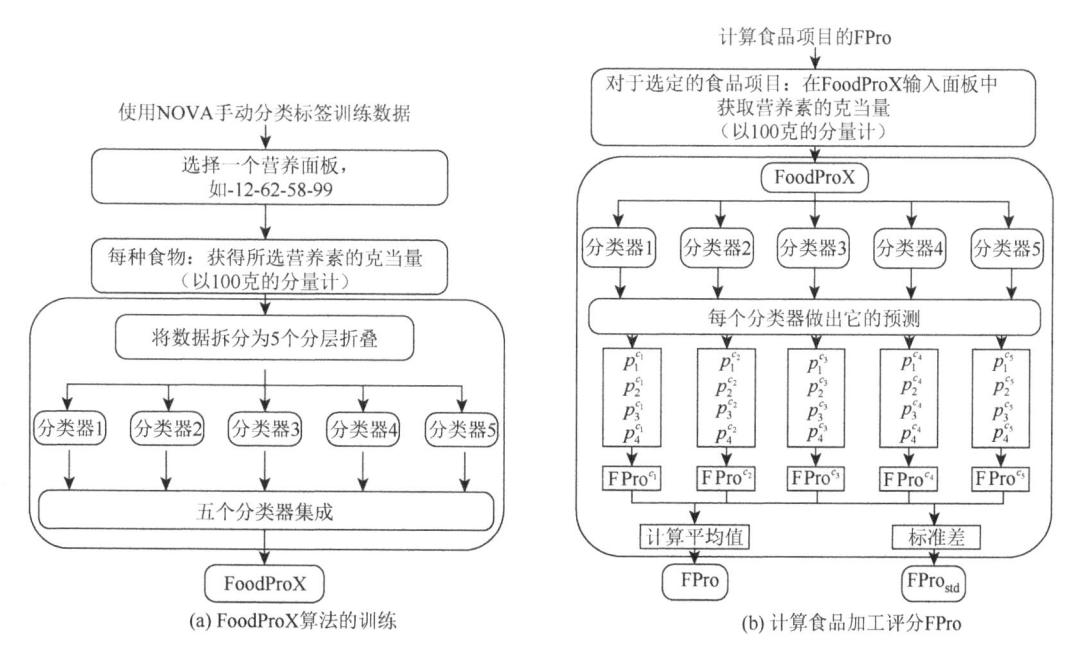

图 9-28 FoodProX 与 FPro 评分之间的联系示意图

五个随机森林分类器，每个分类器都在 4/5 的分层数据集上进行训练。食品分类预测是基于五个分类器中每个类别的平均概率进行的。要计算特定食品的 FPro，需要一份与经过训练的 FoodProX 兼容的营养成分输入列表。对于集合中的每个分类器，使用等式计算 FPro。这使我们能够估计模型的平均值和标准偏差。

FPro 是一种连续加工评分，以非线性方式将从 NOVA 手册标签中学到的加工技术特征与食品成分数据中的营养浓度相结合。FPro 源自 FoodProX，这是一种分类器，显示出从营养信息中复制手动 NOVA 分类的非凡能力，证实了 NOVA 分类会导致不同的营养变化模式，可通过机器学习准确检测。重要的是，FoodProX 允许我们在几个关键方面建立和扩展当前的 NOVA 分类，提供跨多个国家和商业数据库的自动和可重复的食品分类，对复杂食谱、混合食品和膳食进行分类的能力，以及对大型和同源分类的超加工食品组中的食品加工程度进行量化的能力。鉴于我们的算法只需要营养事实，消费者已经可以通过包装和智能手机应用程序、网站、杂货店和餐馆网站获得信息，FPro 可以帮助监控个人饮食对加工食品的依赖程度。

课外延伸阅读

[1] Wu T Y, Jiang Y Z, Su Y Z, et al. Using simplified swarm optimization on multiloop fuzzy PID controller tuning design for flow and temperature control system. Applied Sciences，2020，10（23）：8472.

[2] Tsai C C, Chan C C, Li Y C, et al. Intelligent adaptive PID control using fuzzy broad learning system: An application to tool-grinding servo control systems. International Journal of Fuzzy Systems，2020，22（7）：2149-2162.

[3] Loucif F, Kechida S, Sebbagh A. Whale optimizer algorithm to tune PID controller for the trajectory tracking control of robot manipulator. Journal of the Brazilian Society of Mechanical Sciences and Engineering，2019，42（1）：1.

[4] Gong D W, Qiu Z Q, Zheng W, et al. Intelligent decoupling control study of PMSM based on the neural network inverse system. Frontiers in Energy Research，2022，10：936776.

[5] Wu W T, Ko J W. A neural network decoupler for multivariable control. Process Control and Quality，1999，11（3）：211-222.

[6] Wang D S, Du W T, Qu S S. Neural-network-based decoupling control for the post-chlorination process of drinking-water treatment. International Journal of Control, Automation and Systems，2023，21：1704-1712.

[7] Wang Y, Wai R J. Adaptive fuzzy-neural-network power decoupling strategy for virtual synchronous generator in micro-grid. IEEE Transactions on Power Electronics，2022，37（4）：3878-3891.

[8] Li Y L, Zhu H Q. Decoupling control of six-pole hybrid magnetic bearing based on LM neural network inverse system optimized by improved differential evolution algorithm. IEEE Journal of Emerging and Selected Topics in Power Electronics，2023，11（3）：3011-3019.

[9] 钱雅楠, 谢箭, 许癸驹. 果蔬食品膨化温度智能控制. 食品工业，2021，42（5）：273-275.

[10] 武海军. 果汁饮品杀菌工艺过程控制系统设计. 食品工业，2021，42（2）：220-222.

[11] 李赛飞, 王树才, 王玉泉, 等. 咸鸭蛋快速腌制温度控制系统设计与试验. 河北农业大学学报，2019，42（5）：118-123，129.

[12] 禹柳飞. Fuzzy-PID 控制在方便面油炸锅温度控制中的应用研究. 现代电子技术，2007，（22）：46-47，50.

[13] 余敏, 胡卓焕, 杨茉, 等. 乳制品巴氏杀菌温度智能控制算法模拟及实验研究. 上海理工大学学报，2006，28（5）：479-483.

[14] 丁泽瀚. 食品机械中智能控制技术的应用分析. 现代食品，2023，29（5）：91-93.

[15] Martínez Gila D M, Cano Marchal P, Gómez Ortega J, et al. Expert system for monitoring the malaxing state of the olive paste based on computer vision. Sensors，2018，18（7）：2227.

[16] Van Boekel Martinus A J S. Kinetic modeling of food quality：A critical review. Comprehensive Reviews in Food Science and Food Safety，2008，7（1）：144-158.

[17] Pathare P B，Opara U L，Al-Said F A J. Colour measurement and analysis in fresh and processed foods：A review. Food and Bioprocess Technology，2013，6（1）：36-60.

[18] Zennaro I，Battini D，Sgarbossa F，et al. Micro downtime：Data collection，analysis and impact on OEE in bottling lines the San Benedetto case study. International Journal of Quality & Reliability Management，2018，35（4）：965-995.

[19] Menichetti G，Ravandi B，Mozaffarian D，et al.Machine learning prediction of the degree of food processing. Nature Communications，2023，14：2312.

[20] 张仰森. 人工智能原理与应用. 北京：高等教育出版社，2004.

[21] 刘检华. 智能制造与工业 4.0、数字化制造的异同. 国防制造技术，2016，(3)：29-31.

[22] 刘元法. 未来食品新业态：数字化食品产业. 2022-5-16[2023-1-9]. https://mp.weixin.qq.com/s/ YZPm FR7_ hr 0oyat RwN4U-A.

[23] 刘东红，周建伟，吕瑞玲，等. 食品智能制造技术研究进展. 食品与生物技术学报，2020，39（7）：1-6.

[24] 高福成. 食品加工过程模拟-优化-控制. 北京：中国轻工业出版社，1999.

[25] Menichetti G，Ravandi B，Mozaffarian D，et al.Machine learning prediction of food processing. New York：Cold Spring Harbor Laboratory Press，2021.

[26] 王立新. 模糊系统与模糊控制教程. 北京：清华大学出版社，2003.

扩展与思考

[1] 人工经验控制有什么样的特点，智能控制技术与之相比有什么优势和不足？

[2] 不同的控制方法如何相结合应用于食品加工过程中？

第10章 食品智能加工过程规范与案例

> **知识点**
> ➢ 良好操作规范（GMP）的概念、原理及其应用。
> ➢ 卫生标准操作规范。
> ➢ HACCP 体系概念、原理及应用规范。

10.1 食品智能加工与控制规范

10.1.1 食品智能加工过程车间操作规范

1. 良好操作规范的概念及分类

良好操作规范（good manufacturing practice，GMP）是国际上普遍采用的食品生产先进管理方法。不同于食品行业普遍实行的产品质量检查、控制系统，GMP 的本质是以预防为主的质量管理。GMP 也是一种具体的食品质量保证体系，要求食品工厂在制造、包装及储运食品等过程的有关人员配置，以及建筑、设施、设备等的设置，卫生、制造过程、产品质量等管理均应符合良好操作规范，防止食品在不卫生条件下或可能引起污染及品质变坏的环境下生产，减少生产事故的发生，确保食品安全卫生和品质稳定。

1）GMP 的概念

GMP 最早用于药业工业，可直接翻译为良好操作规范。现在 GMP 已广泛应用于食品、化妆品，应用于食品时即为食品 GMP（good manufacturing practice for foods）。在食品加工企业中实施 GMP，可以确保食品加工企业具备良好的生产设备、合理的生产过程、完善的质量管理和严格的检测系统。目前，所有 GMP 仍在不断完善中，最新版本的 GMP 被称为通用良好操作规范（current good manufacturing practice，CGMP）。

2）GMP 的分类

从 GMP 适用范围看，现行的 GMP 可分为三类：①具有国际性质的 GMP。这一类 GMP 包括世界卫生组织（WHO）制定的 GMP、北欧七国自由贸易联盟制定的 PIC-GMP 及其东南亚国家联盟制定的 GMP 等；②国家权力机构颁布的 GMP。例如，中华人民共和国国家卫生健康委员会及国家市场监督管理总局、美国食品药品监督管理局（FDA）、英国卫生和社会保障部、日本厚生省等政府机关制定的 GMP；③工业组织制定的 GMP。例如，美国药品研究与制造商协会制定的标准不低于美国政府制定的 GMP、中国医药工业公司制定的 GMP 实施指南，甚至还包括公司自己制定的 GMP。

从制度的性质看，GMP 又可分为两大类：①将 GMP 作为法典规定，如美国、中国和日本的 GMP；②将 GMP 作为建议性的规定，如联合国的 GMP。

3）各国的食品 GMP

美国是最早将 GMP 用于食品工业生产的国家，在食品 GMP 的执行和实施方面做了大量的工作。1963 年美国食品药品监督管理局（FDA）制定了药品 GMP，并于 1964 年开始实施。1969 年世界卫生组织（WHO）要求各会员国家政府制定实施药品 GMP 制度，以保证药品质量。同年，美国公布了《食品制造、加工、包装储存的现行良好操作规范》，简称 FGMP（GMP）基本法。FDA 于 1969 年制定的《食品良好生产工艺通则》为所有企业共同遵守的法规，1996 年版的美国 GMP（近代食品制造、包装和储存）第 110 节内容包括：定义、现行良好生产规范、人员、厂房及地面、卫生操作、卫生设施和设备维修、生产过程及控制、仓库与运销、食品中天然的或不可避免的危害控制等。

自美国实施 GMP 以来，世界上不少国家采用了 GMP 质量管理体系，如日本、加拿大、新加坡、德国、澳大利亚等积极推行食品 GMP 质量管理体系，并建立了有关法律法规。

日本受美国药品和食品 GMP 质量管理体系实施的影响，厚生省、农林水产省、日本食品卫生协会等先后分别制定了多种食品产品的《食品制造流通基准》《卫生规范》《食品卫生管理要领》等。农林水产省制定的《食品制造流通基准》，其内容包括食用植物油、罐头食品、豆腐、腌制蔬菜、杀菌袋装食品、碳酸饮料、紫菜、番茄加工、汉堡包、牛肉饼、水产制品、味精、生面条、面包、酱油、冷食、饼干、通心粉等 20 多种。厚生省制定的《卫生规范》，包括鸡肉加工卫生规范、食饭及即食菜肴卫生规范、酱腌菜卫生规范、生鲜西点卫生规范、中央厨房及零售连锁卫生规范和生面食品类卫生规范等。日本食品卫生协会制定的《食品卫生管理要领》，包括豆腐、油炸食品、即食面、面包、寿司面、普通餐馆、高级餐厅和民族餐馆等。

加拿大实施 GMP 有三种情况：①GMP 作为食品企业必须遵守的基本要求被政府机构写进了法律条文，如加拿大农业部制定的《肉类食品监督条例》中的有关厂房建筑的规定属于强制性 GMP；②政府部门出版发行 GMP 准则，鼓励食品生产企业自愿遵守；③政府部门可以采用一些国际组织制定的 GMP 准则，食品生产企业也可以独立采用。

其他一些国家采取指导的方式推动 GMP 在本国的实施。例如，英国推广良好食品操作规范（GFMP）（good food manufacturing practice），新加坡由民间组织——新加坡标准协会（SISIR）推广 GMP 制度。法国、德国、瑞士、澳大利亚、韩国、新西兰、马来西亚等国家也都积极推行了食品的 GMP。

我国食品企业质量管理规范的制定工作起步于 20 世纪 80 年代中期，为加强对我国出口食品生产企业的监督管理，保证出口食品的安全和卫生质量，国家进出口商品检验局制定了《出口食品厂、库卫生最低要求（试行）》。该规定是类似 GMP 的卫生法规，于 1994 年被卫生部修改为《出口食品厂、库卫生要求》。1994 年，卫生部参照联合国粮食及农业组织（FAO）/WHO 食品法典委员会（CAC）《食品卫生通则》，制定了《食品企业通用卫生规范》（GB 14881—1994）国家标准[①]。随后，陆续发布了《白酒厂卫生规范》等 19 个食品企业卫生规范，简称卫生规范。卫生规范制定的目的主要是针对当时我国大多数食品企业卫生条件和卫生管理比较落后的现状，重点规定厂房、设备、设施的卫生要求和企业的自身卫生管理等内容，借以促进我国食品企业卫生状况的改善。虽然上述标准均为强制性国家标准，但由于标准本身的局限性、我国标准化工作的滞后性、食品生产企业卫生条件和设施的落后状况，以及政府有关部门推广和监管措施力度

---

① 已作废，现行标准为《食品安全国家标准 食品生产通用卫生规范》（GB 14881—2013）。

不够，这些标准尚未得到全面的推广和实施。为此，卫生部决定在修订原卫生规范的基础上制定部分食品生产 GMP。

2001 年，卫生部组织广东、上海、北京、海南等部分省市卫生部门和多家企业成立了乳制品、熟食制品、蜜饯、饮料、益生菌类保健食品五类 GMP 的制、修订协作组，确定了 GMP 的制定原则、基本格式、内容等，不仅增强了可操作性和科学性，而且增加并具体化了 GMP 的内容，对良好的生产设备、合理的生产过程、完善的质量管理、严格的检测系统提出了要求。目前，这些 GMP 的制定工作已经完成并推广实施。

由于近年来一些营养型、保健型和特殊人群专用食品的生产企业迅速增加，食品种类、类型、效用等日益增多，单纯控制卫生质量的措施已不适应企业品质管理的需要。鉴于制定我国食品企业 GMP 的时机已经成熟，1998 年卫生部发布了《保健食品良好生产规范》（GB 17405—1998）和《膨化食品良好生产规范》（GB 17404—1998），于 1999 年 1 月 1 日开始实施，这是我国首批颁布的食品 GMP 标准，标志着我国食品企业管理向高层次发展。2002 年 4 月，国家质量监督检验检疫总局公布了《出口食品生产企业卫生注册登记管理规定》，这是衡量我国出口食品生产企业能否获取卫生注册证书或者卫生登记证书的标准之一。至此，初步形成了我国食品行业的 GMP 质量管理体系。

2. GMP 的基本内容与要素

1）GMP 的基本内容

食品 GMP 是对食品生产过程中的各个环节、各个方面实施全面质量控制的具体技术要求。世界各国 GMP 的管理内容基本相似，包括硬件和软件两部分。硬件是食品企业的厂房、设备、卫生设施等方面的技术要求，而软件是指可靠的生产工艺、规范的生产行为、完善的管理组织和严格的管理制度等。

（1）环境卫生控制。老鼠、苍蝇、蚊子、蟑螂和粉尘可以携带和传播大量的致病菌，因此，它们是厂区环境中威胁食品安全卫生的主要危害因素，应最大限度地消除和减少这些危害因素。

（2）厂房的设计要求。科学合理的厂房设计对减少食品生产环境中微生物的进入、繁殖、传播，防止或降低产品和原料之间的交叉污染至关重要。对于选址、总体布局、厂房设计、生产布局，一般生产区、洁净区应根据相关国家标准的要求执行。

（3）生产工具、设备设计要求。食品生产厂选择工具、设计时，不仅要考虑生产性能和价格，还必须考虑其能否保证食品的安全性，如设计是否易于清洗消毒，与食品直接接触的工具及设计的材料是否与食品发生理化反应。另外，要建立设备档案及其零部件管理制度。

（4）加工过程的要求。其主要包括对生产工艺规程与岗位操作规程、工艺卫生与人员卫生、生产过程管理、标签和标识管理等的要求。食品的加工、包装或储存必须在卫生的条件下进行。加工过程中的原辅料必须符合食品标准，加工过程要求严格控制，研究关键控制点，对关键工序的监控必须有记录，制定检验项目、检验标准、抽样及检测方法，防止出现交叉污染或盲区。食品包装材料不能对食品造成污染，更不能混入到产品中。加工产品应在适宜条件下储藏。

（5）厂房设备的清洗消毒。车间地面和墙裙应定期清洁，应对车间的空气进行过滤消毒杀菌。加工设备和工具定时进行清洗、消毒。

（6）产品的储存与销售。定期对储存食品的仓库进行清洁，仓库内产品要堆放整齐，批次清楚，堆垛与地面的距离应符合要求。食品的运输车、船必须保持良好的清洁卫生状况，并有相应的温湿度要求。

（7）人员的要求。其包括对有关人员学历、专业、能力的要求，人员培训、健康、个人卫生的要求。

（8）文件。所有的 GMP 程序、文件都应有文件档案，并且记录执行过程中的维持情况。

2）GMP 的要素

GMP 根据 FDA 的法规，分为 4 个部分：总则、建筑物与设施、设备、生产和加工控制。GMP 是适用于所有食品企业的，是常识性的生产卫生要求，GMP 基本上涉及的都是与食品卫生质量有关的硬件设施的维护和人员卫生的管理。符合 GMP 的要求是控制食品安全的第一步，其强调食品的生产和储运过程应避免生物性、化学性和物理性污染。我国食品卫生生产规范是在 GMP 的基础上建立起来的，并以强制性国家标准规定来实行。该规范适用于食品生产、加工的企业或工厂，并作为制定不同种类食品厂的专业卫生依据。

GMP 实际上是一种包括 4M 管理要素的质量保证制度，即选用规定要求的原料（material），以合乎标准的厂房设备（machines），由胜任的人员（man）按照既定的方法（methods）制造出品质既稳定又安全卫生的产品的一种质量保证制度。其实施的主要目的包括三方面：①降低食品制造过程中人为的错误；②防止食品在制造过程中遭受污染或品质劣变；③要求建立完善的质量管理体系。

GMP 是一种对生产、加工、包装、储存、运输和销售等加工过程的规范性要求。其内容包括：厂房与设施的结构、设备与器具、人员卫生、原材料管理、加工用水、生产程序管理、包装与成品管理、标签管理以及实验室管理等方面。GMP 的重点是：确认食品生产过程安全性，防止异物、毒物、微生物污染食品，有双重检验制度，防止出现人为的损失，标签的管理，生产记录、报告的存档以及建立完善的管理制度。

（1）总则。经体检或监督观察，凡是患有或似乎患有疾病、开放性损伤，包括疖或感染性创伤，或可成为食品、食品接触面或食品包装材料的微生物污染源的员工，直至消除上述病症之前均不得参与作业，否则会造成污染。凡是在工作中直接接触食物、食物接触面及食品包装材料的员工，在其当班时应严格遵守卫生操作规范，使食品免受污染。负责监督卫生或食品污染的人员应当受过教育或具有经验，或两者皆具备，这样才有能力生产出洁净和安全的食品。

（2）建筑物与设施。操作人员控制范围之内的食品厂的四周场地应保持卫生，防止食品受污染。厂房建筑物及其结构的大小、施工与设计应便于以食品生产为目的的日常维护和卫生作业。工厂的建筑物、固定灯具及其他有形设施应在卫生的条件下进行保养，并且保持维修良好。对用具和设备进行清洗和消毒时，应防止食品、食品接触面或食品包装材料受到污染。食品厂的任何区域均不得存在任何害虫。所有食品接触面，包括用具及接触食品的设备的表面，都应尽可能经常地进行清洗，以免食品受到污染。每个工厂都应配备足够的卫生设施及用具，包括供水、输水设施，污水处理系统，卫生间设施，洗手设施，垃圾及废料处理系统等。

（3）设备。工厂的所有设备和用具的设计，采用的材料和制作工艺，应便于充分清洗和适当维护。这些设备和用具的设计、制造和使用，应能防止食品中掺杂污染源。设备和用具接触食物的表面应耐腐蚀，它们应采用无毒的材料制成，能经受侵蚀作用。设备和用具接触食物的表面的接缝应平滑，而且应维护得当，能尽量减少食物颗粒、脏物及有机物的堆积，从而将微生物生长繁殖的机会降低到最小限度。食品加工、处理区域内不与食品接触的设备应结构合理，便于保持清洁卫生。食品的存放、输送和加工系统的设计结构应能使其保持良好的卫生状态。

（4）生产和加工控制。食品的进料、检查、运输、分选、预制、加工、包装、储存等所有作业都应严格按照卫生要求进行。应采用适当的质量管理方法，确保食品适合人们食用，并确保包装材料是安全适用的。工厂的整体卫生应由一名或数名指定的称职的人员进行监督。应采取一切合理的预防措施,确保生产工序不会构成污染源。必要时,应采用化学的、微生物的或外来杂质的检测方法去验明卫生控制的失误或可能发生的食品污染。凡是污染已达到界定的掺杂程度的食品都应一律退回,或者,如果允许的话,经过处理加工以消除其污染。

3. GMP 基本原则

(1) 明确各岗位人员的工作职责。

(2) 在厂房、设施和设备的设计、建造过程中,充分考虑生产能力、产品质量和员工的身心健康。

(3) 对厂房、设施和设备进行适当的维护,以保证其始终处于良好的状态。将清洁工作作为日常的习惯,防止产品污染。

(4) 开展验证工作,证明系统的有效性、正确性和可靠性。

(5) 起草详细的规程,为取得始终如一的结果提供准确的行为指导。认真遵守批准的书面规程,防止污染、混淆和差错。

(6) 对操作或工作及时、准确地记录归档,以保证可追溯性,符合 GMP 要求。通过控制与产品有关的各个阶段,将质量融入产品生产过程中。

(7) 定期进行有计划的自检。

10.1.2 卫生标准操作程序

1. 概述

卫生标准操作程序(SSOP)实际上是 GMP 中最关键的基本卫生条件,也是在食品生产中实现 GMP 全面目标的卫生生产规范。1996 年美国农业部食品安全检验局(FSIS)发布的法规中,要求肉禽产品生产企业在执行危害分析和关键控制点(HACCP)时,制定和执行 SSOP,即把执行 SSOP 作为改善其产品安全、执行 HACCP 的主要前提。

SSOP 强调食品生产车间、环境、人员及与食品接触的器具、设备中可能存在的危害的预防以及清洗(洁)的措施。SSOP 与 HACCP 的执行有密切的关联,且 HACCP 体系建立在牢固地遵守现行的 GMP 和可接受的 SSOP 的基础上。我国《中华人民共和国食品卫生法》及对各类型食品工厂的卫生规范都有类似国外 SSOP 和 GMP 的相关内容,《食品安全国家标准 食品生产通用卫生规范》(GB 14881—2013)、《食品安全国家标准 罐头食品生产卫生规范》(GB 8950—2016)、《食品安全国家标准 糕点、面包卫生规范》(GB 8957—2016)等都属于我国食品生产的 SSOP 范畴,也应该是国内执行 HACCP 体系的基本措施。

SSOP 计划至少包括 8 个方面:

(1) 加工用水和冰的安全性。

(2) 食品接触表面的清洁和卫生。

(3) 防止交叉污染。

(4) 洗手、消毒和卫生间设施的维护。

(5) 防止外来污染物污染。

(6) 有毒化合物的处理、储存和使用。

(7) 加工人员的健康状况。

(8) 有害动物的灭除和控制。

SSOP 计划一定要具体,切忌原则性的、抽象的论述,核心是要具有可操作性。

2. SSOP 的主要内容

为确保食品在卫生状态下加工，充分保证达到 GMP 的要求，加工厂应针对产品或生产场所制定并且实施一个书面的 SSOP 或类似的文件。SSOP 最重要的是具有以上 8 个卫生方面（但不限于这 8 个方面）的内容，加工者根据这 8 个主要卫生方面加以实施，以消除与卫生有关的危害。实施过程中还必须有检查、监控，如果实施不力还要进行纠正和记录。这些卫生方面适用于所有种类的食品零售商、批发商、仓库和生产操作。

1）水和冰的安全性

生产用水（冰）的卫生质量是影响食品卫生的关键因素。对于任何食品加工，首要的一点就是要保证水（冰）的安全。食品加工企业在制定完整的 SSOP 计划时，首先要考虑与食品接触或与食品接触物表面接触的水（冰）的来源与处理应符合有关规定，并要考虑非生产用水及污水处理的交叉污染问题。

（1）水的供应要求。食品加工者必须提供在适宜的温度下足够的饮用水（符合国家饮用水标准）。对于自备水源，要考虑水井周围环境、深度、污水等因素，出水口必须远离水井以促进适宜的排水，井口密封以防止污水的进入。对储水设备（水塔、储水池、蓄水罐等）要定期进行清洗和消毒。无论是城市供水还是自备水源都必须有效地加以控制，有合格的证明后方可使用。

对于公共供水系统必须提供供水网络图，并清楚标明出水口编号和管道区分标记。合理地设计供水、废水和污水管道，防止饮用水与污水的交叉污染及虹吸倒流造成的交叉污染。在检查期间内，上水道和下水道应追踪至交叉污染区和死水区域。

（2）加工操作中易产生水质交叉污染的关键区域。水管龙头需要一个典型的真空中断器或其他防止回流的装置以避免产生负压情况。如果水管中浸满水，而水管没有防止回流的装置保护，脏水可能被吸入饮用水中。

清洗/解冻/漂洗槽的水位应根据水管直径进行合理设置，以防止回吸。

要定期对大肠菌群和其他影响水质的成分进行分析。企业至少每月进行 1 次微生物监测，每天对水的 pH 和余氯进行监测，当地主管部门对水的全项目监测报告每年应提供 2 次。水的监测取样，每次必须包括总的出水口，一年内做完所有的出水口。取样方法：先进行消毒并放水 5min。

对于废水排放，要求地面有一定坡度易于排水，加工用水、案台或清洗消毒池的水不能直接流到地面，地沟（明沟、暗沟）要加篦子（易于清洗、不生锈），水流向要从清洁区到非清洁区，与外界接口要防异味、防蚊蝇。

当冰与食品或食品表面相接触时，它必须以一种卫生的方式生产和储藏。由于这种原因，制冰用水必须符合饮用水标准，制冰设备卫生、无毒、不生锈，储存、运输和存放的容器卫生、无毒、不生锈。食品与不卫生的物品不能同存于冰中。必须防止由于人员在冰上走动引起的污染，应定期对制冰机内部进行检验以确保清洁并不存在交叉污染。

若发现加工用水存在问题，应立即终止使用，直到问题得到解决。水的监控、维护及其他问题处理都应记录保持。

2）食品接触表面的清洁和卫生

保持食品接触表面的清洁是为了防止食品被污染。食品接触表面一般包括：直接（加工设备、工器具和案台、加工人员的手或手套、工作服等）和间接（未经清洗消毒的冷库、卫生间的门把手、垃圾箱等）两种。

（1）食品接触表面在加工前和加工后都应彻底清洁，并在必要时消毒。加工设备和器具的清洗消毒：首先必须进行彻底清洗（除去微生物赖以生长的营养物质，确保消毒效果），再进行冲洗，然后进行消毒，主要采用 82℃水（如肉类加工厂）、消毒剂（如次氯酸钠 100~150mg/L）、物理方法（如紫外线、臭氧等）等方法。加工设备和器具的清洗消毒的频率：大型设备在每班加工结束之后，器具每 2~4h 清洗一次，加工设备、器具（包括手）被污染之后应立即进行清洗消毒。

（2）检验者需要判断食品接触表面是否达到了适度的清洁程度，他们需要检查和监测难清洗的区域和产品残渣可能出现的地方，如加工台面下或钻在桌子表面的排水孔内等是产品残渣聚集、微生物繁殖的理想场所。

（3）设备的设计和安装应易于清洁，这对卫生极为重要。设计和安装应无粗糙焊缝、破裂，内外应一致，以防止清洁和消毒化合物残留。在不同表面接触处应具有平滑的过渡。另一个相关问题是，虽然设备设计得好，但已超过它的可用期并已刮擦或坑洼不平以至于不能被充分地清洁，那么这台设备应修理或替换掉。

设备必须用适于食品表面接触的材料制作。要耐腐蚀、光滑、易清洗、不生锈。多孔和难以清洁的木头等材料，不应被用作为食品接触表面。食品接触表面是食品可与之接触的任意表面。若食品与墙壁相接触，那么这堵墙是一个食品接触表面，需要一同设计，满足维护和清洁要求。

其他的食品接触表面还包括工作人员的手接触后不再经清洁和消毒而直接接触食品的表面，如不能充分清洗和消毒的冷藏库、卫生间的门把、垃圾箱和原材料包装。

（4）手套和工作服也是食品接触表面，手套比手更容易清洗和消毒，如使用手套的话，每一个食品加工厂应提供适当的清洁和消毒的程序。不得使用线手套或易破损的手套。工作服应集中清洗和消毒，应有专用的洗衣房、洗衣设备，能力要与实际相适应，不同区域的工作服要分开，并每天清洗消毒。不使用时它们必须储藏于不被污染的地方。

工器具清洗消毒几点注意事项：固定的场所或区域；推荐使用热水，注意蒸汽排放和冷凝水；要用流动的水；注意排水问题；注意科学程序，防止清洗剂、消毒剂的残留。

在检查发现问题时应采取适当的方法及时纠正，如再清洁、消毒、检查消毒剂浓度、培训员工等。记录包括检查食品接触面状况、消毒剂浓度、表面微生物检验结果等。记录的目的是提供证据，证实工厂消毒计划充分并已执行，发现问题能及时纠正。

3）防止交叉污染

交叉污染是通过生的食品、食品加工者或食品加工环境把生物或化学的污染物转移到食品的过程。此方面涉及预防污染的人员要求、原材料和熟食产品的隔离以及工厂预防污染的设计。

（1）人员要求。适宜的洗手液对手进行清洗和消毒能防止污染。手清洗的目的是去除有机物质和暂存细菌，所以消毒能有效地减少和消除细菌。但如果人员佩戴饰品或缠绷带，手的清洗和消毒将不可能有效。有机物藏于皮肤和珠宝或线带之间是微生物迅速生长的理想部位，当然也会成为污染源。

个人物品也能导致污染并需要远离生产区存放。它们能从加工厂外引入污物和细菌，存放设施只要远离生产区就行。

在加工区内吃、喝或抽烟等行为不应发生，这是基本的食品卫生要求。在几乎所有情况下，手经常会靠近鼻子，人鼻孔内可能存在金黄色葡萄球菌。

皮肤污染也是一个关键点。未经消毒的肘、胳膊或其他裸露皮肤表面不应与食品或食品接触表面相接触。

（2）隔离。防止交叉污染的一种方式是工厂的合理选址和车间的合理设计、布局。一般在建造以前应本着减小问题的原则反复查看加工厂草图，提前与有关部门取得联系。这个问题一般是在生产线增加产量和新设备安装时发生。

食品原材料和成品必须在生产和储藏中分离以防止交叉污染。可能发生交叉污染的例子是生、熟品相接触，或用于储藏原料的冷库同样储存了即食食品。原料和成品必须分开，原料冷库和熟食品冷库分开是解决这种交叉污染的最好办法。产品储存区域应每日进行检查。另外应注意人流、物流、水流和气流的走向，要从高清洁区到低清洁区，要求人走门、物走传递口。

（3）人员操作。人员操作也能导致产品污染。当人员处理非食品的表面，然后又未清洗和消毒手就处理食物产品时易发生污染。

食品加工的表面必须维持清洁和卫生。这包括保证食品接触表面不受一些行为的污染，如把接触过地面的货箱或原材料包装袋放置到干净的台面上，或因来自地面或其他加工区域的水、油溅到食品加工的表面而污染。

若发生交叉污染要及时采取措施防止再发生；必要时停产直至改进；如有必要，要评估产品的安全性；记录采取的纠正措施。记录一般包括每日卫生监控记录、消毒控制记录、纠正措施记录。

4）洗手、消毒和卫生间设施的维护

手的清洗和消毒的目的是防止交叉污染。一般的清洗方法和步骤为：清水洗手，擦洗手皂液，用水冲净洗手液，将手浸入消毒液中进行消毒，用清水冲洗，干手。

手清洗和消毒台需设在方便之处，且有足够的数量，如果不方便的话，它们将不会被使用，流动消毒车也是一种不错的方式。但它们与产品不能离得太近，不应构成产品污染的风险。需要配备冷热混合水、皂液和干手器，或其他适宜的设备，如像热空气的干手设备。手清洗和消毒台的建造需要防止再污染，水龙头以膝动式、电力自动式或脚踏式较为理想。检查时应该包括测试一部分的手清洗台以确信它能良好工作。清洗和消毒频率一般为：每次进入车间时，加工期间每30min～1h进行一次，当手接触了污染物、废弃物后等。

消毒液放置在工作台上或周围。这是为了加工人员弄脏他们的手或设备时消毒，以保持微生物的最低数量。但即使在最好的消毒状况时，这也不是彻底有效的。因为手和设备带有有机物质，其可能使细菌免于消毒剂的作用。在通常情况下，消毒剂在氧化有机物时就被用光，而没有剩余的消毒剂阻止细菌生长。因此，这些消毒剂实际上可能成为一个污染源，不应鼓励此类情况发生。

卫生间需要进入方便、卫生且维护良好，具有自动关闭、不能开向加工区的门。这关系到空中或飘浮的病原体和寄生虫的进入。检查应包括每个工厂的每个厕所的冲洗。如果便桶周围不密封，人员可能在鞋上沾上粪便污物并带进加工区域。

卫生间的设施要求：位置要与车间相连接，门不能直接朝向车间，通风良好，地面干燥，整体清洁；数量要与加工人员相适应；使用蹲坑厕所或不易被污染的坐便器；清洁的手纸和纸篓；洗手及防蚊蝇设施；进入厕所前要脱下工作服和换鞋；一般情况下要达到三星级酒店的标准。

5）防止外来污染物污染

食品加工企业经常要使用一些化学物质，如润滑剂、燃料、杀虫剂、清洁剂、消毒剂等，生产过程中还会产生一些污物和废弃物，如冷凝物和地板污物等。下脚料在生产中要加以控制，防止污染食品及包装。关键卫生条件是保证食品、食品包装材料和食品接触面不被生物性、化学性和物理性的污染物污染。

加工者需要了解可能导致食品被间接或不可预见的污染，而导致食用不安全的所有途径，如被润滑剂、燃料、杀虫剂、冷凝物和有毒清洁剂中的残留物或烟雾剂污染。工厂的员工必须经过培训，达到认清和防止这些可能造成污染的间接途径。

可能产生外部污染的原因如下。

（1）有毒化合物的污染。非食品级润滑油被认为是污染物，因为它们可能含有有毒物质；

燃料污染可能导致产品污染；只能用被允许的杀虫剂和灭鼠剂来控制工厂内害虫，并应按照标签说明使用；不恰当地使用化学品、清洗剂和消毒剂可能会导致食品外部污染，如直接的喷洒或间接的烟雾作用。当食品、食品接触表面、包装材料暴露于上述污染物时，应被移开、盖住或彻底清洗；员工们应该警惕来自非食品区域或邻近的加工区域的有毒烟雾。

（2）因不卫生的冷凝物和死水产生的污染。被污染的水滴或冷凝物中可能含有致病菌、化学残留物和污染物，导致产品被污染；缺少适当的通风会导致冷凝物或水滴滴落到产品、食品接触表面和包装材料上，地面积水或池中的水可能溅到产品、产品接触表面上，使得产品被污染。脚或交通工具通过积水时会产生喷溅。

水滴和冷凝水较常见，且难以控制，易形成霉变。一般采取的控制措施有：顶棚呈圆弧形、良好通风、合理用水、及时清扫、控制车间温度稳定、提前降温、吹干等。包装材料的控制方法常用的有：通风、干燥、防霉、防鼠，必要时进行消毒，内外包装分别存放，食品储存时物品不能混放，且要防霉、防鼠等。化学品的正确使用和妥善保管。

任何可能污染食品或食品接触表面的掺杂物，建议在开始生产时检查及工作时间每4h检查1次，并记录每日卫生控制情况。

6）有毒化合物的处理、储存和使用

食品加工需要特定的有毒物质，这些有毒化合物主要包括：洗涤剂、消毒剂（如次氯酸钠）、杀虫剂（如1605）、润滑剂、试验室用药品（如氰化钾）、食品添加剂（如硝酸钠）等。没有它们工厂设施无法运转，但使用时必须小心谨慎，按照产品说明书使用，做到正确标记、储存安全，否则会导致企业加工的食品有被污染的风险。

所有这些物品需要适宜的标记并远离加工区域，应有主管部门批准生产、销售、使用的证明；要有主要成分、毒性、使用剂量和注意事项；要配备带锁的柜子；要有清楚的标识、有效期；严格的使用登记记录；自己单独的储藏区域，如果可能，清洗剂和其他毒素及腐蚀性成分应储藏于密闭储存区内；要有经过培训的人员进行管理。

7）加工人员的健康状况

食品加工者（包括检验人员）是直接接触食品的人，其身体健康及卫生状况直接影响食品卫生质量。应管理好患病或有外伤或其他身体不适的员工。他们可能成为食品的微生物污染源。对员工的健康要求一般包括：

（1）不得患有妨碍食品卫生的传染病，工作人员不能有外伤、化妆、佩戴首饰和带个人物品，必须具备工作服、帽、口罩、鞋等，并及时洗手消毒。

（2）应持有效的健康证，制定体检计划并设有体检档案，包括所有和加工有关的人员及管理人员，应具备良好的个人卫生习惯和卫生操作习惯。

（3）有疾病、伤口或其他可能成为污染源的人员要及时隔离。

（4）食品生产企业应制定有卫生培训计划，定期对加工人员进行培训，并记录存档。

8）有害动物的灭除和控制

有害动物主要包括啮齿类动物、鸟类和昆虫等携带某种人类病原菌的动物。通过有害动物传播的食源性疾病数量巨大，因此有害动物的防治对食品加工厂是至关重要的。有害动物的灭除和控制包括加工厂（主要是生产区）全范围，甚至包括加工厂周围，重点是厕所、下脚料出口、垃圾箱周围、食堂、储藏室等。食品和食品加工区域内保持卫生对控制有害动物至关重要。

去除任何产生昆虫、有害动物的因素，如废物、垃圾堆积场地、不用的设备、产品废物和未除尽的植物等。安全有效的有害动物控制必须由厂外开始。厂房的窗、门和其他开口，如天窗、排污洞和水泵管道周围的裂缝等。采取的主要措施包括：清除昆虫、有害动物的滋生地和预防其进入的风幕、纱窗、门帘，适宜的挡鼠板、存水弯等，还包括产区用的杀虫剂、车间入口用的灭蝇灯、粘鼠胶、捕鼠笼等，但不能用灭鼠药。

家养的动物，如用于防鼠的猫和用于护卫的狗或其他宠物，不允许出现在食品生产和储存区域。由这些动物引起的食品污染构成了同有害动物引起的类似风险。

10.1.3 危害分析和关键控制点

1. HACCP 体系简介

HACCP 体系，是以科学为基础，通过系统研究确定具体的危害及其控制措施，以保证食品的安全性。HACCP 是一个评估危害并建立控制系统的工具，其控制系统是着眼于预防而不是依靠终产品的检验来保证食品安全，它是迄今为止人们发现的最有效的保障食品安全的管理方法。HACCP 是目前世界上最有权威的食品安全质量保护体系，是用来保护食品在整个生产过程中免受可能发生的生物、化学、物理因素的危害。其宗旨是将这些可能发生的食品安全危害消除在生产过程中，而不是靠事后检验来保证产品的可靠性。

HACCP 必须建立在食品安全项目的基础上才能使它运行。例如，良好操作规范（GMP）、标准操作规范（standard operating procedure，SOP）、卫生标准操作程序（SSOP）。

2. HACCP 的特点

（1）针对性：针对性强，主要针对食品的安全卫生，是为了保证食品生产系统中任何可能出现的危害或有危害风险的地方得到控制。

（2）预防性：是一种用于保护食品免受生物、化学和物理危害的管理工具，它强调企业自身在生产全过程的控制作用，而不是最终的产品检测或者是政府部门的监管作用。

（3）经济性：设立关键控制点控制食品的安全卫生，降低了食品安全卫生的检测成本，同以往的食品安全控制体系比较，具有较高的经济效益和社会效益。

（4）实用性：已在世界各国得到了广泛的应用和发展。

（5）强制性：被世界各国的官方所接受，并被强制执行。同时，也被食品法典委员会（CAC）认同。

（6）动态性：HACCP 中的关键控制点随产品、生产条件等因素改变而改变，企业如果出现设备/检测仪器/人员等变化，都可能导致 HACCP 计划的改变。

HACCP 是一个预防体系，但绝不是一个零风险体系。与传统技术相比，HACCP 具有以下优势。

传统的食品安全控制流程一般建立在"集中"视察、最终产品的测试等方面，通过"望、闻、切"的方法去寻找潜在的危害，而不是采取预防的方式，因此存在一定的局限性。举例来说，在规定的时间内完成食品加工工作、靠直觉去预测潜在的食品安全问题、在最终产品的检验方面代价高昂，为获得有意义的、有代表性的信息，在搜集和分析足够的样品方面存在较大难度。

而在 HACCP 体系原则指导下，食品安全被融入设计的过程中，而不是传统意义上的最终产品检测。因而，HACCP 体系能提供一种能起到预防作用的体系，并且更能经济地保障食品的安全。部分国家的 HACCP 实践表明实施 HACCP 体系能更有效地预防食品污染。例如，美国食品药品监督管理局的统计数据表明，在水产加工企业中，实施 HACCP 体系的企业比没实施的企业食品污染的概率降低了 20%~60%。

3. HACCP 体系的原理及其应用

1）HACCP 体系的基本原理

HACCP 是一个确认、分析、控制生产过程中可能发生的生物、化学、物理危害的系统方法，是一种新的质量保证系统，它不同于传统的质量检查（即终产品检查），它体现了生产过程各环节的控制。从 HACCP 名称可以明确看出，它主要包括 HA，即危害分析（hazard analysis），以及关键控制点（critical control point，CCP）。HACCP 原理经过实际应用和修改，已被食品法典委员会（CAC）确认，由以下 7 个基本原理（或原则）组成。

原理 1：进行危害分析。

原理 2：识别关键控制点。

原理 3：建立关键控制限度。

原理 4：建立对关键控制点的监控体系。

原理 5：当某个关键控制点失去控制时，必须采取纠错行动。

原理 6：制订程序来审核 HACCP 体系的运作是正确有效的。

原理 7：建立和所有程序相关的文件，并对这些原则的应用情况进行记录。

（1）危害分析。确定与食品生产各阶段有关的潜在危害性，它包括原材料生产、食品加工制造过程、产品储运、消费等各环节。危害分析不仅要分析其可能发生的危害及危害的程度，也要涉及用防护措施来控制这种危害。

（2）确定关键控制点（CCP）。CCP 是可以被控制的点、步骤或方法，经过控制可以使食品潜在的危害得以防止、排除或降至可接受的水平。HACCP 被认为是保证食品安全的最佳方法，它集中在加工步骤的控制和监控，CCP 控制和监控对食品安全有最佳效果。CCP 可以是食品生产制造的任意步骤，包括原材料及其收购或其生产、收获、运输、产品配方及加工储运各步骤。

（3）确定关键控制限值，保证 CCP 受控制。确定 CCP 关键限值是 HACCP 计划中最重要的步骤之一。对每个 CCP 需要确定一个标准值，以确保每个 CCP 限制在安全值以内。这些关键限值常是一些保藏手段的参数，如温度、时间、物理性能（如张力）、水分、水分活性、pH 及有效氯浓度等。

（4）确定监控 CCP 措施。监控是有计划、有顺序地观察或测定以判断 CCP 是否在控制中，并有准确的记录，可用于未来的评估。应尽可能通过各种物理及化学方法对 CCP 进行连续的监控，若无法连续监控关键限值，应有足够的间歇频率来观察测定 CCP 的变化特征，以确保 CCP 在控制中。

（5）确立纠偏措施。当监控显示 CCP 出现偏离关键限值时，要采取纠偏措施。虽然 HACCP 体系已有计划防止偏差，但从总的保护措施来说，应在每一个 CCP 上都有合适的纠偏计划，以便在发生偏差时能有适当的手段来恢复或纠正出现的问题，并有维持纠偏动作的记录。

纠偏记录是 HACCP 计划重要的文件之一。企业根据它总结经验教训，以便在未来的操作中防止偏离关键限值的事故发生。

（6）确立有效的记录保持程序。要求把列有确定的危害性质、CCP、关键限值的书面 HACCP 计划的准备、执行、监控、记录保持和其他措施等与执行 HACCP 计划有关的信息、数据记录文件完整地保存下来。保持的记录和文件确认了执行 HACCP 体系过程中所采用的方法、程序、试验等是否和 HACCP 计划一致。

（7）建立审核程序。审核程序是验证应用的方法、程序、试验、评估和监控的科学性、合理性，审核关键限值能否控制确定的危害，保证 HACCP 计划正常执行。

2) HACCP 体系的应用

任何一个食品行业在应用 HACCP 体系之前，这个行业应该具备一些前提条件，如符合食品法典委员会制定的"食品卫生通则"、遵循食品工厂卫生规范以及符合食品安全要求的良好卫生操作规范。针对 HACCP，应建立包括培训在内的，具有可操作性的、可验证的前提条件，以便于成功应用和实施 HACCP 体系。

在制定和应用 HACCP 体系时，在危害的识别、评估以及随后的运作中，应充分考虑以下因素：原料、辅料、食品操作规范、在生产制造中控制危害的人员、产品的最终用途、消费群体以及有关食品安全的流行病学数据。

HACCP 体系考虑的重点是对关键控制点的控制。如果必须控制的危害已经被识别，但关键控制点还未找到，那就要考虑重新修改加工方法。

应用 HACCP 体系时，应该充分考虑每个操作所处的实际环境。在食品法典委员会制定的"食品卫生通则"中所举的任何识别关键控制点的例子，并不一定是那个特定环境下的唯一选择，它也可能适用于其他不同的环境。当对产品、加工环节或其他相关方面进行了更改时，HACCP 体系的应用就应该受到检查和做出必要的改进。

4. 食品的危害分析及其控制

食品的危害分析是 HACCP 七大原理之一，也是企业实施 HACCP 体系的一项基础工作。所谓食品危害分析是指识别出食品中可能存在的给人们身体带来伤害或疾病的生物、化学和物理因素，并评估危害的严重程度和发生的可能性，以便采取措施加以控制。食品危害分析一般分为危害识别和危害评估。

1) 危害识别

食品的危害识别在 HACCP 体系中是十分关键的环节，它要求在食品原料使用、生产加工和销售、包装、运输等各个环节对可能发生的食品危害进行充分的识别，列出所有潜在的危害，以便采取进一步的行动。食品中的危害一般可分为生物危害、化学危害和物理危害。

（1）生物危害：包括病原性微生物、病毒和寄生虫。

病原性微生物一般会导致食源性疾病的发生，而且发病率较高。在美国平均每年达 3 万多例，我国每年报告的集体发病事件，多数也属于食源性疾病。病原性微生物对人体健康造成的伤害包括食源性感染和食源性中毒。食源性感染会造成腹泻、呕吐等症状；食源性中毒，即食物中毒，对人体造成的危害更加严重。在适宜的环境如营养成分、pH、温度、水分活度、气体（氧气）等条件下，微生物会快速繁殖，从而引起食物腐败变质。

病毒比细菌更小，食品携带上病毒后，可以通过感染人体细胞从而引起疾病。如 1998 年春天上海暴发的大规模甲肝，造成大约 30 万人感染上甲型肝炎病毒，出现发热、腹痛腹泻、肝脏炎症并伴有黄疸等症状。病毒污染食品的途径一般如下：一是动植物原料环境感染了病毒，如上海甲肝流行就是人们食用的毛蚶生长水域感染了甲肝病毒；二是原料动物携带病毒，如牛患狂犬病或口蹄疫；三是食品加工人员带有病毒，如乙肝患者。

寄生虫通常寄生在宿主体表或体内，通过食用携带寄生虫的食品而感染人体，可能出现淋巴结肿大、脑膜炎、心肌炎、肝炎、肺炎等症状。比如，人们比较熟悉的猪囊虫病，就是人们食用了未煮熟的囊虫病猪肉而被感染。

寄生虫污染食品的途径有以下几种：一是原料动物患有寄生虫病；二是食品原料遭到寄生虫卵的污染；三是粪便污染、食品生熟不分。

（2）化学危害：一般可分为天然的化学危害、添加的化学危害和外来的化学危害。

天然的化学危害来自于化学物质，这些化学物质在动物、植物自然生长过程中产生，如人们常说的毒蘑菇、某些生长在谷物上的霉菌生成的毒素（如黄曲霉毒素具有致癌性）、河豚中含有的毒素、某些贝类因食用一些微生物和浮游生物而产生贝毒素。

添加的化学危害是人们在食品加工、包装、运输过程中加入的食品色素、防腐剂、发色剂、漂白剂等，如果超过安全标准就成为危害。

外来的化学危害主要来源于以下几种途径：一是农用化学药品，如杀虫剂、除草剂、化肥等的使用；二是兽用药品，如兽医治疗用药、饲料添加用药在动物体内的残留；三是工业污染，如铅、砷、汞等化学物质进入动植物及水产品体内，食品加工企业使用的润滑剂、清洁剂、灭鼠药等化学物质污染食品。

化学危害对人体可能造成急性中毒、慢性中毒、影响人体发育、致畸、致癌甚至致死等后果。

（3）物理危害：是指在食品中发现的不正常、有害异物，当人们误食后可能造成身体外伤、窒息或其他健康问题。比如，食品中常见的金属、玻璃、碎骨等异物对人体的伤害。物理危害主要来源于以下几种途径：植物收获过程中掺进玻璃、铁丝铁钉、石头等；水产品捕捞过程中掺杂鱼钩、铅块等；食品加工设备上脱落的金属碎片、灯具及玻璃容器破碎造成的玻璃碎片等；畜禽在饲养过程中误食铁丝，畜禽肉和鱼剔骨时遗留骨头碎片或鱼刺。

2）危害评估

所谓危害评估就是对识别出来的食品危害是否构成显著危害进行评价。事实上，HACCP体系并不是要控制所有的食品危害，只是控制显著危害。显著危害控制住了，也就降低了食品危害风险系数。

哪些危害是显著危害？一般应从两个方面来确定：一是发生的可能性（风险性），二是一旦控制不当会给人们带来不可接受的健康损害（严重性）。在实践中，一般是根据工作经验、流行病学数据、客户投诉及现有的技术资料、信息来评估危害发生的可能性；用政府部门、权威研究机构向社会公布的风险分析资料、信息来判定危害的严重程度。需要注意的是，在进行危害分析时必须考虑到加工企业无法控制的因素，如销售、运输环节及食用方式等。这些因素应在食品包装上以适当的文字或图形加以说明，给消费者合适的信息，防止食品在食物链后期发生不必要的食品危害。对某些食品还应注明合适的消费人群，由于消费群体的不同或食用方式的不同，有时可能造成危害，有时可能不构成危害，如儿童食用果冻就曾经发生过窒息死亡事件，鱼骨鱼刺对成年人来说通常不是危害，但对儿童就有可能构成危害。

食品危害的识别和分析一般由食品加工企业HACCP体系负责小组来完成，也可以聘请技术专家来指导完成。同时，HACCP体系负责小组应对历史上发生过的一些食品安全事件加以关注，尤其是流行病的发生，来充分考虑新出现的食品危害。比如，对来自欧洲的牛肉，前几年可能不会考虑牛海绵状脑病带来的危害，而现在则应将其作为显著危害来对待。

在危害识别、分析过程中，HACCP体系负责小组应组织人员自由讨论，集思广益，广开言路，尽可能发现潜在危害，防止遗漏显著危害。

3）控制措施

控制措施是预防措施而非纠正措施，即通过预先的行动来防止或消除食品危害的发生或将其危害降到可接受的水平，而控制措施主要是针对显著危害而言的。在实践中，可以有很多方法来控制食品危害的发生，有时一个显著危害只需一种控制方法就可以控制，有时可能同时需要几种方法来控制，有时一种方法也可以同时控制几种不同的危害。一般情况下控制措施有以下几种。

（1）生物危害的控制措施。对病原性微生物（细菌）的控制可以有以下几种措施：加热和蒸煮，可以使致病菌失活；冷却和冷冻，可以抑制细菌生长；发酵或pH控制，可以抑制部分不耐酸的细菌生长；添加盐或其他防腐剂，可以抑制某些致病菌生长；通过高温或低温干燥，可以杀死某些致病菌或抑制某些致病菌生长。源头控制，即从非污染区域和合格供应商（需查验捕捞许可证、检疫证明等）处采购食品原料。

（2）化学危害的控制措施。源头控制：对化学危害的控制有时比控制生物危害更加困难，如农药、兽药的残留问题，一般可考虑从非污染区域和合格供应商处采购食品原料，有条件的可以选择通过有机产品认证的食品原料。加工过程控制：应合理使用食品添加剂。

（3）物理危害的控制措施。对物理危害的控制：一是靠预防，如通过供应商和原料控制尽可能减少杂质的掺入；二是通过金属探测、磁铁吸附、筛选、空气干燥机等方法控制；三是通过眼看、手摸等方法进行人工挑选。

10.2　食品智能加工过程案例

10.2.1　案例1　铁观音智能化加工案例

1. 铁观音初制加工工艺流程

安溪铁观音初制加工工艺流程分为采摘、萎凋、做青、杀青、揉捻、烘焙、包揉、复烘、复包揉、干燥等十几道工序（图10-1）。采摘是铁观音品质形成的基础；萎凋是铁观音品质形成的关键步骤；做青是构筑安溪铁观音品质的重要阶段；杀青是抑制酶的活性、固定品质和激发内部品质香气的重要流程；揉捻、烘焙是塑造内外部品质并使其升华、稳固的关键步骤。

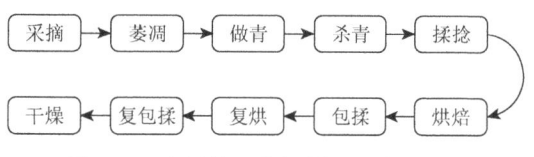

图10-1　安溪铁观音初制工艺流程工序

八马茶产业研究院集合茶叶加工、农业信息、智能装备等专业企业，集成优势力量，围绕安溪铁观音萎凋、做青、杀青、揉捻和烘焙等生产工艺流程开展数字化和加工过程关键装备研究，为实现安溪铁观音加工过程的全自动化生产线奠定数据基础。

1）萎凋阶段

安溪铁观音属于半发酵乌龙茶，采摘的茶青必须经过萎凋后去除一定的水分，才能进入下一步的做青工序。萎凋阶段一般包括晒青和晾青两道工序。

2）做青阶段

做青阶段主要包括摇青和晾青两道工序。做青是铁观音制作特有的操作方法，也是铁观音品质、香气形成的关键。做青是摇青和晾青间断进行的过程，也是动和静交互完成的过程。经过摇青，茶青在摇青筒中相互碰撞、摩擦和翻落，细胞会发生破裂、损坏，使水分扩散、渗透和外溢，从而有助于青草味的挥发。

3）杀青阶段

摇青结束后，将茶青静置于室内，并经常翻动，直至青草味逐渐消失，香气微微散发。发酵适中时，便可以进行杀青。杀青是采用高温来破坏茶青内酶的活性，阻止其继续发酵，使其具有半发酵茶特有的香味。同时，杀青还会蒸发掉茶青中大量的水分，从而使茶青质地变得柔软，有利于后期的包揉成型和干燥处理。

4）揉捻、烘焙阶段

揉捻是铁观音成型的主要工序。通过揉捻，铁观音形成紧结、弯曲的外形，同时升华和稳固内部品质。揉捻的主要原则为热揉、适度重压、快速、短时。

初次烘焙的主要作用是进一步破坏酶的活性,并挥发茶青中的水分,浓缩茶汁,将营养物质凝固附着于茶叶的表面,同时增加其外部色泽、亮度。

包揉是制作安溪铁观音的一道特殊工序,也是塑造"蜻蜓头"外形的重要手段。包揉主要是通过"揉搓压抓"等技术性动作,将卷曲成条索的茶叶揉搓成紧结、弯曲呈螺旋状的外形。经过初次包揉,茶汁会被充分挤出,并黏附在茶叶表面,使茶叶更容易浸泡出味。

二次烘焙主要是为了让茶坯受热更加均匀,并再次蒸发一定量的水分。进行复包揉,烘焙程度应当适量减轻,以确保复包揉的顺畅性。二次烘焙的具体要求一般为快速、适温,否则将会影响成茶的色泽,并导致茶失水过多,大大增加茶末的含量。

复包揉通常需要采用布巾进行包揉,工艺和手法与初次包揉基本相同,但由于复包揉时茶坯含水量大大减少,此时可以适当增加包揉量,揉搓至茶坯符合相关规格要求为止。如果原料老嫩程度不一,复包揉后很可能会出现条索紧结度和弯曲度不一致、不均匀的现象,此时应当对原料进行筛分,并根据原料含水情况、成型情况进行第三次烘焙和第三次包揉。

干燥是安溪铁观音制作的最后一道工序,也是稳固成茶品质和延长保质期必须做的一道工序。干燥的具体方法为"低温慢烤",烘干后的茶叶,手折茶梗应声而断,手搓茶叶可成粉末。

2. 铁观音智能化精制加工生产线

目前我国铁观音规模化的精制加工存在着自动化水平较低、生产人工成本高和生产效率较低等问题,福建八马茶业有限公司技术团队在前几代乌龙茶精制加工生产线的基础上,利用工艺优化与装备升级相结合,融合智能化、信息化、自动化出货生产线,运用设备单体接驳方式实现全过程连续化、自动化、清洁化技术,建立最新铁观音智能化精制加工生产线和铁观音精制工艺。

八马铁观音智能化精制加工工艺流程为毛茶→拣梗→筛分→风选→匀堆→静电拣杂→拼配→烘焙→成品茶检验→成箱。八马铁观音智能化精制加工生产线(图10-2)主要优化和创新点包括:茶叶通过机器色选拣别,上料至匀堆装置;采用滚筒摇摆与滚筒定点逻辑控制模式完成智能匀堆运动;利用辊筒摩擦静电除杂,将茶叶中的杂质剔除;新增全自动红外光电技术,精准识别次品,通过高速喷嘴剔除次品;采用新一代金属探测除杂技术,进一步对茶叶杂质进行自动检测并剔除;最后进行烘焙、成品茶检验、称量和装箱,整线采用全覆盖负压式作业环境,有效回收茶末并防止异物落入。同时,配置智能集散操控系统,通过工业无线路由器实现"一机全控"的功能,达到流水线连续自动清洁化、信息化和智能化。

图10-2 铁观音智能化精制加工生产线的主要设备

1）改变传统匀堆运动方式

针对原有的滚筒匀堆机定向转动、滚筒内茶叶搅拌均匀程度受限的问题，通过新增滚筒摇摆与滚筒定点逻辑控制模式，使原料匀堆更均匀融合，并降低茶叶破碎率和设备能耗。

2）改变传统辊筒静电除杂方式

以摩擦静电替代高压静电，利用摩擦起电的原理，使茶叶沿着辊筒下方倾斜的振动筛面跳跃式向前运动，经过静电吸附基本可将茶叶中的毛发、纤维、灰屑等杂质剔除。

3）改变传统茶叶色选方式

采用红外光电技术，根据物料光学特性的差异，利用红外光电技术将茶叶原料中的异色、异形等非茶类的异物进行自动分拣。

4）改变传统金属探测除杂方式

采用最新一代的数字信号处理（DSP）技术和德国自动滤波技术（相位调节技术），茶叶原料通过电磁波感应自动检测并剔除铁[直径（φ）$\geqslant$0.8mm]、不锈钢（$\varphi \geqslant$1.5mm）、铜（$\varphi \geqslant$1.2mm）等金属物质；金属探测机设于工序末端发挥最后一道食品安全检测作用，防止掺杂金属物质的茶叶流出，以此满足食品生产许可要求。

5）改变传统茶末回收净化方式

茶叶精制加工过程容易产生粉末，工艺创新设计71个净化点，含有密封罩29.5m^2，12台（10组1.5kW风机、40组5μm涤纶）除尘器，全线新增防尘密封装置304不锈钢封闭设计，实现精制加工工序全线覆盖负压式作业环境，有效回收茶末的同时防止异物落入。

6）配置智能集散操控系统

控制系统将西门子PLC作为下位机，直接控制设备运行；采用现场触摸屏实现数据的显示和设定，监测设备状态，检修控制与报警，具有极强的可操作性；上位机采用工控机，对西门子下位机等进行组态整合，实现生产线的连续控制以及流程监控；项目新配置了移动终端操控系统，通过工业无线路由器，将操作任务分配给所有连接到网络的移动终端，实现"一机全控"的功能。

3. 铁观音智能化小包装生产流水线技术集成

目前铁观音精制茶内销包装零售以小包装为主。福建八马茶业有限公司自主研发建立智能化综合柔性全包装成品生产装备流水线，采用不落地茶叶全包装出货自动化技术，运用设备单体接驳方式实现全包装集成工艺：①泡袋茶包装→②自动导引车（AGV）物料转运→③泡袋茶装罐→④罐茶喷码称重→⑤罐茶装盒→⑥盒茶喷码称重→⑦盒茶三维覆膜→⑧装箱封箱→⑨成箱贴标称重→⑩码垛出货（图10-3）。

对传统铁观音小包装生产流水线改进升级：结合应用茶叶包装机组与防尘供料装置，由原来的茶叶包装单机加料生产方式改为10台/组的自动加料收料方式，泡袋茶物料传输方式采用AGV和立库缓存装置，分装工作站要料信号发出后，机器人调度系统（RCS）接收信号并发出调度指令，泡茶立库指派物料出货，AGV取料送料，工作站收料下料，人工取料装罐，AGV取空筐回送，完成指令一系列的联动逻辑来完成茶叶物料转运；C区人工将内罐分装至礼盒后输送至称重喷码集成设备，合格品上传系统质量后传输至三维覆膜机，不良品剔除，该区域集成机组、喷码头、同步带传输调宽装置、制袋组件等关键部件，全部配备三轴伺服/步进电机驱动，实现配方保存、一键快速转型等功能来达到柔性生产的目的；生产线还配备了实时生产数据看板系统，实时更新工序关键参数（生产线体稼动率、生产合格率、故障明细、工作站点在席信息等）并上传至数据库，便于管理者全方位监控生产线运行状况。

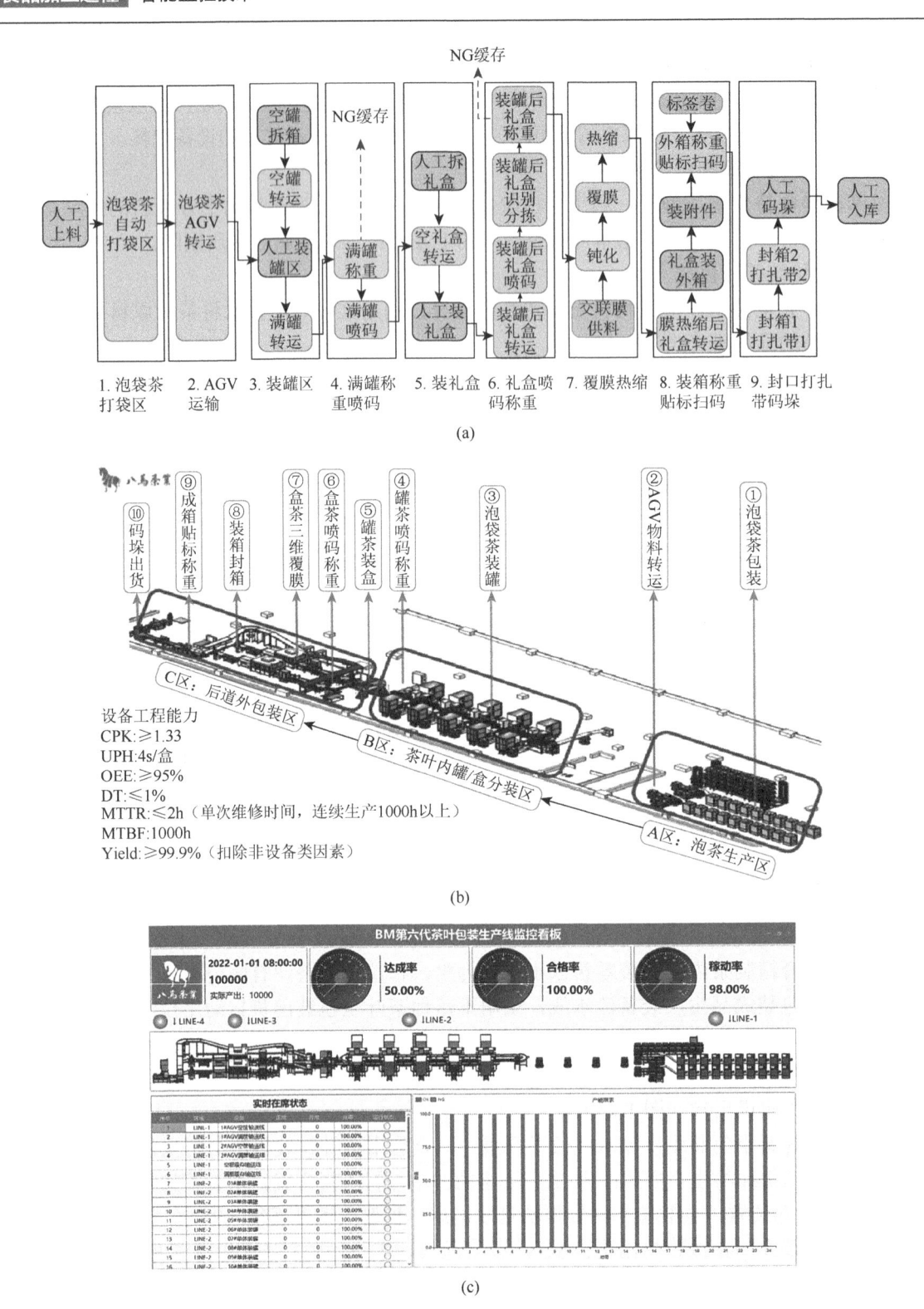

图 10-3 智能化柔性全包装成品生产线

（a）工艺流程图；（b）智能化柔性全包装成品生产装备示意图；（c）智能化柔性全包装成品生产线监控看板。NG：不良品；UPH：units per hour，每小时生产单位数；CPK：process capability index，过程能力指数；OEE：overall equipment efficiency，设备综合效率；DT：downtime，停机时间；MTTR：mean time to repair，平均修复时间；MTBF：mean time between failures，平均无故障时间；Yield：良品率

该流水线在茶叶分装领域实现 AGV 智能协作机器人的运用，全自动智能搬运模式替代了传

统流水线输送方式。货到人的设计理念在降低劳动强度的同时,也解决了传送带、链式传输设计占地空间大的缺点。整线可兼容多种规格产品,包括礼盒、方盒、圆罐,以此实现柔性自动化生产模式,并引入实时看板系统以便于企业管理者全方位监控各制程产品品质以及设备运行状况,更加全面地提升了企业制造需求。

10.2.2 案例 2 镇江香醋智能化加工与控制案例

1. 镇江香醋发酵工艺过程及温度控制要求

1)镇江香醋发酵工艺过程

镇江恒顺香醋酿造以糯米为主要原料,经传统的固态分层发酵制醅工艺,醋醅发酵时间不少于 21d,再经过封醅、淋醋、煎醋等大小 40 多道工序,历时 70d 左右生产出初品,然后经 6 个月以上的封存制成镇江香醋。

其生产过程大致可以分成三个阶段,即酒精发酵阶段、醋酸发酵阶段和后期加工(陈酿)阶段 [图 10-4(a)]。酒精发酵阶段为将糯米原料中的淀粉经过液化、糖化及酒化逐步转化为酒精,为醋酸发酵提供必要的前体物质。醋酸发酵阶段为固态分层发酵,固态分层发酵主要分为

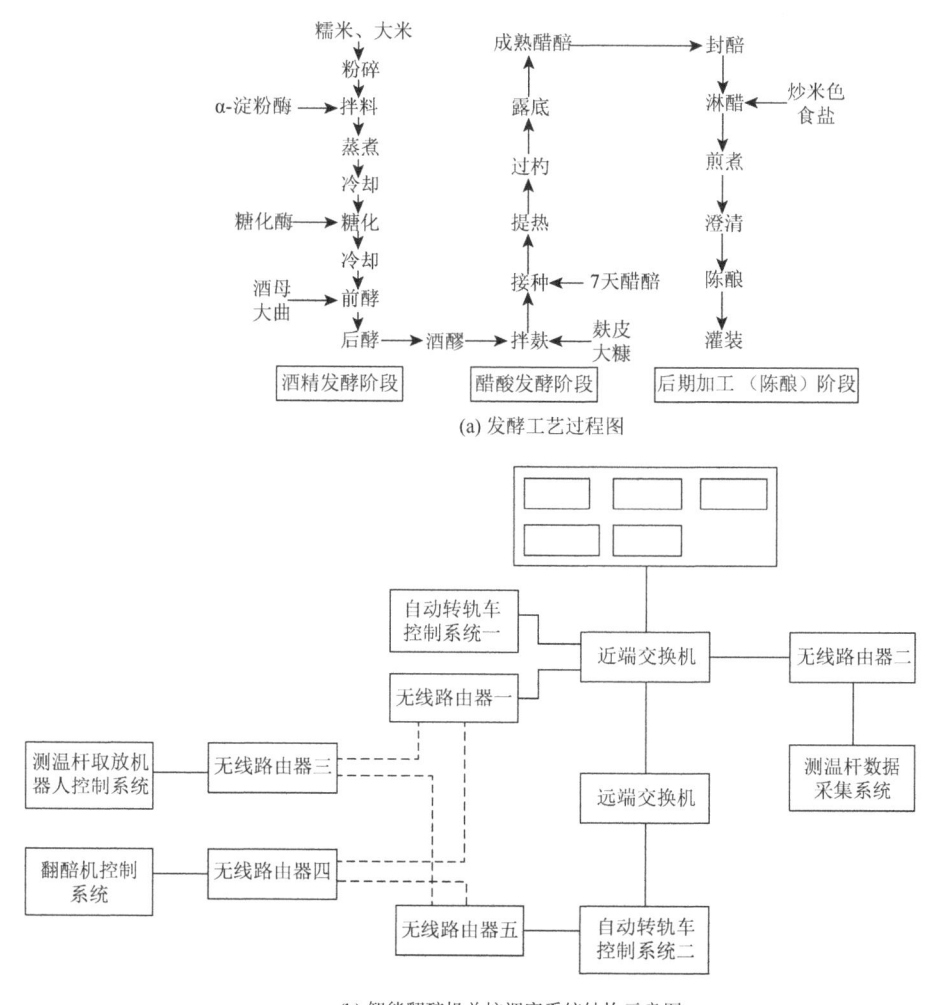

(a) 发酵工艺过程图

(b) 智能翻醅机总控调度系统结构示意图

图 10-4 镇江香醋发酵工艺

提热、过枸、露底三个阶段，并在发酵后期进行封醅厌氧发酵，发酵结束即为成熟醋醅，可以进行淋醋。后期加工（陈酿）阶段即将成熟醋醅淋出生醋，淋出的生醋通过煎醋后，置入陶坛进行陈酿，陈酿结束灌装即为镇江香醋产品。

2) 镇江香醋智能发酵的温度控制要求

镇江香醋酿制过程中的酒精发酵和醋酸发酵均是多种微生物参与的反应，反应体系复杂。温度自始至终对发酵过程中微生物的生长及发生的生化反应起着重要的作用，因此控制好温度对镇江香醋的品质至关重要。

（1）酒精发酵阶段前酵期醪液温度控制在接种时的26～28℃，前酵期温度一般不超过30℃；主发酵期温度最好能控制在30～34℃；后酵期醪液温度应控制在30～32℃。

酒精发酵阶段影响发酵的因素主要有糖化液糖化的程度、各种酶的活性、曲中微生物活性、酵母活性、温度等。发酵过程是一个产热的过程，故酒精发酵阶段通过冷却循环水进行降温，通过温度控制器温度探头检测发酵罐的温度。在各个发酵阶段，当温度超过设定温度时，通过温度控制器控制，打开冷却水电磁阀及冷却水循环泵进行降温，当温度降到设定温度时，关闭冷却水电磁阀及冷却水循环泵。故酒精发酵阶段温度控制较为简单。

（2）醋酸发酵阶段提热的发酵温度控制在（38±3）℃，过枸温度一般控制在（43±3）℃，露底阶段品温逐步下降。醋酸发酵阶段影响较大的是发酵温度，主要通过控制翻醅深度及翻醅时间间隔来控制温度。

2. 醋酸发酵过程控制系统实现

醋酸发酵阶段醋醅物料为固态，基本无流动性，醅层不同高度、不同位置、不同时间的温度差别很大，需要进行多点位、不同深度的温度实时监测；同时醅层还会进行翻醅，温度探头在翻醅时要取出，这为温度的在线监测和传输带来很大困难。醅层要进行温度控制，主要通过每天翻醅次数、翻醅深度进行控制，故要智能控制醋酸发酵阶段的参数，就需要实时多点位监测醋醅温度，并传输至智能翻醅机总控调度系统，通过智能翻醅机总控调度系统建立的模型，计算出翻醅间隔时间及翻醅深度，并发出指令，由智能翻醅机按照计算出的翻醅间隔时间及翻醅深度进行翻醅。

智能翻醅机总控调度系统包括总控制系统、翻醅机控制系统、测温杆取放机器人控制系统、自动转轨车控制系统、测温杆数据采集系统[图10-4（b）]。总控调度系统通过实时接收翻醅机控制系统、自动转轨车控制系统、测温杆数据采集系统的数据，经数据处理模块处理后，发出相应指令，实现智能化操作。

当需要进行翻醅工序时，数据处理模块检测各设备状态为正常后，通过无线路由器一及无线路由器二的数据传输，发送信号给自动转轨车控制系统一，控制自动转轨车将测温杆取放机器人运输至预定醅池边，总控调度系统发出信号，通过伺服控制器一控制测温杆取放机器人行走至醅池轨道上，后总控制器通过无线路由器一及无线路由器三的数据传输，发送信号给测温杆取放机器人控制系统，控制测温杆取放机器人取出相应位置的测温杆，待一个醅池中的测温杆都取出后，总控制器通过近端交换器发出信号至自动转轨车控制系统一，控制对应位置的自动转轨车将翻醅机送至相应的醅池边的滑轨上，总控制器通过无线路由器一及无线路由器四的数据传输，发送信号给翻醅机控制系统，控制翻醅机的行走路线及翻醅深度；翻醅机翻完醅料后，总控制器发出信号至测温杆取放机器人控制系统，控制测温杆取放机器人将多个测温杆插入醅池内的预定位置，实时监控醅池内醅料温度，按照预定顺序移动各设备，即可实现全自动化翻醅过程。

3. 食醋酿造醋酸发酵阶段智能化监测

固态发酵的智能化监测设计与翻醅控制系统的云监测平台架构设计如图 10-5 所示。

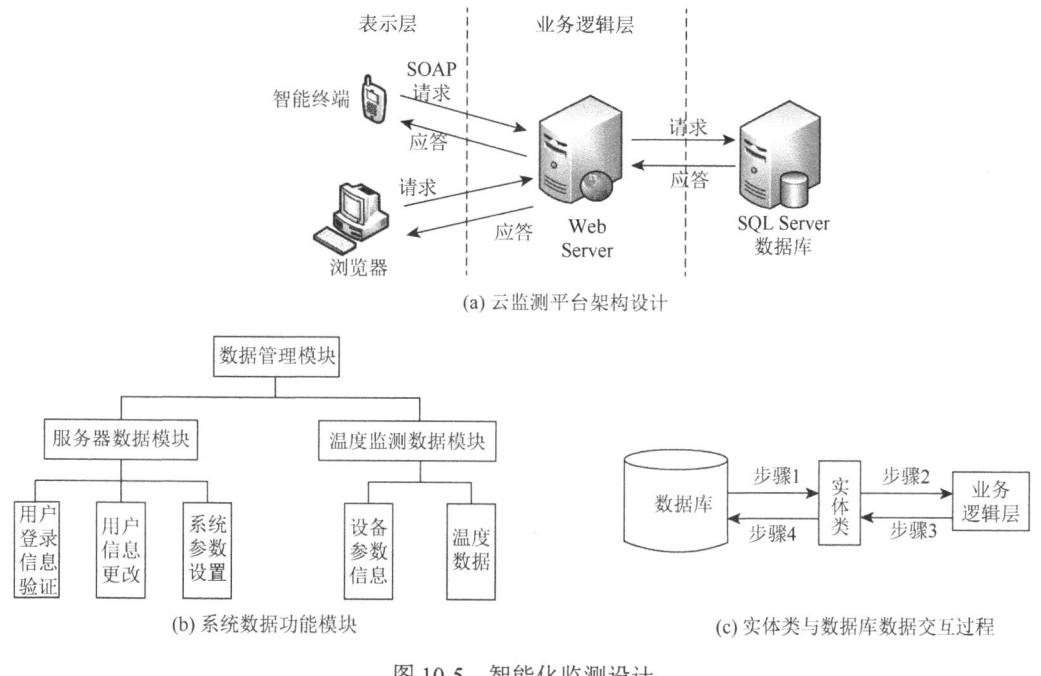

图 10-5 智能化监测设计

SOAP：简单对象访问协议

该架构可以分为两层：表示层与业务逻辑层。其中，表示层包含了智能终端 Android App 和 PC 端的 Web 网页浏览器；业务逻辑层则包含了整个云监测平台所代表的业务逻辑处理。当表示层从业务逻辑层发出参数命令请求时，云服务器会根据接收到的参数从数据库中调用相应的数据再返回给表示层，此时整个过程就涵盖了从表示层到业务逻辑层的交互。

1）数据库设计

目前 SQL Server、Oracle、DB2 等数据库系统都被广泛应用，设计初期选择数据库需要综合考虑多方面因素。从操作使用上来看，SQL Server 和 DB2 简单易学，Oracle 相对复杂一点。从软件成本上来看，Oracle 为几万至几十万，DB2 约几万元，SQL Server 企业版价格最低。从系统兼容性上考虑，Oracle 和 DB2 兼容大部分的操作系统，而 SQL Server 只支持 Windows 系统，但由于本次设计选用的同是微软的 Visual Studio 2010 搭建服务器，所以 SQL Server 与其可以完美兼容。因此，本次设计采用 SQL Server 作为数据库管理软件，具体版本为 SQL Server 2014。当然，系统选择 SQL Server 数据库也考虑到其他优点，如其与服务器开发环境兼容性好、全面支持 Web 和 Windows 程序开发、可扩展性良好和响应速度快等。

根据系统设计需求，将系统数据分为服务器数据、温度监测数据两大模块。其中，服务器数据模块具体包括用户登录信息验证、用户信息更改和系统参数设置三个功能；温度监测数据模块主要包括设备参数信息及温度数据。具体功能模块关系如图 10-5 所示。

数据表是数据库中存储数据的基本单位，也是最重要的操作对象。设计数据库时，应遵循将系统中不同的数据类型按照事先规约存放到不同的表中的原则。所以对数据表进行设计时，应充分考虑存储数据的变量类型，并按照变量类型合理分配内存空间。为此，针对数据表的设计与管理做了服务器数据模块的数据表、温度监测数据模块的数据表，并基于这些数据表开发了对应的实体类，确保数据库与业务逻辑层的无缝对接。图10-5（c）为数据库、实体类、业务逻辑层三者之间数据交互过程示意图。模型层的实体类在业务逻辑层和数据库之间起到了桥梁的作用。首先数据表的字段应与实体类中的属性相对应，完成数据库中的数据表向实体类转化后，先测试业务逻辑层与数据库是否连接成功，连接成功后完成对实体类的操作，进而完成对数据表中数据信息的更改。

2）Socket 通信服务器设计

客户端请求连接服务器。首先客户端从系统设置的参数中读取所要连接服务器的 IP 地址和端口号，创建一个套接字用来通信，再进行端口绑定。然后调用函数用来监听端口是否有客户端请求连接，连接建立后就可以进行正常通信，发送请求给服务器端。服务器端收到来自客户端发出的请求后，需要立即做出相关的回应。建立上述连接后，服务器端和客户端就可以进行双向数据传输，然后根据通信协议解析接收到的数据内容，获取其中有用的数据类型，最后调用函数来关闭服务器端与客户端的连接。上述过程完成后，服务器端立即进入监听状态，来监听下一次的客户端请求连接。

3）Web 客户端设计

Web 应用程序在 Visual Studio 中完成，Web 应用程序就是一个基于 ASP.NET 的可通过 Web 访问的应用程序，简单说就是一个网站。用户可以通过浏览器直接访问该网站，输入正确的用户 ID 和密码，即可登录客户端，获取服务器端的信息。Web 应用程序最大的优势就是具有便捷性，用户通过任意浏览器都可进行访问，PC 端无须安装任何专门的软件。

10.2.3 案例3 啤酒智能发酵工艺过程及温度控制案例

1. 啤酒发酵工艺过程

1）啤酒智能发酵加工工艺过程

啤酒的主要原材料为麦汁和水，加入一定量啤酒花，然后通过酵母菌的长时间发酵制得一种带有麦芽的香味、营养价值高、口感好的低浓度酿造饮品。啤酒的生产过程包括麦汁制取、啤酒酿造、灌装等环节，啤酒酿造即为发酵环节，发酵环节是整个啤酒生产过程中最为重要的环节，在该环节将麦汁转化为啤酒。整个发酵环节包括麦汁溶氧、补充酵母，发酵，过滤和杀菌，酵母回收等复杂工序。

（1）麦汁溶氧、补充酵母。将糖化制取的麦汁和一定量的酵母混合后通过泵打入发酵罐里准备发酵，在发酵之前，应当让酵母繁殖，繁殖需要大量的氧，所以在发酵之前要把酵母和足够的氧溶入麦汁中。

（2）发酵。啤酒发酵环节可理解为酵母按照设定的温度工艺曲线将麦汁分解为 C_2H_6O、CO_2 和其他代谢产物（副产物）并同时释放大量热量的过程。副产物的量极少，种类多，但是这些副产物的存在严重影响了啤酒的口感和质量。啤酒发酵环节包括前酵和后酵。

前酵。该部分也可称为主酵，在发酵罐中充氧的麦汁和酵母逐渐发生反应，麦汁的含糖量逐渐降低，同时产生 CO_2 并释放大量热量，导致整个发酵罐的温度升高。发酵经 2～3d 后达到最旺盛的时期，这时麦汁的含糖量进一步降低，再过 2～3d，麦汁的含糖量已经很低，酵母也逐渐沉淀，这时前酵基本完成，进入下一降温阶段。

后酵。从前酵到后酵降温过程，发酵罐的温度从 12℃降至 5℃，开始后酵。后酵的任务是实现双乙酰的还原、剩余糖分的分解等。如果双乙酰还原的指标满足要求，发酵再进入下一个降温阶段，温度从 5℃降至–1℃进行储酒，低温储酒有利于提高啤酒的生产质量。完成储酒后意味着所有发酵过程即将完成。

（3）过滤和杀菌。前酵和后酵环节完成后，将得到的啤酒进行高温杀菌和灌装。过滤即为分离技术，该过程主要除去制得啤酒中的残留酵母和一些浑浊杂质，如果这些杂质混合在啤酒中，会导致啤酒产生沉淀，影响啤酒的质量，甚至无法饮用。杀菌是产品灌装前的最后一项工序，杀菌工艺会影响产品的质量，还会影响产品的保质期，所以杀菌工艺是一项特别重要的环节。

（4）酵母回收。酵母回收是将发酵过程的酵母泥处理回收的过程。通过专用设备处理，可以得到指标达标的酵母，从而回收再利用。

2）啤酒智能发酵的温度控制要求

发酵是啤酒生产中最为繁杂的环节，涉及大量的生物化学反应。该环节消耗时间最长、对温度控制精度要求最高，同时也是决定啤酒口味最主要的环节。发酵的温度是决定副产物的重要因素，因此精确控制发酵温度就能抑制副产物的生成。啤酒发酵环节包括前酵和后酵。

（1）前酵。前酵的温度控制在 12℃左右。

（2）后酵。发酵罐的温度从 12℃降至 5℃，降温速率应为 0.3℃/h，开始后酵。温度从 5℃降至–1℃进行储酒，此时的降温速率是 0.15℃/h。

影响发酵液中物质转变的要素有很多，如酵母的量、酵母的活性、麦汁特性、发酵罐的温度与压力，而发酵罐的温度与压力是能够控制的。在发酵罐的温度和压力两个重要参数中，发酵温度是控制的重点，高温发酵有利于提高生物化学反应速度以及原材料的转换效率，从而降低生产成本；低温发酵能够阻止一些副产物的生产，从而改善产品的口味和提高产品的质量。为了使啤酒中溶有一定量的 CO_2 气体，要保证发酵罐具有一定的压力，发酵罐的压力通过电磁阀自动控制，和温度控制相比，发酵罐压力控制并无难度。因此，准确控制发酵时的温度以及升降温速率是生产高质量产品的前提。

2. 啤酒发酵过程控制系统设计实现案例

目前，我国的啤酒主要为传统发酵与机械化大批量生产，传统发酵主要靠人工进行手工操作，通过手动控制阀门完成整个发酵过程。传统发酵时间长、劳动负荷大、受人为因素影响等。针对传统发酵生产面临的问题，通过分析啤酒发酵的工艺要求，结合机械化大批量生产的优点，设计啤酒发酵过程控制系统。

1）MCGS 的简介

MCGS 是一套常用的组态软件，它能方便地设计上位机监控系统，在工业自动化生产中被广泛应用。MCGS 组态软件之所以受人们青睐，是因为其具有直观、容易操作等优点，操作者可以在短时间内学会其使用方法。MCGS 组态软件采集现场的信息，通过动画显示、报警等多种形式为用户提供大量信息。MCGS 组态软件包括组态和运行两部分，这两部分既相互独立又联系密切，组态部分主要包括画面设计、生成报表、建立变量等，运行部分主要包括现场的控制、报表的打印、控制流程的动画显示、报警等，两者各有各的功能，组合使用完成相应的组态工程，其功能结构如图 10-6（a）所示。

2）啤酒发酵过程控制系统设计

这里采用 MCGS 组态软件系统设计啤酒发酵过程控制系统，在 MCGS 组态软件系统环境下实现啤酒发酵过程工艺流程设计以及工艺参数显示等功能。

具体设计步骤为：首先启动 MCGS，单击"文件"菜单，然后选择"新建工程"，将其命名为"啤酒发酵自动控制系统"，在这里根据软件提供的元件和符号等绘制了啤酒发酵过程的上位机监

图 10-6 啤酒发酵控制

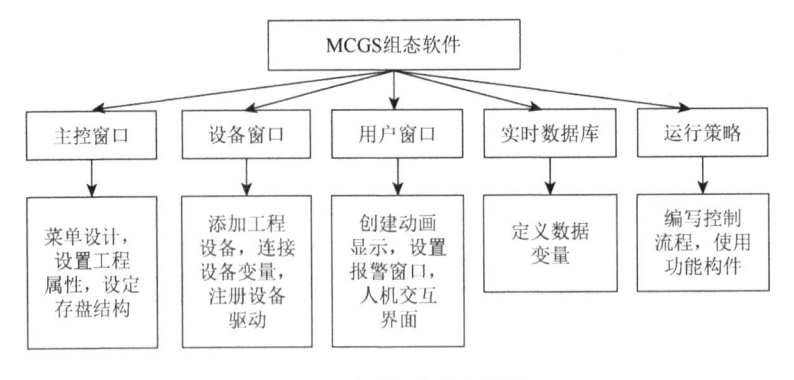

(a) MCGS组态软件功能结构图

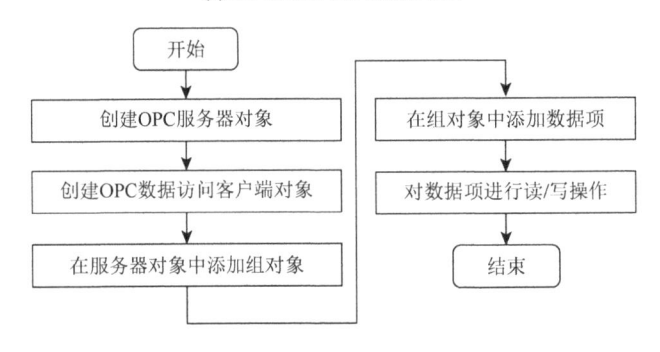

(b) MATLAB为客户端的OPC通信流程图

控界面，组态完成后，进入"实时数据库"窗口对变量进行定义，使 MCGS 组态软件系统环境下的各部分构成一个整体，真正地模拟啤酒发酵过程。

将啤酒发酵最主要的过程通过立体图形进行形象地表示，单罐啤酒发酵过程界面中明确显示了发酵罐三段温度的当前值和设定值。该界面还可以通过选择参数设置、历史曲线、实时曲线、全罐显示、报警信息、用户信息等不同按钮进行相关操作以及信息获取，技术人员可以通过显示的数据和历史曲线及时进行维护，更有利于提高控制效果。

3）基于对象链接与嵌入的过程控制（OPC）技术的 MATLAB 与 MCGS 实时数据通信

MCGS 作为设计监控系统的组态软件系统，它往往仅能实现一些简单的数据运算与分析，很难实现复杂的控制算法。MATLAB 软件具有强大的运算能力，可以设计各种先进可靠的控制算法，在控制算法设计、仿真研究等方面发挥重大作用。但是 MATLAB 也存在不少缺点，如不能生成人机界面，设计的控制算法无法直接应用于被控系统中等，所以 MATLAB 需要借助组态软件系统与被控对象进行数据交换。通过 OPC 协议，可以将 MATLAB 软件和组态软件系统结合起来，充分发挥自身计算能力强和画面灵活的特点。系统运行中，把 MCGS 界面上设置的参数信息送至 MATLAB，随后经过 MATLAB/SIMULINK 进行运算处理和仿真，然后再把运算结果传至 MCGS，同时也把仿真结果传至 MCGS 的仿真界面中，这就有利于操作者及时掌握信息。

（1）OPC 技术。OPC 是一个标准化接口，它成为基于 Windows 的应用程序和现场过程控制联系的纽带，以前为了获得现场生产设备的数据，各软件都必须提供相应的接口函数。因为现场设备种类比较多，通常会给软件开发商带来很多困难。在这种情况下 OPC 技术出现，它能够利用统一标准接口实现不同种类设备之间的通信，目前广泛应用于过程控制和自动化领域。

（2）接口通信流程。利用 OPC 工具箱能直接实现服务器端和客户端的连接，完成历史数据建立与数据交换。MATLAB 为客户端的 OPC 通信流程如图 10-6（b）所示。

MATLAB7.11 中直接具有 OPC 工具箱，建立客户端与服务器端的连接的方法有两个，一个为图形用户界面（GUI），另一个为命令行程序。OPC 能够实现 MATLAB 与多种软件或与生产设备之间的通信，主要是由 GUI 与命令行程序完成。MATLAB 环境下的 OPC 工具箱具有巨大的功能，通过 OPC 工具箱中的 GUI，操作者能够非常容易地建立起对象间的连接，而不再用复杂的程序编程。同时 SIMULINK 仿真模块为实时仿真研究提供了有利条件。

（3）MATLAB 和 MCGS 的实时通信。为了实现 MATLAB 和 MCGS 的实时通信，可以利用组态软件实时地对数据进行采样汇总、对参数进行调节等。同时，利用 MATLAB 软件可以进行复杂控制算法设计与仿真，充分发挥其作用。通过 OPC 技术，可以实现 MCGS 和 MATLAB 的连接。

MCGS 可当作 OPC 服务器，与其他设备相连接，同时具有提供读写 MCGS 内部变量的作用，在 MCGS 里，用户仅需指出服务器，就能够直接观看所有能用的数据资源，只要满足 OPC 标准的客户端都能访问 MCGS 中的数据。MCGS 当作 OPC 服务器且 MATLAB 当作客户端，因此两者可实现数据的交换。当开启 MCGS 时，系统自动启动 OPC 服务器功能，MCGS 服务器名为 MCGS.PJFJ.Server（需提前在 MCGS 中添加 OPC 服务器）。

4）基于 MATLAB/SIMULINK 与 MCGS 智能控制算法的实现

（1）控制算法仿真系统操作步骤。

第一步，运行 MCGS，按 F5，使系统运行到最佳状态。

第二步，运行 MATLAB，在命令窗口中输入"opctool"命令，从 Host and Servers 中选择 Add host，然后就能看到 MCGS 服务器，名为 MCGS.PJFJ.Server，接着，选择 Add client，会出现 OPC 服务器对象界面。

从 OPC Toolbox Objects 界面中可以看到添加的设备，然后点击"连接"，在界面中可以看见连接成功。

第三步，完成智能控制算法的实现，打开 MATLAB 中的 SIMULINK 模块，在 OPC 模块库中，把 OPC write（）模块（即实时写入模块）和 OPC Configuration 模块添加到 SIMULINK 窗口中，接着设置 OPC write（）模块的参数，主要有 client、采样时间、数据项等，然后搭建 SIMULINK 控制仿真模块，设计智能控制算法,这里是以前面设计的啤酒发酵过程模糊 PID 控制系统为例进行实时仿真。MCGS 界面和 SIMULINK 是同时工作的，两个界面可以相互切换且可以进行数据查看或参数修改。

（2）仿真系统调试。当组态环境和 SIMULINK 模块都搭建好时，按以上介绍的步骤进行操作，运行 MCGS，按 F5，使系统运行到最佳状态，打开 MATLAB/SIMULINK 中搭建好的仿真模块，点击运行。

发酵罐各段温控曲线显示在 MATLAB 和 MCGS 同时运行的条件下发酵罐各段的温度，该仿真曲线充分表明，MATLAB 和 MCGS 已建立起连接，实现了两者间的通信，也完成了智能控制算法的应用。

10.2.4 案例 4 黄酒智能酿造工艺及温度控制案例

黄酒在中国大多数省份均有生产，但不同产地的黄酒，因酿造原料、气候、环境、类型等的不同，其生产工艺也有较大差异。绍兴是中国黄酒的主产区，绍兴黄酒也是中国黄酒的典型代表，而绍兴黄酒中又以加饭酒的酿造最为典型，因此本案例以绍兴黄酒中加饭酒的智能化生产工艺为例。绍兴黄酒酿造分为传统手工酿造、新工艺机械化酿造两种模式，而黄酒智能酿造是基于新工艺机械化酿造模式进行的。

1. 黄酒智能酿造工艺流程及温度控制要求

1）黄酒智能酿造工艺流程

绍兴黄酒以鉴湖水、糯米、小麦为主要原料，采用半固态浓醪边糖化、边发酵的方式进行。其生产过程包括浸米、蒸饭、冷却、投料、发酵（前酵、后酵）、压榨、勾调、澄清、过滤、煎酒、灌装等环节。相比之啤酒、葡萄酒等单边发酵工艺酿造酒，黄酒的酿造工艺极为复杂，黄酒智能酿造工艺流程如图10-7所示。

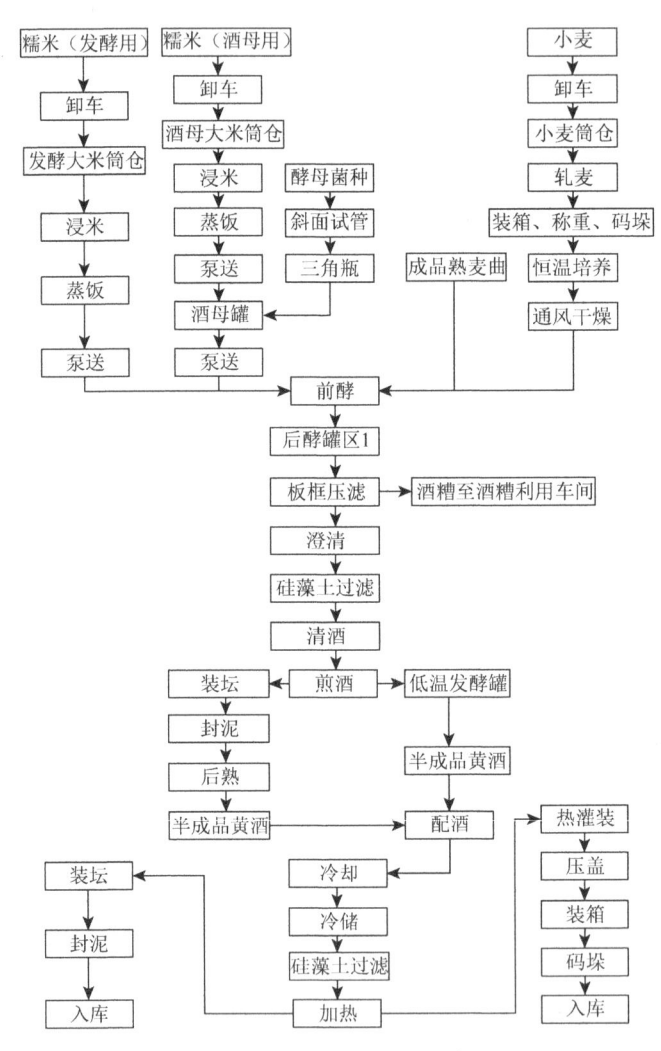

图10-7 黄酒智能酿造工艺流程图

2）黄酒智能发酵温度控制要求

新工艺机械化黄酒发酵周期长达30～35d，是黄酒酿造最为关键的环节。黄酒酿造采用开放式发酵方式，麦曲为自然培养，因此发酵过程中有大量的微生物（包括杂菌）参与，温度控制稍有不慎，就容易导致发酵醪液酸败变质。因此根据发酵过程中酵母菌的生长情况，准确控制发酵温度，是发酵过程能顺利进行的重要保障。黄酒发酵温度控制主要通过发酵罐夹套通冷却水循环、无菌压缩空气间歇搅拌（俗称开耙）实现。

（1）前酵。黄酒前酵周期为4d，醪液初始温度（落罐品温）为25~28℃（根据气温高低适当调整），落罐后自然升温，约 12h，发酵醪品温升至 33~35℃，开耙降温至 32℃左右，保持 15h，之后以 0.25℃/h 降温至 30℃，然后再以 1℃/h 降至 25℃，最后以 0.25℃/h 降温至 15℃保持 4d 后进入后酵。

（2）后酵。进入后酵后立即在 1d 内将醪液品温由 15℃缓慢降至 14℃，然后保持 14℃直至后酵结束。

2. 黄酒发酵过程控制系统设计实现

目前绍兴黄酒的生产过程中传统工艺黄酒的发酵容器前酵以陶缸为主，后酵则为陶坛，温度控制主要靠酿酒技师根据经验等手工开耙调节，无法实现智能控制；新工艺机械化黄酒生产的发酵容器以不锈钢为主，发酵过程中控温以发酵罐夹套通冷却水循环、无菌压缩空气间歇搅拌实现，在未引入智能控制系统前以人工操作机械设备实现发酵温度控制。因此，两种酿造方式受人为因素的影响比较大，特别是传统工艺黄酒酿造劳动强度大、工作效率低、质量不稳定等，很大程度上制约了黄酒大规模工业化生产的需求。针对目前黄酒生产发酵面临的问题，通过分析黄酒发酵过程的工艺特性，结合自动控制程序的优点，设计黄酒发酵过程控制系统。

1）WinCC 的简介

视窗控制中心（windows control center，WinCC）是现代工业控制中最常用的可视化系统，在工业自动化生产中被广泛应用。WinCC 是一个已经模块化的自动化软件，其可以将各模块自由搭配，从而无论是简单的机械装置还是复杂的工业生产过程图，WinCC 都能将其可视化呈现出来，并且进行对应的监控控制，加之其编程接口为开放式的，使得 WinCC 能够适应各行业不同的需求。WinCC 组态软件获取现场 I/O 设备数据的方式是通过 I/O 驱动程序来实现的，将数据进行加工之后就可通过图形的方式直观地显示在可视化系统上，并且操作人员也可以通过 I/O 驱动程序将用于控制的数据下发到现场的 I/O 设备上。WinCC 组态软件通过其子系统可构建出各种满足不同需求的可视化系统，其子系统主要包括图形系统、报警系统、归档系统、报表系统、用户系统以及通信系统，其子系统结构如图 10-8 所示。

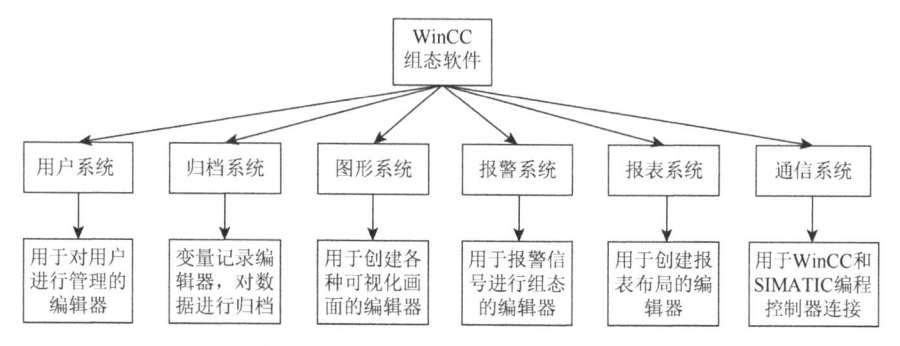

图 10-8　WinCC 组态软件子系统结构图

2）黄酒发酵过程温度控制系统设计

黄酒发酵过程的可视化系统采用 WinCC 组态软件来设计，通过 WinCC 组态软件设计的可视化系统可将黄酒发酵过程的工艺流程以及具体的工艺参数等都直观地展示给操作者。

黄酒发酵过程温度控制系统设计的具体步骤为：首先启动 WinCC 组态软件，单击"新建项目"菜单，然后选择"单用户项目"，将项目命名为"黄酒发酵自动控制系统"，然后根据 WinCC 提供的子系统来绘制黄酒发酵工艺过程的可视化界面，组态完成后，进入"变量管理"窗口对变量进行定义，使 WinCC 组态环境下的各子系统形成一个整体，真正模拟黄酒发酵过程。

通过 WinCC 组态软件项目管理器，可以将黄酒发酵过程发酵罐（以前酵罐为例）的整体布局通过可视化的方式显示出来，如图 10-9（a）所示，图中不仅显示了发酵罐的温度、液位，还显示了发酵罐上所有的阀门与连接的管线以及各发酵罐的前后位置关系。

3）黄酒发酵过程温度控制系统的实际运用

在实际生产过程中，当发酵罐完成投料之后，即可利用 WinCC 组态软件创建的可视化系统对发酵罐进行发酵温度的自动控制，如图 10-9（b）为单个发酵罐的控制操作界面，该操作界面可直接显示当前的罐号、上下温度计的温度、当前的料位高度、该发酵罐上阀门的开关情况、所使用的配方、对应的温度曲线以及自动程序的操作栏等。

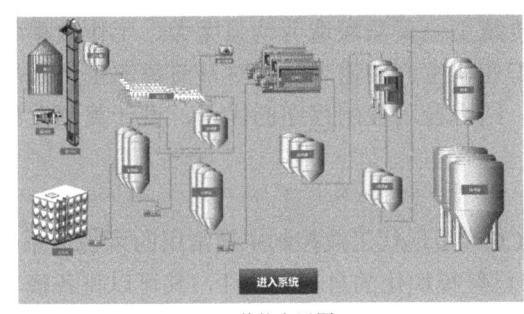

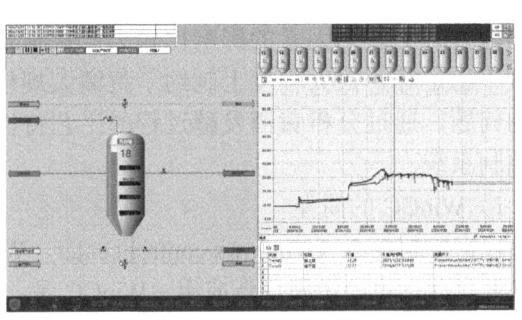

(a) 整体布局图　　(b) 单个发酵罐的控制操作界面

图 10-9　发酵罐

当点开自动程序的操作栏最后一个按钮时，会进入选择配方的操作界面，在该操作界面上可以显示对应的操作配方。需要特别注意的是，由于黄酒生产工艺的特殊性，开头耙往往需要工艺师判断是否已具备开耙的条件，因此设定的配方参数通常从开耙操作开始执行，以确保发酵过程的稳定性和黄酒品质的一致性。

当黄酒发酵过程温度控制系统自动运行时，程序会根据设定的参数值自动开启和关闭对应的阀门，以保证执行每个步骤时，发酵罐的温度参数都能符合当前操作步骤要求。此外，系统还会将发酵罐实时的温度值通过曲线的形式表示出来，方便进行后续的分析。

通过黄酒发酵过程温度控制系统，当发酵罐的温度超过设定温度时，程序会自动执行对应的操作，无须人工干预，这样不仅可以降低工人的劳动强度，还可以提高工作效率。

10.2.5　案例 5　PLC 控制系统在粮食烘干中的应用

传统的电气控制系统有着很大缺陷，而且消耗大量的人力物力，还不能保证质量。PLC 技术在电气自动化控制中，可以改善传统控制方法的缺点和不足，设备的集中管理可降低设备故障的可能性。利用 PLC 控制系统实现智能自动化，可以通过直观的简单程序实现现场的操作，防止由于操作人员参差不齐的电气技术带来的问题。

1. 基于 PLC 的 SIMATIC 自动化系统

SIMATIC ET 200SP 分布式控制器深度融合了 SIMATIC S7-1500 系列 PLC 的高性能控制能力与 ET 200SP 模块化 I/O 系统的紧凑型设计优势。该款控制器凭借其智能的分布式功能，可极大节省控制柜中的安装空间与应用成本。SIMATIC 控制器集成在全面集成自动化门户（totally integrated automation portal，TIA Portal）中，用于确保数据的高度一致以及全系统统一的操作方式（图 10-10）。正是基于这些集成的功能，在 TIA Portal 进行工程组态时可确保所有功能数据的高度一致。

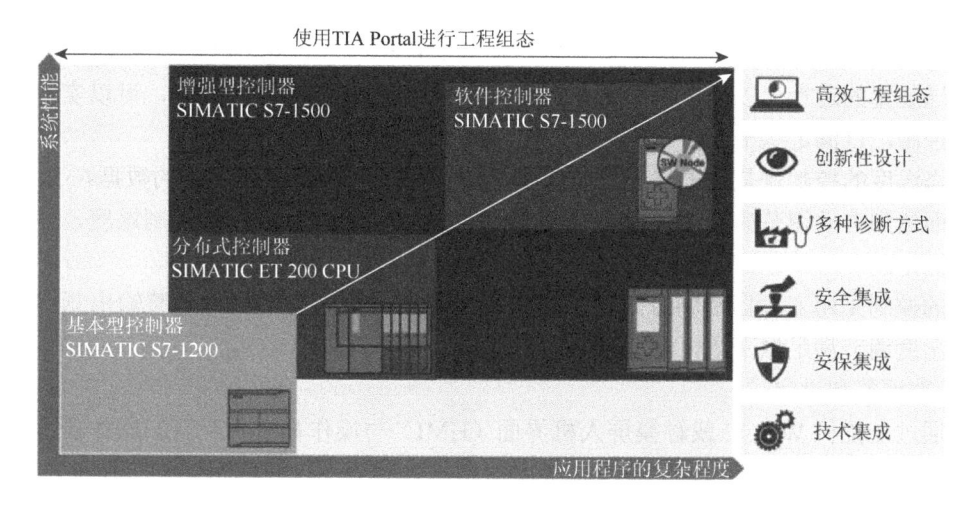

图 10-10　SIMATIC WinCC 过程可视化系统

SIMATIC S7-1500 自动化系统支持所有适用的通信标准。所有 SIMATIC S7-1500 CPU 都有运动控制功能。这些运动控制 CPU 支持各种扩展运动控制功能。

SIMATIC S7-1500 CPU 也可用作故障安全控制器，可对所有组件进行诊断操作，极大简化了故障排查过程，而集成的显示器又进一步简化了参数的分配过程。集成的安全功能不仅可有效防止数据被篡改和专有技术被窃取，而且可为安全网络的组态提供额外的安全保障。

2. PLC 控制步骤

1）传感器信号采集

使用 PT100（0～300℃）传感器来采集烘干塔的相关参数。这些传感器将实时监测烘干塔内的温度，并将采集到的信号传输给 PLC。

在线含水分析仪：采用 CST Ⅱ C 系列水分仪对物料进行水分检测，小粒谷物（水稻、小麦、大麦）的设定取样数量为 100 粒，在取样不足的情况下，谷物水分值＞17%取样 30 粒来表示具体水分值，谷物水分值＜17%取样 50 粒来表示具体水分值，若不能满足上述两个条件，18min 后取料异常（E35）报警。大粒谷物（玉米、大豆）的设定取样数量为 50 粒，在取样不足的情况下，18min 后取料异常（E35）报警。水分仪与 PLC 通过 RS485 协议进行通信，将检测结果传送到 PLC 中并存储数据。

2）信号处理与逻辑控制

PLC 接收传感器和水分仪的数据，通过程序进行处理和逻辑控制。根据设定的参数和工艺要求，PLC 可以判断何时开始烘干、何时停止烘干以及需要调整的温度和湿度等。

PLC 程序进入预烘干状态：烘干塔首次进粮的时间比较长，要避免湿粮在烘干塔内结拱，需要自循环处理，等待烘干塔内粮食到达指定位置后，PLC 程序将自动执行预烘干程序，排粮电机低速运转。

PLC 程序执行烘干塔升温状态：在烘干塔进料的过程中，当检测到粮食到达预设高度后，自动启动热风机，燃烧器点火正常后，热风室检测的热风温度会反馈给 PLC，程序会将其与预设的热风温度进行比较，通过 PID 调节的方式控制烘干塔出料排量电机的频率，实现不同的含水率、不同的热风温度，自动调节排粮电机的转速，达到自动烘干的目的。

PLC 程序进入烘干出料状态：根据设定的粮食水分与在线水分仪的取样数据在程序中每 15min 做一次比较，达到预设值后烘干塔开始烘干出料。

加热和通风控制：烘干塔通常包含天然气加热装置和风送装置。PLC 可以控制天然气的进气量和风送装置的运行，以调节烘干炉内的温度和湿度。通过 PLC 的控制，可以实现精确的温度和湿度控制，以满足烘干要求。

烘干塔温度的控制就是对天然气进气量的控制，通过温度传感器采集的数据在 PLC 程序中进行比较而达到自动调节的目的，也就是使用 PID 算法控制进气量从而控制温度，使得烘干塔内的温度恒定。

风机的控制采用变频器控制方式输出，根据烘干塔内炉温的变化，调整输出频率，节省电量，配合温度调节满足烘干塔恒温运行。

3) 参数调整和设定

可以通过上位机 WinCC 或触摸屏人机界面（HMI）与操作员进行交互。操作员可以通过人机界面调整烘干塔的参数，如设定温度、湿度、烘干时间等，以适应不同物料和工艺要求。

4) 故障检测和安全保护

PLC 可以监测烘干炉的运行状态，并实时监测故障情况。当出现异常情况时，如温度过高、通风故障或传感器故障，PLC 可以发出警报并采取相应的保护措施，如停止加热或报警将通知操作员。

10.2.6 案例 6 PLC 控制系统在小麦粉加工过程中的应用

1. 小麦粉加工工艺特点

小麦粉加工是一个复杂的工艺过程，具有技术要求高、连续性强、质量要求高的特点。小麦粉加工工序复杂，如清理、破碎、筛分、磨粉等，每个环节都有严格的技术要求，需要操作员具备一定的专业知识和技能。同时，小麦粉加工是一个连续性的生产过程，各个环节之间相互关联，任何一个环节出现问题都会影响整个生产线的正常运行。

因此，现代小麦粉加工厂通常采用自动化生产线，通过 PLC 控制系统等自动化设备实现生产过程的自动化和智能化，提高了生产效率和产品质量。

2. 小麦粉加工过程中 PLC 控制系统的主要应用方面

自动化控制：PLC 控制系统可以根据预设的程序和参数，自动控制小麦粉加工过程中的各个环节，如小麦的进料、清理、破碎、筛分、分级、磨粉等，提高生产效率和产品质量。

数据采集和处理：PLC 控制系统可以实时采集小麦粉加工过程中的各种数据，如小麦粉的流量、水分、温度、粒度等，并根据需要对这些数据进行处理和分析，帮助操作员更好地了解生产情况，及时调整工艺参数。

安全保护：PLC 控制系统具有安全保护功能，能够实时监测加工过程中的各种异常情况，如电流过大、温度过高、设备故障等，及时发出警报并采取相应的措施，保障生产安全。

远程监控与管理：PLC 控制系统可以通过互联网或无线网络实现远程监控和管理，操作员可以通过计算机或手机等设备实时查看生产数据、控制生产设备、调整工艺参数等，提高了生产管理的便捷性和效率。

3. PLC 控制系统在小麦粉加工过程中的应用场景

1) 清理工段

清理工段见图 10-11。

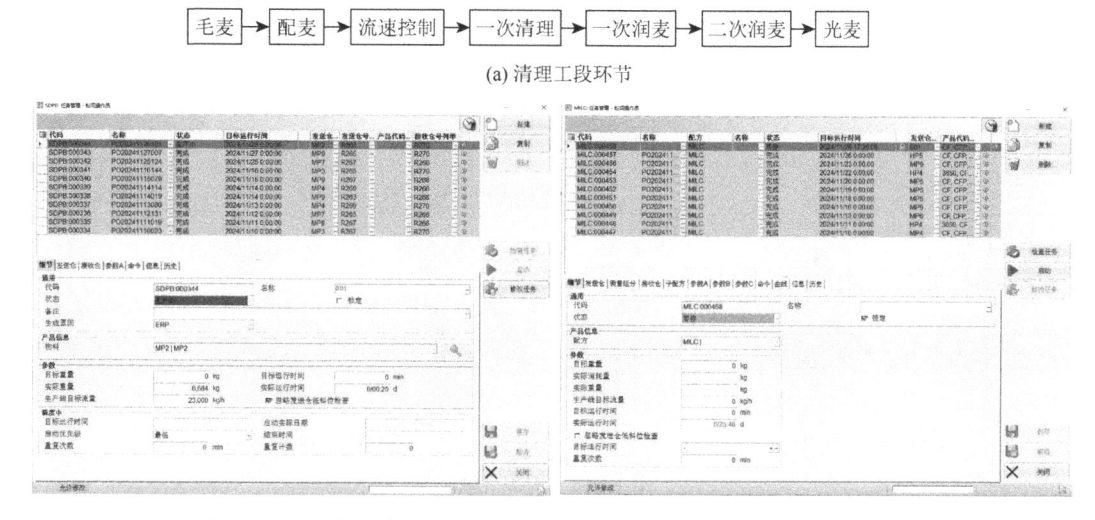

(a) 清理工段环节

(b) 清理工段新建清理任务　　(c) 清理工段修改清理任务

图 10-11　清理工段

（1）根据生产方案要求，给使用的仓分配相应方案名称。

（2）配麦工艺：根据生产方案要求，以及毛麦仓名称，设定发送麦仓的仓号、名称及比例。

（3）流速控制：通过设置流量秤参数，设定生产线目标流量——清理流量。

（4）润麦处理：设定"目标水分"，修改"水分偏差值"来调整原粮水分，并根据实际要求调整上述值以满足润麦水分要求。

2) 制粉工段

制粉工段见图 10-12。

（1）首先根据订单要求，选择生产物料计划进入的对应粉仓并命名。

（2）副产品入仓前设定粗细及次粉所进仓名。

（3）通过净麦秤设定二次清理流量，以及转粉时间。

（4）通过基粉秤设置制粉生产流量：根据生产线的产能来设定。

（5）添加剂设置：根据订单要求，以及生产粉的流量来选择添加剂，并设定添加剂的添加流量。

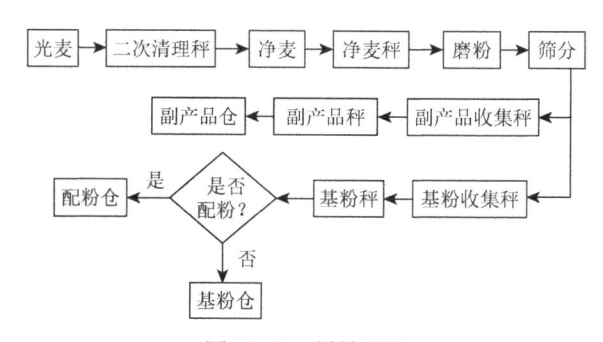

图 10-12　制粉工段

3）打包工段

打包工段见图 10-13。

（1）基粉仓粗配粉。选择粗配线、物料名称、仓号，设定出仓比例，选定接收仓物料名称，启动粗配任务。

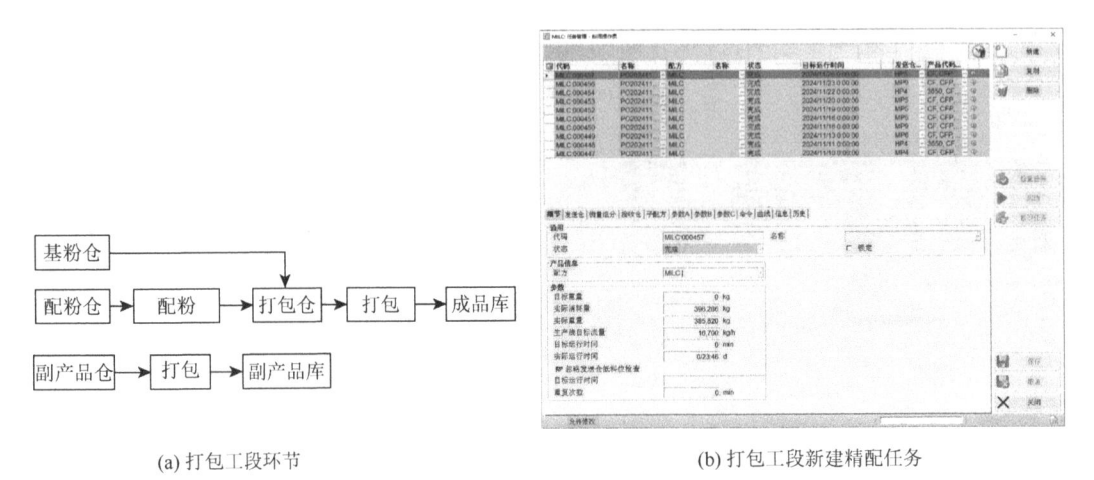

(a) 打包工段环节   (b) 打包工段新建精配任务

图 10-13　打包工段

（2）配粉仓精配粉。建立配粉方案，选择精配线，设置目标秤次数、每秤数量，选择发送仓仓号，在接收仓选定接收仓号，设定主混合时间，启动精配任务。

（3）成品粉打包。选择打包线，选择打包物料名称，在发送仓选择发送仓号，选择物料名称，启动打包任务。

PLC 控制系统在小麦粉加工过程中发挥着至关重要的作用。通过自动化控制、数据采集和处理、安全保护以及远程监控与管理等功能，PLC 控制系统提高了生产效率，保障了生产安全，优化了生产管理，实现了小麦粉加工的自动化、智能化和安全化，从而为企业创造了更大的经济效益。

10.2.7　案例 7　大米智能仓储自动化立体仓建设案例

1. 大米出入库流程

1）大米出入库传统流程

（1）入库。对入库大米进行质量检测并完成数量的清点和确认后，由搬运工人对入库大米进行卸货操作并在硬托盘上进行堆码，堆码堆位要求合理交替码放，堆垛整齐、牢靠，堆码完成的堆垛及托盘由叉车叉取后运输到指定堆位，完成入库环节（图 10-14）。

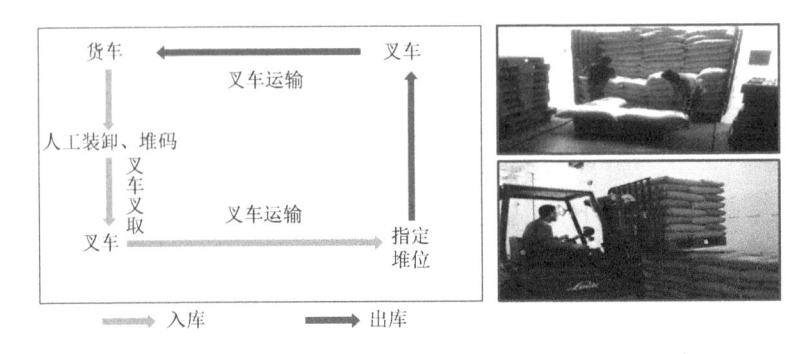

图 10-14　出入库流程（左）及实际现场情况（右）图

（2）出库。对出库大米进行质量检测并开具提货通知单后，由叉车工人操作叉车对指定堆位大米进行叉取并运送至货车，由搬运工人对出库大米进行拆垛和搬运，叠盘和收集空托盘，对出库数量进行清点和确认后，完成出库环节。

（3）传统出入库流程中存在的问题。①传统出入库流程中人工参与度较高，过度依赖传统劳动力，装卸、堆码以及叉车操作等环节均需要工人参与，导致出入库效率低下，同时提高了出入库流程中的人力成本。②传统硬托盘作为大米堆码的载体，托盘质量较大，在实际使用中不便于搬运和转移，一定程度上限制大米流通运输，同时空托盘叠盘时需要叉车进行辅助，降低叠盘效率和托盘使用效率。③缺乏智能化管理手段，无法对出入库区域进行明确区分，导致出入库流程难以实现系统化，造成整体物流效率低、运转成本高、出入库流程损耗大。

2）自动化立体仓建设

（1）智能码垛系统。需要堆码的大米经由下料皮带线传输到缓冲滑道上，然后经过宽皮带线和弯道，通过上压平装置进行整形，整形后以备抓取；同时将托盘输送到相对应的码垛位置上，托盘定位完成后机器人自动进行大米码垛（图 10-15）。码垛完成后经过重载辊筒线，由输送线经整形和外形检测合格后输送至仓内，运作期间码垛系统循环作业，实现智能化机器码垛。

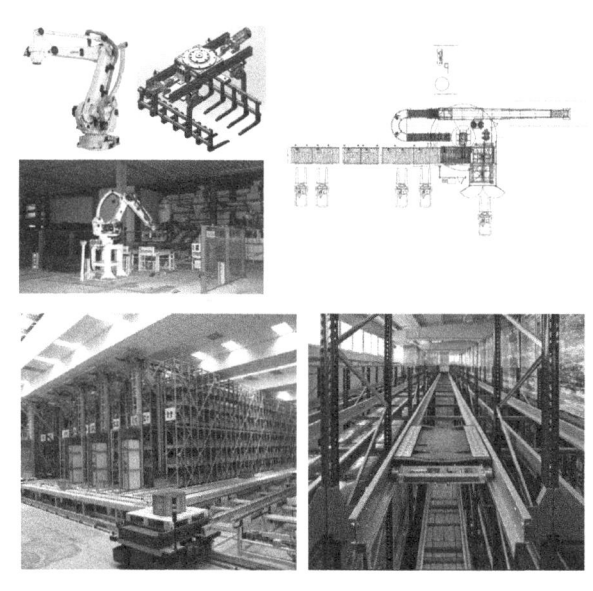

图 10-15　智能码垛机械手实物及设施布局图

（2）自动化立体仓预期设计。预期主要建设内容包括货架系统、穿梭车系统、输送系统、信息系统配套设施、软件系统、集成设施等配套设施，旨在打造能够将出入库区域分离、硬托盘可自动收集回库、可自动调配机械手的自动化立体仓。在人工不直接进行干预的情况下，该仓库能自动存储和取出货物，实现物流管理高效化、货物存取自动化的现代物流作业方式。

2. 大米智能仓储自动化立体仓设计实现案例

目前，我国大米仓储以平房仓、楼房仓为主，在库内堆码及在库粮食保管仍依靠人工装卸、叉车搬运的模式完成，对人力的依赖性大、效率低；每个环节中的粮食都需要人力装卸与堆码，导致粮食在流通过程中损耗大。为减少对人工的依赖，提高出入库效率以及周转效率，采用部署货架、提升机、输送轨道、四向穿梭车等设备，连接上游码垛装置，采用计算机管理系统进行调度控制，打造智能仓储自动化立体仓。

1）立体仓仓房设计

立体仓仓房中采用四向穿梭车密集仓储系统，货架层数为 3 层，整体规划 2 条行车轨道，24 条放货巷道，5 台四向穿梭车，1 套进出库输送设备，2 套往复式提升机，四向穿梭车可实现换层运行（图 10-16）。由系统下达出入库指令，可实现智能化全自动出入库。

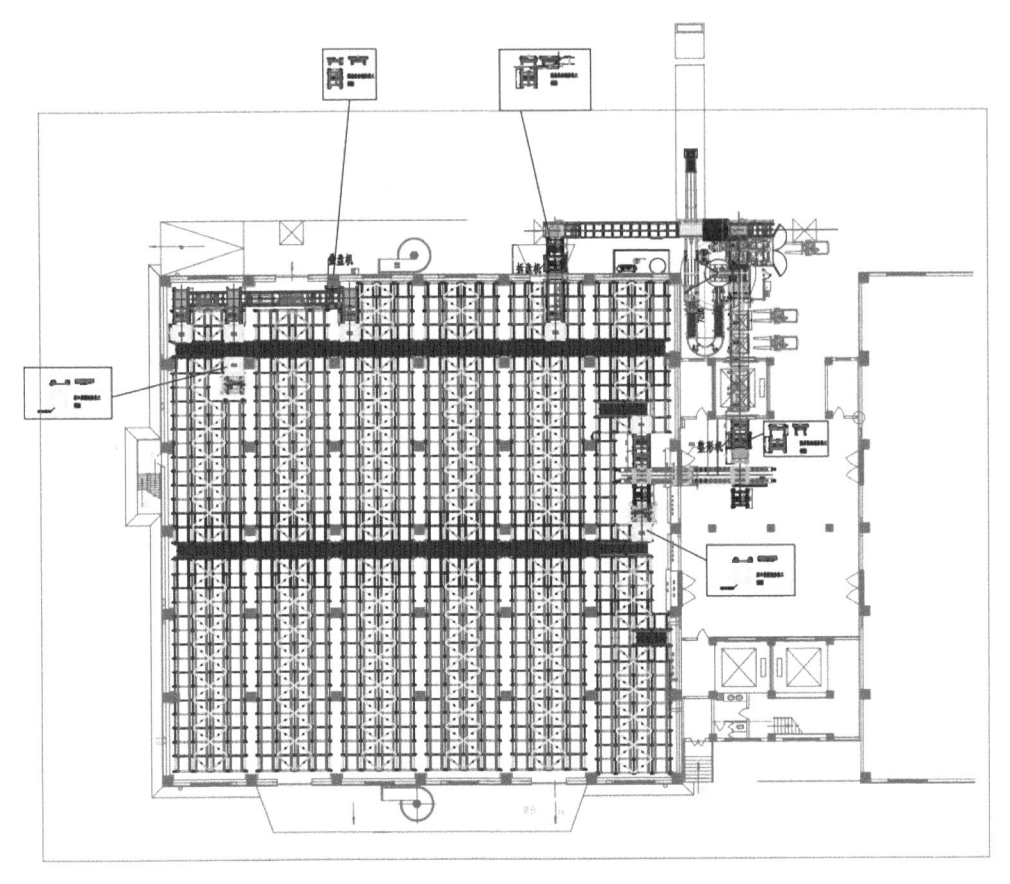

图 10-16 仓房局部布局图

2）立体仓出入库流程设计

（1）入库流程设计。货物送达后，硬托盘由自动拆盘机拆垛，经输送线逐个输送到码垛机械手码盘工位，同时经过人工袋装卸的单个物料通过输送线到达机械手抓取工位，机械手完成堆码后输送线输送物料到达提升机入库接驳口，将物料提升至相应立库层输送机接驳口，由库内四向穿梭车移动至接驳口取货搬运至指定库位，系统实时完成信息更新。

（2）出库流程设计。系统下达出库指令后，四向穿梭车移动到指定库位取货并搬运至提升机端口，提升机到达立库一层后，对应层四向穿梭车将物料搬运至出库输送线接驳口，由输送线将物料输送至出库口，在出库口经叉车取货装车，同时硬托盘自动叠盘回到收集装置中，完成出库流程。

3）实际运用效果

自动化立体仓（图 10-17）建成投入使用后，有效提高了作业效率，减少出入库过程中因人工搬运带来的损耗；同时显著提高了出入库智能化程度，能够在突发情况下实现储备大米的应急保障，在带来经济效益的同时，更具备显著的社会效益。

（1）经济效益。

①提高出入库效率。入库环节采用码垛机械手进行码垛，设计入库节拍配合机械手码垛节

拍，为30～40t/h；目前依靠叉车出库效率为40t/h，改造后依靠四向穿梭车自动存取货物，出库效率为60～80t/h，且工作时间不受劳动强度限制，出库效率提高。②减少搬运损耗。减少人工搬运过程中因操作不当引起的破包、烂包等物料损失，约占总量的3‰。

（2）社会效益。

①提高粮食储备的应急保障能力。自动化立体仓的建设可有效提高粮食出入库的效率及应急保障能力，自动化的出入库模式极大降低对人员的依赖，确保粮食在关键时刻储得进、调得动、用得上，提高储粮的准确性、计划的周密性，为粮食的充足供应提供保障。②促进粮食物流行业模式升级，树立行业典范。自动化立体仓改造应用于成品粮仓储物流系统后，可以提高作业的机械化程度和作业效率，同时有利于提高智能化管理水平，促进粮食物流模式转变，实现了物流管理高效化、货物存取自动化的现代物流作业方式。

图 10-17 自动化立体仓实物图

10.2.8 案例 8　食品企业质量管理智控平台数字化集成案例

1. 质量管理运行现状及需求

1）质量管理运行现状

质量是产品全生命周期存在的属性，质量管理工具可以帮助企业更有效地进行质量管理，从而提高生产效率和管理效率。企业质量管理工作存在着难点和痛点，包括以下几点。

（1）质量方针不明确，目标不清晰，有效管控率低；

（2）质量策划与改进在执行中管理碎片化，对应职责区分不明显；

（3）质量关键环节要素不全面，供应链信息缺失；

（4）质量数据准确性缺乏监控，信息传递不及时；

（5）质量数据采集慢，过程监控能力不足，管理精准度差；

（6）质量追溯活动耗时长，管理成本高。

2）质量管理需求

本案例中质量管理需求基于乳业乳制品生产检测过程中质量控制的经验积累。

（1）质量管理流程化需求：结合各自不同的流转工序、不同的质量控制要求形成不同的个性化设计流程，固化检验标准流程，满足行业质量控制实施。

（2）质量管理标准化需求：标准化以实验室数据的有效性为基础，统一检验主要数据，统一归口管理，实现实验室数据管理的标准化。

（3）质量管理自动化需求：通过质量控制信息化手段实现任务触发、执行、标准判定、异常信息发送，使质量监控计划通过系统全面嵌套，自动控制业务流程。

（4）质量管理智能化需求：实现仪器链接并自动取数、检验结果自动计算、检验记录自动生成，减少人为操作失误带来的质量控制风险。

2. 质量管理智控平台的搭建设计

1）质量管理智控平台总体设计方案

本方案依托企业管理（SAP）系统+实验室信息化管理系统（LIMS）形式合成质量管理智控平台，旨在将乳制品企业质量全业务链的数字化转型作为质量管理的关键环节，使用 LIMS 对数据进行集中汇总管理，经 SAP 系统决策提升质量闭环管理的能力。

（1）实现数据的收集分析：通过 LIMS，对检测设备产生的数据、人为读取的数据、方程固有的数据进行收集，可实现多维度、多角度的数据对比。

（2）质量活动实施空间：此方案可制定不同工段的计划供质量控制（如加样、抽样、加严检测）实施，实验室执行计划，且都伴随着数据自动采集、分析预警、过程自动化控制等数据的管理。

（3）动态监控管理：该方案能实现流程的动态监控管理，为质量控制的随机抽检环节提供平台。

（4）环节互通：该方案能实现不同系统平台间的沟通，为质量控制的透明化、反应敏捷性提供可追溯的平台，实现 LIMS 与 SAP 系统的互通，使得数据在整个生产链条上更具价值。

（5）电子报告：该方案能形成可视化的商业报告，为质量控制的产品交付把关。

2）质量管理智控平台实施方案

（1）质量管理活动实施应用。

①LIMS 中质量策划模块的应用。制定质量控制计划，然后按照监控实施的工段、检测项目、监控方法、频次进行系统中计划的生成，如图 10-18 所示。

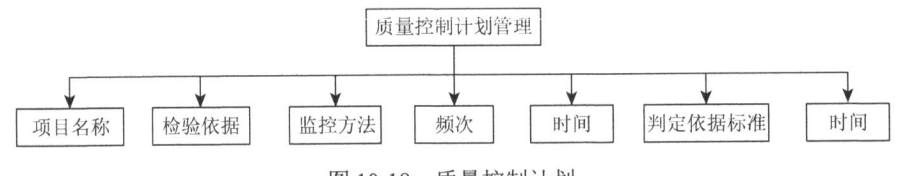

图 10-18 质量控制计划

质量策划可实现控制计划的添加、显示、删除报表等多项功能，可供操作员灵活选择；对生成的质量控制计划，可进行修改、项目添加或者多项目添加操作。

对于生成的或者已经完成的质量控制计划，可查询监督人员、责任人员、评价结论等信息。

②LIMS 中质量支持模块的应用：对于生成的计划任务，进行计划任务的流转，接样界面进行接样—结果录入—结果校核—结果查询—报表生成。

③LIMS 中质量控制模块的应用：质量控制模块设计的意义体现在尽量减少人的活动，实现设备数据的自动采集功能，通过软件解析和数据提取，自动采集仪器检测数据，并上传至信息化系统中，作为原始记录信息进行检测结果计算或直接作为检测结果出具。

④LIMS 中质量保证模块的应用：在质量活动过程中需要对产生的数据、操作的正确性，以

及结果的有效性进行确认,如结果审核模块,选择"通过""原样复检""取样复检""项目验证"四个功能进行验证。

⑤LIMS 中质量活动评价模块的应用:质量活动有没有达到预期的效果,需要在质量控制评价界面进行操作,录入此次质量活动的结论、评价效果等。

以上是质量活动全过程的模块使用流程,实现了质量活动全程支撑,通过各工段的监控监督、检验检测、抽检抽查,形成了质量控制计划,在起草计划时系统会自动生成 ID,录入的结果可以在质量控制评价中查看到结果,评价后的数据在质量控制计划评价表中进行审核。

(2)质量管理体系功能设计。

按照 ISO/IEC17025 体系管理要求并结合实际管理需求,实现对人员管理、药品管理、检验方法管理、标样管理、费用管理、检验信息传递管理 6 个功能的信息化。

人员管理:将人员培训计划直接录入系统,进行审批,效果验证录入完毕后系统自动显示培训结束。

药品管理:实现标准物质台账的统一管理,使用可追溯。

检验方法管理:实验室方法清单建立、方法证实分配和验证操作。

标样管理:制定标样管理流程,进行配置操作。

费用管理:实现药品费用、检验费用、抽检费用、外检费用均在系统内进行统计。

检验信息传递管理:在系统与微信接口的配置界面中,将设置系统与微信关联,以便将收集到的信息发送到相关人员的微信账户中。

(3)质量管理智控平台的可拓展性。

①平台系统扩展可解决生产数字化问题:生产链条上各个工段均可实现自动化管控,如配料自动控制、自动清洗、自控报警等,保障产品品质的安全性。②质量控制手段的多样化、可视化通过实验室数据分析实现。

(4)质量管理智控平台的安全保障。

数据中心需要设有保障电源或合适环境的设备,如不间断电源(UPS)、专用空调等。

中心机房需架设有高级别的服务器,负责提供集中业务数据交换,同时还需备有磁盘阵列,充分保障数据系统的应用及容灾性能。

为了保障数据访问的安全,中心机房需选用高性能防火墙及链路应用负载作为数据交换的安全屏障与负载保证。

课外延伸阅读

[1] 师俊玲. 食品加工过程质量与安全控制. 北京:科学出版社,2012.

[2] 张艺兵,吴伟,王燕,等. 基于危害分析与关键控制点原理的进出口冷链食品生产加工企业新型冠状病毒肺炎疫情防控应用研究. 中国食品卫生杂志,2021,33(1):40-43.

[3] 陈敏瑶. G 公司婴幼儿配方乳粉质量管理体系优化研究. 广州:广东工业大学,2020.

[4] 顾绍平,陈凤明,张峰. 危害分析与关键控制点在中国食品企业应用现状和展望. 中国食品卫生杂志,2019,31(5):407-409.

[5] 李彦蓉,李立,王欣,等. 《人类食品现行良好操作规范和基于风险的危害分析及预防性控制措施》解读及应对措施研究. 检验检疫学刊,2016,26(4):42-44,13.

[6] 陈长兴,朱晓南,缪岳琴,等. 美国 FDA《食品现行良好操作规范和危害分析及基于风险的预防控制》法规简介及对我国的启示. 食品安全质量检测学报,2015,6(12):5088-5094.

[7] 贾红玲. 食品安全卫生控制体系在冷冻羊肉生产企业中的建立和应用初探. 乌鲁木齐：新疆农业大学，2012.

[8] Konecka-Matyjek E, Turlejska H, Pelzner U, et al. Actual situation in the area of implementing quality assurance systems GMP, GHP and HACCP in Polish food production and processing plants. Food Control, 2005, 16(1): 1-9.

[9] Hung Y T, Liu C T, Peng I C, et al. The implementation of a Hazard Analysis and Critical Control Point management system in a peanut butter ice cream plant. Journal of Food and Drug Analysis, 2015, 23(3): 509-515.

[10] Lu J C, Pua X H, Liu C T, et al. The implementation of HACCP management system in a chocolate ice cream plant. Journal of Food and Drug Analysis, 2014, 22(3): 391-398.

[11] Damayanti R W, Laksono P W, Zeline R, et al. Applying Hazard Analysis Critical Control Point (HACCP) for production process of oyster mushroom chips in small and medium enterprise (SME) //2016 2nd International Conference of Industrial, Mechanical, Electrical, and Chemical Engineering (ICIMECE). Yogyakarta: IEEE, 2016.

[12] Jali M B, Ghani M A, Nor N M. The confusion in complying with good manufacturing practice requirements in Malaysia[J]. API Conference Proceedings, 2016, 1784(1): 030032.

[13] Pardo J E, Penaranda J A, Alvarez-Orti M, et al. Application of the hazard analysis and critical control point (HACCP)system on the mushroom processing line for fresh consumption. Italian Journal of Food Science, 2011, 23(2): 126-135.

扩展与思考

[1] 不同类型食品智能加工与控制的特点。

[2] 未来食品智能加工的特点和趋势。